国家示范性高等职业院校重点建设专业教材

Chuanbo Yuanli

船舶原理

（航海技术专业）

主编　徐　莉　张秀凤
主审　林大华［福建省船舶设计院］

人民交通出版社

内容提要

本书是国家示范性高等职业院校重点建设专业教材。全书共十章，内容包括：绪论、船体几何要素及近似计算、浮性、初稳性、大倾角稳性、抗沉性、流体力学基础、船舶阻力、船舶推进、操纵性和耐波性方面的知识。

本书为高职航运院校船舶技术专业基础课教材，同时可作为造船专业以及相关专业的教学用书，也可供各类修、造船厂，科研设计单位的有关人员参考。

图书在版编目（CIP）数据

船舶原理/徐莉，张秀凤主编. --北京：人民交通出版社，2009.10

ISBN 978-7-114-08017-3

I. 舶… II. ①徐…②张… III. 船舶原理 IV. U661

中国版本图书馆 CIP 数据核字（2009）第 190773 号

国家示范性高等职业院校重点建设专业教材

书　　名：船舶原理
著 作 者：徐　莉　张秀凤
责任编辑：富砚博
出版发行：人民交通出版社
地　　址：（100011）北京市朝阳区安定门外外馆斜街 3 号
网　　址：http://www.ccpress.com.cn
销售电话：（010）59757973
总 经 销：人民交通出版社发行部
经　　销：各地新华书店
印　　刷：北京市密东印刷有限公司
开　　本：787×1092　1/16
印　　张：18.5
字　　数：457 千
版　　次：2009 年 10 月　第 1 版
印　　次：2013 年 7 月　第 3 次印刷
书　　号：ISBN 978-7-114-08017-3
定　　价：46.00 元

序

2006 年是中国高等职业教育的春天。这一年,我国教育部、财政部启动了国家示范性高等职业院校建设计划,高等职业教育首次被定性为中国高等教育发展的一种类型。时代赋予了高等职业教育非常广阔的发展空间。

2006 年也是福建交通职业技术学院发展的春天。同年 12 月,这所有着 140 多年办学历史的百年老校,被确定为全国首批国家示范性高等职业院校建设单位。这对学校而言,是荣誉更是责任,是挑战更是压力。

国家示范性院校建设的核心是专业建设,而课程和教材又是专业建设的重要内容之一。如何通过课程的建构来推动人才培养模式的改革和创新?教材编写工作又如何与学校人才培养模式和课程体系改革相结合?如何实现课程内容适合高素质技能型人才的培养?这均是我校示范性建设中的重要命题。

难能可贵的是,3 年来,在全体教职员工的不懈努力下,我校 8 个重点建设专业(6 个为中央财政支持的重点建设专业)在实验实训条件建设、师资队伍建设、人才培养模式与课程体系改革等方面,都取得了突破性的进展。

更令人欣慰的是,我院教师历经 3 年的不断探索和实践,为我院的教材建设作出了功不可没的成绩。一系列即将在人民交通出版社出版的国家示范性高等职业院校重点建设专业教材,就是我院部分成果的体现。在这些教材中,既有工学结合的核心课程教材,也有专业基础课程教材。无论是哪种类型的教材,在编写中,我院都强调对教材内容的改革与创新,强调示范性院校专业建设成果在教材中的固化,强调教材为高素质技能型人才培养服务,强调教材的职业适应性。因为新教材的使用,必须根植于教学改革的成果之上,反过来又促进教学改革目标的实现,推进高职教育人才培养模式改革。

培养社会所需要的人,是我院一直不懈的努力方向,而这些教材就是我们努力前行的足迹。

在这些教材的编写过程中,也倾注了相关企业有关专家的大量心血和辛勤劳动,在此谨向他们表示衷心的感谢!

福建交通职业技术学院院长
福州大学博士生导师

前　言

本书是福建交通职业技术学院国家示范性高职院校建设期间“工学结合、校企合作”的产物,注重培养学生实践能力和严谨的工作态度,按照简明、适用、实用的原则,系统介绍了船舶静力学和船舶动力学的相关知识。本书将各个章节分解为几个知识点,每个知识点后面均布置相应的任务以检验学习成果,进一步明确了学习目的。同时,本书增加了大量实例,目的是更好地培养学生动手实践的能力,并使教—学—用紧密结合,加深对知识的理解。

本书由福建交通职业技术学院徐莉、大连海事大学航海学院张秀凤副教授主编,原福建省船舶设计院院长林大华高工主审。徐莉编写第一~五章,张秀凤编写第六~十章;全书最后由徐莉统稿,福州海洋船舶研究所江金春同志提供了部分资料。本书编写过程中,广泛征求了有关教师、行业主管部门和校企合作造船企业的意见,使教材的系统性和实用性更强,在此一并表示衷心感谢。

由于我们水平有限,疏漏和不足之处在所难免,欢迎读者批评指正。

编　者

2009 年 7 月

目　录

绪 论

船舶原理是研究船舶航行性能的一门科学,与船舶的使用效能和航行安全有着密切联系。船舶作为一种漂浮于水面上的建筑物,就要求它们具有浮性、稳性和抗沉性,以确保安全地漂浮于一定位置水面上。同时,船舶作为一种运输工具,就要求具有快速性、操纵性和摇荡平稳性。为了研究方便可划分为船舶静力学和船舶动力学两部分:前者以流体静力学为基础,研究船舶在不同条件下的浮性、稳性及抗沉性等问题;后者以流体动力学为基础,研究船舶的阻力、推进、摇摆及操纵等运动问题。船舶的航行性能包括:

1. 浮性

船舶在一定装载情况下浮于一定水平位置的能力。

2. 稳性

船舶能抵抗一定的外力矩作用(如风浪的作用)不致倾覆的能力。显然,这是保证水上建筑物的安全性所必须具备的一种性能。按倾角的大小,稳性可区分为初稳性和大倾角稳性。

3. 抗沉性

当船体破损,海水进入舱室时,船舶仍能保持一定浮性和稳性而不致沉没或倾覆的能力,即船舶在破损后的浮性和稳性。这也是保证水上建筑物安全所必须具备的性能。

4. 快速性

船舶在主机额定功率下,以一定速度航行的能力。通常包括船舶阻力和船舶推进两大部分,前者研究船舶航行时所遭受的阻力,后者研究克服阻力的推进器及其与船体之间的相互作用。

5. 耐波性(或称适航性)

船舶在风浪海况下航行时的运动性能。主要研究船舶的横摇、纵摇及升沉(垂荡)等,习惯上统称为摇摆运动。

6. 操纵性

船舶在驾驶员的操纵下保持既定航向的能力(即航向稳定性)或改变航向的能力(即回转性)。因此,船舶操纵性包括航向稳定性和回转性两部分内容。

优良的航行性能大体包括:船舶是否具有合理的浮态和足够的稳性,是否属低阻力的优良船型,推进器的效率是否最佳,推进器与船体及主机是否匹配,是否具有良好的航向稳定性和回转性,在风浪中航行时是否会产生剧烈的摇摆运动以及砰击、甲板上浪及失速等。在实际造船工作中,船舶航行性能是有一定衡量指标的,有些指标是由船级社及国际组织考虑到航海安全性而规定的硬指标,有些指标则是与长期积累的优秀船型资料相比较而判定的。所有这些指标都和船舶的主要尺度、船体形状、装载情况等密切相关。

第一章　船体几何要素及近似计算

● 能力目标

1. 掌握船体主尺度、船型系数等的定义及几何意义，能够根据相关数据计算船型系数。

2. 理解船体近似计算法的基本原理，能运用梯形法、辛氏法进行积分的近似计算。

3. 能运用梯形法进行船体水线面和横剖面计算。

4. 掌握曲线端点修正方法。

船体主尺度、船型系数和尺度比是表示船体大小、形状、肥瘦程度的几何参数，这些参数直接影响船舶的航行性能，是船舶设计、建造的基本参数。

知识准备：船舶基准面与坐标系

1. 船舶基准面

船舶基准面如图 1-1a）所示。它包括：

中线面：过船宽中央的纵向垂直平面，它把船体分为互相对称的左右两部分。

中站面：过船长中点的横向垂直平面，它把船体分为首尾两部分。

基平面：一般指过船长中点，龙骨板上缘且平行于设计水线面的平面。（有的则采用设计水线面，即通过设计水线处的水平面，它把船体分为水上和水下两部分。）

2. 船舶坐标系

坐标原点：取船舶三个基准面的交点。

x 轴（纵轴）：取中线面与基平面的交线，且向船首方向。

y 轴（横轴）：取中站面与基平面的交线，且向船右舷方向。

z 轴（垂轴）：取中线面与中站面的交线，且向上方向。

3. 几个概念

型表面是指不包括附体（如舵、舭龙骨等）的船体外形的设计表面。对于金属船体是指外板的内表面。

船体型表面在中线面和中站面上的截面分别称为中纵剖面和中横剖面。在设计水线面上的截面也称为设计水线面，如图 1-1b）所示。

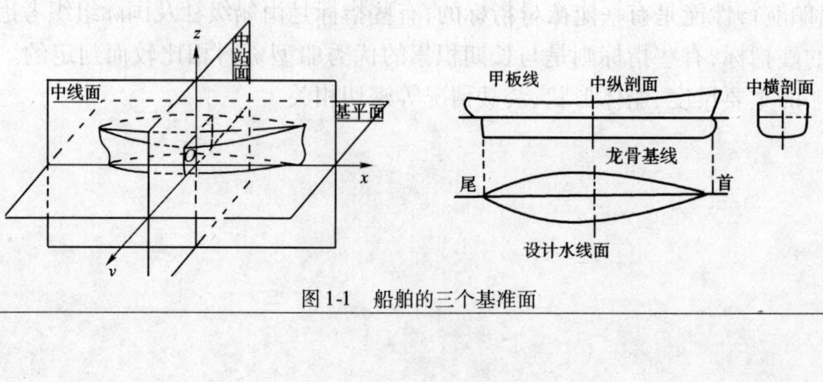

图 1-1　船舶的三个基准面

船体的主尺度是用量到钢质船体外壳板内表面(型表面)的尺度,即所谓型尺度来表示的。

甲板边线是甲板型表面与船侧型表面的交线,如图 1-2 所示。

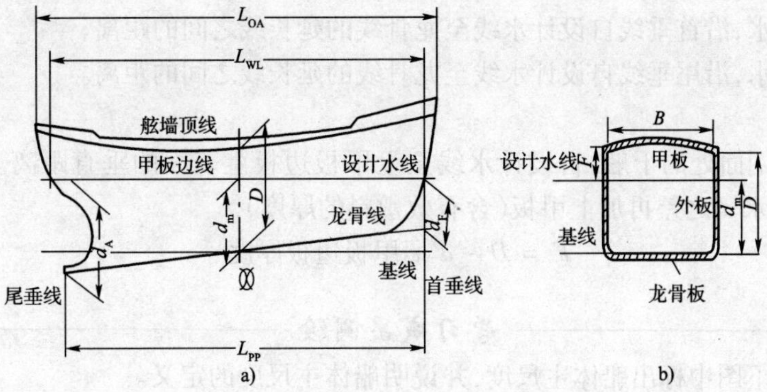

图 1-2 船体主尺度

基线是中线面和基平面的交线。

首垂线是通过设计水线与首柱前缘的交点所作的垂线,尾垂线一般在舵柱后缘,如无舵柱,则取在舵杆中心线上。首、尾垂线均与基线或设计水线垂直。

龙骨线是船体型表面的底部和中线面的交线。一般运输船舶的龙骨线是水平的,和基线一致;有些小型船如拖船和渔船的龙骨线设计成向尾倾斜的,即龙骨线和基线有一夹角,此时称这种船有设计纵倾。

知识点 1 船体主尺度

1. 船长(L)

通常选用的船长有 3 种,即总长、垂线间长和设计水线长。

(1)总长(L_{OA}):自船首最前端至船尾最后端的最大水平距离。

(2)垂线间长(L_{PP}):首垂线 FP 与尾垂线 AP 之间的水平距离。一般情况下,如无特别说明,习惯上所说的船长常指垂线间长。

(3)设计水线长(L_{WL}):设计水线在首柱前缘和尾柱后缘之间的水平距离。

在船舶静水力性能计算中一般采用垂线间长 L_{PP},在分析阻力性能时,常用设计水线长 L_{WL},而在船进坞、靠码头或通过船闸时应注意它的总长 L_{OA}。

2. 型宽(B)

指船体两侧型表面(不包括船体外板厚度)之间垂直于中线面的水平距离,一般指中横剖面设计水线处的宽度。最大船宽是指包括外板和伸出两舷的永久性固定突出物如护舷材、舷伸甲板等在内,并垂直于中线面的最大水平距离。

3. 型深(D)

在上甲板边线最低点处,自龙骨板上表面(即基线)至上甲板边线的垂直距离。通常,甲板边线的最低点在中横剖面处。

4. 吃水(d)

基线至设计水线的垂直距离。有些船,设计的首尾正常吃水不同,则有首吃水、尾吃水及

平均吃水，当不指明时，是指平均吃水，即

$$d=\frac{d_F+d_A}{2}$$

式中：d——平均吃水，也就是中横剖面处的吃水 d_m；

d_F——首吃水，沿首垂线自设计水线至龙骨线的延长线之间的距离；

d_A——尾吃水，沿尾垂线自设计水线至龙骨线的延长线之间的距离。

5. 干舷（F）

一般指中横剖面处的干舷，自设计水线至上甲板边板上表面的垂直距离。因此，干舷 F 等于型深 D 与吃水 d 之差再加上甲板（含有效敷料的厚度）。

$$F=D-d+\text{甲板边板厚度}$$

学习成果测验

任务1-1：在下图中标出船体主尺度，并说明船体主尺度的定义。

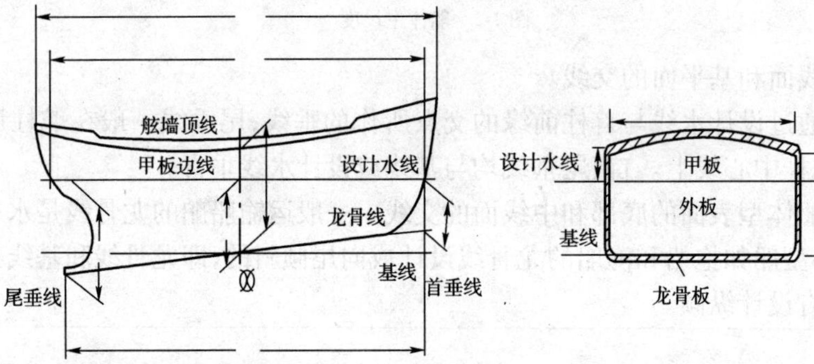

评分：________________

知识点2 船形系数

1. 水线面系数（C_{WP}）

与基平面相平行的任一水线面的面积 A_W 与由船长 L、型宽 B 所构成的矩形面积之比，如图1-3a）所示，即 $C_{WP}=\dfrac{A_W}{LB}$，它的大小表示水线面的肥瘦程度。通常情况下 C_{WP} 指设计水线面系数。

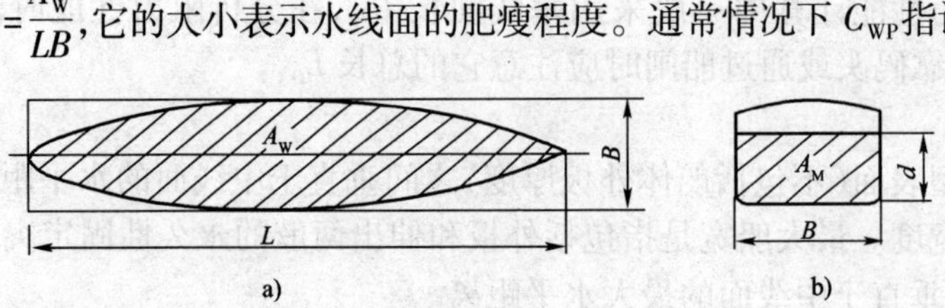

图1-3 水线面系数和中横剖面系数

2. 中横剖面系数（C_M）

中横剖面在水线以下的面积 A_M 与由型宽 B、吃水 d 所构成的矩形面积之比，如图1-3b）所示，即 $C_M=\dfrac{A_M}{Bd}$，它的大小表示水线以下的中横剖面的肥瘦程度。

3. 方形系数(C_B)

船体水线以下的型排水体积∇与由船长 L、型宽 B、吃水 d 所构成的长方体体积之比,如图 1-4 所示,即 $C_B=\dfrac{\nabla}{LBd}$,它的大小表示船体水下体积的肥瘦程度。

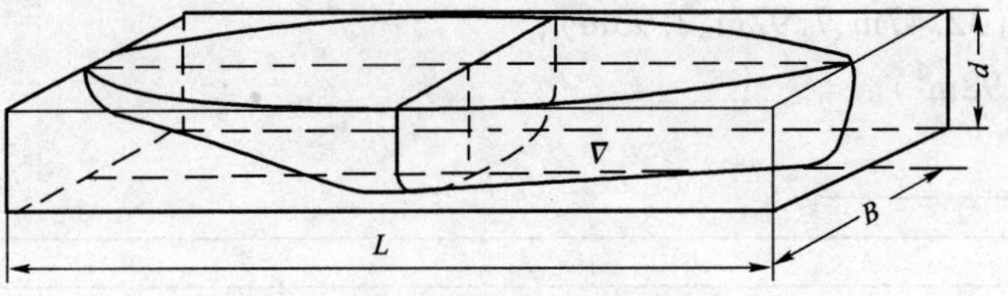

图 1-4　方形系数

4. 棱形系数(C_P)

船体水线以下的型排水体积∇与由相对应的中横剖面面积 A_M、船长 L 所构成的棱柱体体积之比,如图 1-5 所示,即 $C_P=\dfrac{\nabla}{A_M L}=\dfrac{\nabla}{C_M BdL}=\dfrac{C_B}{C_M}$,它的大小表示排水体积沿船长方向的分布情况。$C_P$ 又称纵向棱形系数。

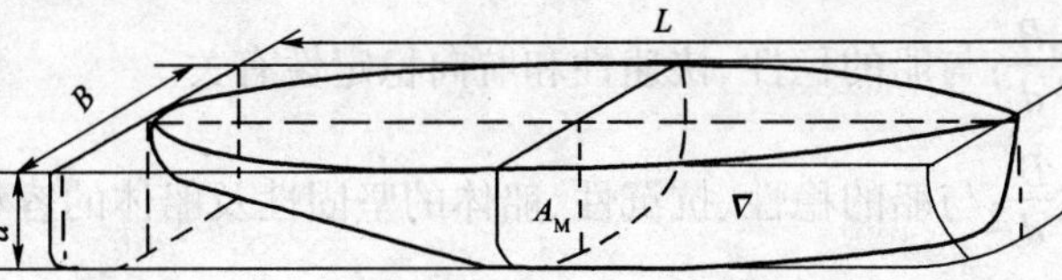

图 1-5　棱形系数

5. 垂向棱形系数(C_{VP})

船体水线以下的型排水体积∇与由相对应的水线面面积 A_W、吃水 d 所构成的棱柱体体积之比,如图 1-6 所示,即 $C_{VP}=\dfrac{\nabla}{A_W d}=\dfrac{\nabla}{C_{WP}LBd}=\dfrac{C_B}{C_{WP}}$,它的大小表示排水体积沿吃水方向的分布情况。

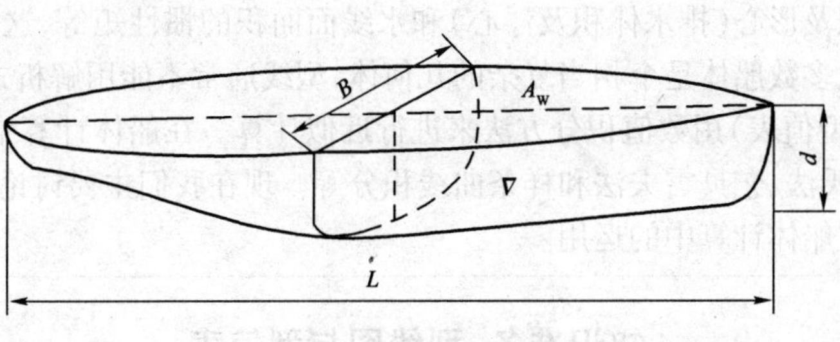

图 1-6　垂向棱形系数

上述各系数的定义,如无特别指明,通常都是指对设计水线处而言。在计算不同水线处各系数时,其船长和船宽常用垂线间长(或设计水线长)和设计水线宽。如最大横剖面不在船中处,则应取最大横剖面处的有关数据。吃水则取所计算水线处的吃水值。

学习成果测验

任务 1-2:某消防船的水下体积 $\nabla=370\text{m}^3$,长宽比$\dfrac{L}{B}=4.1$,宽度吃水比$\dfrac{B}{d}=2.7$,中横剖面

系数 $C_M = 0.78$，纵向棱形系数 $C_P = 0.63$，垂向棱形系数 $C_{VP} = 0.64$。试计算下列各值：船长 L、船宽 B、吃水 d、水线面系数 C_{WP}、方形系数 C_B，以及所求吃水 d 时的水线面积 A_W。

(1)求 C_B($=0.49$)；

(2)求 C_{WP}($=0.77$)；

(3)求 L、B、d (32.47m、7.92m、2.93m)；

(4)求 A_W($\approx 198\text{m}^2$)。

评分：________________

知识拓展：尺度比

尺度比是用来反映主尺度之间关系的，可利用这些比值来预估船体各项性能之差异。与船舶航行性能有密切关系的主要尺度比值是：

(1)长宽比 $\frac{L}{B}$：与船的快速性有关。该比值越大，船越细长，在水中航行时所受的阻力越小，特别是高速航行时。

(2)船宽吃水比 $\frac{B}{d}$：与船的稳性、快速性和航向稳定性有关。

(3)型深吃水比 $\frac{D}{d}$：与船的稳性、抗沉性、船体的坚固性及船体的容积密切相关。

(4)船长吃水比 $\frac{L}{d}$：与船的回转性有关，比值越小，船越短小，回转越灵活。

知识点 3　船体近似计算法

船舶设计的基础工作之一是船舶性能计算；其中，如横剖面及水线面的面积及形心、水线面面积曲线的面积及形心(排水体积及浮心)和水线面面积的惯性矩等，这些计算习惯上称为船体计算。由于大多数船体是个相当复杂的几何体，型线通常不能用解析式表达，因此一般都是根据型线图(或型值表)用数值积分方法来进行近似计算。在船体计算中，最常用的数值积分法有梯形法、辛氏法、乞贝雪夫法和样条曲线积分等。现在我们主要讨论前两种数值积分法的基本原理及其在船体计算中的运用。

知识准备：型线图与型值表

型线图(图 1-7)表达船体形状的基本原理是，首先选取图 1-1 所示的三个基本投影面，按照正投影方法，在三个基本投影面上可得表示船体外形轮廓的三视图。由于这三个投影尚不能将船体外形完整地表达出来，因此在型线图中，又采用与上述三个基本投影面相平行的三组剖切平面剖切船体，从而得到三组剖线，即纵剖线、水线和横剖线。显然，以上三组剖线表示了船体形状在船长、船宽和吃水方向的变化。如此，即构成了表达船体形状的型线图。

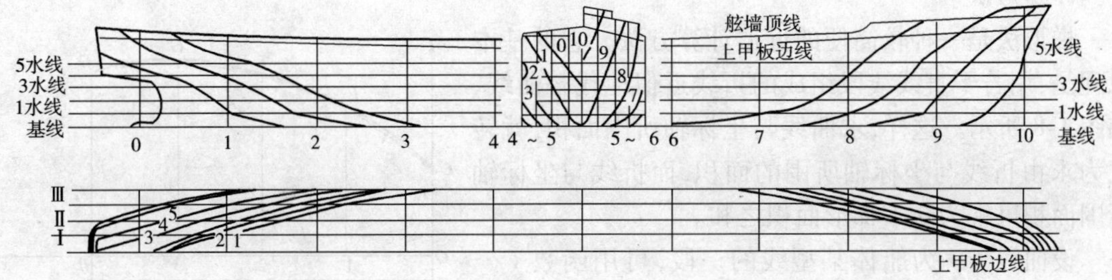

图 1-7　型线图

由上述可知,型线图由三个视图组成:

(1)纵剖线图。由纵剖线、水线、横剖线和船体外形轮廓线等在中线面上的投影所组成,相当于主视图。纵剖线在该图上为反映真形的曲线,它给出了船体纵向曲度的变化。

(2)半宽水线图。由水线、纵剖线和横剖线等在基平面上的投影所组成,相当于俯视图。由于船体左右对称,各水线只需画一半即可,故称半宽水线图。水线在该图上为反映真形的曲线,它给出了船体水线面沿吃水的变化。

(3)横剖线图。由横剖线,纵剖线和水线等在中站面上的投影所组成,相当于侧视图。横剖线在该图上为反映真形的曲线,它给出了船体横向曲度的变化。由于船体左右对称,每一横剖线只需画一半即可,通常将船尾至船中的横剖线画在横剖线图的左边,将船首至船中的横剖线画在横剖线图的右边。

型线图除一组视图外,还编制有型值表。型值表中的各数值称为型值(以毫米计),型值决定船体型线空间位置的坐标。型值表与型线图配合使用,是型线图的一个重要组成部分。表 1-1 为某船的型值表。

型 值 表　　　　表 1-1

站号	距中线面之半宽值(mm)									距基平面之高度值(mm)					
	700水线	1400水线	2100水线	设计水线	3500水线	上甲板边线	尾楼甲板边线	首楼甲板边线	舷墙顶线	1500纵剖线	3000纵剖线	上甲板边线	尾楼甲板边线	首楼甲板边线	舷墙顶线
尾封板	—	—	—	—	1390	2280	3080	—	3140	3600	6100	4170	6270	—	—
0	—	—	—	850	2080	2850	3620	—	3660	3180	4390	4100	6200	—	6275
1	560	860	1410	2400	3300	3810	4200	—	4200	2150	3250	4050	6150	—	6225
2	2150	2720	3150	3550	3920	4150	4250	—	4250	250	1850	4000	6100	—	6175
3	3520	3940	4100	4170	4220	4250	—	—	4250	80	300	4000	—	—	5450
4	4100	4200	4250	4250	4250	4250	—	—	4250	80	180	4000	—	—	4900
5	3770	4110	4250	4250	4250	4250	—	—	4250	80	200	4000	—	—	4900
6	2930	3500	3810	4000	4120	4190	—	—	4250	80	790	4020	—	—	4920
7	1960	2580	3020	3340	3580	3800	—	—	4090	370	2050	4170	—	—	5070
8	1020	1530	1950	2340	2660	3150	—	—	3600	1370	4190	4440	—	—	5350
9	320	560	810	1090	1460	2110	—	3180	3330	3180	6360	4790	—	6690	6940
10	—	—	—	70	280	840	—	1740	1960	6620	—	6240	—	7140	7560

1. 梯形法

梯形法是一种较简便的近似计算方法。它的基本原理是:用若干直线线段组成的折线近似地代替曲线,如图1-8所示。这样,求曲线与坐标轴所围面积,就转化为求由折线与坐标轴所围的面积,而折线与坐标轴所围面积可视为众多梯形面积之和。

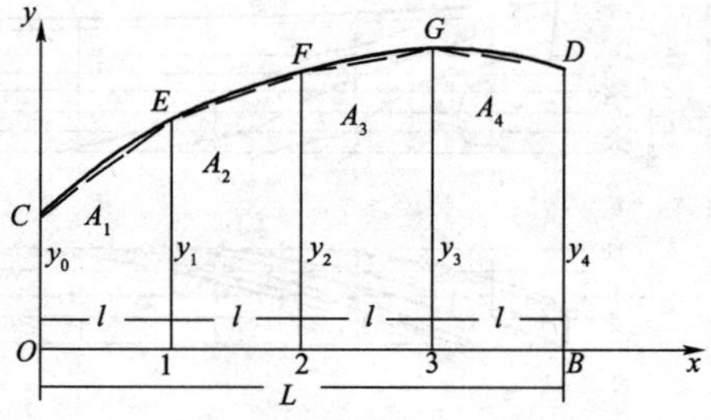

图1-8 梯形法

设曲线 CD 为船体某型线的一段,可用函数 $y=f(x)$ 表示,它与坐标轴所围面积 $A=\int_0^{4l} y\mathrm{d}x$。

用梯形法计算如下:先将线段 OB(称为图形底边)分成4等分,各等分之间的距离为 l(即梯形的高),从等分点作底边的垂线并与曲线 CD 相交于 E、F、G 诸点,分别以 y_0、y_1、y_2、y_3 和 y_4 表示所量得的纵坐标值。顺次连接 C、E、F、G、D 诸点,则从图上看出,折线 $CEFGD$ 与曲线 CD 十分接近,因而该折线与坐标轴所围面积近似等于曲线与坐标轴所围面积。

即

$$A = A_1 + A_2 + A_3 + A_4$$
$$= \frac{1}{2}l[(y_0+y_1)+(y_1+y_2)+(y_2+y_3)+(y_3+y_4)]$$
$$= l[(y_0+y_1+y_2+y_3+y_4)-\frac{1}{2}(y_0+y_4)]$$

其中:

$$A_1 = \frac{1}{2}(y_0+y_1)l$$

$$A_2 = \frac{1}{2}(y_1+y_2)l$$

$$A_3 = \frac{1}{2}(y_2+y_3)l$$

$$A_4 = \frac{1}{2}(y_3+y_4)l$$

如果想提高计算精确度,则可将底边 OB 分成 n 等分,这时梯形法的面积计算公式可写作

$$A = \frac{L}{n}\Big[(y_0+y_1+\cdots+y_{n-1}+y_n)-\frac{1}{2}(y_0+y_n)\Big]$$

式中:L——所求图形底边的总长度;

n——等分数。

其通式可表示为:

$$A=\frac{L}{n}[\sum_{i=0}^{n}y_i-\varepsilon] \tag{1-1}$$

式中:$\sum_{i=0}^{n}y_i$ 称为总和,用 $\sum'$ 表示,是 y_0 至 y_n 各纵坐标的‘总和’;

$\varepsilon=\frac{1}{2}(y_0+y_n)$ 称为修正量。

若曲线 $y=f(x)$ 是代表一面积的曲线,那么,利用梯形法计算所得该曲线与坐标轴所围面积,即代表该面积曲线范围内的体积。同理,应用梯形法公式还可以计算静矩、惯性矩等。运

算简便是梯形法的突出特点，故在船舶性能计算（手算）中得到广泛的应用。

学习成果测验

任务1-3：根据表1-1中的型值，按表1-2中所给数据计算设计水线面面积。

梯形法计算表 表1-2

水线号 2800 垂线间长 L_{PP} = 45.0 m l = ______ m

站　号	水线半宽 y_i	乘数	面积乘积Ⅱ×Ⅲ
Ⅰ	Ⅱ	Ⅲ	Ⅳ
0		1	
1		1	
2		1	
3		1	
4		1	
5		1	
6		1	
7		1	
8		1	
9		1	
10		1	
总和∑′	$\sum' = \sum_{i=0}^{n} y_i$		
修正值 ε	$\varepsilon = \frac{1}{2}(y_0 + y_n)$		
修正后总和∑			
设计水线面面积	A_W =		

注意：设计水线面积的计算。

评分：__________

2. 辛氏法

辛氏法是以抛物线代替原曲线的计算方法，也称抛物线法。以二次抛物线代替原曲线的计算方法称为辛氏一法；以三次抛物线代替原曲线的计算方法称为辛氏二法。因船体的大部分型线与抛物线相近，因此用辛氏法进行船体计算所得结果有较高的精确度，故在船体计算中被广泛采用。

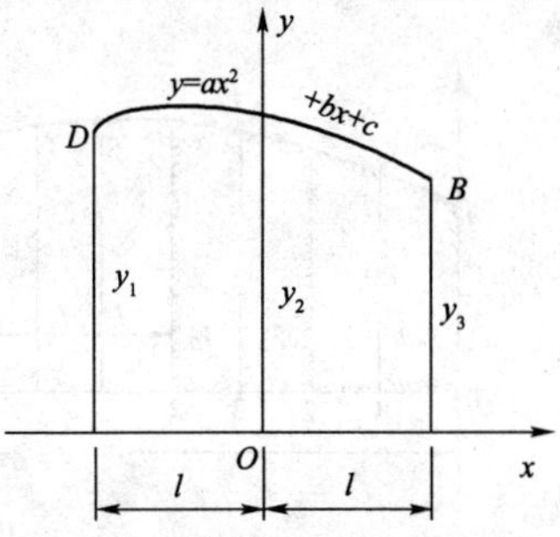

图1-9 辛氏第一法

1）辛氏第一法

若曲线 DB 为二次抛物线，如图1-9所示，即被积函数为 $y = ax^2 + bx + c$，则曲线 DB 下所围面积 A，用定积分求得如下

$$A = \int_{-l}^{l}(ax^2 + bx + c)\,\mathrm{d}x = \frac{2}{3}al^3 + 2cl \qquad (1\text{-}2)$$

利用待定系数法可求得该曲线 DB 下所围的面积

$$A = \frac{1}{3}ly_1 + \frac{4}{3}ly_2 + \frac{1}{3}ly_3 = \frac{1}{3}l(y_1 + 4y_2 + y_3) \tag{1-3}$$

式(1-3)称为辛氏第一法。纵向坐标前的系数(1、4、1)称为辛氏乘数。如将图形底边 n 等分(n 必须为偶数,即纵坐标数为奇数),如图 1-10 所示。

AB 与坐标轴所围面积可表示为

$$A = A_1 + A_2 + A_3 + \cdots + A_i$$

其中:

$$A_1 = \frac{1}{3}l(y_0 + 4y_1 + y_2)$$

$$A_2 = \frac{1}{3}l(y_2 + 4y_3 + y_4)$$

$$A_i = \frac{1}{3}l(y_{n-2} + 4y_{n-1} + y_n)$$

则

$$A = \frac{2l}{3}\left(\frac{1}{2}y_0 + 2y_1 + y_2 + 2y_3 + \cdots + y_{n-2} + 2y_{n-1} + \frac{1}{2}y_n\right)$$

其通式可表示为

$$A = \frac{L}{\sum S.M.}(y_0 + 4y_1 + 2y_2 + 4y_3 + \cdots + 2y_{n-2} + 4y_{n-1} + y_n) \tag{1-4}$$

式中: l——等分间距,$l = \frac{L}{n}$;

L——图形底边总长;

$\sum S.M.$——括号内各纵坐标前辛氏乘数之和。

2)辛氏第二法

若把曲线 DB 表达为三次抛物线,如图 1-11 所示,即被积函数为

$$y = ax^3 + bx^2 + cx + d$$

则该曲线 DB 下所围面积 A 可证明为

$$A = \frac{3l}{8}(y_1 + 3y_2 + 3y_3 + y_4)$$

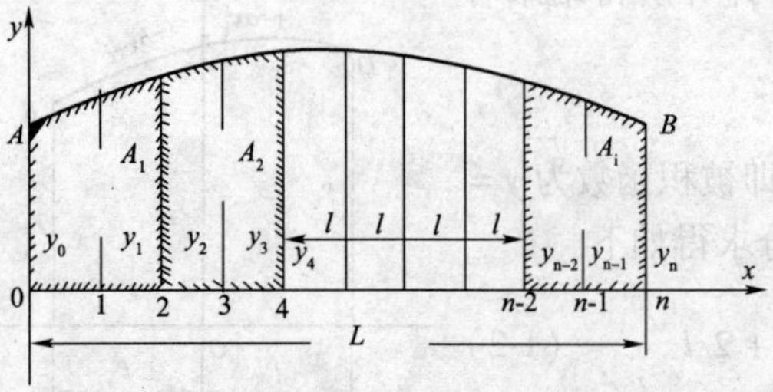

图 1-10 底边 n 等分的辛氏一法

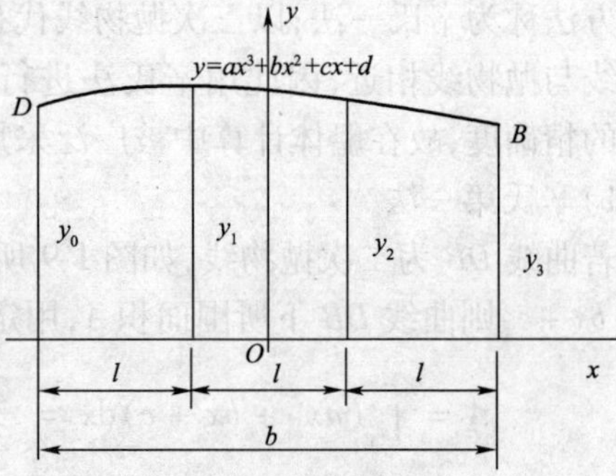

图 1-11 辛氏第二法

该式称为辛氏第二法。此法适用于求具有等间距(间距为 3 的倍数)的 4 个横向坐标曲线下所围的面积。

梯形法和辛氏法是船体计算中常采用的方法,而乞贝雪夫法通常只用于大倾角稳性计算,故在第四章中再行讨论。

知识拓展:提高近似计算精确度的方法

三种近似计算方法均有不同程度的误差。而在船首和船尾两端,由于所计算的曲线有显著的凸出或凹入部分引起误差的原因,导致计算结果有较大的误差。为了提高计算的精确度,在船体计算中,通常采用增加坐标的方法及采用端点修正的方法来提高计算的精确度。

1. 增加中间坐标方法

图 1-12 为船体水线面这一部分,从图上可见,其端部有明显的凸出。为了提高计算的精确度,可在坐标 y_4 和 y_5 之间,以及 y_5 和 y_6 之间把站距两等分,并增加中间坐标 $y_{4\frac{1}{2}}$ 和 $y_{5\frac{1}{2}}$。在应用梯形法或辛氏法计算其面积时,可分别计算 y_0 至 y_4 和 y_4 至 y_6 之间的面积,然后相加即可。例如按辛氏法计算,图形面积为

$$A_W = \int_0^{6l} y\mathrm{d}x$$

$$= \frac{l}{3}(y_0 + 4y_1 + 2y_2 + 4y_3 + y_4) + \frac{l}{6}(y_4 + 4y_{4\frac{1}{2}} + 2y_5 + 4y_{5\frac{1}{2}} + y_6)$$

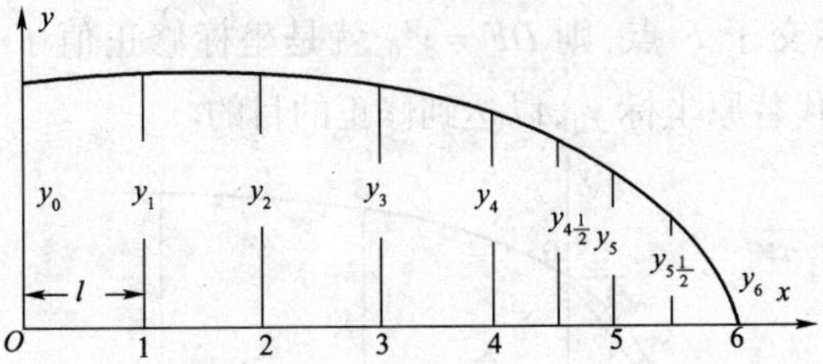

图 1-12　水线面端部增加坐标

增加坐标可以显著地提高计算精度。

2. 端点坐标修正法

端点坐标的修正方法一般多应用在梯形法近似计算中。对于水线面而言,根据船首尾型线的不同,大体有下述几种。

1)曲线的端点恰好在所定的等间距坐标上

如图1-13所示,曲线端点坐标$y_0 = 0$。如果按$y_0 = 0$直接用梯形法进行计算,就会少

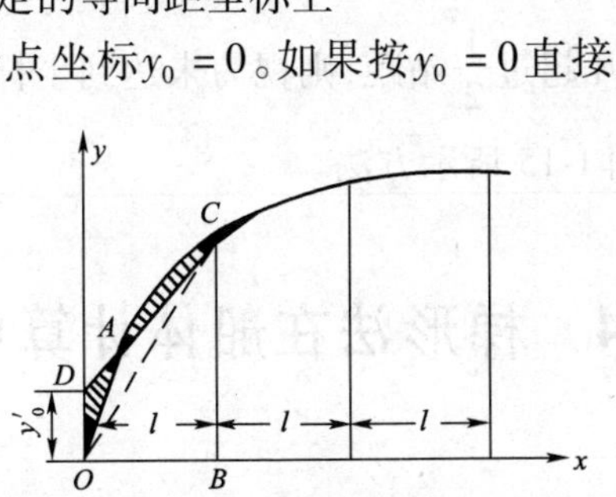

图 1-13　曲线端点在坐标上的修正方法

计算一块面积 OAC。修正的办法是作一直线 CD，并使图中两阴影部分面积相等，$OD = y'_0$ 在进行计算时，应用 y'_0 代替 $y_0 = 0$，以达到修正的目的。

2）曲线端点未达到所定的等间距坐标

如图 1-14a）所示，如果直接取端点坐标 $y_0 = 0$，因为多计算了一块面积 BCE，而使计算结果偏大。修正的方法是作直线 BD，并使两阴影部分面积相等，再从 D 点作平行于 BE 的直线与相邻坐标交于 F 点，则 $EF = y'_0$ 就是坐标修正值（注意这里的 y'_0 为负值）。计算时用 y'_0 代替原坐标 $y_0 = 0$，以达到修正的目的。另外一种情况如图 1-15b）所示，y'_0 为正值。

3）曲线端点超过所定等间距坐标

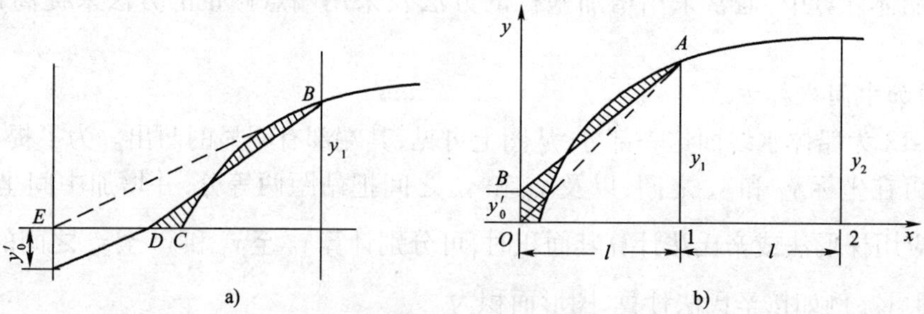

图 1-14　曲线端点未达到坐标的修正方法

如图 1-15 所示，如果直接按坐标值 y_0 进行计算，则将少算 OCD 这块面积。修正的方法是作直线 DE，并使两阴影部分面积相等，然后连接 AD，再从 E 点作平行于 AD 的直线 EF 与曲线超过的坐标交于 F 点，则 $DF = y'_0$ 就是坐标修正值了（注意这里的 y'_0 为正值）。计算中用 y'_0 来代替原坐标 y_0，以达到修正的目的。

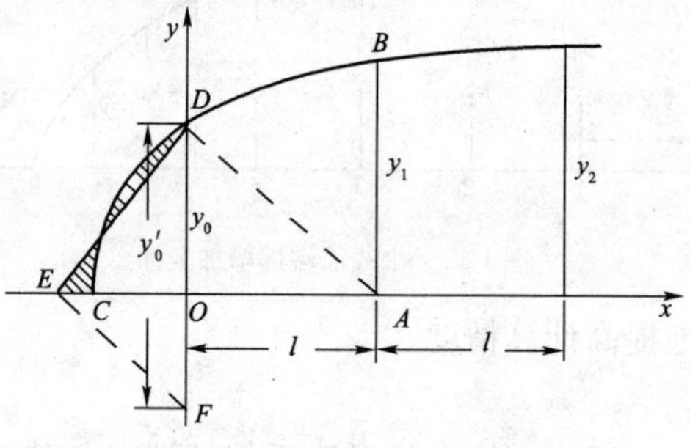

图 1-15　曲线端点超过坐标的修正方法

一条曲线的端点若不在等间距坐标上，那么它总可视为超过某一坐标，同时也可视为未达到下一坐标，一般认为凡超过 $\frac{1}{2}$ 站距，则视为未达到坐标而采用图 1-14 所示方法；反之则视为超过坐标而采用图 1-15 所示方法。

知识点 4　梯形法在船体计算中的应用

1. 水线面计算

水线面计算通常包括面积 A_W、漂心纵向坐标 x_F 及水线面系数 C_{WP} 三项。

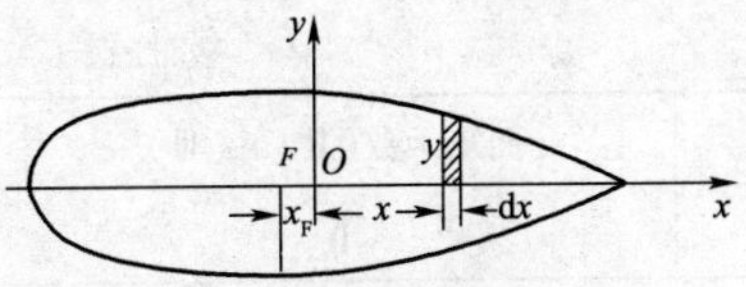

图 1-16　水线面

在造船中，水线面面积 A_W 的形心称为漂心。由于水线面是左右对称的，其面积形心总是在中纵剖面上，因此只需计算其纵向位置 x_F（坐标轴原点 O 在船中处）。

由图 1-16 可知，微面积 $dA_W = 2y dx$，整个水线面面积为

$$A_W = 2\int_{-\frac{L}{2}}^{\frac{L}{2}} y dx \tag{1-5}$$

式中：y——距 Oy 轴 x 处的水线面半宽；

L——水线长，在计算中一般取垂线间长。

由图 1-16 可知，水线面面积 A_W 对 Oy 轴的静矩为

$$M_{Oy} = 2\int_{-\frac{L}{2}}^{\frac{L}{2}} xy dx \tag{1-6}$$

则有

$$x_F = \frac{M_{Oy}}{A_W} = \frac{\int_{-\frac{L}{2}}^{\frac{L}{2}} xy dx}{\int_{-\frac{L}{2}}^{\frac{L}{2}} y dx} \tag{1-7}$$

例 1-1：图 1-17 表示船在某一吃水时的水线面，由于水线面对称于中纵剖面，所以通常只给出水线面的一半。在进行计算时，一般将船长 L 分成 20 等分，则间距 $\delta L = \frac{L}{20}$，站号从船尾至船首依次编为 0 ~ 20，各站相应的半宽为 y_0、y_1、y_2、…、y_{19}、y_{20}（见表 1-3）。试用梯形法计算该水线面面积 A_W、漂心纵向坐标 x_F 及水线面系数 C_{WP}（该船船长 $L = 147.18$m，型宽 $B = 20.40$m，设计吃水 $d = 8.2$m）。

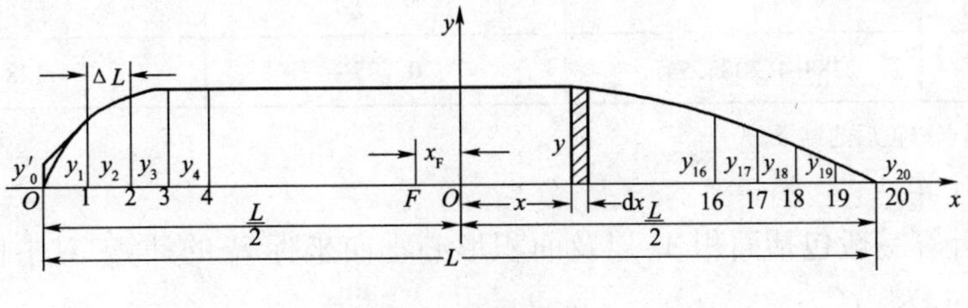

图 1-17　例 1-1 图

梯形法计算 A_W、x_F、C_{WP}　　表 1-3

站号 i	水线半宽 y_i(m)	面矩乘数 d_i	面矩函数(Ⅱ)×(Ⅲ)
Ⅰ	Ⅱ	Ⅲ	Ⅳ
0	2.31	−10	−23.10
1	4.87	−9	−43.83
2	6.97	−8	−55.76
3	8.57	−7	−59.99
4	9.56	−6	−57.36
5	10.01	−5	−50.05
6	10.18	−4	−40.72
7	10.20	−3	−30.60
8	10.20	−2	−20.40
9	10.20	−1	−10.20

续上表

站号 i	水线半宽 y_i(m)	面矩乘数 d_i	面矩函数(Ⅱ)×(Ⅲ)
Ⅰ	Ⅱ	Ⅲ	Ⅳ
10	10.20	0	-392.01
11	10.20	1	10.20
12	10.20	2	20.40
13	10.20	3	30.60
14	10.04	4	40.16
15	9.42	5	47.10
16	8.02	6	48.12
17	6.08	7	42.56
18	3.96	8	31.68
19	1.85	9	16.65
20	0.39	10	3.90
总和∑′	163.63		-100.64
修正值 ε	1.35		-9.60
修正后总和∑	162.28		-91.04
计算公式	$A_W =$	$C_{WP} = \frac{A_W}{LB}$	x_F
计算结果	2388.4(2385.5)m^2	0.795	-4.128(-4.123)m

注:括号内为端点修正后的结果。

2. 横剖面计算

横剖面计算一般包括面积 A_S 以及面积形心垂向坐标 z_a 的计算,对中横剖面来说还需要计算中横剖面系数 C_M。

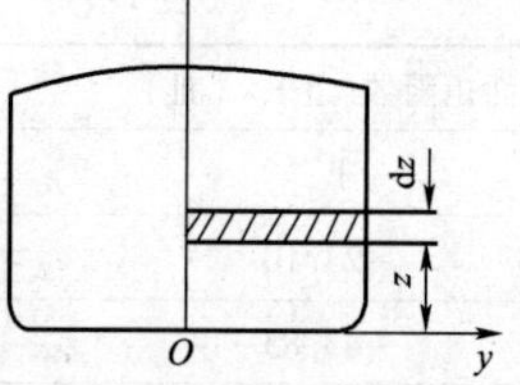

图 1-18 横剖面

由图 1-18 可知,微面积 $dA_S = 2y dz$。整个横剖面面积

$$A_S = 2\int_0^d y dz \tag{1-8}$$

式中:y——距 Oy 轴 z 处的水线面半宽。

由图 1-18 可知,横剖面面积 A_S 对基线 Oy 的静矩为

$$M_{Oy} = 2\int_0^d zy dz \tag{1-9}$$

所以,横剖面面积形心垂向坐标 z_a

$$z_a = \frac{M_{Oy}}{A_S} = \frac{\int_0^d zy dz}{\int_0^d y dz} \tag{1-10}$$

例 1-2:现以某货船为例,用梯形法进行中横剖面计算。图 1-19 表示某一横剖面曲线及不同吃水的半宽值,根据式(1-8)、式(1-9)、式(1-10),采用梯形法计算,见表 1-4。

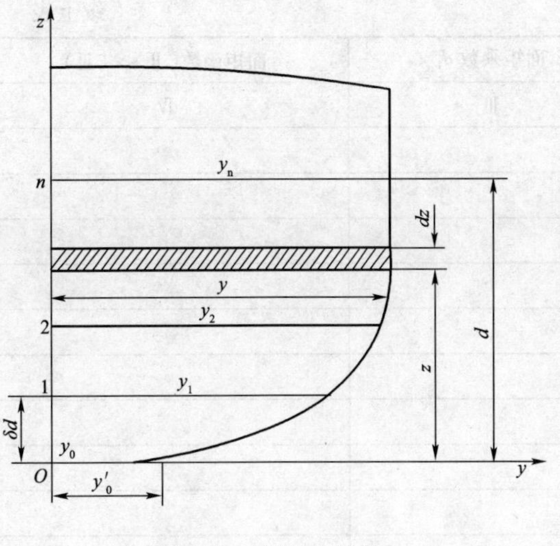

图 1-19　中横剖面计算

梯形法计算（船宽 $B=20.4\text{m}$，吃水 $d=8.4\text{m}$，$\delta d=1.2\text{m}$）

表 1-4

水线号	y_i（m）	k_i	$k_i \times y_i$
I	II	III	IV = II × III
0	8.37	0	0
1	0.96	1	9.96
2	10.20	2	20.40
3	10.20	3	30.60
4	10.20	4	40.80
5	10.20	5	51.00
6	10.20	6	61.20
7	10.20	7	71.40
总和	79.53		285.36
修正值	9.28		35.70
修正后总和∑′	70.25		249.66

在吃水 d 时，横剖面面积

$$A_M = 2 \times \delta d \times \sum{}'(\text{II}) = 2 \times 1.2 \times 70.25 = 168.6(\text{m}^2)$$

中横剖面面积形心垂向坐标

$$z_a = \delta d \frac{\sum{}'(\text{IV})}{\sum{}'(\text{II})} = 1.2 \times \frac{249.66}{70.25} = 4.26(\text{m})$$

中横剖面系数 C_M

$$C_M = \frac{A_M}{Bd} = \frac{168.6}{20.4 \times 8.4} = 0.984$$

学习成果测验

任务 1-4：某船设计水线长 $L_{WL}=110\text{m}$，型宽 $B=11.8\text{m}$，吃水 $d=3.6\text{m}$ 时，各水线半宽值见表 1-5，试用梯形法计算该吃水时的水线面面积 A_W、C_{WP} 以及漂心纵坐标 x_F。

A_W、x_F、C_{WP} 计算表

表 1-5

站　号	半宽 y_i（m）	面矩乘数 d_i	面矩函数（Ⅱ）×（Ⅲ）
Ⅰ	Ⅱ	Ⅲ	Ⅳ
0	3.25		
1	3.68		
2	4.08		
3	4.43		
4	4.78		
5	5.08		
6	5.34		
7	5.52		
8	5.70		
9	5.82		
10	5.90		
11	5.78		

续上表

站　　号	半宽 y_i(m)	面矩乘数 d_i	面矩函数(Ⅱ)×(Ⅲ)
Ⅰ	Ⅱ	Ⅲ	Ⅳ
12	5.60		
13	5.31		
14	4.96		
15	4.46		
16	3.70		
17	2.28		
18	1.90		
19	0.96		
20	0		
总和∑′			
修正值 ε			
修正后总和∑			
计算公式	A_W =	C_{WP} =	x_F =
计算结果			
参考答案	960m^2	0.740	−5.13m

评分：________________

知识拓展：变上限积分计算

前面关于水线面面积、横剖面面积及其形心坐标的计算等，实际上都是定积分计算。然而，在船舶静力学计算中，常遇到积分上限是变化的情况（即变上限积分），比如求任意吃水下的横剖面面积，任意吃水下的排水体积等。

下面以求横剖线 $y(z)$ 的积分曲线 $A_S(z)$ 为例，来说明应用梯形法计算变上限积分的具体方法。

图 1-20a）为某一横剖线 $y(z)$，当其吃水为某一变量 z 时，横剖面面积可表示为

$$A_S = \int_0^z y(z)\,dz$$

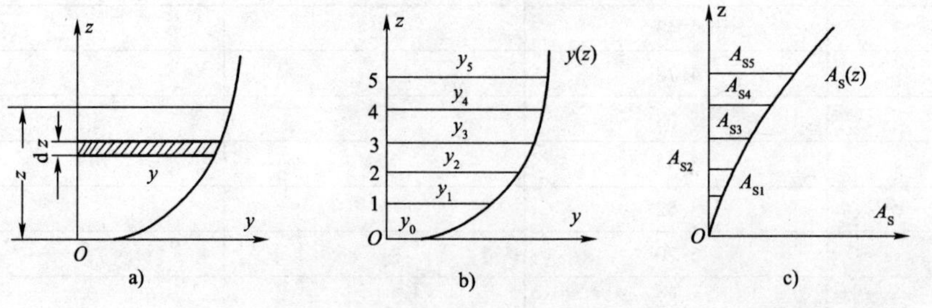

图 1-20　横剖线及横剖面面积曲线

上式表示横剖面面积 A_S 随吃水 z 的变化，为一变上限积分。为求出 A_S 随 z 变化的关系，即求出积分曲线 $A_S(z)$，可在吃水为 z 的变化范围内作出若干等分水线，水线间距为 δ_d，这样就将横剖线所围面积分割成若干小面积，如图 1-20b）所示。具体计算可按表 1-6 形式进行。

梯形法变上限积分计算表 表 1-6

水线号 i	水线半宽 y_i	成对和 y_i+y_{i+1}	自上至下之和 $\sum_i$	$A_{Si}=\delta d\sum_i$
0	y_0	—	$\sum_0=0$	$A_{S0}=0$
1	y_1	(y_0+y_1)	$\sum_1=(y_0+y_1)$	$A_{S1}=\delta d\sum_1$
2	y_2	(y_1+y_2)	$\sum_2=(y_0+y_1)+(y_1+y_2)$	$A_{S2}=\delta d\sum_2$
3	y_3	(y_2+y_3)	$\sum_3=(y_0+y_1)+(y_1+y_2)+(y_2+y_3)$	$A_{S3}=\delta d\sum_3$
⋮	⋮	⋮	⋮	⋮
$n-1$	y_{n-1}	$(y_{n-2}+y_{n-1})$	$\sum_{n-1}=(y_0+y_1)+(y_1+y_2)+\cdots+(y_{n-2}+y_{n-1})$	$A_{Sn-1}=\delta d\sum_{n-1}$
n	y_n	$(y_{n-1}+y_n)$	$\sum_n=(y_0+y_1)+(y_1+y_2)+\cdots+(y_{n-1}+y_n)$	$A_{Sn}=\delta d\sum_n$

计算结果，可以绘出横剖面面积随吃水变化的曲线 $A_S(z)$，即为原函数 $y(z)$ 的积分曲线，如图 1-20c）所示。

思考与练习

一、简答题

1. 船舶原理研究哪些内容？

2. 作图说明船体的主尺度是怎样定义的。

3. 作图说明船形系数是怎样定义的，其物理意义如何。

4. 试说明梯形法和辛氏法的基本原理以及它们的优缺点。

5. 作图说明梯形法对曲线端点曲率变化较大时如何处理。

6. 分别写出按梯形法计算水线面面积的积分公式，以及它的数值积分公式和表格计算方法。

二、计算题

1. 某海洋客船船长 $L=155\text{m}$，船宽 $B=18.0\text{m}$，吃水 $d=7.1\ \text{m}$，排水体积 $\nabla=10900\text{m}^3$。中横剖面面积 $A_M=115\text{m}^2$，水线面面积 $A_W=1980\text{m}^2$。试求：

（1）方形系数 C_B；（2）纵向棱形系数 C_P；（3）水线面系数 C_{WP}；（4）中横剖面系数 C_M；（5）垂向棱形系数 C_{VP}。

2. 某海洋客货轮排水体积 $\nabla=9750\text{m}^3$，主尺度比为：长宽比 $\frac{L}{B}=8.0$，宽度吃水比 $\frac{B}{d}=2.63$，船型系数为：$C_M=0.900$，$C_P=0.660$，$C_{VP}=0.780$。试求：

（1）船长 L；（2）船宽 B；（3）吃水 d；（4）水线面系数 C_{WP}；（5）方形系数 C_B；（6）水线面积 A_W。

3. 已知某巡逻艇吃水 $d=2.05\text{m}$，长宽比 $\frac{L}{B}=6.7$，宽度吃水比 $\frac{B}{d}=2.46$，$C_B=0.53$，求：排水体积 ∇。

4. 某游艇排水体积$\nabla=25m^3$，主尺度比为：长宽比$\frac{L}{B}=5.0$，宽度吃水比$\frac{B}{d}=2.7$，方形系$C_B=0.52$，求：该艇的主要尺度L、B及d。

5. 某军舰舰长$L=92.0m$，舰宽$B=9.1$ m，吃水$d=2.9$ m，中横剖面系$C_M=0.814$，方形系数$C_B=0.468$，求：

(1)排水体积∇；(2)中横剖面面积A_W；(3)纵向棱形系数C_P。

6. 某船的载重水线首尾对称，水线半宽可用数学方程式$y=1.5\sqrt[3]{x}$表示，船长$L=60m$，图1-21为$\frac{1}{4}$水线面，各站对应的半宽值见表1-7。

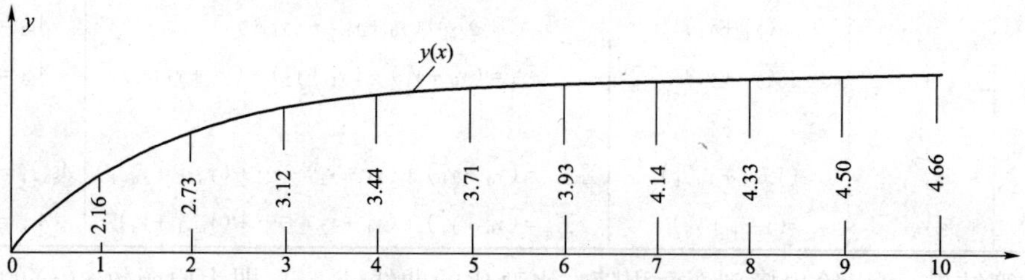

图1-21　某船$\frac{1}{4}$水线面型值(尺寸单位：m)

各站半宽值表　　表1-7

站号	0	1	2	3	4	5	6	7	8	9	10
x	0	3	6	9	12	15	18	21	24	27	30
$y=1.5\sqrt[3]{x}$	0	2.16	2.73	3.12	3.44	3.71	3.93	4.14	4.33	4.50	4.66

用下列方法求水线面面积：

(1)梯形法(十等分)；(2)辛氏法(十等分)；(3)定积分。

并以定积分计算数值为标准，求出其他两种方法的相对误差。

7. 对图1-22所示的两个横剖面的半宽及其水线间距先修正其坐标，然后用梯形法计算其面积。

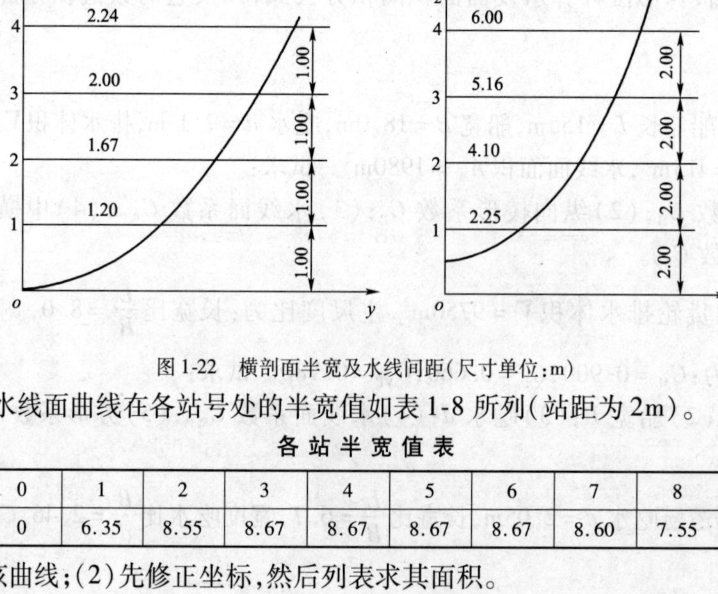

图1-22　横剖面半宽及水线间距(尺寸单位：m)

8. 某船的水线面曲线在各站号处的半宽值如表1-8所列(站距为2m)。

各站半宽值表　　表1-8

站号	0	1	2	3	4	5	6	7	8	9	10
半宽y_i(m)	0	6.35	8.55	8.67	8.67	8.67	8.67	8.60	7.55	4.18	0

(1)画出该曲线；(2)先修正坐标，然后列表求其面积。

第二章　浮　　性

• 能力目标

1. 掌握船舶的平衡条件，具备计算船舶重量和重心位置的能力。
2. 具备计算船舶排水量和浮心位置的能力。
3. 具备绘制静水力曲线图中浮性曲线的能力。
4. 具备计算船舶任意吃水下排水体积和浮心位置的能力。
5. 具备运用邦戎曲线计算船舶在纵倾状态下排水体积和浮心位置的能力。

浮性是船舶在一定装载情况下具有漂浮在水面（或浸没水中）保持平衡位置的能力，它是船舶的基本性能之一。浮性的计算是船舶静水力性能计算的重要内容。静水力性能计算是指船舶静止正浮于任何吃水时的浮性和初稳性的计算。根据计算结果绘制的静水力曲线图是船舶设计和使用的重要资料。本章将分别叙述船舶漂浮在静水中的平衡条件、各种漂浮状态，以及船舶在各种浮态下的排水体积和浮心位置的计算方法。

知识准备：船舶平衡条件

船舶在任一装载情况下，漂浮于水面（或浸没于水中）一定位置时，是一个处于平衡状态的浮体。这时，作用在船上的力，有船舶本身的重力以及静水压力所形成的浮力。

作用在船上的重力由船舶本身各部分的重量所组成，如船体构件、机电设备、货物、人员及行李等的重量，军舰还有武备、弹药等。这些重量形成一个垂直向下的合力，此合力就是船舶的重力 W，其作用点 G 称为船舶的重心。

如图 2-1 所示，当船舶漂浮于水面一定位置时，船体浸水表面的每一点都受到水的静压力，这些静压力都是垂直于船体表面的，其大小与浸水深度成正比。从图中可以看出，船舶水下部分静水压力的水平分力互相抵消，垂直分力则形成一个垂直向上的合力，此合力就是支持船舶漂浮于一定位置的浮力 $w\nabla$。合力的作用点 B 称为船舶的浮心。

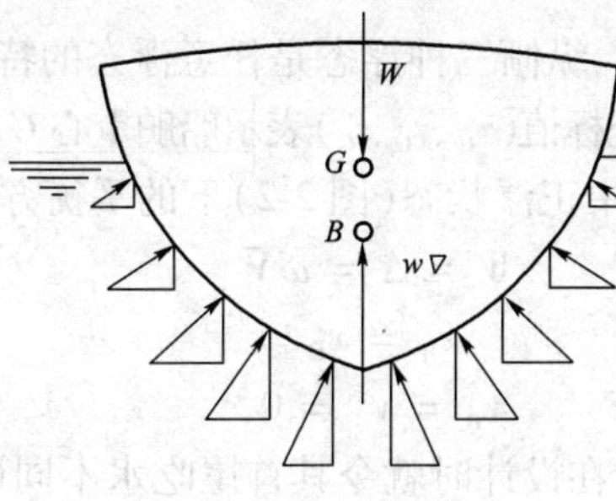

图 2-1　重心和浮心

根据阿基米德原理，物体在水中所受到的浮力等于该物体所排开的水的体积所产生的重力。因此船舶所受到的浮力在数值上就等于船舶所排开的水的重量（通常称为排水量）。

$$\Delta = w\nabla \quad (2\text{-}1)$$

式中：Δ——船舶排水量，t；

∇——船舶排水体积，m^3；

w——水的重量密度，tf/m^3，淡水的 $w = 1tf/m^3$，海水的 $w = 1.025tf/m^3$；

$w\nabla$——浮力，tf，但习惯上都用质量单位 t 代替。

浮心 B 也就是船舶排水体积 ∇ 的形心。

综上所述，船舶静止漂浮于一定位置时只受到两个作用力，即作用于重心 G 点并垂直向下的重力 W 和作用于浮心 B 点并垂直向上的浮力 $w\nabla$。因此船舶的平衡条件必然是：

（1）重力与浮力的大小相等而方向相反，即

$$W = w\nabla$$

（2）重心 G 和浮心 B 在同一铅垂线上。

由此可知，在讨论船舶平衡问题时，要考虑重力和浮力的大小，同时还要注意这些力的作用点位置。

知识点1 船舶浮态

船舶浮于静水的平衡状态称为浮态，通常可分为：

1. 正浮

是船舶中纵剖面和中横剖面均垂直于静止水面时的浮态。

2. 横倾

是船舶中横剖面垂直于静止水面，但中纵剖面与铅垂平面成一横倾角 φ 时的浮态，横倾角 φ 通常以向右舷倾斜（右倾）为正，向左舷倾斜（左倾）为负。

3. 纵倾

是船舶中纵剖面垂直于静止水面，但中横剖面与铅垂平面成一纵倾角 θ 时的浮态，纵倾角 θ 通常以向首部倾斜（首倾）为正，向尾部倾斜（尾倾）为负。

4. 任意浮态

是船舶既有横倾又有纵倾时的浮态，即船舶的中纵剖面与铅垂平面有一横倾角 φ，同时中横剖面与铅垂平面也有一纵倾角 θ。

从上述可知，船舶的正浮、横倾、纵倾三种浮态是任意浮态的特例。船舶的浮态可用吃水、横倾角和纵倾角等参数表示。若以坐标值（x_G、y_G、z_G）表示船舶重心 G 的位置，坐标值（x_B，y_B，z_B）表示船舶浮心 B 的位置，则船在静水中正浮状态（图 2-2）下的平衡方程是

$$W = \Delta = \omega\nabla$$

$$x_B = x_G$$

$$y_B = y_G = 0 \quad (2\text{-}2)$$

某些船舶如拖船、游艇等，有时在设计时就令其首尾吃水不同（称为有龙骨设计斜度），这是一种设计纵倾，它与上述的纵倾概念是不相同的。

在上述船舶各种浮态中，重心和浮心高度之间的关系通常是：重心 G 在浮心 B 之上，即 $z_G > z_B$。

一般船舶在设计时或正常使用情况下（如满载航行时），通常都应处在正浮状态或稍有尾

倾状态。至于横倾状态、大角度纵倾状态和任意状态往往都由于外力作用或船上重量位置的改变或船舶破损后进水等引起,不适当的浮态对船舶的使用及航行性能等都是很不利的。

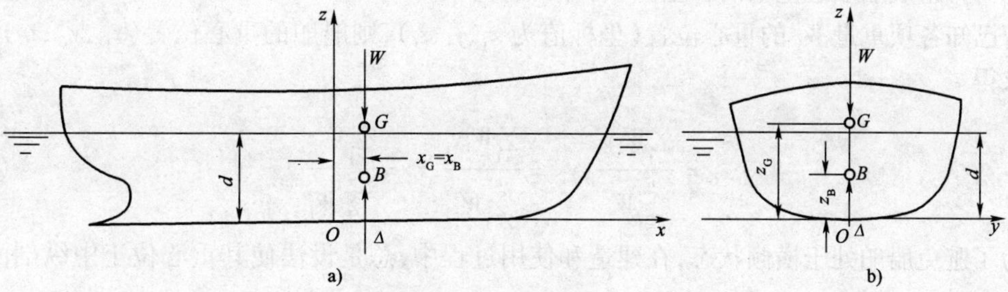

图 2-2　船舶正浮状态

船舶的浮态可以用吃水 d、横倾角 φ 和纵倾角 θ 三个参数表示。但在实际应用中,船舶的纵倾角 θ 很难直接测出,一般都是以首尾吃水差表示,因此更普遍的船舶浮态参数是:首吃水 d_F,尾吃水 d_A 和横倾角 φ。其他有关参数可根据这三个基本浮态参数导出:

平均吃水

$$d = \frac{d_F + d_A}{2}\text{(即船中处的吃水)}$$

纵倾值

$$t = d_F - d_A\text{(表示纵倾的大小)}$$

纵倾角

$$\theta = \arctan\left(\frac{d_F - d_A}{L}\right)\text{即}\tan\theta = \left(\frac{d_F - d_A}{L}\right) = \frac{t}{L} \tag{2-3}$$

式中:t——首尾吃水差,表示纵倾,首倾为正,尾倾为负;

L——垂线间长。

在讨论船舶的浮性问题和以后将要研究的船舶稳性等问题中,最关键的是研究船舶的重量和排水量、重心和浮心之间的相互关系及它们的计算方法。船舶的重量、重心可根据总布置图和其他有关图纸及技术资料进行分析计算,而排水量和浮心则须依据型线图和型值表进行分析计算。

学习成果测验

任务 2-1:回答以下问题:

(1)船舶的平衡条件是什么?

(2)船舶的漂浮状态通常有哪几种情况?

(3)表征各种浮态的参数有哪几个?

评分:________________

知识点 2　船舶重量和重心位置的计算

船舶总重量是船上各项重量的总和。若已知各个项目的重量 W_i,则船舶总重量 W 可按下式求得

$$W = W_1 + W_2 + W_3 + \cdots + W_n = \sum_{i=1}^{n} W_i \tag{2-4}$$

式中:n——组成船舶总重量的各重量项目的数目。

若已知各项重量 W_i 的重心位置(坐标值为 x_i、y_i、z_i),则船舶的重心位置(x_G、y_G、z_G)可按下式求得

$$x_G = \frac{\sum_{i=1}^{n} W_i x_i}{\sum_{i=1}^{n} W_i}, y_G = \frac{\sum_{i=1}^{n} W_i y_i}{\sum_{i=1}^{n} W_i}, z_G = \frac{\sum_{i=1}^{n} W_i z_i}{\sum_{i=1}^{n} W_i} \tag{2-5}$$

为了避免船舶处于横倾状态,在建造和使用过程中,总是设法使其重心位于中纵剖面上,即 $y_G = 0$。

从式(2-4)、式(2-5)中可以看出,计算船舶重量和重心位置的方法比较简单。但由于船上各组成部分的项目繁多,需一一加以测算,工作相当繁琐。故在计算时要认真仔细地工作,以免发生差错。船舶重量和重心位置的计算通常都根据总布置图和结构图等加以分组,按表 2-1 的表格形式进行。将表中最后一行的"总计"代入式(2-4)、式(2-5)中,即得船舶重量和重心位置。

船舶重心和重量的位置 表 2-1

序号	项目名称	重量 $W_i(t)$	对基平面		对中横剖面	
			z_i(m)	$W_i z_i$(t·m)	x_i(m)	$W_i x_i$(t·m)
1	…	W_1	Z_1	$W_1 z_1$	x_1	$W_1 x_1$
2	…	W_2	Z_2	$W_2 z_2$	x_2	$W_2 x_2$
3	…	W_3	Z_3	$W_3 z_3$	x_3	$W_3 x_3$
	总计	$\sum W_i$		$\sum W_i z_i$		$\sum W_i x_i$

构成船舶重量的项目虽多,但概括起来可归纳为两大类:

(1)固定重量:包括船体钢料、木作舾装、机电设备以及武器装备等。它们的重量和重心在船舶使用过程中是固定不变的,这一类重量的总和称为船的空船重量或船舶自身的重量。

(2)可变重量:包括货物、船员、行李、旅客、淡水、粮食、燃料、润滑油以及弹药等,这一类重量的总和称为船的载重量。

船舶的排水量是空船重量与载重量之和。由于船舶在实际使用中载重量总是变化的,其排水量也随装载情况而变化,因此需要定义船舶的若干典型装载情况及相应的排水量来反映船舶的各种技术性能。

对于民用船舶来说,在最基本的两种典型装载情况下,其相应的排水量有:

(1)空载排水量:指船舶在全部建成后交船时的排水量,即空船重量。此时,动力装置系统内有可供动车用的油和水,但不包括航行所需的燃料、润滑油和炉水储备以及其他的载重量。

(2)满载排水量:指在船上装载设计规定的载重量(即按照设计任务书要求的货物、旅客和船员及其行李、粮食、淡水、燃料、润滑油、锅炉用水的储备以及备品、供应品等均装载满额的重量)的排水量。

在空载排水量和满载排水量之中又可分为出港和到港两种。前者指燃料、润滑油、淡水、粮食及其他给养物品都按照设计所规定的数量带足;后者则假定这些消耗品还剩余 10%。通

常所谓设计排水量，如无特别注明，就是指满载出港的排水量，简称满载排水量。

通常所说的万吨轮，是指它的载重量在 1 万 t 左右。例如某万吨级货船的满载出港排水量为 17480t，其中空船重量为 5567t，载货量为 10178t，人员、淡水、燃料、粮食等为 1735t，因此其载重量为 11913t。

学习成果测验

任务 2-2：已知某船在某种装载情况下 $W=5215t$，$Z_G=8.95m$。若要在其第三货舱装货 $P=2312t$，货物重心高度 $Z_G=5.39m$。试求装货后船舶的重心垂向坐标 Z_{G1}（$=7.855m$）。

解：(1) 依题意装货后船舶重量 W_1 为

$W_1 = W + P =$

(2) 按合力矩定理求 $Z_{G1} =$

评分：________________

知识点 3　排水量和浮心位置的计算

船舶排水量和浮心位置的计算，是根据型线图及型值表来进行的。通常有垂向沿吃水方向计算和纵向沿船长方向计算两种，在应用计算机进行船舶计算时，基本上都采用纵向计算法。现分别叙述如下。

1. 垂向计算法——根据水线面计算排水体积和浮心位置

计算思路：先计算各水线面面积等有关数据，然后将水线面沿吃水方向积分来计算排水体积和浮心位置。

图 2-3 所示为船舶吃水 d 时的正浮状态。在离基平面 z 处，取高度为 dz 的一薄层进行分析。

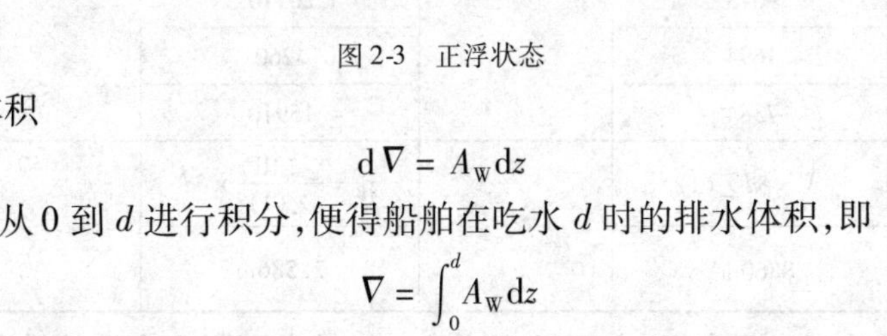

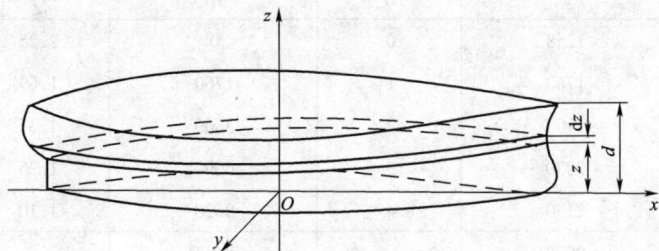

图 2-3　正浮状态

该薄层的微体积

$$d\nabla = A_W dz$$

将其沿垂向 z 从 0 到 d 进行积分，便得船舶在吃水 d 时的排水体积，即

$$\nabla = \int_0^d A_W dz \tag{2-6}$$

式中：A_W——离基平面 z 处的水线面面积。

该薄层的微体积 $d\nabla$ 对中站面 yOz 和基平面 xOy 的静矩分别为

$$dM_{yOz} = x_F A_W dz \tag{2-7}$$

$$dM_{xOy} = z A_W dz \tag{2-8}$$

式中：x_F——离基平面 z 处水线面面积 A_W 的漂心纵向坐标。

将式(2-7)沿垂向进行积分，便得排水体积 ∇ 对中站面 yOz 的静矩

$$M_{yOz} = \int_0^d x_F A_W \mathrm{d}z \tag{2-9}$$

因此，浮心纵向坐标

$$x_B = \frac{M_{yOz}}{\nabla} = \frac{\int_0^d x_F A_W \mathrm{d}z}{\int_0^d A_W \mathrm{d}z} \tag{2-10}$$

同理可得排水体积 ∇ 对基平面 xOy 的静矩和浮心垂向坐标为

$$M_{xOy} = \int_0^d z A_W \mathrm{d}z \tag{2-11}$$

$$z_B = \frac{M_{xOy}}{\nabla} = \frac{\int_0^d z A_W \mathrm{d}z}{\int_0^d A_W \mathrm{d}z} \tag{2-12}$$

当船舶处于正浮状态时，其浮心横向坐标 $y_B = 0$。

以上导出的各种积分公式是计算船舶在某一吃水 d 时的排水体积和浮心位置的基本公式。在具体计算时采用数值积分法，手工计算时用表格形式进行。

表 2-2 为某船在吃水 $d = 4.8$m 时，用垂向积分计算 ∇、x_B、z_B 的计算表。

∇、x_B 和 z_B 计算表(梯形法)　　表 2-2

水线号	水线面积 A_W(m²)	矩臂	对基线静矩乘积 (I)×(II)	漂心坐标 x_F(m)	对船中静矩乘积 (I)×(IV)
	I	II	III	IV	V
0	1258	0	0	2.25	2830.5
1	1760	1	1760	1.69	2474.4
2	1900	2	3800	1.37	2603
3	2030	3	6090	1.25	2537.5
4	2130	4	8520	1.10	2343
总值∑′	9078		20170		13288.4
修正值 ε	1694		4260		2586.7
修正后总值∑	7384		15910		10701.1
计算公式	$\nabla = \delta d \sum(\mathrm{I})$		$z_B = \frac{\sum(\mathrm{III})}{\sum(\mathrm{I})} \times \delta d$		$x_B = \frac{\sum(\mathrm{V})}{\sum(\mathrm{I})}$
结果	8860m³		2.586m		1.499m

在船舶设计和使用过程中，为方便迅速地确定船舶在不同吃水下的排水体积和浮心位置，只要将上述有关基本积分公式中的积分上限 d 改为变吃水 z(或 d_i)，使积分公式成为变上限积分即可方便而迅速地确定船舶在不同吃水下的排水体积和浮心位置。

由此可知，在计算排水体积和浮心位置时，必须计算水线面的面积及漂心纵向坐标以及它们随吃水变化的关系曲线。

知识拓展：利用水线面面积曲线来计算排水体积和浮心位置

水线面面积曲线——以各个吃水处的水线面面积为横坐标，以吃水为纵坐标，可绘制成如图 2-4 所示的水线面面积曲线 $A_W = f(z)$。

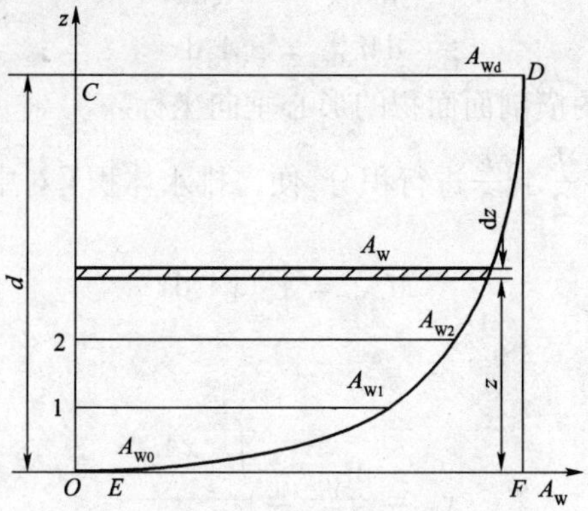

图 2-4　水线面面积曲线

水线面面积曲线具有如下特征：

（1）在某一吃水 d 时，水线面面积曲线与 Oz 轴所围的面积等于该吃水下的排水体积 ∇，即 $\nabla = \int_0^d A_W dz$

（2）水线面面积曲线与 z 轴所围的面积，其形心的垂向坐标等于浮心垂向坐标 z_B，即

$$Z_B = \frac{\int_0^d z A_W \mathrm{d}z}{\int_0^d A_W \mathrm{d}z}$$

（3）在吃水 d 以下的水线面面积曲线与 z 轴所围的面积，和以吃水 d 以及该处的水线面积 A_{Wd} 所构成的矩形面积之比，等于吃水 d 时的垂向棱形系数 C_{VP}。即

$$C_{VP} = \frac{\text{面积}_{OCDE}}{\text{面积}_{OCDF}} = \frac{\nabla}{A_{Wd} d}$$

所以，水线面面积曲线的形状反映了排水体积沿吃水方向的分布情况。

根据水线面面积曲线，应用变上限积分法，可以计算不同吃水时的排水体积和浮心坐标。

2. 纵向计算法——根据横剖面计算排水体积和浮心位置

计算思路：先计算各横剖面面积等有关数据，然后将横剖面沿船长方向积分来计算排水体积和浮心位置。

图 2-5 所示为船舶吃水 d 时的正浮状态。在离中站面 x 处，取长度为 $\mathrm{d}x$ 的一薄层进行分析。

该薄层的微体积

$$\mathrm{d}\nabla = A_S \mathrm{d}x$$

将其沿船长进行积分，即得船舶在吃水 d 时的排水体积，即

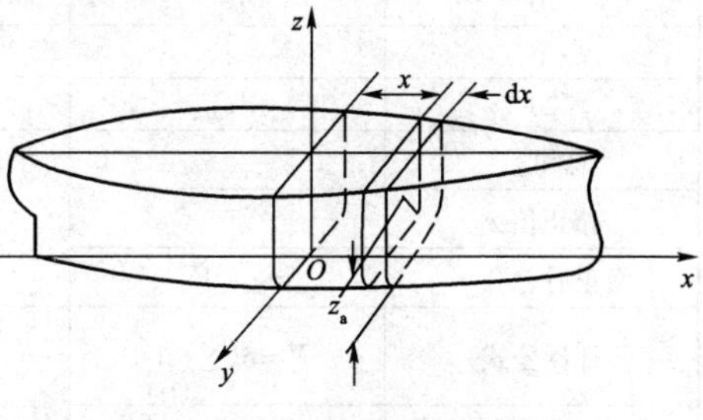

图 2-5　吃水 d 时的正浮状态

$$\nabla = \int_{-\frac{L}{2}}^{\frac{L}{2}} A_S \mathrm{d}x \tag{2-13}$$

式中：A_S——离中站面 x 处的横剖面面积。

该薄层的微体积 $\mathrm{d}\nabla$ 对中站面 yOz 和基平面 xOy 的静矩分别为

$$\mathrm{d}M_{yOz} = xA_S\mathrm{d}x \tag{2-14}$$

$$\mathrm{d}M_{xOy} = z_a A_S \mathrm{d}x \tag{2-15}$$

式中：z_a——离中站面 x 处的横剖面面积的形心垂向坐标。

将式(2-14)沿纵向从 $-\frac{L}{2}$ 到 $\frac{L}{2}$ 进行积分，便得排水体积 ∇ 对中站面 yOz 的静矩

$$M_{yOz} = \int_{-\frac{L}{2}}^{\frac{L}{2}} xA_S\mathrm{d}x \tag{2-16}$$

因此，浮心纵向坐标

$$x_B = \frac{M_{yOz}}{\nabla} = \frac{\int_{-\frac{L}{2}}^{\frac{L}{2}} xA_S\mathrm{d}x}{\int_{-\frac{L}{2}}^{\frac{L}{2}} A_S\mathrm{d}x} \tag{2-17}$$

将式(2-15)沿纵向从 $-\frac{L}{2}$ 到 $\frac{L}{2}$ 进行积分，便得排水体积 ∇ 对基平面 xOy 的静矩

$$M_{xOy} = \int_{-\frac{L}{2}}^{\frac{L}{2}} z_a A_S\mathrm{d}x \tag{2-18}$$

因此，浮心垂向坐标

$$z_B = \frac{M_{xOy}}{\nabla} = \frac{\int_{-\frac{L}{2}}^{\frac{L}{2}} z_a A_S\mathrm{d}x}{\int_{-\frac{L}{2}}^{\frac{L}{2}} A_S\mathrm{d}x} \tag{2-19}$$

当船舶处于正浮状态时，其浮心横向坐标 $y_B = 0$。

表2-3为用纵向积分计算 ∇、x_B、z_B 的计算表。

∇、x_B 和 z_B 计算表（梯形法） 表2-3

站号	横剖面面积 A_{Si}	力臂 x_i	纵向力矩 $A_{Si}\times x_i=(\mathrm{II})\times(\mathrm{III})$	横剖面垂向坐标 z_{Ai}	垂向力矩 $A_{Si}\times z_{Ai}=(\mathrm{II})\times(\mathrm{V})$
I	II	III	IV	V	VI
0	A_{S0}	−10	$-10A_{S0}$	z_{A1}	$A_{S0}\times z_{A0}$
1	A_{S1}	−9	$-9A_{S1}$	z_{A2}	$A_{S1}\times z_{A1}$
⋮		⋮	⋮	⋮	⋮
10	A_{S10}	0	0	z_{A10}	$A_{S10}\times z_{A10}$
⋮	⋮	⋮	⋮	⋮	⋮
20	A_{S20}	10	$10A_{S20}$	z_{A20}	$A_{S20}\times z_{A20}$
总和$\sum'$					
修正值 ε					
修正后总和$\sum$	$\sum(\mathrm{II})$		$\sum(\mathrm{IV})$		$\sum(\mathrm{VI})$
计算公式	$\nabla=\delta L\sum(\mathrm{II})$		$x_B=\frac{\sum(\mathrm{IV})}{\sum(\mathrm{II})}\times\delta L$		$z_B=\frac{\sum(\mathrm{VI})}{\sum(\mathrm{II})}$
计算结果					

知识拓展:利用横剖面面积曲线来计算排水体积和浮心位置

横剖面面积曲线——以船长 L 为横坐标,以横剖面面积 A_S 为纵坐标,可绘制成如图 2-6所示的横剖面面积曲线 $A_S=f(x)$。

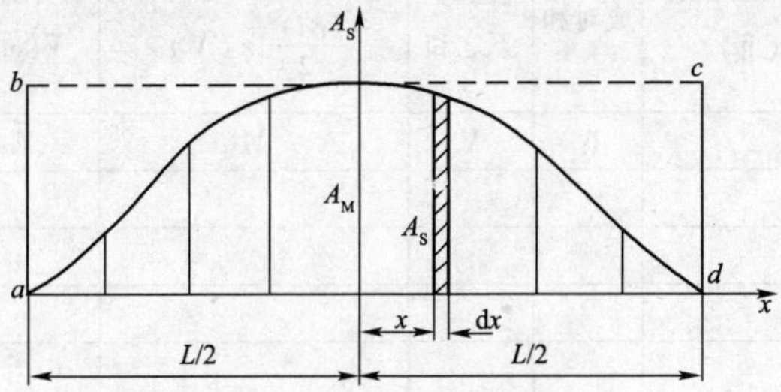

图 2-6 横剖面面积曲线

横剖面面积曲线具有下列特性:

(1)在某一吃水 d 时的横剖面面积曲线与横轴(即 x 轴)所围的面积,等于该吃水时的排水体积 ∇,即

$$\nabla=\int_{-\frac{L}{2}}^{\frac{L}{2}}A_S\mathrm{d}x$$

(2)横剖面面积曲线与 x 轴所围的面积,其形心的纵向坐标等于浮心纵向坐标 x_B,即

$$x_B=\frac{\int_{-\frac{L}{2}}^{\frac{L}{2}}xA_S\mathrm{d}x}{\int_{-\frac{L}{2}}^{\frac{L}{2}}A_S\mathrm{d}x}$$

(3)横剖面面积曲线与 x 轴所围的面积和以船长 L、船中横剖面面积 A_M 所构成的矩形面积之比,等于船舶在吃水 d 时的纵向棱形系数 C_P,即

$$C_P=\frac{\text{曲线所围面积}}{\text{矩形面积}_{abcd}}=\frac{\nabla}{A_M L}$$

所以,横剖面面积曲线的形状反映了船舶排水体积沿船长方向的分布情况。

利用上述横剖面面积曲线的特性是可以方便地求出该水线下的排水体积和浮心纵向坐标。同时该曲线通常也是设计新船型线图的主要根据之一。

讨论:利用垂向积分和纵向积分,求正浮状态下的排水体积和浮心坐标,其结果完全相同,可相互校核。一般说来,如要求取船舶在正浮状态下随吃水变化的排水体积和浮心坐标,则可采用第一种方法进行计算。在船舶使用过程中,由于载荷变化、舱室破损进水以及可浸长度、下水计算等,涉及船舶在纵倾状态下的排水体积和浮心坐标等值,或者计算船体强度时需要绘制浮力曲线图等,则常采用第二种方法进行计算。在应用计算机进行计算时,基本上都用第二种方法(即纵向计算法)。

学习成果测验

任务2-3：某船 $L=147.18\text{m}, B=20.4\text{m}, \delta d=1.2\text{m}$，根据水线面（垂向积分法）运用梯形法计算排水体积和浮心位置并完成表2-4。提示：参见公式(2-19)。

∇、z_B 计算表 表2-4

水线号	水线面积 $A_W(\text{m}^2)$	A_W 对基平面之静矩 (Ⅰ)×(Ⅱ)	成对和	自上至下之和	对基平面之体积静矩 $\frac{(\delta d)^2}{2}\times$(Ⅴ)	排水体积 $\nabla(\text{m}^3)$	$z_B=$ (Ⅵ)/(Ⅶ)	z_B 参考
Ⅰ	Ⅱ	Ⅲ	Ⅳ	Ⅴ	Ⅵ	Ⅶ	Ⅷ	(m)
0	1258							
1	1760							0.70
2	1900							1.31
3	2030							1.94
4	2130							2.59
5	2230							3.24
6	2320							3.88
7	2420							4.53
8	2510							5.20

评分：＿＿＿＿＿＿＿＿

知识点4　在任意吃水下排水体积和浮心位置计算

1. 排水体积曲线

由水线面面积曲线的特性可知，计算排水体积的积分公式是

$$\nabla=\int_0^d A_W \mathrm{d}z$$

如果要知道船舶在不同吃水 d 时的排水体积，只需将上式的积分上限改为吃水变量 d_i（或 z），即可得变上限积分

$$\nabla_i=\int_0^{d_i} A_W \mathrm{d}z \qquad (2\text{-}20)$$

由式(2-20)可计算并画出排水体积随吃水变化的关系曲线，此曲线称为排水体积曲线。根据图2-4所示的水线面面积曲线，如用梯形法计算不同水线下的排水体积，则分别为：

1号水线至基平面的排水体积

$$\nabla_1=\frac{1}{2}\delta d(A'_{W0}+A_{W1})$$

2号水线至基平面的排水体积

$$\nabla_2=\frac{1}{2}\delta d[(A'_{W0}+A_{W1})+(A_{W1}+A_{W2})]$$

3号水线至基平面的排水体积

$$\nabla_3=\frac{1}{2}\delta d[(A'_{W0}+A_{W1})+(A_{W1}+A_{W2})+(A_{W3}+A_{W3})]$$

以此类推,便可算出任意水线 d_i 下的排水体积

$$\nabla_i = \int_0^{d_i} A_W \mathrm{d}z \approx \frac{1}{2}\delta d[(A'_{W0} + A_{W1}) + (A_{W1} + A_{W2}) + \cdots + (A_{Wi-1} + A_{W3})]$$

必须指出,上述各式中的 A'_{W_0}。应是吃水为 0 时采用梯形法端点修正后的水线面面积,若直接用水线面而积曲线上的 A_{W_0},则算出的排水体积误差较大。在实际计算中,可按表 2-5 表格形式进行计算。

排水体积计算表格 表 2-5

水线号	水线面积 A_W(m²)	成对和	自上至下和	排水体积(m³) $\nabla = \frac{\delta d}{2} \times$(Ⅳ)
Ⅰ	Ⅱ	Ⅲ	Ⅳ	Ⅴ
0	A_0	—	—	—
1	A_1	$A_0 + A_1$	$A_0 + A_1$	V_1
2	A_2	$A_1 + A_2$	$(A_0 + A_1) + (A_1 + A_2)$	V_2
3	A_3	$A_2 + A_3$	$(A_1 + A_2) + (A_2 + A_3) + (A_3 + A_4)$	V_3
⋮	⋮	⋮	⋮	⋮

根据计算所得的不同水线下的排水体积,以吃水为纵坐标,排水体积为横坐标,绘制成排水体积曲线 $\nabla = f(z)$,如图 2-7 所示。由图中可看出,该曲线的形状在吃水较小时有些"微凸",向上走势则近似一条倾斜直线。由于 ∇ 值是根据型线图计算而得,故称为型排水体积,其中没有包括船壳板及附体(如:舭龙骨、舵、支轴架、螺旋桨等)在内。包括壳板及附体在内的排水体积称为总排水体积 ∇_k,其数值可按有关图纸资料算出,也可以根据下式进行估算

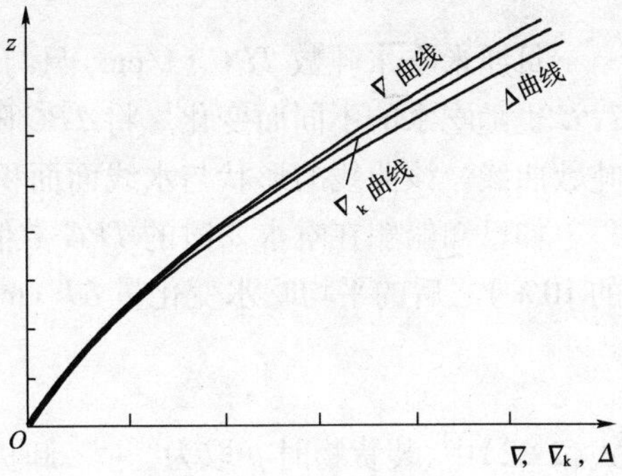

图 2-7 排水体积曲线

$$\nabla_k = k\nabla$$

系数 k 以取尺度大小相近的同类型船的数值为宜。通常 k 值约在 1.004 ~ 1.03 范围内变化,一般小船取大值,大船取小值,如万吨级货船的 k 值约为 1.006。

表 2-6 所示为一个具体算例。

∇计算表($L = 147.18$m, $B = 20.4$m, $\delta d = 1.2$) 表 2-6

水线号	水线面积 A_W(m²)	成对和	自上至下之和	排水体积(m³) $\nabla = \frac{\delta d}{2} \times$(Ⅳ)
Ⅰ	Ⅱ	Ⅲ	Ⅳ	Ⅴ
0	1258	—	—	—
1	1760	3018	3018	1810
2	1900	3660	6678	4010
3	2030	3930	10608	6370
4	2130	4160	14768	8860
5	2230	4360	19128	11480
6	2320	4550	23678	14210
7	2420	4740	28418	17050
8	2510	4930	33348	20000

排水体积曲线一般应包括三根曲线，即型排水体积∇曲线、总排水体积∇_k曲线（也代表在淡水中的排水重量）以及总排水量Δ曲线（$\Delta = w\nabla_k, w = 1.025\text{t/m}^3$）。

2. 每厘米吃水吨数曲线

船舶正浮时吃水增加（或减小）1cm 时，引起排水量增加（或减小）的吨数称为每厘米吃水吨数 TPC。根据水线面面积曲线可以算出在任何吃水时的每厘米吃水吨数。

设船舶在吃水 d 时的水线面面积为 A_W，则吃水改变 δd 时排水体积的变化为

$$\delta\nabla = A_W \delta d$$

排水量的变化为

$$\delta\Delta = wA_W\delta d$$

式中：w——水的重量密度，t/m^3；

当 $\delta d = 1\text{cm} = \frac{1}{100}\text{m}$ 时，令 $\delta\Delta = TPC$，则

$$TPC = \frac{wA_W}{100} \tag{2-21}$$

每厘米吃水吨数 TPC（t/cm）只与 A_W 有关。由于水线面面积 A_W 是随吃水变化的，因此 TPC 也随吃水的不同而变化。将 TPC 随吃水的变化绘制成曲线 $TPC = f(z)$，称为每厘米吃水吨数曲线。该曲线的形状与水线面面积曲线完全相似。

如已知船舶在吃水 d 时的 TPC 数值，便可迅速地求出装卸小量货物 p(t)（不超过排水量的 10%）之后的平均吃水变化量 δd(cm)，即

$$\delta d = \frac{p}{TPC} \tag{2-22}$$

式(2-22)中，装货物时 p 取为"+"，卸货物时 p 取为"-"。

3. 浮心坐标曲线

船舶浮心即排水体积的形心，其位置可由纵向、横向和垂向三个坐标来确定。一般船舶水下部分左右舷是对称的，在正浮状态时，横向坐标 y_B 为 0。浮心位置随吃水变化的关系曲线分别为浮心纵向坐标曲线 $x_B = f(z)$ 和浮心垂向坐标曲线 $z_B = f(z)$。

船舶在某一固定吃水 d 时，浮心纵向坐标 x_B 和垂向坐标 z_B 可按前面导出的式(2-10)和式(2-12)进行计算。对任意吃水 z 时，浮心坐标的计算，可采用公式(2-10)和式(2-12)的变上限积分求得。现分别讨论如下：

1）浮心纵向坐标曲线

为了计算浮心纵向坐标曲线，预先算出不同吃水处的水线面漂心纵向坐标，并将其计算结果绘制成如图 2-8 所示的随吃水变化的水线面漂心纵向坐标曲线 $x_F = f(z)$。

浮心纵向坐标 x_B 随吃水 d_i（或 z）而变化的计算公式为式(2-10)，即

$$x_B = \frac{M_{yOz}}{\nabla} = \frac{\int_0^{d_i} x_F A_W \mathrm{d}z}{\int_0^{d_i} A_W \mathrm{d}z}$$

根据水线面面积曲线和漂心纵向坐标曲线，便可用梯形法列表进行计算，其表格形式如表 2-7 所示。

浮心纵向坐标 x_B 曲线计算 表 2-7

水线号	水线面积 A_W	漂心位置 x_F	乘积 (Ⅱ)×(Ⅲ)	成 对 和	自上至下和	对船中的体积静矩 $\frac{\delta d}{2}\times$(Ⅵ)	排水体积 ∇	浮心位置 x_B = (Ⅶ)/(Ⅷ)
Ⅰ	Ⅱ	Ⅲ	Ⅳ	Ⅴ	Ⅵ	Ⅶ	Ⅷ	Ⅸ
0	A_{W0}	x_{F0}	$A_{W0}x_{F0}$	—	—	—	—	—
1	A_{W1}	x_{F1}	$A_{W1}x_{F1}$	$A_{W0}x_{F0}+A_{W1}x_{F1}=a$	a	$\frac{\delta d}{2}\times a$	∇_1	x_{B1}
2	A_{W2}	x_{F2}	$A_{W2}x_{F2}$	$A_{W1}x_{F1}+A_{W2}x_{F2}=b$	$a+b$	$\frac{\delta d}{2}\times(a+b)$	∇_2	x_{B2}
3	A_{W3}	x_{F3}	$A_{W3}x_{F3}$	$A_{W2}x_{F2}+A_{W3}x_{F3}=b$	$a+b+c$	$\frac{\delta d}{2}\times(a+b+c)$	∇_3	x_{B3}
⋮	⋮	⋮	⋮		⋮	⋮	⋮	⋮

根据计算所得的结果,可绘制成如图 2-8 所示的浮心纵向坐标曲线。

2)浮心垂向坐标曲线

前面已导出了浮心垂向坐标的计算公式(2-12),该式是根据水线面积曲线计算浮心垂向坐标的。实践证明,按此公式采用数值积分法计算所得的 z_B 数值往往偏高。因此,在实际工作中,常按排水体积曲线来计算浮心垂向坐标 z_B,计算公式如下

$$z_B = d_i - \frac{\int_0^{d_i} \nabla \mathrm{d}z}{\nabla_i} \tag{2-23}$$

上式是变上限积分公式,可列表进行计算,采用梯形法的表格形式如表 2-8 所示。

浮心垂向坐标 z_B 计算 表 2-8

水线号	吃水 d	排水体积 ∇	成 对 和	自上至下和	$\int_0^d \nabla \mathrm{d}z = \frac{\delta d}{2}\times$(Ⅴ)	(Ⅵ)/(Ⅲ)	$z_B = d_i -$ Ⅶ
Ⅰ	Ⅱ	Ⅲ	Ⅳ	Ⅴ	Ⅵ	Ⅶ	Ⅷ
0	0	—	—	—	—		—
1	d_1	V_1	$V_1=a$	a	$\frac{\delta d}{2}\times a$		z_{B1}
2	d_2	V_2	$V_1+V_2=b$	$a+b$	$\frac{\delta d}{2}\times(a+b)$		z_{B2}
3	d_3	V_3	$V_2+V_3=c$	$a+b+c$	$\frac{\delta d}{2}\times(a+b+c)$		z_{B3}
⋮	⋮	⋮	⋮	⋮	⋮		⋮

根据表 2-8 计算所得的结果,可绘制成如图 2-9 所示的浮心垂向坐标曲线。

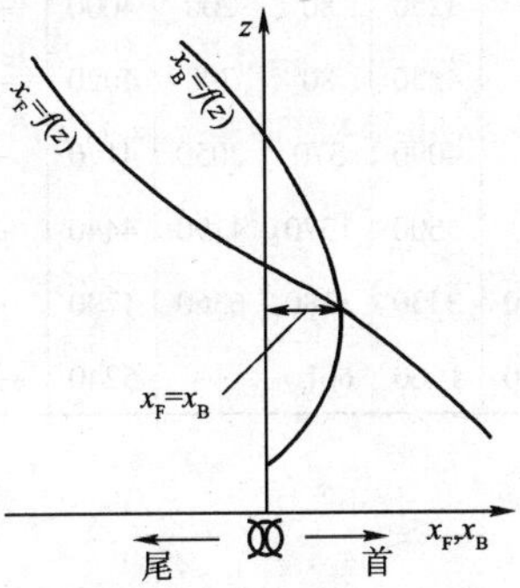

图 2-8　浮心纵向坐标

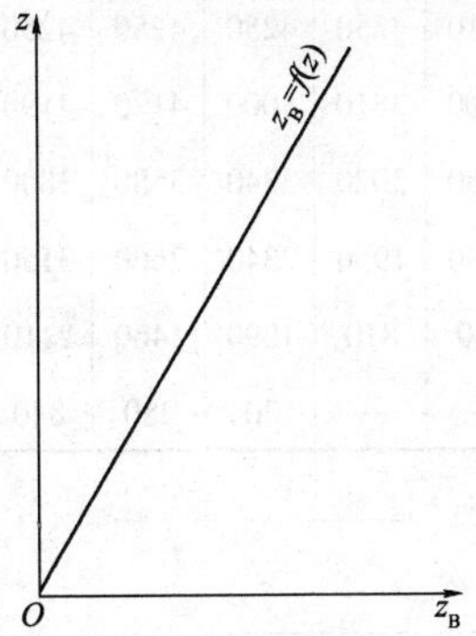

图 2-9　浮心垂向坐标

任务2-4:

(1)根据所给条件完成表2-9。

∇、x_B 计算表($L=147.18\text{m}, B=20.4\text{m}, \delta d=1.2$)　　表2-9

水线号	水线面积 $A_W(\text{m}^2)$	漂心位置 $x_F(\text{m})$	$A_W \times x_F$ (Ⅱ)×(Ⅲ)	成对和	自上至下之和	对船中的体积静矩 $\frac{\delta d}{2}\times$(Ⅵ)	排水体积 $\nabla(\text{m}^3)$	$x_B=$ (Ⅶ)/(Ⅷ)	参考
Ⅰ	Ⅱ	Ⅲ	Ⅳ	Ⅴ	Ⅵ	Ⅶ	Ⅷ	Ⅸ	(m)
0	1258	2.25							—
1	1760	1.69							1.923
2	1900	1.37							1.704
3	2030	1.25							1.557
4	2130	1.10							1.449
5	2230	−0.12							1.228
6	2320	−2.70							0.716
7	2420	−4.84							−0.036
8	2510	−5.47							−0.796

评分:______________

(2)如何根据型值表(表2-10)运用梯形法列表求出浮心坐标 x_B、z_B。

型　值　表　　表2-10

站号	距中线面之半宽值(mm)									距基平面之高度值(mm)					
	700水线	1400水线	2100水线	设计水线	3500水线	上甲板边线	尾楼甲板边线	首楼甲板边线	舷墙顶线	1500纵剖线	3000纵剖线	上甲板边线	尾楼甲板边线	首楼甲板边线	舷墙顶线
尾封板	—	—	—	—	1390	2280	3080	—	3140	3600	6100	4170	6270	—	—
0	—	—	—	850	2080	2850	3620	—	3660	3180	4390	4100	6200	—	6275
1	560	860	1410	2400	3300	3810	4200	—	4200	2150	3250	4050	6150	—	6225
2	2150	2720	3150	3550	3920	4150	4250	—	4250	250	1850	4000	6100	—	6175
3	3520	3940	4100	4170	4220	4250	—	—	4250	80	300	4000	—	—	5450
4	4100	4200	4250	4250	4250	4250	—	—	4250	80	180	4000	—	—	4900
5	3770	4110	4250	4250	4250	4250	—	—	4250	80	200	4000	—	—	4900
6	2930	3500	3810	4000	4120	4190	—	—	4250	80	790	4020	—	—	4920
7	1960	2580	3020	3340	3580	3800	—	—	4090	370	2050	4170	—	—	5070
8	1020	1530	1950	2340	2660	3150	—	—	3600	1370	4190	4440	—	—	5350
9	320	560	810	1090	1460	2110	—	3180	3330	3180	6360	4790	—	6690	6940
10	—	—	—	70	280	840	—	1740	1960	6620	—	5240	—	7140	7560

$x_B=$__________;$z_B=$______________。

评分:______________

知识点5　船舶在纵倾状态下排水体积和浮心位置的计算

前面叙述了船舶在正浮状态下的排水体积和浮心位置的计算方法，但在船舶设计、建造和使用过程中，经常需要知道船舶在纵倾状态下的排水量和浮心位置，这可以利用邦戎曲线图或费尔索夫图谱求出。现分别介绍如下。

1. 邦戎曲线的计算和绘制

1）邦戎曲线的计算

设船体某一站号处的横剖面如图2-10a)所示。该横剖面自船底到最高一层连续甲板（即上甲板）在不同吃水下的横剖面面积，可由公式 $A_S = 2\int_0^{d_i} y\mathrm{d}z$ 的变上限积分求得，并绘出 A_S 随 d 而变化的曲线 $A_S = f(z)$，如图2-10b)所示。该面积对基平面的静矩可由 $M_{Oy} = 2\int_0^T zy\mathrm{d}z$ 的变上限积分求得。

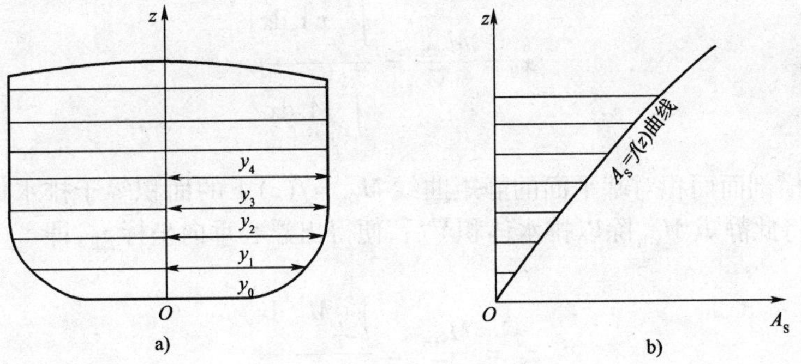

图2-10　横剖面图形

2）邦戎曲线的绘制

第一步：根据型线图绘出船体侧面轮廓（一般绘到上甲板）。

第二步：把型线图上各站号处的横剖面都进行如上计算，以各站吃水为垂向坐标，以各相应吃水时的横剖面面积 A_S 和面积矩 M_{Oy} 为横坐标，绘出各站处的 $A_S = f(z)$ 和 $M_{Oy} = f(z)$（图中用虚线表示）曲线，即构成邦戎曲线，如图2-11所示。

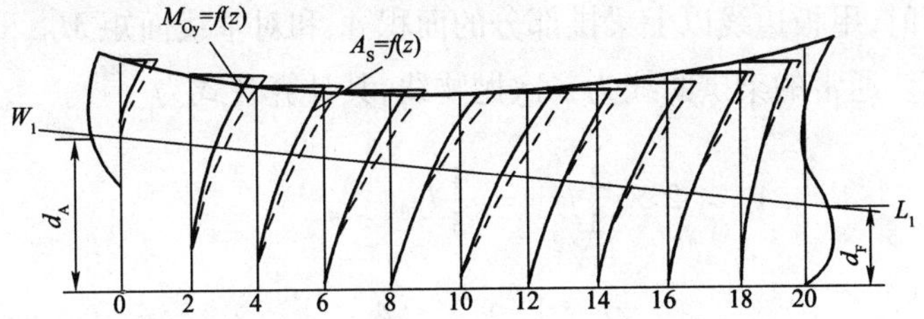

图2-11　邦戎曲线

为缩短图纸的长度和使用方便，在绘制邦戎曲线图时，对船长和型深采用不同比例，例如船长采用 $\frac{1}{500} \sim \frac{1}{50}$，吃水采用 $\frac{1}{50} \sim \frac{1}{5}$，因此图上的船形显得短而高。而 A_S 则用1cm表示5m²；M_{Oy} 用1cm表示5N·m。

2. 邦戎曲线的应用

有了邦戎曲线图(图 2-11),可以方便地算出任意纵倾水线下的排水体积∇和浮心位置 x_B 和 z_B,其计算步骤为:

(1)根据船舶的首吃水 d_F 和尾吃水 d_A,在邦戎曲线图上作出纵倾水线 W_1L_1。

(2)自纵倾水线 W_1L_1 与各站号垂线的交点作平行于基线的直线,并分别与各站的 $A_S = f(z)$ 曲线(以实线表示)相交于 A_{Si},与各站的 $M_{Oy} = f(z)$ 曲线(以虚线表示)相交于 M_{Oyi},根据各自的曲线比例量出各站的横剖面面积 A_{S0},A_{S1},A_{S2}…和面积对基平面的静矩 M_{Oy0},M_{Oy1},M_{Oy2}…。

(3)根据量出的数值,可绘制该纵倾水线 W_1L_1 下的横剖面面积曲线 $A_S = f(z)$ 及横剖面静矩曲线 $M_{Oy} = f(z)$,对其进行端点修正。

(4)根据横剖面面积曲线的特征,可知该曲线 $A_S = f(z)$ 下的面积及其形心纵向坐标分别为船舶在纵倾水线 W_1L_1 下的排水体积∇和浮心纵向坐标 x_B,即

$$\nabla = \int_{-\frac{L}{2}}^{\frac{L}{2}} A_S \mathrm{d}x$$

$$x_B = \frac{M_{yOz}}{\nabla} = \frac{\int_{-\frac{L}{2}}^{\frac{L}{2}} x A_S \mathrm{d}x}{\int_{-\frac{L}{2}}^{\frac{L}{2}} A_S \mathrm{d}x}$$

(5)同理,横剖面面积对基平面的静矩曲线 $M_{Oy} = f(z)$下的面积等于排水体积∇对基平面的静矩 M_{xOy}。将此静矩 M_{xOy}除以排水体积∇后,便得出浮心垂向坐标 z_B,即

$$z_B = \frac{M_{xOy}}{\nabla} = \frac{\int_{-\frac{L}{2}}^{\frac{L}{2}} M_{Oy} \mathrm{d}x}{\int_{-\frac{L}{2}}^{\frac{L}{2}} A_S \mathrm{d}x}$$

邦戎曲线在船体计算中非常有用,例如稳性计算、舱容计算、可浸长度计算、下水计算以及船体总强度计算中都要用到它。

知识拓展:邦戎曲线的具体计算

在具体计算时,甲板边线以上梁拱部分的面积 A_{Sf}和对基线面矩 M_{Oyf},可根据梁拱曲线的形状进行计算。通常的梁拱曲线为二次抛物线,其计算公式为

$$A_{sf} = 2 \times \frac{2}{3} f y_d = \frac{4}{3} f y_d$$

$$M_{Oyf} = A_{sf}\left(d_d + \frac{2}{5} f\right) = \frac{4}{3}\left(d_d + \frac{2}{5} f\right) f y_d$$

式中:f——横剖面的梁拱;

y_d——横剖面在甲板边线处的半宽;

d_d——甲板边线距基线高,如图 2-12 所示。

计算时应注意f的数值在各横剖面处是不同的，它随甲板宽度的减小而减小，具体数值可根据船舶型宽B、设计梁拱f和梁拱曲线形状求出。

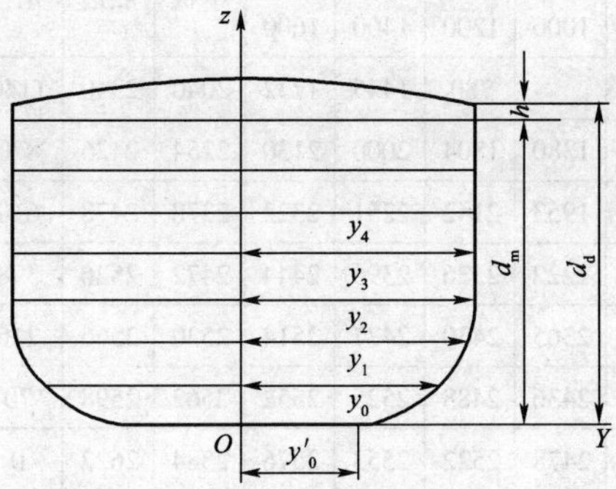

图 2-12　横剖面的边线与梁拱

3. 费尔索夫图谱

费尔索夫图谱是根据邦戎曲线计算并绘制而成的曲线图，它表明船舶在纵倾水线下的排水体积、浮心纵向坐标与首、尾吃水之间的关系，如图 2-13 所示。费尔索夫图谱的横坐标是首吃水 d_F 纵坐标是尾吃水 d_A，图中有两组曲线，一组为排水体积∇的等值曲线，另一组为浮心纵向坐标 x_B 的等值曲线。

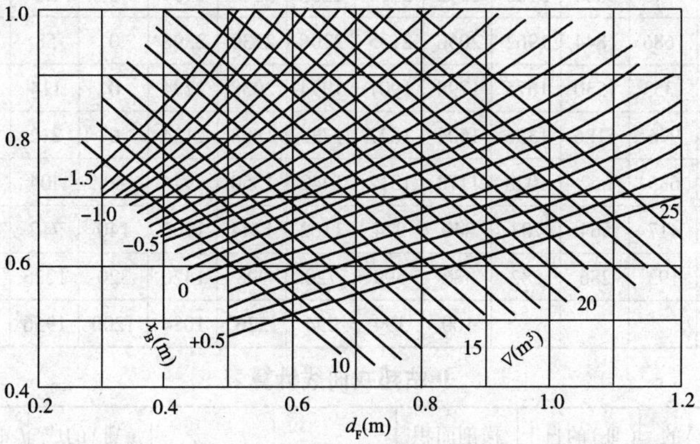

图 2-13　费尔索夫图谱

已知船的首、尾吃水，可在费尔索夫图谱中直接查出相应的排水体积∇和浮心纵向坐标 x_B。反之，如已知船的排水体积∇和浮心纵向坐标 x_B，也可从图谱中查出相应的首吃水 d_F 和尾吃水 d_A。

学习成果测验

任务 2-5：根据所提供的资料列表计算并绘制某船的邦戎曲线。

某船主尺度：

总长：23.20m；垂线间长：19.60m；设计水线长：20.78m；型宽：5.23m；型深：1.64m；设计吃水：1.20m。

该船船型值表及各站邦戎曲线计算表见表 2-11 ~ 表 2-15。

型 值 表 表 2-11

	半宽											高度					
	龙骨	水线								甲板	舷边	龙骨	纵剖线			甲板	舷边
		200	400	600	800	1000	1200	1400	1600				500	1000	1500		
	0						780	1445	1732	2040	2340	1140	1170	1236	1430	2004	2730
0						1380	1804	2000	2130	2254	2426	870	886	930	1038	1882	2536
1					1606	1953	2142	2251	2322	2378	2478	610	632	676	764	1816	2420
2			142	1729	2058	2222	2326	2396	2444	2472	2526	398	418	452	526	1762	2120
3			1702	2074	2262	2365	2430	2477	2514	2530	2566	216	226	264	346	1728	2232
4	100	1464	2006	2224	2354	2436	2488	2525	2552	2562	2598	70	88	128	208	1702	2164
5	100	1746	2142	2310	2412	2478	2522	2553	2576	2584	2622	0	26	64	138	1680	2114
6	100	1872	2214	2358	2442	2501	2542	2571	2592	2600	2638	0	10	32	94	1664	2076
7	100	1934	2240	2377	2458	2514	2556	2584	2606	2612	2644	0	0	12	74	1650	2056
8	100	1952	2256	2388	2466	2523	2564	2592	2612	2615	2648	0	0	12	68	1642	2056
9	100	1926	2228	2366	2450	2510	2554	2582	2604	2606	2642	0	0	20	76	1640	2056
10	100	1850	2170	2318	2410	2476	2524	2556	2580	2584	2624	0	2	32	100	1640	2076
11	100	1724	2076	2244	2350	2426	2482	2519	2548	2554	2596	0	4	52	140	1642	2106
12	100	1532	1934	2127	2248	2332	2392	2441	2478	2486	2550	0	10	80	190	1646	2140
13	100	1294	1730	1945	2084	2180	2252	2314	2368	2380	2484	0	20	126	274	1654	2180
14	100	1010	1452	1686	1844	1962	2056	2135	2206	2230	2398	0	58	196	434	1672	2224
15	100	728	1112	1353	1530	1675	1798	1901	1994	2038	2284	0	114	330	762	1696	2272
16	100	482	770	996	1186	1356	1504	1627	1738	1808	2134	0	212	604	1194	1726	2336
17	100	284	556	685	862	1028	1178	1312	1442	1550	1944	40	404	964	1690	1768	2418
18	100	132	270	417	564	703	840	974	1102	1244	1706	140	712	1440	2220	1826	2522
19			122	193	286	382	486	599	720	908	1420	320	1226	2040	0	1902	2648
20							100	194	294	526	1084	1200	1956	2680	0	1996	2800

0 站邦戎曲线计算表 表 2-12

水线号	半宽	(Ⅱ)的成对和	(Ⅲ)的自上至下之和	横剖面积 $\delta d\times$(Ⅳ)	力臂系数	(Ⅱ)×(Ⅵ)	(Ⅶ)的成对和	(Ⅷ)自上至下之和	面积静矩 $(\delta d)^2\times$(Ⅸ)
(Ⅰ)	(Ⅱ)	(Ⅲ)	(Ⅳ)	(Ⅴ)	(Ⅵ)	(Ⅶ)	(Ⅷ)	(Ⅸ)	(Ⅹ)
0	0			0	0	0			0
1	0	0	0	0	1	0	0	0	0
2	0	0	0	0	2	0	0	0	0
3	0	0	0	0	3	0	0	0	0
4	0	0	0	0	4	0	0	0	0
5	1.38	1.38	1.38	0.276	5	6.9	6.9	6.9	0.276
6	1.804	3.184	4.564	0.913	6	10.82	17.72	24.62	0.985
7	2	3.804	8.368	1.674	7	14	24.82	49.45	1.978
8	2.13	4.13	12.5	2.5	8	17.04	31.04	80.49	3.22

1 站邦戎曲线计算表 表 2-13

水线号	半宽	(Ⅱ)的成对和	(Ⅲ)的自上至下之和	横剖面积 $\delta d\times$(Ⅳ)	力臂系数	(Ⅱ)×(Ⅵ)	(Ⅶ)的成对和	(Ⅷ)自上至下之和	面积静矩 $(\delta d)^2\times$(Ⅸ)
(Ⅰ)	(Ⅱ)	(Ⅲ)	(Ⅳ)	(Ⅴ)	(Ⅵ)	(Ⅶ)	(Ⅷ)	(Ⅸ)	(Ⅹ)
0	0			0	0	0			0
1	0	0	0	0	1	0	0	0	0
2	0	0	0	0	2	0	0	0	0
3	0	0	0	0	3	0	0	0	0
4	1.606	1.606	1.606	0.321	4	6.424	6.424	6.424	0.257
5	1.953	3.559	5.165	1.033	5	9.765	16.19	22.61	0.905
6	2.142	4.095	9.26	1.852	6	12.85	22.62	45.23	1.809
7	2.251	4.393	13.65	2.731	7	15.76	28.61	73.84	2.954
8	2.322	4.573	18.23	3.645	8	18.58	34.33	108.2	4.327

2 站邦戎曲线计算表 表 2-14

水线号	半宽	(Ⅱ)的成对和	(Ⅲ)的自上至下之和	横剖面积 $\delta d\times$(Ⅳ)	力臂系数	(Ⅱ)×(Ⅵ)	(Ⅶ)的成对和	(Ⅷ)自上至下之和	面积静矩 $(\delta d)^2\times$(Ⅸ)
(Ⅰ)	(Ⅱ)	(Ⅲ)	(Ⅳ)	(Ⅴ)	(Ⅵ)	(Ⅶ)	(Ⅷ)	(Ⅸ)	(Ⅹ)
0	0			0	0	0			0
1	0	0	0	0	1	0	0	0	0
2	0.142	0.142	0.142	0.028	2	0.284	0.284	0.284	0.011
3	1.729	1.871	2.013	0.403	3	5.187	5.471	5.755	0.23
4	2.058	3.787	5.8	1.16	4	8.232	13.42	19.17	0.767
5	2.222	4.28	10.08	2.016	5	11.11	19.34	38.52	1.541
6	2.326	4.548	14.63	2.926	6	13.96	25.07	63.58	2.543
7	2.396	4.722	19.35	3.87	7	16.77	30.73	94.31	3.772
8	2.444	4.84	24.19	4.838	8	19.55	36.32	130.6	5.225

3 站邦戎曲线计算表 表 2-15

水线号	半宽	(Ⅱ)的成对和	(Ⅲ)的自上至下之和	横剖面积 $\delta d\times$(Ⅳ)	力臂系数	(Ⅱ)×(Ⅵ)	(Ⅶ)的成对和	(Ⅷ)自上至下之和	面积静矩 $(\delta d)^2\times$(Ⅸ)
(Ⅰ)	(Ⅱ)	(Ⅲ)	(Ⅳ)	(Ⅴ)	(Ⅵ)	(Ⅶ)	(Ⅷ)	(Ⅸ)	(Ⅹ)
0	0			0	0	0			0
1	0	0	0	0	1	0	0	0	0
2	1.702	1.702	1.702	0.34	2	3.404	3.404	3.404	0.136
3	2.074	3.776	5.478	1.096	3	6.222	9.626	13.03	0.521
4	2.262	4.336	9.814	1.963	4	9.048	15.27	28.3	1.132
5	2.365	4.627	14.44	2.888	5	11.83	20.87	49.17	1.967
6	2.43	4.795	19.24	3.847	6	14.58	26.41	75.58	3.023
7	2.477	4.907	24.14	4.829	7	17.34	31.92	107.5	4.3
8	2.514	4.991	29.13	5.827	8	20.11	37.45	144.9	5.798

完成其余各站的邦戎曲线计算表并绘制邦戎曲线。

评分：__________________

思考与练习

一、简答题

1. 船舶的重量 W 和重心位置 $G(x_G, y_G, z_G)$ 如何计算?

2. 民用船舶的空载排水量和满载排水量的含义是什么?

3. 按垂向计算系统和纵向计算系统,叙述船舶的排水体积∇和浮心位置 $B(x_B, y_B, z_B)$ 的计算原理及具体步骤,并分别写出其积分基本公式和数值积分公式,同时熟悉表格计算形式。

4. 垂向和纵向计算系统通常各应用于哪种浮态?

5. 以水线面面积曲线为例说明定上限积分和变上限积分的含义,并用梯形法写出两者的数值积分公式。

6. 何谓每厘米吃水吨数 TPC? 其公式 $TPC = \frac{wA_W}{100}$是如何导出的? 它有什么用途?

7. 分别叙述水线面面积曲线 $A_W = f(z)$ 和横剖面面积曲线 $A_S = f(x)$ 的特性。

8. 何谓邦戎曲线? 如何绘制? 它有什么用途?

9. 如何应用邦戎曲线计算船舶具有纵倾浮态下的排水体积∇和浮心位置 $B(x_B, z_B)$?

二、计算题

1. 某海船中横剖面是长方形。各水线长均为 128m,最大宽度为 15.2m,每隔 1.22m 自上而下各水线面面积系数是:0.80、0.78、0.72、0.62、0.24 和 0.04。试列表计算:

(1)各水线的每厘米吃水吨数;(2)最高水线下的排水量和浮心垂向坐标;(3)自上而下第二水线下的排水量和浮心垂向坐标;(4)最高水线下的方形系数;(5)最高水线下的垂向棱形系数。

2. 某船长为 60m,其水线下横剖面均为倒等边三角形,从尾垂线起各站的宽度值为:0.3、1.6、4.3、5.0、4.6、4.0、3.3(单位为 m),试求:

(1)水线面漂心位置 x_F;(2)排水体积∇;(3)浮心位置 x_B、z_B;(4)方形系数 C_B。

3. 某船的一个煤舱长为 24m,自尾至首各横剖面面积为 5.7、8.7、11.3、10.1、8.8(单位为 m^2)这些剖面的形心在基线以上的高度分别为 3.7、3.5、3.3、3.5、3.6(单位为 m)。剖面之间的间距为 6m。设煤舱的积载因数(每吨煤所占体积的 m^3 数)为 $1.56m^3/t$。试列表计算:(1)该舱载煤吨数;(2)该舱的重心位置(基线以上距离以及距煤舱尾舱壁的距离)。

4. 某海船各水线的排水量为 10804、8612、6511、4550、2810、1331、263(单位为 t),各水线间距为 1.22m,求在吃水为 7.8 m 时船的浮心垂向坐标 z_B。

5. 某海船各水线面面积为 200、185、160、125、30(单位为 m^2),试求该水线面的每厘米吃水吨数 TPC,并按一定的比例绘制 $TPC = f(d)$ 曲线。若设其水线间距为 0.5 m,试求船在各水线下的排水体积,并按比例绘制 $\nabla = f(d)$ 曲线(列表计算)。

6. 某海船水线面积数据如表 2-16 所示。

水 线 面 积 表 2-16

水线号	0	1	2	3	4	5	6
水线面积(m)	630	810	936	1024	1104	1164	1220

水线间距 $\delta d = 1.10$m,按梯形法列表计算并绘制:

(1)排水量曲线;(2)每厘米吃水吨数曲线。

7. 某货船在 A 港内吃水 $d=5.35\text{m}$，要进入 B 港，其吃水不能超过 $d_1=4.60\text{m}$，船在 $d_2=5.50\ \text{m}$时，$(TPC)_2=18.60\text{t/cm}$，在吃水 $d_3=4.50\text{m}$ 时，$(TPC)_3=14.8\text{t/cm}$，假定每厘米吃水吨数对于吃水的变化是一直线，求船进入 B 港前必须卸下的货物重量。

8. 某船船长 $L=164\text{m}$，船宽 $B=19.7\ \text{m}$，方形系数 $C_B=0.50$，水线面系数 $C_{WP}=0.73$，在海水中平均吃水 $d=8.20\text{m}$，求船进入淡水中的平均吃水。

第三章 初 稳 性

• 能力目标

1. 掌握船舶稳性的基本概念及具备计算船舶初稳性高的能力。

2. 具备识读静水力曲线图中稳性曲线的能力。

3. 具备计算重量移动、装卸载荷、自由液面和悬挂重量对船舶浮态及初稳性的影响的能力。

4. 了解船舶典型装载情况下浮态和初稳性的计算方法,具备识读船舶典型装载情况下浮态和稳性计算书的能力。

5. 掌握船舶倾斜试验原理和方法。

知识点 1 初稳性概念

船舶在外力作用下偏离其平衡位置而倾斜,当外力消失后,能自行回复到原来平衡位置的能力,称为船舶稳性。船舶在海上航行时,经常受到风浪等各种外力的干扰,使其产生倾斜,这样就破坏了原来正浮时的平衡状态。船舶在受到外力干扰产生倾斜后会不会翻转?当外力消失后船舶会不会回复到原来的平衡位置?这就是船舶的稳性问题。

图 3-1 所示的是某船的横剖面,该船在外力(倾斜力矩)作用下缓慢地倾斜一小角度,水线由正浮时的 WL 变成倾斜后的 W_1L_1,船的重量在倾斜前后没有改变,船的重心保持在原来的位置,故船的排水体积的大小亦没有变化。但由于水线位置的变化,船体的排水(水下)体积的形状已经改变,故浮心自原来位置 B 点移到 B_1 点。此时,浮心和重心不再位于同一铅垂线上,因而浮力和重力形成一个力偶,促使船回复到原来的平衡位置,如图 3-1a)所示。

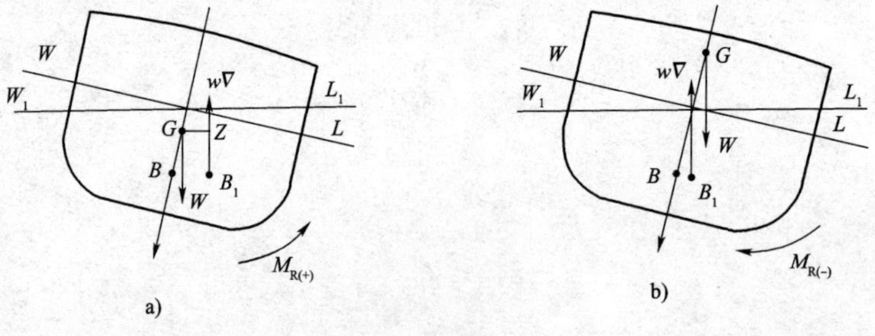

图 3-1 横剖面

自重心 G 作直线 GZ 垂直于通过 B_1 的垂线(即浮力作用线),则力偶的矩等于 $\Delta\,\overline{GZ}$,称为复原力矩,通常以 M_R 来表示,即

$$M_R = \Delta\,\overline{GZ} \tag{3-1}$$

式中:$\overline{GZ}$——复原力臂。

复原力矩的特点是:

(1)若复原力矩与倾斜力矩的方向相反，则它起着抵抗倾斜力矩的作用，M_R 为正值。此时，一旦外力消失，它能使船舶回复到原来正浮的平衡位置。

(2)若复原力矩与倾斜力矩的方向相同，这不仅不起抵抗倾斜的作用，反而促使船舶继续倾斜，此时 M_R 为负值，如图 3-1b)所示。

造成船舶离开原来平衡位置的是倾斜力矩，它产生的原因是：风和浪的作用、船上货物的移动、旅客集中于某一舷侧、拖船的急牵、火炮的发射以及船舶回转等，其大小取决于这些外界条件。促使船舶回复到原来平衡位置的是复原力矩，其大小取决于排水量、重心和浮心的相对位置等因素。

在船舶稳性问题研究中，为了使计算简化和得到较明确的稳性影响因素，将船舶稳性问题做如下分类：

1. 按船舶倾斜方向分

按船舶倾斜方向可分为：

(1)船舶的横向倾斜(简称横倾)，即向左舷或右舷一侧的倾斜。此时，倾斜力矩的作用平面平行于中横剖面，称为横倾力矩，它使船舶产生横倾。船舶在横向抵抗倾斜的能力，称为横稳性。

(2)船舶的纵向的倾斜(简称纵倾)，即向船首或船尾的倾斜。此时倾斜力矩的作用平面平行于中纵剖面，称为纵倾力矩，它使船舶产生纵倾。船舶在纵向抵抗倾斜的能力，称为纵稳性。

2. 按船舶倾斜力矩的性质分

按船舶倾斜力矩的性质可分为：

(1)静稳性。若倾斜力矩的作用是从零开始逐渐增加，则船舶倾斜时的角速度很小，可忽略不计。

(2)动稳性。若倾斜力矩是突然作用在船上，则船舶倾斜有明显的角速度的变化。

3. 按船舶倾斜角度的大小分

按船舶倾斜角度的大小可分为：

(1)初稳性(或称小倾角稳性)：一般指倾斜角度小于 10° ~ 15°或上甲板边缘开始入水前(取其小者)的稳性。

(2)大倾角稳性：一般指倾角大于 10° ~ 15°或上甲板边缘开始入水后的稳性。

船舶的纵倾一般都属于小角度倾斜。大角度倾斜一般只在横向倾斜时产生，因此大倾角稳性也称为大倾角横稳性。本章将讨论初稳性问题。

学习成果测验

任务 3-1：复原力矩是怎样形成的(作图说明复原力矩如何产生并写出复原力矩表达式)？

评分：＿＿＿＿＿＿＿＿

知识点 2　浮心的移动和稳心及稳心半径

船舶在外力作用下产生倾斜后，其水下部分体积的形状会发生变化，因此体积形心(即浮心)必然向倾斜的一侧移动。在讨论稳性问题时，为了求出复原力矩的大小及方向，首先需要确定倾斜水线的位置,求出浮心位置和浮力作用线的位置。

1. 等体积倾斜水线

如图 3-2 所示,设船舶平浮时的水线为 WL,在外力作用下横倾一小角度 φ 后的水线为 W_1L_1。由于船仅受倾斜力矩的作用,排水体积保持不变,故倾斜水线 W_1L_1 应是等体积倾斜水线。为了确定 W_1L_1 的位置,对入水楔形 LOL_1 和出水楔形 WOW_1,分别进行分析。

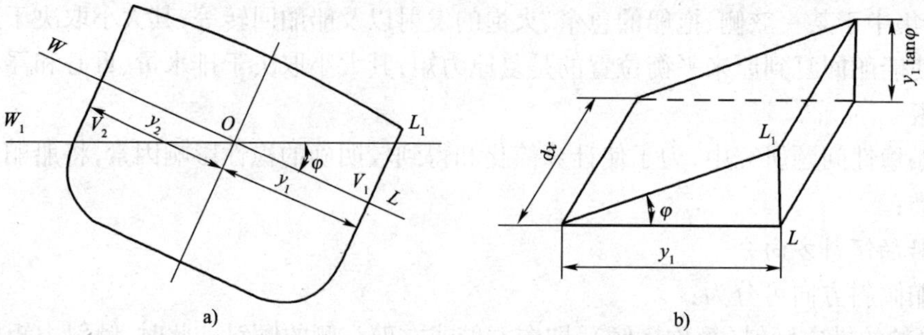

图 3-2　等体积倾斜水线

从图 3-2 中可以看出:

三角形 LOL_1 的面积为

$$\frac{1}{2}y_1^2\tan\varphi$$

沿船长取 dx 一小段,其体积

$$\mathrm{d}V_1 = \frac{1}{2}y_1^2\tan\varphi\mathrm{d}x$$

整个入水楔形的体积为

$$V_1 = \int_{-\frac{L}{2}}^{\frac{L}{2}}\frac{1}{2}y_1^2\tan\varphi\mathrm{d}x = \tan\varphi\int_{-\frac{L}{2}}^{\frac{L}{2}}\frac{1}{2}y_1^2\mathrm{d}x$$

同理,可以求出出水楔形的体积为

$$V_2 = \tan\varphi\int_{-\frac{L}{2}}^{\frac{L}{2}}\frac{1}{2}y_2^2\mathrm{d}x$$

因为是等体积倾斜,故 $V_1 = V_2$,即

$$\int_{-\frac{L}{2}}^{\frac{L}{2}}\frac{1}{2}y_1^2\mathrm{d}x = \int_{-\frac{L}{2}}^{\frac{L}{2}}\frac{1}{2}y_2^2\mathrm{d}x \tag{3-2}$$

积分 $\int_{-\frac{L}{2}}^{\frac{L}{2}}\frac{1}{2}y_1^2\mathrm{d}x$ 及 $\int_{-\frac{L}{2}}^{\frac{L}{2}}\frac{1}{2}y_2^2\mathrm{d}x$ 分别表示水线面 WL 在轴线 O-O 两侧的面积对于轴线 O-O 的静矩,如图 3-3 所示。因此,式(3-2)表示水线面 WL 对于轴线 O-O 的面积静矩等于零,亦即 O-O 通过水线面 WL 的形心(或称为漂心)。由此可以得出结论:两等体积水线面的交线 O-O 必然通过原水线面 WL 的漂心。这样,当已知船的倾角 φ(小角度)及原水线面 WL 的漂心位置后,立即可以确定倾斜 φ 角以后的等体积水线 W_1L_1 的位置。

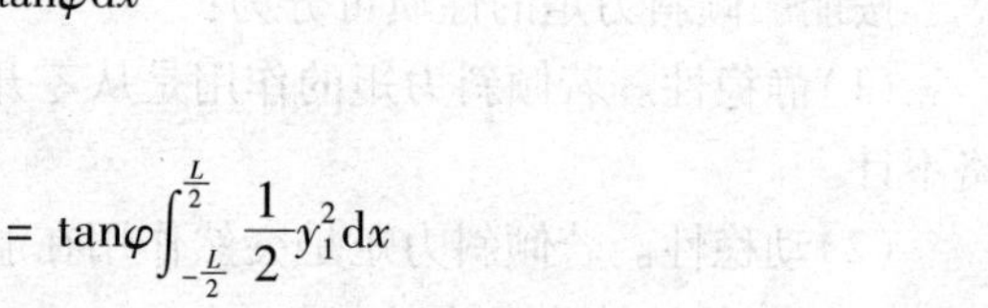

图 3-3　水线面

上述结论同样适用于船舶的纵倾情况。

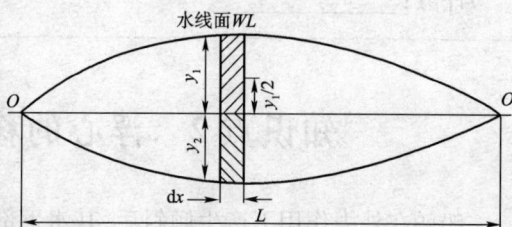

等体积倾斜水线确定后，必须求出倾斜后排水体积的形心位置才能求出浮力作用线，因此我们接下来要研究浮心的移动。

2. 浮心的移动

为了便于研究船舶在倾斜后浮心的移动情况，先简要介绍一下重心移动原理。

知识准备：重心移动原理

图3-4所示由重量 W_1 及 W_2 两个物体所组成的系统，其总重量 $W=W_1+W_2$，重心在 G 点。若将其中重量为 W_1 的物体从重心 g_1 点移至 g_2 点，则总重量 W 的重心将自 G 点移至 G_1 点，且有

$$\overline{GG_1} // \overline{g_1g_2}$$

$$\frac{\overline{GG_1}}{\overline{g_1g_2}} = \frac{W_1}{W}$$

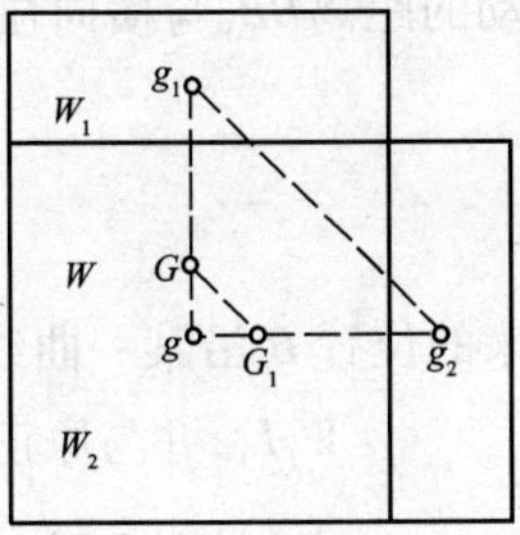

图3-4 重心移动

或

$$\overline{GG_1} = \frac{W_1\,\overline{g_1g_2}}{W} \tag{3-3}$$

上式表明，整个重心的移动方向平行于局部重心的移动方向，且重心移动的距离 GG_1 与总重量 W 成反比。

根据上述重心移动原理可求得船舶倾斜后浮心的移动距离。如图3-5所示，船在平浮时的水线为 WL，排水体积为 ∇，横倾小角度 φ 后的水线为 W_1L_1。设 V_1、V_2 表示入水及出水楔形的体积，g_1、g_2 表示入水及出水楔形的体积形心。由于 $V_1=V_2$，因此可以认为，船在横倾至 W_1L_1 时的排水体积相当于把楔形 WOW_1。这部分体积移至 LOL_1 处，其形心则自 g_2 移至 g_1。设船横倾后的浮心自原来的 B 点移至 B_1 点，利用重心移动原理，可以求得浮心的移动距离为

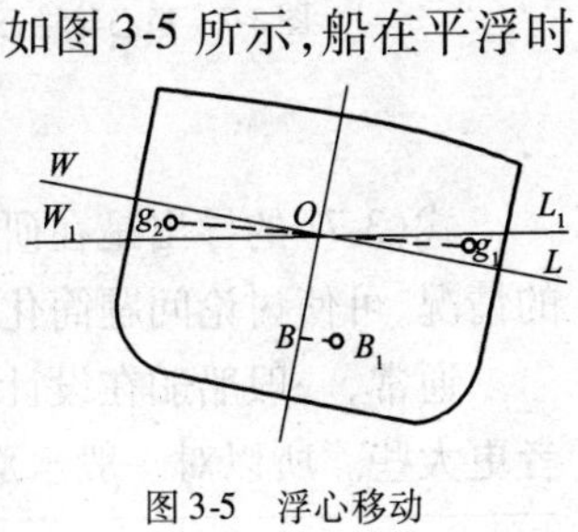

图3-5 浮心移动

$$\overline{BB_1} = \overline{g_1g_2}\,\frac{V_2}{\nabla} \tag{3-4}$$

且

$$\overline{BB_1} // \overline{g_1g_2}$$

由于 $V_1=V_2$，故 $\overline{g_1O}=\overline{g_2O}=\frac{1}{2}\overline{g_1g_2}$，代入式(3-4)，得

$$\overline{BB_1} = 2\,\overline{g_1O}\,\frac{V_1}{\nabla} \tag{3-5}$$

上式右端 $V_1\,\overline{g_1O}$ 是入水楔形体积对于倾斜轴线 $O\text{-}O$ 的静矩。从图 3-6 中可以看出

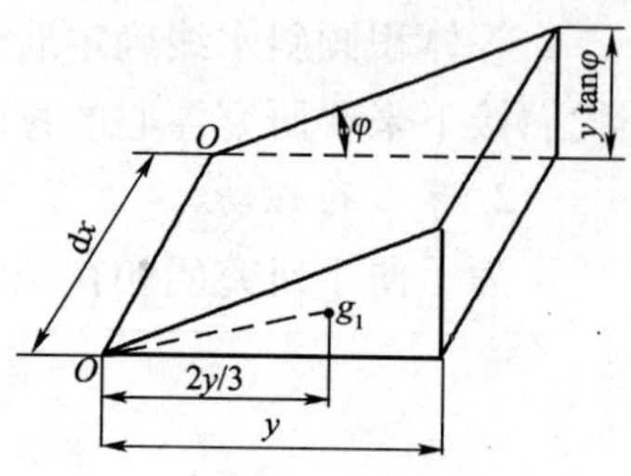

图 3-6　入水楔形

$$V_1\,\overline{g_1O} = \int_{-\frac{L}{2}}^{\frac{L}{2}} \frac{1}{2}y \cdot y\tan\varphi \mathrm{d}x \cdot \frac{2}{3}y = \frac{1}{3}\tan\varphi\int_{-\frac{L}{2}}^{\frac{L}{2}} y^3 \mathrm{d}x$$

在 φ 为小角度时，$\tan\varphi \approx \varphi$，故

$$2V_1\,\overline{g_1O} = \frac{2}{3}\varphi\int_{-\frac{L}{2}}^{\frac{L}{2}} y^3 \mathrm{d}x$$

积分式 $\frac{2}{3}\int_{-\frac{L}{2}}^{\frac{L}{2}} y^3 \mathrm{d}x$ 为水线面 WL 的面积对于纵向中心轴线 $O\text{-}O$ 的横向惯性矩 I_T，因此

$$2V_1\,\overline{g_1O} = I_T\varphi$$

将上式代入式(3-5)得

$$\overline{BB_1} = \frac{I_T}{\nabla}\varphi \tag{3-6}$$

结论：由式(3-6)可见，浮心移动的距离 $\overline{BB_1}$ 与横向惯性矩 I_T、横倾角 φ 成正比，而与排水体积 ∇ 成反比。

3. 稳心及稳心半径

船舶在横倾 φ 角后，浮心自原来的位置 B 沿某一曲线移至 B_1，这时浮力的作用线垂直于 W_1L_1，并与原正浮时的浮力作用线（中线）相交于 M 点（见图 3-7）。由于船舶是小角度倾斜，曲线 $\overset{\frown}{BB_1}$ 可看作是圆弧的一段，M 点为曲线 $\overset{\frown}{BB_1}$ 的圆心，而 $\overline{BM} = \overline{B_1M}$ 为曲线 $\overset{\frown}{BB_1}$ 的半径，M 点称为横稳心（或初稳心），$\overline{BM}$ 称为横稳心半径（或初稳心半径）。圆弧 $\overset{\frown}{BB_1} \approx \overline{BB_1} = \overline{BM}\varphi$，将它代入式 $\overline{BB_1} = \frac{I_\mathrm{T}}{\nabla}\varphi$，则得横稳心半径

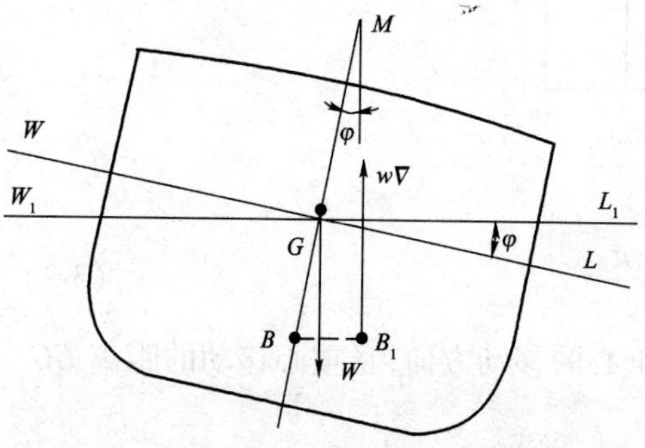

图 3-7　稳心与稳心半径

$$\overline{BM} = \frac{I_\mathrm{T}}{\nabla} \tag{3-7}$$

式(3-7)的导出是在研究等体积小角度倾斜时所得到的，适用于倾斜角度小于 10°～15° 的情况，可使讨论问题简化，又能在实用中简化计算。

通常，一般船舶在设计时的横稳心半径 $\overline{BM} \approx 20\%$ 船宽，而纵稳心半径 $\overline{BM_\mathrm{L}}$ 约等于船长或者更大些。所以对一般水面船舶在研究初稳性时，仅考虑其横稳性。

知识拓展：纵稳心半径

船舶在等体积纵倾时的情况，与上面所讨论的横倾情况相同，完全可以得出类似的结果（见图 3-8）。纵稳心半径是：

$$\overline{BM_\mathrm{L}} = \frac{I_\mathrm{LF}}{\nabla} \tag{3-8}$$

式中：I_{LF}——水线面面积 A_W 对于通过该水线面漂心 F 的横轴的纵向惯性矩，且

$$I_{LF} = I_L - A_W x_F^2 \tag{3-9}$$

式中：I_L——水线面面积 A_W 对于通过该水线而中站处 Oy 轴的纵向惯性矩，且

$$I_L = 2\int_{-\frac{L}{2}}^{\frac{L}{2}} x^2 y \mathrm{d}x$$

x_F——水线面 W_L 的漂心 F 的纵向坐标。

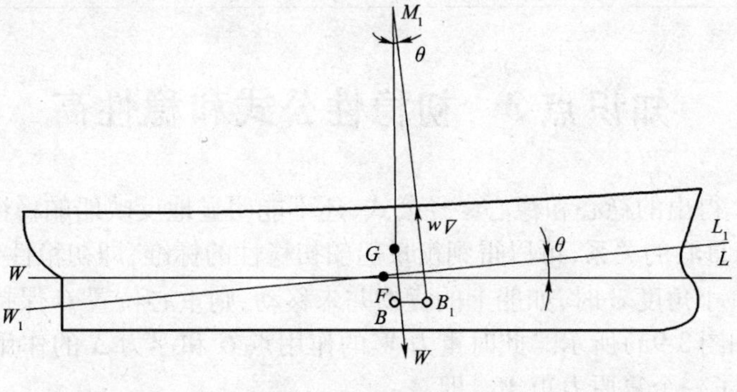

图 3-8　纵稳心

从式(3-7)及式(3-8)可知，如能算出 I_L 及 I_{LF} 则可求得稳心半径 $\overline{BM}$ 及 $\overline{BM_L}$。在实际计算中，水线面面积惯性矩可根据型线图或型值表用近似计算法求得，例如

$$I_T = \frac{2}{3}\int_{-\frac{L}{2}}^{\frac{L}{2}} y^3 \mathrm{d}x$$

用梯形法的近似计算式可写作

$$I_T = \frac{2}{3}\delta L\left[(y_0^3 + y_1^3 + y_2^3 + \cdots y_n^3) - \frac{1}{2}(y_0^3 + y_n^3)\right]$$

又如

$$I_{LF} = I_L - A_W x_F^2$$

用梯形法的近似计算式可写作

$$I_L = 2\delta L\left[(x_0^2 y_0 + x_1^2 y_1 + x_2^2 y_2 + \cdots + x_n^2 y_n) - \frac{1}{2}(x_0^2 y_0 + x_n^2 y_n)\right]$$

当将船长分为 20 等分计算时，

$$x_0 = -10\delta L, x_2 = -9\delta L, \cdots, x_{10} = 0, \cdots, x_{19} = 9\delta L, x_{20} = 10\delta L$$

故

$$I_L = 2(\delta L)^3\left[(100y_0 + 81y_1 + \cdots + 0 + \cdots 81y_{19} + 100y_{20}) - \frac{1}{2}(100y_0 + 100y_{20})\right]$$

这里只给出近似计算的表达式，在实际工作中可按表格形式进行计算。

学习成果测验

任务 3-2：关于稳性的讨论：

(1)从式__________及式__________可以看出，横稳心半径 $\overline{BM}$ 和纵稳心半径 $\overline{BM_L}$ 都与

_________和_________有关,当吃水一定时,$\overline{BM}$和$\overline{BM_L}$均为定值;当吃水变化时,$\overline{BM}$和$\overline{BM_L}$必随之变化,根据静水力曲线图分析$\overline{BM}$和$\overline{BM_L}$随吃水的变化情况,并说明引起该变化的原因。

(2)什么叫横稳性高?为什么说它是衡量船舶初稳性好坏的主要指标?如何应用它判断船舶的稳定性?为什么船一般总是横向倾覆而不是纵向翻掉?

(3)对一般船舶而言,纵稳心半径要比横稳心半径大得多。

以一艘方形船的主尺度为 $L \times B \times d$,试通过计算验证以上结论。

评分:________________

知识点3　初稳性公式和稳性高

由以上知识2得出的稳心和稳心半径公式,还不能明显地反映船舶稳性的优劣,而知识点3通过研究稳心与重心的关系,可以得到衡量船舶初稳性的标准,即初稳性公式和稳性高。

船舶横倾某一小角度 φ 时,如船上的货物并未移动,则重心位置 G 保持不变,而浮心则自 B 点移至 B_1 点,如图3-9a)所示。此时重力 W 的作用点 G 和浮力 Δ 的作用点 B_1 不在同一铅垂线上,因而产生了一个复原力矩 M_R,即

$$M_R = \Delta\,\overline{GZ} = \Delta\,\overline{GM}\sin\varphi \tag{3-10}$$

式中:$\overline{GZ}$——复原力臂;

$\overline{GM}$——横稳性高,亦称初稳性高。

当横倾角度较小时,$\sin\varphi \approx \varphi$,故式(3-10)可写成

$$M_R = \Delta\,\overline{GM}\varphi \tag{3-11}$$

式(3-10)或式(3-11)称为初稳性公式。初稳性高$\overline{GM}$是衡量船舶初稳性的重要指标。

由初稳性公式可以看出:当船舶横倾一小角度 φ 时,从稳心 M 点直接向通过漂心的等体积倾斜水线 W_1L_1 作垂线,即为浮力作用线,而无须再去找浮心 B_1 的位置来确定浮力作用线(因 B_1 难于确定)。也就是说,可利用$\overline{GM}$来计算$\overline{GZ}$,这样复原力矩的计算得到了简化。

由初稳性公式可知,当排水量一定,要计算复原力矩的关键在于求初稳性高$\overline{GM}$。从图3-7看出,$\overline{GM}$可表示为

$$\overline{GM} = \overline{BM} + z_B - z_G \tag{3-12}$$

知识拓展:对于复原力矩 M_R 及初稳性高$\overline{GM}$的讨论

从复原力矩 M_R 和横倾方向(或从稳心 M 和重心 G 的相对位置)之间的关系,可以判断船舶平衡状态的稳定性能。

(1)重心 G 在稳心 M 之下,M_R 的方向与横倾方向相反,当外力消失后,它能使船舶回复至原来的平衡状态,所以称为稳定平衡,如图3-9a)所示。此时,$\overline{GM}$和 M_R 都为正值。

(2)重心 G 在稳心 M 之上,M_R 的方向与横倾方向相同,它使船舶继续倾斜而不再回复至原来的平衡状态,所以称为不稳定平衡,如图3-9b)所示。此时,$\overline{GM}$和 M_R 都为负值。

(3)重心 G 和稳心 M 重合，$\overline{GM}=0$，$M_R=0$，当外力消失后，船不会回复到原来位置，也不会继续倾斜，称为中性平衡或随遇平衡，如图 3-9c)所示。

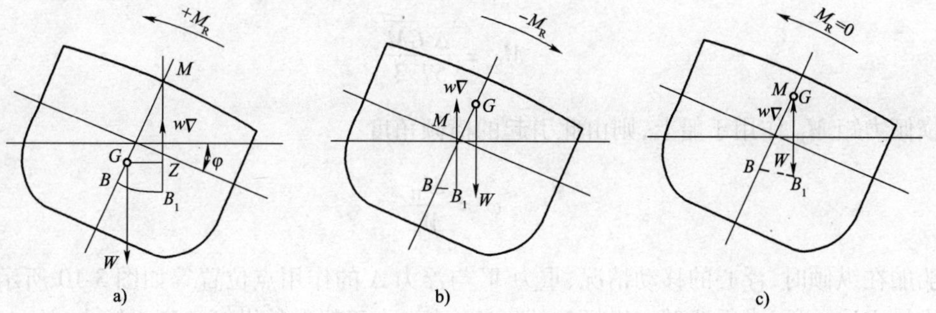

图 3-9　重心与稳心的关系

船舶在水面上的上述三种情况中，(2)、(3)两种情况是不允许出现的，因为这种船舶在倾斜后不可能回复到原来的平衡位置，也就是说，这种船舶的稳性得不到保证。

从式(3-10)或式(3-11)中可以看出：船舶在一定排水量下产生小角度横倾时，横稳性高$\overline{GM}$越大，复原力矩 M_R 也越大，也就是抵抗倾斜力矩的能力越强。因此，横稳性高$\overline{GM}$是衡量船舶初稳性的主要指标。设计和使用部门常利用适宜的$\overline{GM}$值来控制船舶的初稳性；船舶检验部门也制定相应的规范来规定初稳性高，并以此来检验船舶稳性的优劣。例如：海船稳性规范中规定，一切海船在各种装载情况下经自由液面修正后的$\overline{GM}$值应大于0.15m，等等。但是$\overline{GM}$值也不是越大越好，$\overline{GM}$值过大的船，摇摆周期短，在海上遇到风浪时会产生急剧的摇摆；反之，$\overline{GM}$较小的船，虽然抵抗倾斜力矩的能力稍差，但横摇周期长，摇摆缓和，所以$\overline{GM}$值也是决定船舶横摇快慢的一个重要参数。总之，各类船舶的$\overline{GM}$值要根据其用途、航区等因素适当选取。表 3-1 所列为各类船舶在设计排水量时横稳性高的大体范围，表 3-2 所列为我国建造的一些船舶的横稳性高的数值。

各类船舶横稳性高的范围　　表 3-1

船 舶 类 型	$\overline{GM}$(m)	船 舶 类 型	$\overline{GM}$(m)
客船	0.3～1.5	战列舰	2.0～3.0
干货船	1.3～1.0	巡洋舰	0.9～1.8
油船	1.5～2.5	驱逐舰	0.7～1.2
拖船	0.5～0.5	鱼雷艇	0.5～0.8
渔船	1.5～1.0	潜艇(水上)	0.3～0.8
航空母舰	2.7～3.5	潜艇(水下)	0.2～0.4

我国一些船舶的横稳性高　　表 3-2

船 舶 类 型	$\overline{GM}$(m)	船 舶 类 型	$\overline{GM}$(m)
1200t 货船	0.97	4500m^3 挖泥船	2.17
7500t 远洋客货船	0.74	24000t 油船	3.48
25000t 散装货船	1.30	793.8kW 拖船	1.03

根据初稳性公式，可以求得引起船舶横倾1°所需的横倾力矩公式。以 M_0 表示引起横倾1°所需的横倾力矩，令 $\varphi = 1° = \frac{1}{57.3}\text{rad}$，根据式(3-11)，这力矩和复原力矩相平衡，即

$$M_0 = \frac{\Delta \overline{GM}}{57.3} \tag{3-13}$$

如有横倾力矩 M_H 作用于船上，则由此引起的横倾角度

$$\varphi = \frac{M_H}{M_0}$$

船舶在纵倾时，浮心的移动情况、重力 W 与浮力 Δ 的作用点位置等如图3-10所示。依照上述推导方法，可以求得船舶在纵倾时的复原力矩（由于船舶的纵倾角度 θ 较小，故 $\sin\theta \approx \theta$）

$$M_{RL} = \Delta \overline{GM_L}\sin\theta = \Delta \overline{GM_L}\theta \tag{3-14}$$

式中：$\overline{GM_L}$——纵稳性高。

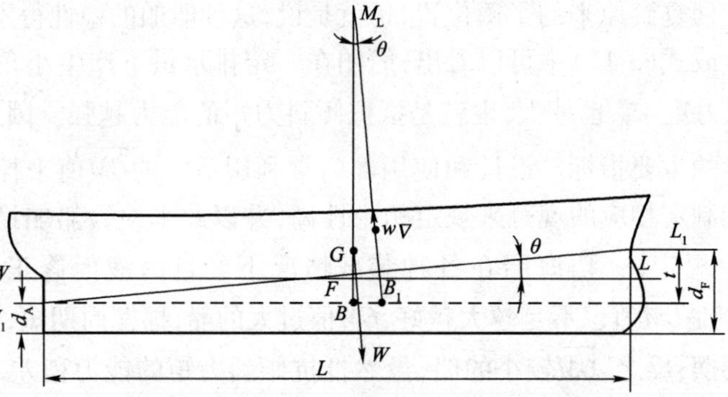

图3-10　纵倾与浮心

式(3-14)称为纵稳性公式。纵稳心 M_L 较重心 G 高得多。通常，纵稳性高 $\overline{GM_L}$ 与船长 L 为同一数量级，因此在设计船舶时，除浮吊等特种船舶外，一般不必考虑纵向稳性问题。

通常用首尾的吃水差来表达船舶的纵倾情况。若船长为 L，首尾吃水差为 t（首倾时 t 取作正值，尾倾时 t 取作负值），则纵倾角 θ 为

$$\theta \approx \tan\theta = \frac{t}{L}$$

将上式代入式(3-14)，得

$$M_{RL} = \Delta \overline{GM_L}\frac{t}{L} \tag{3-15}$$

根据上式可以求得引起船舶纵倾1cm所需的纵倾力矩（即每厘米纵倾力矩）公式。以 MTC 表示每厘米纵倾力矩，令 $t = 1\text{cm} = \frac{1}{100}\text{m}$，代入式(3-15)，则有

$$MTC = \frac{\Delta \overline{GM_L}}{100L} \tag{3-16}$$

由于浮心和重心之间的距离 $\overline{BG}$ 与纵稳心半径 $\overline{BM_L}$ 相比是一个小值，因此可以认为 $\overline{GM_L} \approx \overline{BM_L}$，式(3-16)可近似写成

$$MTC = \frac{\Delta\ \overline{BM}_L}{100L}$$

如有纵倾力矩 M_T 作用于船上，由此引起的纵倾值 t（以厘米计）为

$$t = \frac{M_T}{MTC}$$

学习成果测验

任务 3-3：初稳性及稳性高的讨论及计算

（1）在横剖面图上绘出浮心 B、重心 G 和横稳心 M 的位置，并标出浮心、重心和横稳心的垂向坐标 z_B、z_G 和 z_M，以及横稳心半径 $\overline{GM}(r)$，说明它们与横稳性高 $\overline{BM}(h)$ 之间的关系。

（2）已知某内河船的数据为船长 $L = 48$ m，船宽 $B = 8.2$ m，吃水 $d = 1.2$m，方形系数 $C_B = 0.68$，横稳性高 $\overline{GM} = 1.8$ m，纵稳性高 $\overline{GM}_L = 92.0$m，试求：

（1）横倾 1° 力矩；（2）纵倾 1cm 力矩。

评分：________________

知识点 4　船舶静水力曲线图

在上述各节中，讨论了船舶在静止正浮状态下浮性和初稳性的基本原理及其计算问题。这些计算结果通常都要绘制成综合性的曲线图，即船舶静水力曲线图。图 3-11 为某货船的静水力曲线图。

静水力曲线图全面表达了船舶在静止正浮状态下浮性和稳性要素随吃水而变化的规律。图中一般应包括下列曲线：

（1）型排水体积 ∇ 曲线。

（2）总排水体积 ∇_k 曲线。

（3）总排水量 Δ 曲线。

（4）浮心纵向坐标 x_B 曲线。

（5）浮心垂向坐标 z_B（或 $\overline{KB}$）曲线。

（6）水线面面积 A_W 曲线。

（7）漂心纵向坐标 x_F 曲线。

（8）每厘米吃水吨数 TPC 曲线。

（9）横稳心半径 $\overline{MB}$ 曲线（或横稳心垂向坐标 z_M 曲线）。

（10）纵稳心半径 $\overline{BM}_L$ 曲线（或纵稳心垂向坐标 z_{ML} 曲线）。

（11）每厘米纵倾力矩 MTC 曲线。

（12）水线面系数 C_{WP} 曲线。

（13）中横剖面系数 C_M 曲线。

（14）方形系数 C_B 曲线。

（15）棱形系数 C_P 曲线。

其中，（1）～（8）为浮性曲线，（9）～（11）为稳性曲线，（12）～（15）为船型系数曲线。

各造船厂或设计部门目前都是用计算机进行船舶静水力曲线计算并绘制静水力曲线图

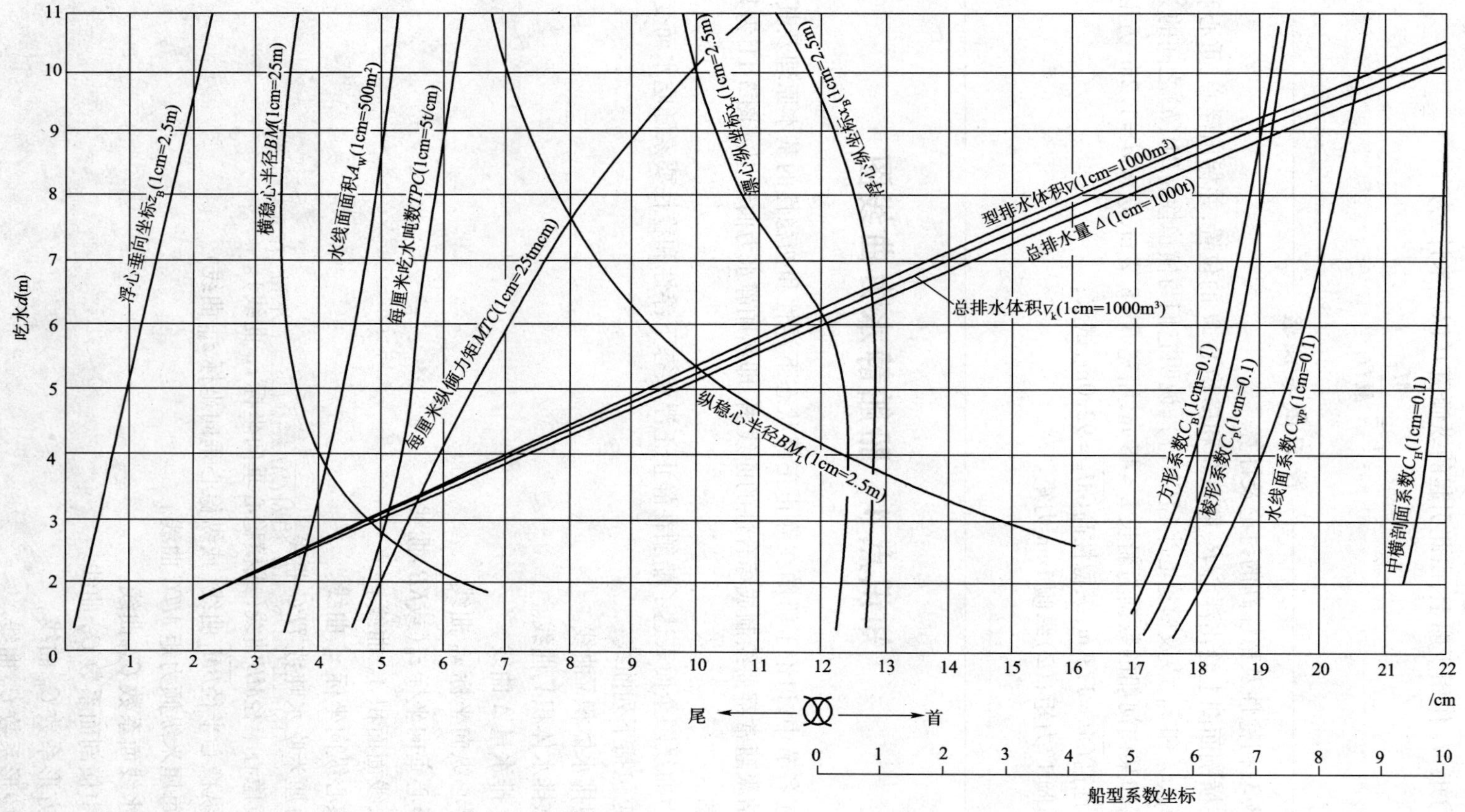

图 3-11　某货船的静水力曲线图

表。在用手工计算时一般都按表格进行。

学习成果测验

任务 3-4:根据图 3-11 查出船舶在某一吃水的有关静水力性能。

评分:________________

知识点 5　载荷移动对船舶浮态及初稳性的影响

船舶在使用过程中,其装载情况(包括载荷移动和装卸载荷)的变化引起了船的浮态和稳性的变化。

研究船上的载荷移动时,先分别讨论载荷在垂向、横向及纵向的移动情况,然后再研究载荷在任意方向的移动情况。

1. 载荷的垂向移动

将船上某一重量为 p 的货物自 A 点(垂向坐标 z_1,)沿垂直方向移至 A_1 点(垂向坐标 z_2),移动的距离为 z_2-z_1,如图 3-12 所示。由于船的排水量和浸水部分的形状都没有变化,故浮心 B 及稳心 M 的位置保持不变。至于船的重心,则由原来的 G 点垂向移动至 G_1 点,根据重心移动原理可得 $\overline{GG_1}=\dfrac{p(z_2-z_1)}{\Delta}$

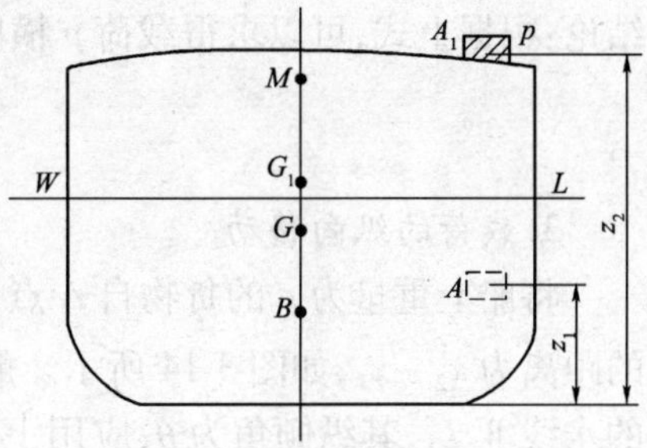

图 3-12　重量的垂向移动

从图 3-12 中可以看到,由于重心的移动,引起了初稳性高的改变。设原来的初稳性高为 $\overline{GM}$,新的初稳性高为 $\overline{G_1M}$,则有

$$\overline{G_1M}=\overline{GM}-\overline{GG_1}$$

即

$$\overline{G_1M}=\overline{GM}-\frac{p(z_2-z_1)}{\Delta} \tag{3-17}$$

式中:p——货物的重量。同理,新的纵稳性高

$$\overline{G_1M_L}=\overline{GM_L}-\frac{p(z_2-z_1)}{\Delta} \tag{3-18}$$

通常纵稳性高的数值很大,$\overline{GG_1}$ 相对 $\overline{GM}$ 来说是一个小量,在实用上常可认为 $\overline{G_1M_L}\approx\overline{GM_L}$。

结论:从式(3-17)可知,如果把载荷垂直向上移动,则将提高船的重心,其结果是使初稳性高减小。由此可见,提高船的重心对稳性不利。反之,如把载荷向下移动,则将降低船的重心,其结果使初稳性高增加,故降低船的重心是提高船舶稳性的有效措施之一。

2. 载荷的横向移动

将船上重量为 p 的货物自 A 点(横向坐标 y_1)沿横向水平方向移至 A_1 点(横向坐标 y_2),移动的距离为 y_2-y_1,如图 3-13 所示。船的重心自原来的 G 点横向移动至 G_1 点,根据重心移动原理可得

$$\overline{GG_1}=\frac{p(y_2-y_1)}{\Delta}$$

这时，重力的作用线通过 G_1，不再与原来的浮心 B 在同一铅垂线上。因此，船舶将发生横倾，浮心自 B 点向横倾一侧移动。当倾斜到某一角度 φ 时，新的浮心 B_1 与 G_1 在同一铅垂线上，船就保持新的平衡状态，并浮于新的水线 W_1L_1。

载荷的横向移动相当于形成一个横倾力矩

$$M_H = P(y_2 - y_1)\cos\varphi$$

船在横倾 φ 角后的复原力矩

$$M_R = \Delta\,\overline{GM}\sin\varphi$$

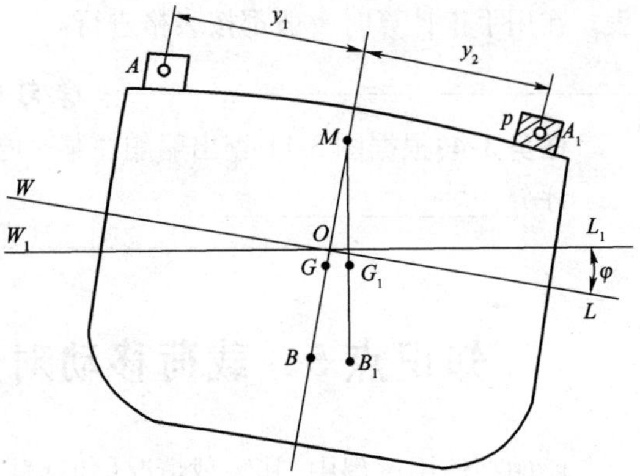

图 3-13　重量的横向移动

由于船横倾至 φ 角时已处于平衡状态，故 $M_R = M_H$，即

$$\Delta\,\overline{GM}\sin\varphi = p(y_2 - y_1)\cos\varphi$$

结论：根据上式，可以求得载荷 p 横向移动后船的横倾角正切值

$$\tan\varphi = \frac{p(y_2 - y_1)}{\Delta\,\overline{GM}} \tag{3-19}$$

3. 载荷的纵向移动

将船上重量为 p 的货物自 A 点（纵向坐标 x_1）沿纵向水平移至 A_1 点（纵向坐标 x_2），移动的距离为 $x_2 - x_1$，如图 3-14 所示。船的重心由 G 点移至 G_1 点，因此船将产生纵倾，并浮于新的水线 W_1L_1，其纵倾角为 θ，应用上述载荷横向移动的处理办法，完全可以得到类似的结果。结论：参照式（3-19）可得载荷沿纵向移动后船的纵倾角可由下式求得

$$\tan\theta = \frac{p(x_2 - x_1)}{\Delta\,\overline{GM}_L} \tag{3-20}$$

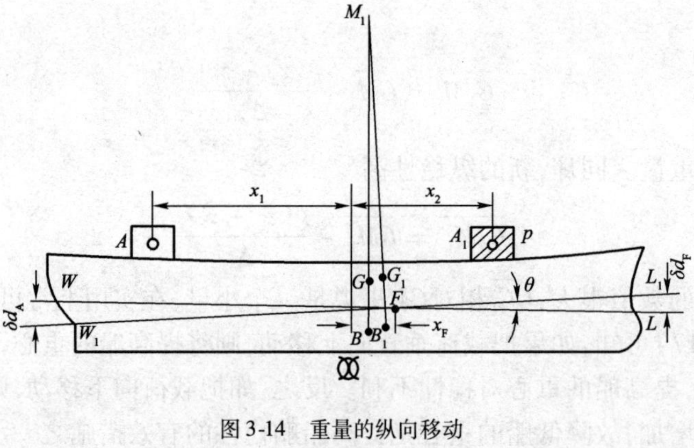

图 3-14　重量的纵向移动

船舶纵倾通常用首尾吃水差来表示。在本章知识点 2 中已经证明：等体积倾斜的水线面 W_1L_1 与原水线面 WL 的交线必然通过 WL 的漂心 F。这样，首尾吃水的变化可从图 3-14 中的三角形 LFL_1 及 WFW_1 中求得

$$\delta d_F = \left[\frac{L}{2} - x_F\right]\tan\theta = \left[\frac{L}{2} - x_F\right]\frac{p(x_2 - x_1)}{\Delta\,\overline{GM}_L}$$

$$\delta d_A = -\left[\frac{L}{2} + x_F\right]\tan\theta = -\left[\frac{L}{2} + x_F\right]\frac{p(x_2 - x_1)}{\Delta\,\overline{GM_L}} \tag{3-21}$$

若船原来的首吃水为 d_F，尾吃水为 d_A，则载荷沿纵向移动后的首尾吃水分别为

$$d'_F = d_F + \delta d_F = d_F + \left[\frac{L}{2} - x_F\right]\frac{p(x_2 - x_1)}{\Delta\,\overline{GM_L}}$$

$$d'_A = d_A + \delta d_A = d_A - \left[\frac{L}{2} + x_F\right]\frac{p(x_2 - x_1)}{\Delta\,\overline{GM_L}} \tag{3-22}$$

4. 载荷沿任意方向的移动

将船上重量为 p 的货物自 A_1 点（坐标 x_1、y_1、z_1）移至 A_2 点（坐标 x_2、y_2、z_2），如图 3-15 所示。

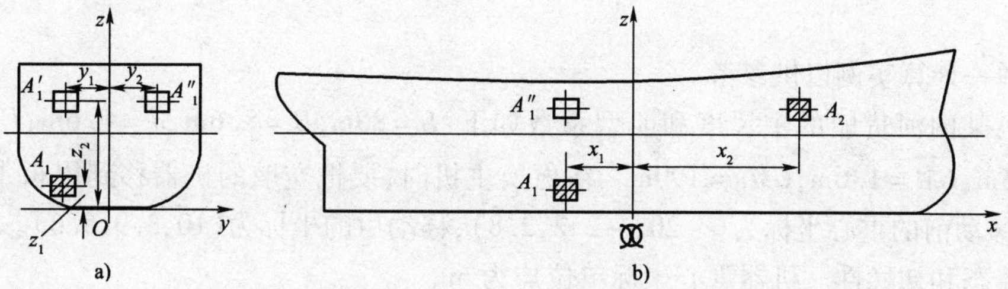

图 3-15　重量沿任意方向的移动

可以认为：载荷沿任意方向的移动由下列三个方向的分位移所组成，即

沿垂直方向的移动　　$A_1A'_1 = z_2 - z_1$

沿水平横向的移动　　$A'_1A''_1 = y_2 - y_1$

沿水平纵向的移动　　$A''_1A_2 = x_2 - x_1$

至于船的浮态及稳性所发生的变化，同样可以认为是由三个方向分位移的变化所产生的总结果。首先考虑重载荷沿垂直方向移动，求出新的稳性高 $\overline{G_1M}$ 及 $\overline{GM_L}$，再利用已求得的新的稳性高，求出横倾角 φ、纵倾角 θ 及首尾吃水 d_F、d_A。

（1）新的稳性高：

$$\overline{G_1M} = \overline{GM} - \frac{p(z_2 - z_1)}{\Delta}$$

$$\overline{G_1M_L} = \overline{GM_L} - \frac{p(z_2 - z_1)}{\Delta}$$

（2）横倾角正切：

$$\tan\varphi = \frac{p(y_2 - y_1)}{\Delta\,\overline{G_1M}}$$

（3）纵倾角正切：

$$\tan\theta = \frac{p(x_2 - x_1)}{\Delta\,\overline{GM_L}}$$

（4）首尾吃水的变化：

$$\delta d_F = \left[\frac{L}{2} - x_F\right]\frac{p(x_2 - x_1)}{\Delta\,\overline{GM_L}}$$

$$\delta d_A = -\left[\frac{L}{2} + x_F\right]\frac{p(x_2 - x_1)}{\Delta\ \overline{GM_L}}$$

(5)船的最后首尾吃水：

$$d'_F = d_F + \delta d_F$$

$$d'_A = d_A + \delta d_A$$

必须指出：在讨论上述问题时，是按坐标系统来进行分析的，在应用有关公式计算船的浮态和稳性时，应该弄清正负号的关系，以免发生错误。这里再着重说明一下：x 值在船中前为正，在船中后为负；y 值在右舷为正，在左舷为负；z 值以基线以上为正，在基线以下为负；横倾角 φ 向右舷倾斜为正，向左舷倾斜为负；纵倾角 θ（或首尾吃水差 t）首倾为正，尾倾为负。在根据式(3-19)、式(3-20)计算 φ、θ 时，其绝对值表示它们的大小，符号（正或负）只是表示倾斜的方向。

下面举一计算实例以供参考。

例 3-1：某内河货船的主尺度和船型系数如下：$L=80\text{m}$，$B=8.6\text{m}$，$d=1.6\text{m}$，$C_B=0.67$，$x_F=-0.85\text{m}$，$\overline{GM}=1.6\text{m}$，$\overline{GM_L}=190\text{m}$。在更换主机时，要把左舷的机器移到甲板上，机器重 $p=30\text{t}$，未移动前的重心坐标为（-20，-2.2，2.8），移动后的坐标为（10，3.9，5.6）。求移动机器后船的浮态和初稳性。机器重心坐标单位均为 m。

解：依题意，船舶排水量为

$$\Delta = \rho C_B LBd = 1\times0.67\times80\times8.6\times1.6 = 737.54(\text{t})$$

(1)新的初稳性高度为：

$$\overline{G_1M} = \overline{GM} - \frac{p(z_2 - z_1)}{\Delta} = 1.6 - \frac{30\times(5.6-2.8)}{737.54} = 1.486(\text{m})$$

(2)新的纵稳心高度为：

$$\overline{G_1M_L} \approx \overline{GM_L} = 190(\text{m})$$

(3)船的横倾角为：

$$\tan\varphi = \frac{p(y_2 - y_1)}{\Delta\ \overline{G_1M}} = \frac{30\times(3.9+2.2)}{737.54\times1.486} = 0.167(\text{rad})$$

即 $\varphi=9.56°$向右舷倾斜。

(4)船的纵倾角为：

$$\tan\theta = \frac{p(x_2 - x_1)}{\Delta\ \overline{GM_L}} = \frac{30\times(10+20)}{737.54\times190} = 0.0064(\text{rad})$$

即 $\theta=0.37°$表示首倾。

(5)船倾斜后的首尾吃水：

$$d'_F = d_F + \left(\frac{L}{2} - x_F\right)\tan\theta = 1.6 + \left(\frac{80}{2} + 0.85\right)\times0.0064 = 1.861(\text{m})$$

$$d'_A = d_A - \left(\frac{L}{2} + x_F\right)\tan\theta = 1.6 - \left(\frac{80}{2} - 0.85\right)\times0.0064 = 1.349(\text{m})$$

学习成果测验

任务3-5:载荷任意方向移动时浮态及初稳性计算

某船的船长 $L=110\text{m}$,船宽 $B=11.5\ \text{m}$,首吃水 $d_F=3.3\text{m}$,尾吃水 $d_A=3.2\text{m}$,排水量 $\Delta=2360\text{t}$,初稳性高 $\overline{GM}=0.8\text{m}$,纵稳性高 $\overline{GM_L}=115\text{m}$,漂心纵向坐标 $x_F=-2.2\text{m}$。现将船上重量为 $p=50\text{t}$ 的载荷自位置 1 处($x_1=25\text{m}, y_1=3\text{m}, z_1=2.5\text{m}$)移到位置 2 处($x_2=10\ \text{m}, y_2=1.5\text{m}, z_2=6\text{m}$),求船的浮态和初稳性。

解:(1)新的初稳性高(0.726m)。

(2)新的纵稳性高(115m)。

(3)船的横倾角正切($\varphi=2.5°$)。

(4)船的纵倾角正切($\theta=0.16°$)。

(5)船倾斜后的首尾吃水(3.14m,3.35m)。

评分:______________

知识点6　装卸载荷对船舶浮态及初稳性的影响

由于装卸载荷会引起船舶排水量及重心发生变化,从而使船舶的浮态及初稳性也产生变化。本知识点主要讨论装卸小量载荷(不超过排水量的10%)对船舶浮态及初稳性的影响。

在船上任意位置处增加小量载荷,会使船的吃水增加,并产生横倾和纵倾。以下为了简便计,分两个步骤进行讨论。

第一步:首先假定载荷装载的位置在水线面漂心 F 的垂直线上。这样,只改变船的平均吃水和稳性高,而不产生横倾和纵倾。

第二步:然后再把载荷载到指定的位置,以确定船的横倾和纵倾。

1. 载荷装载的位置在水线面漂心 F 的垂直线上的船舶的浮态及稳性

设船原平浮于水线 WL,吃水为 d,排水量为 Δ,浮心 B、重心 G、稳心 M、漂心 F 的位置,如图3-16所示。现将重量为 p 的载荷装在通过漂心 F 垂直线上的 A 处,其坐标为(x_F、O、z)。

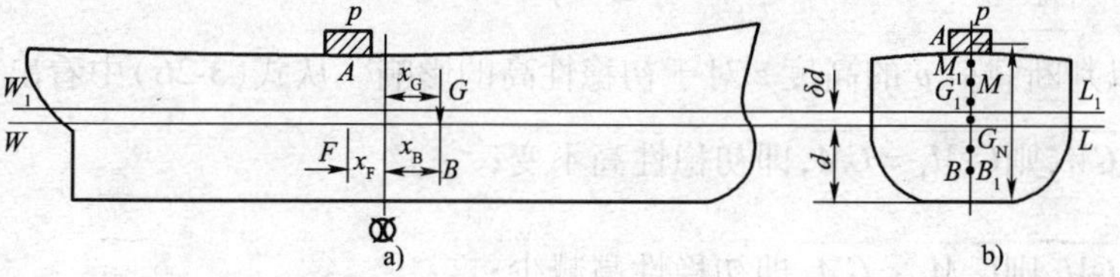

图3-16　漂心垂直线上装卸载荷对船舶浮态及稳性的影响

船在增加载荷前平浮于水线 WL,这时有 $\Delta=w\nabla$;

船在增加载荷 p 后浮于水线 W_1L_1,这时有 $\Delta+p=w(\nabla+\delta V)$,则

$$p=w\delta V$$

式中:δV——水线 WL 与 W_1L_1 之间所增加的一薄层排水体积。

由于 p 是小量载荷,水线面 WL 与 W_1L_1 十分接近,可以认为 δV 的体积形心与水线面 WL 的漂心在同一垂直线上,因此,载荷 p 与浮力增量 $w\delta V$ 的作用点在同一铅垂线上。这时船将不产生横倾和纵倾,而只是增加平均吃水,其增加数值

$$\delta d = \frac{\delta V}{A_W} = \frac{p}{wA_W} \tag{3-23}$$

式中：A_W——WL 的水线面积。

但是，这时船的浮心、重心及稳心分别由原来的 B、G、M 点移至 B_1、G_1、M_1 点，因而稳性高也将由原来的 $\overline{GM}$ 变为 $\overline{G_1M_1}$。为了确定新的稳性高，先讨论船在横倾某一小角度 φ 时复原力矩的情况。

设新的稳性高为 $\overline{G_1M_1}$，则横倾 φ 角时的复原力矩

$$M_R = (\Delta + p)\overline{G_1M_1}\sin\varphi \tag{3-24}$$

同时，分析图3-17可知，增加的载荷 p 在横倾中可看作一外力矩，则横倾 φ 角时的复原力矩又可表示为

$$M_R = \Delta\,\overline{GM}\sin\varphi - p\,\overline{CA}\sin\varphi$$

式中：$\overline{CA}$——浮力增量 $w\delta V$ 的作用点至载荷 p 的作用点之间的垂向距离，即

$$\overline{CA} = z - \left(d + \frac{\delta d}{2}\right)$$

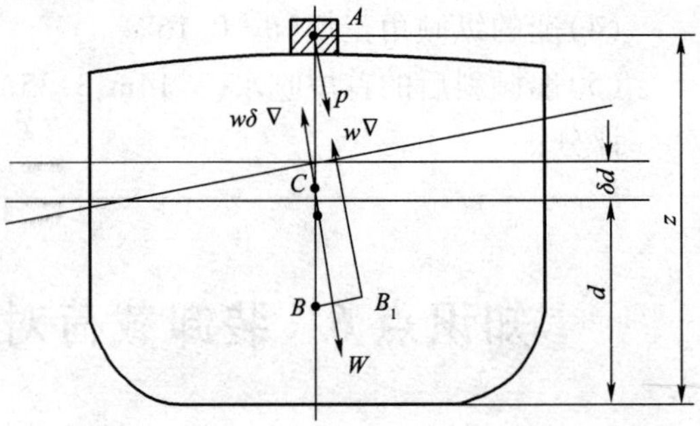

图3-17　复原力矩图

故

$$M_R = \Delta\,\overline{GM}\sin\varphi - p\left[z - \left(d + \frac{\delta d}{2}\right)\right]\sin\varphi \tag{3-25}$$

比较式(3-24)和式(3-25)，可得到以下等式

$$(\Delta + p)\overline{G_1M_1} = \Delta\,\overline{GM} - p\left[z - \left(d + \frac{\delta d}{2}\right)\right]$$

经整理后可得新的初稳性高

$$\overline{G_1M_1} = \overline{GM} + \frac{p}{\Delta + p}\left[d + \frac{\delta d}{2} - z - \overline{GM}\right] \tag{3-26}$$

根据上式，可以判断载荷 p 的高度 z 对于初稳性高的影响。从式(3-26)中看出：

若 $z = d + \dfrac{\delta d}{2} - \overline{GM}$，则 $\overline{G_1M_1} = \overline{GM}$，即初稳性高不变；

若 $z > d + \dfrac{\delta d}{2} - \overline{GM}$，则 $\overline{G_1M_1} < \overline{GM}$，即初稳性高减少；

若 $z < d + \dfrac{\delta d}{2} - \overline{GM}$，则 $\overline{G_1M_1} > \overline{GM}$，即初稳性高增加。

称船上高度为 $\left(d + \dfrac{\delta d}{2} - \overline{GM}\right)$ 的平面为中和面（或极限平面），当载荷 p 的重心刚好位于此平面时，则对于初稳性高没有影响。若装载的货物高于此中和面，则减小初稳性高，反之，将增加初稳性高。

至于装载货物 p 后对于纵稳性的影响，与上述情况相似，参照式(3-26)可得新的纵稳性高

$$\overline{G_1M_{L1}} = \overline{GM_L} + \frac{p}{\Delta + p}\left[d + \frac{\delta d}{2} - z - \overline{GM_L}\right]$$

由于 $d+\frac{\delta d}{2}-z$ 的数值和 $\overline{GM_L}$ 相比是小量，可以忽略，因此新的纵稳性高可近似写成

$$\overline{G_1M_{L1}} \approx \overline{GM_L} - \frac{p}{\Delta + p}\overline{GM_L} \approx \frac{\Delta}{\Delta + p}\overline{GM_L} \tag{3-27}$$

2. 在任意位置装卸载荷对船舶浮态及稳性的影响

设重量为 p 的载荷装在船上 A 处，其坐标为 (x,y,z)，如图 3-18 所示，其浮态及稳性的变化可按下列步骤求得：

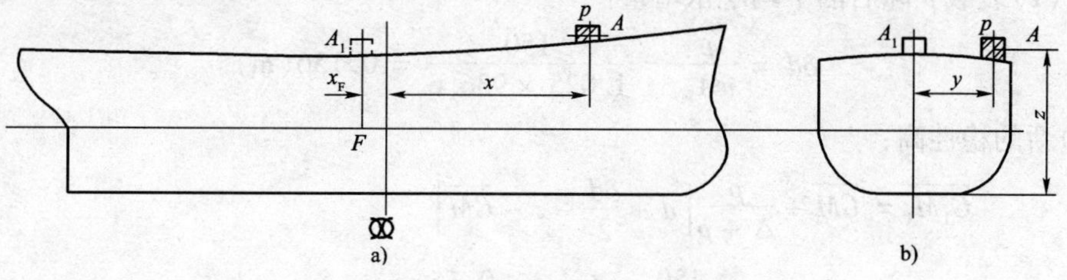

图 3-18　任意位置上装卸载荷的影响

(1) 先假定重量 p 装在 A_1（坐标 x_F, O, z）处，则：

①平均吃水增量：

$$\delta d = \frac{p}{wA_W}$$

②新的初稳性高：

$$\overline{G_1M_1} = \overline{GM} + \frac{p}{\Delta + p}\left[d + \frac{\delta d}{2} - z - \overline{GM}\right]$$

③新的纵稳性高：

$$\overline{G_1M_{L1}} = \overline{GM_L} + \frac{p}{\Delta + p}\left[d + \frac{\delta d}{2} - z - \overline{GM_L}\right] \approx \frac{\Delta}{\Delta + p}\overline{GM_L}$$

(2) 将重量 p 自 A_1（坐标 x_F, O, z）移至 A（坐标 x, y, z）处，则：

$$\tan\varphi = \frac{py}{(\Delta + p)\ \overline{G_1M_1}}$$

$$\tan\theta = \frac{p(x - x_F)}{(\Delta + p)\ \overline{G_1M_{L1}}}$$

首尾吃水的变化

$$\delta d_F = \left[\frac{L}{2} - x_F\right]\frac{p(x - x_F)}{(\Delta + p)\ \overline{G_1M_{L1}}}$$

$$\delta d_A = -\left[\frac{L}{2} + x_F\right]\frac{p(x - x_F)}{(\Delta + p)\ \overline{G_1M_{L1}}}$$

(3) 船的最后首尾吃水：

$$d'_F = d_F + \delta d + \delta d_F$$

$$d'_A = d_A + \delta d + \delta d_A$$

在卸除小量载荷的情况下，也可应用上述各式，只需将重量 p 改为 $-p$，并应注意到平均吃

水的增量 δd 是负值。

为了便于掌握本节的主要内容，下面给出一个计算实例以供参考。

例 3-2：某海船 $L=91.5\text{m}$，$B=14.0\text{m}$，$d_F=3.75\text{m}$，$d_A=4.45\text{m}$，平均吃水 $d_m=4.1\text{m}$，$w=1.025\text{t/m}^3$，$\Delta=3340\text{t}$，$A_W=936.6\text{m}^2$，$x_F=-3.66\text{m}$，$\overline{GM}=0.76\text{m}$，$\overline{GM}_L=101\text{m}$。现将重量为 $p=150\text{t}$ 的载荷装在船上坐标位置为 $x=6\text{m}$，$y=0.5\text{ m}$，$z=7\text{m}$ 处，求装上载荷后船的浮态和初稳性。

解：(1)装载 p 吨后的平均吃水增量：

$$\delta d=\frac{p}{wA_W}=\frac{150}{1.025\times 936.6}=0.156(\text{m})$$

(2)新的稳性高：

$$\overline{G_1M_1}=\overline{GM}+\frac{p}{\Delta+p}\left[d+\frac{\delta d}{2}-z-\overline{GM}\right]$$

$$=0.76+\frac{150}{3340+150}\left[4.1+\frac{0.156}{2}-7-0.76\right]=0.61(\text{m})$$

$$\overline{G_1M_{L1}}\approx\frac{\Delta}{\Delta+p}\overline{GM_L}=\frac{3340}{3340+150}\times 101=96.66(\text{m})$$

(3)横倾角正切：

$$\tan\varphi=\frac{py}{(\Delta+p)\overline{G_1M_1}}=\frac{150\times 0.5}{(3340+150)\times 0.61}=0.0352$$

即 $\varphi\approx 2°$，向右舷倾斜。

(4)纵倾角正切：

$$\tan\theta=\frac{p(x-x_F)}{(\Delta+p)\overline{G_1M_{L1}}}=\frac{150\times(6+3.66)}{(3340+150)\times 96.66}=0.0043$$

即 $\varphi\approx 0.25°$，表示首倾。

(5)首尾吃水的变化：

$$\delta d_F=\left(\frac{L}{2}-x_F\right)\tan\theta=\left(\frac{91.5}{2}+3.66\right)\times 0.0043=0.212(\text{m})$$

$$\delta d_A=-\left(\frac{L}{2}+x_F\right)\tan\theta=-\left(\frac{91.5}{2}-3.66\right)\times 0.0043=-0.181(\text{m})$$

(6)最后船的首尾吃水：

$$d'_F=d_F+\delta d+\delta d_F=3.75+0.156+0.212=4.12(\text{m})$$

$$d'_A=d_A+\delta d+\delta d_A=4.45+0.156-0.181=4.43(\text{m})$$

知识拓展：装卸大量载荷对船舶浮态及初稳性的影响

当船上增加或卸除大量的载荷（超过排水量的10%）时，应用上面有关公式来计算船舶的浮态和稳性就不够准确了。这是因为在装卸大量载荷时，船的吃水变化较大，因此新水线与原水线的水线面面积、漂心位置等差别较大。在这种情况下，应根据静水力曲线图中有关资料进行计算，才能得到比较正确的结果。这里需要应用的静水力曲线资料是：

(1)排水量 Δ 曲线。

(2)浮心坐标 x_B 及 z_B 曲线。

(3)漂心纵向坐标 x_F 曲线。

(4)横稳心半径$\overline{BM}$曲线。

(5)每厘米纵倾力矩 MTC 曲线。

设船舶原来的排水量为 Δ,重心纵向坐标为 x_G,重心垂向坐标为 z_G。当装上大量载荷 p[其重心在坐标(x,y,z)处]后,排水量

$$\Delta_1 = \Delta + P$$

此时,船的重心位置

$$x_{G1} = \frac{\Delta x_G + Px}{\Delta + P}$$

$$z_{G1} = \frac{\Delta z_G + Pz}{\Delta + P}$$

在静水力曲线图横坐标上按比例量取排水量 $\Delta + P$,从这点作垂线与排水量曲线相交,再从交点引水平线与纵坐标轴相交,即得相应的正浮吃水 d_1,如图 3-19 所示,根据吃水 d_1 可从有关曲线上量得:x_{B1}、z_{B1}、$\overline{KB_1}$、$\overline{B_1M_1}$、x_{F1} 及 MTC_1 等数值。

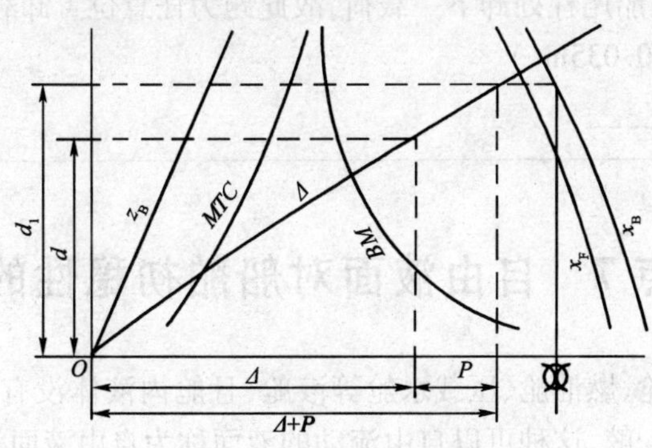

图 3-19 静水力曲线图

因此,排水量为 $\Delta + P$ 时的初稳性高

$$\overline{G_1M_1} = \overline{KB_1} + \overline{B_1M_1} - z_{G1}$$

进而可得横倾角正切

$$\tan\varphi = \frac{py}{(\Delta + P)\overline{G_1M_1}}$$

因此,排水量为 $\Delta + P$ 时的初稳性高船的重心 G_1 和浮心 B_1 不一定在同一铅垂线上,由此所引起的纵倾力矩可以从下式求得

$$M_T = (\Delta + P)(x_{G1} - x_{B1})$$

此时,船的纵倾

$$t = \frac{M_T}{100MTC_1}$$

船的首尾吃水

$$d_F = d_1 + \left(\frac{L}{2} - x_{F1}\right)\frac{t}{L}$$

$$d_A = d_1 - \left(\frac{L}{2} + x_{F1}\right)\frac{t}{L}$$

对于卸除载荷的情况,也可用同样的方法进行计算,这时在静水力曲线图的横坐标上应截取的排水量为 Δ 和 $\Delta - P$,在应用有关公式时需把载荷重量 P 改为 $-P$。

学习成果测验

任务 3-6:关于装卸少量载荷的讨论:

(1)试讨论当船舶装卸少量载荷时,首先把载荷装在浮心或重心的垂直线(而不是装在水线面漂心的垂线)上是否适当?

(2)某船的主要数据如下:$L_{pp} = 108\text{m}$,$B = 10.7\text{m}$,$d_F = 2.9\text{m}$,$d_A = 3.5\text{m}$,$C_B = 0.55$, $C_{WP} = 0.73$,$\overline{GM} = 0.70\text{m}$,$\overline{GM_L} = 132\text{m}$,$x_F = -1.5\text{m}$。试求船入坞修理时,尾柱下墩木受的最大压力及初稳心高度的变化。本题中墩木线是水平的,坞内水密度 $\rho = 1\text{t/m}^3$。(由于船具有尾倾,船入坞且其尾刚触墩木时,墩木受的压力最大,此压力与船尾柱受的支反力大小相等而方向相反;此支反力 P 可视为在船尾柱处卸下一载荷,故此题为任意位置卸载问题。)(参考答案:$P = -28.43\text{t}$,初稳性高降低 0.035m。)

评分:________________

知识点 7　自由液面对船舶初稳性的影响

如果船上设有淡水舱、燃油舱、压载水舱等液舱,且舱内液体没有装满,则船舶在倾斜时,舱内的液体会流向倾斜一舷,这种可以自由流动的液面称为自由液面。当液体流动后,舱内液体体积的形状发生变化,它的重心向倾斜一侧移动,因而产生一个额外的倾斜力矩,其结果是降低船的稳性。

如图 3-20 所示,设船的排水量为 Δ,自由液体的体积为 V,液体的重量密度为 w_1,当船处于正浮状态时,其重心在 G 点,舱内的自由液面 CD 平行于水线 WL,其重心在 a 点。当船横倾一小角度 φ 后,舱内液体的自由表面也发生倾斜而变为 $C'D'$,且平行于新水线 W_1L_1,其重心由 a 点移至 a_1 点。这种液体的移动和船上固体载荷的移动一样,必导致一附加的横倾力矩的产生,为求此附加的横倾力矩 M_h,设在 a 点加上一对大小相等、方向相反的共线力 w_1V,则可以看作船的重心不变,但增加了一个横倾力矩,其数值为

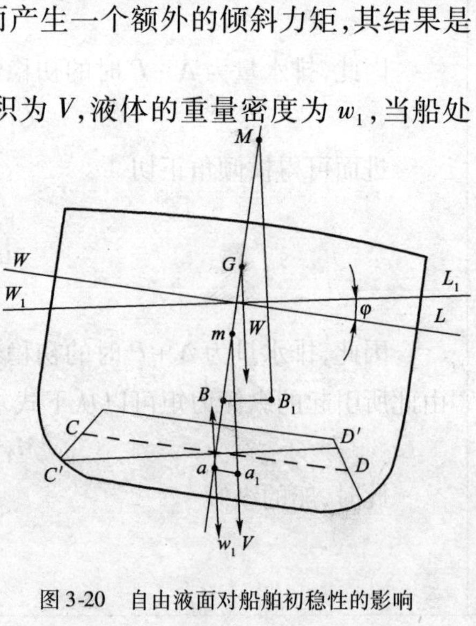

图 3-20　自由液面对船舶初稳性的影响

$$M_h = w_1 V \overline{aa_1} = w_1 V \overline{am} \sin\varphi$$

式中:m——由液体倾斜后重量作用线和正浮时重量作用线的交点;

$\overline{am}$——液体重心移动曲线 aa_1 在 a 处的曲率半径。

这种情况和本章第二节中讨论船舶等体积倾斜时浮心移动的情况相类似。在小倾角范围内，aa_1 可看作圆弧，m 为其圆心，$\overline{am}$为其半径。参照式(3-7)可知

$$\overline{am} = \frac{i_x}{V}$$

式中：i_x——自由液面的面积对其倾斜轴线的横向惯性矩；

V——舱内液体的体积。

这样，自由液面产生的横倾力矩可写成

$$M_h = w_1 V \frac{i_x}{V} \sin\varphi = w_1 i_x \sin\varphi$$

因此，在船横倾 φ 角后，除了船本身的复原力矩 $M_R = \Delta\ \overline{GM}\sin\varphi$ 外，还有一个自由液面所产生的横倾力矩。在这种情况下，船的实际复原力矩

$$M_{R1} = \Delta\ \overline{GM}\sin\varphi - w_1 i_x \sin\varphi = \Delta\left(\overline{GM} - \frac{w_1 i_x}{\Delta}\right)\sin\varphi \tag{3-28}$$

或船的实际初稳性高

$$\overline{G_1M} = \overline{GM} - \frac{w_1 i_x}{\Delta} \tag{3-29}$$

式中：$-\dfrac{w_1 i_x}{\Delta}$——自由液面对初稳性高的修正值。其数值只与自由液面的大小、船的排水量有关，而与自由液体的体积无关。

由上式可见，自由液面的影响使初稳性高减少了$\dfrac{w_1 i_x}{\Delta} = \dfrac{w_1\ \overline{am}V}{\Delta}$参照式(3-18)可知，这个影响相当于把液体的重心由 a 点提高到 m 点，因此 m 点亦称为自由液体的虚重心。

用类似方法可以求得自由液面对于纵稳性高的影响

$$\overline{G_1M_L} = \overline{GM_L} - \frac{w_1 i_y}{\Delta} \tag{3-30}$$

式中：i_y——自由液面的面积对其倾斜轴线的纵向惯性矩。

如果船上有几个自由液面的舱柜，则可先算出各自的 $w_1 i_x$，然后把它们加起来除以船的排水量，即得所有自由液面对初稳性高的修正值 $-\dfrac{\sum w_1 i_x}{\Delta}$，即

$$\overline{G_1M} = \overline{GM} - \frac{\sum w_1 i_x}{\Delta} \tag{3-31}$$

同理，对于纵倾情况有

$$\overline{G_1M_L} = \overline{GM_L} - \frac{\sum w_1 i_y}{\Delta} \tag{3-32}$$

从式(3-29)可以看出，自由液面的影响是减小了船的初稳性高，即降低了船的初稳性。如果自由液面的面积很大，可能使船失掉初稳性。为了减小自由液面对初稳性的不利影响，最有效的办法是在船内设置纵向舱壁。

知识拓展:关于设置纵舱壁的讨论

下面举一个简单例子,说明设置纵向舱壁对减小自由液面影响的效果。

设有一个长为 l,宽为 b 的矩形自由液面如图 3-21a)所示。在横倾时,该自由液面对于其倾斜轴的惯性矩

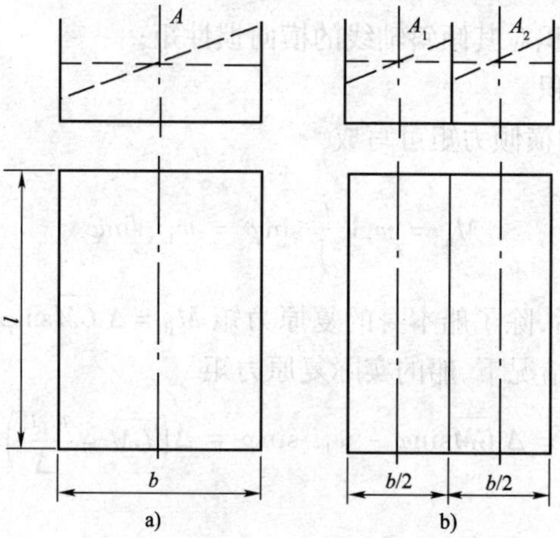

图 3-21 自由液面等分后对稳性的影响

$$i_x = \frac{1}{12}lb^3$$

若采用纵向舱壁将其分成两个相同的部分如图 3-21b)所示,则自由液面 A_1 及 A_2 对于其倾斜轴的面积惯性矩的总和

$$\sum_{j=1}^{2} i_{xj} = 2\frac{1}{12}l\left(\frac{b}{2}\right)^3 = \frac{1}{4}\frac{lb^3}{12}$$

由此可见,用纵向舱壁将自由液面等分后,自由液面对稳性的不利影响可减至$\frac{1}{4}$。

同样可以证明,如果用两道纵向舱壁将自由液面分成 3 等分,则其影响可减至$\frac{1}{9}$。进一步推论可得,将舱室进行 n 等分后,自由液面的影响可减小到未分舱前的$\frac{1}{n^2}$。

因此,船上宽度较大的油舱、水舱等通常都要设置纵向舱壁,以减小自由液面对稳性的不利影响。

另外,必须注意,当船上增加(或减少)液体载荷时,初稳心高度的计算必须计及载荷增加(或减少)和自由液面对初稳心高度的共同影响。

关于船舶装载的散装货物对初稳性的影响,可考虑与自由液面的情况类似。但由于船舶横倾时,散装物货的重心移动,受货物间摩擦力等因素影响,重心难于确定。所以,散装货物的移动对初稳性的影响难于准确计算。有些船舶在计算时,把其近似看成自由液面的影响,而《国际海上人命安全公约》对装运散装谷物的船舶的完整稳性也有专门的规定。为减少散装货物对稳性的不利影响,对于装载大宗散货的专用散货船,一般在结构上采用特殊的船体结构形式;对一般船舶,在装散货时,通常可采用增加临时纵舱壁或其他可行的装货形式。

学习成果测验

任务3-7:关于自由液面修正的计算:

某海船长 $L=100\text{m}$,宽 $B=12\text{m}$,吃水 $d=3.5\text{m}$,$C_B=0.55$,$C_{WP}=0.70$,$\overline{GM}=0.60\text{m}$。船的双层底内有一液舱装满燃油,其密度 $\rho_1=0.85\text{t/m}^3$;该油舱为矩形,其尺度为长 $l=10\text{m}$,宽 $b=8\text{m}$,深 $d=1.2\text{m}$。试求燃油消耗一半后,该船的初稳心高度(0.41m)。(提示:此题应考虑燃油消耗(即卸载)和自由液面对初稳性的共同影响。)

评分:________

知识点8　悬挂重量对船舶初稳性的影响

船舶的悬挂重量有悬挂肉类、未固定的救生艇、用吊杆起货,以及未加固定的悬挂重量等。在船舶发生倾斜时,它们对稳性均会产生不利影响。

设船上有一悬挂于 A 点的重物 p,其重心位于 D 点,悬挂长度 l,如图3-22所示。当船横倾一小角度 φ 后,重物 p 自 D 移至 D_1 点。若在 D 点加上一对大小相等、方向相反的共线力 p,则可以看作船的重心不变,但增加了一个横倾力矩,即

$$M_h=pl\sin\varphi$$

故船在横倾 φ 角时的实际复原力矩

$$M_{R1}=\Delta\,\overline{GM}\sin\varphi-pl\sin\varphi=\Delta\left(\overline{GM}-\frac{pl}{\Delta}\right)\sin\varphi \tag{3-33}$$

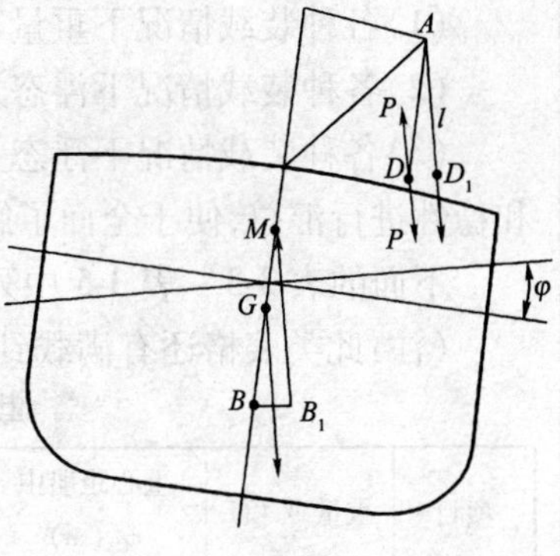

图3-22　悬挂重物对稳性的影响

或船的实际初稳性高

$$\overline{G_1M}=\overline{GM}-\frac{pl}{\Delta} \tag{3-34}$$

由上式可见,悬挂重量的影响使初稳性高减小了 $\frac{pl}{\Delta}$。参照式(3-18)可知,这个影响相当于把重量 p 自 D 点垂向移至悬挂点 A,故 A 点称为悬挂重量的虚重心。

用同样方法,可以求得悬挂重量情况下船的纵稳性高

$$\overline{G_1M_L}=\overline{GM_L}-\frac{pl}{\Delta} \tag{3-35}$$

最后,简要介绍一下装卸液体载荷或悬挂重量对船舶浮态和稳性的影响,对于这类问题,在计算稳性高时必须考虑下列两种影响:

(1)首先根据式(3-26)、式(3-27)算出装卸载荷后的稳性高。

(2)再计算具有自由液面或悬挂载荷情况下船舶浮态。

学习成果测验

任务3-8:关于悬挂重量的修正计算:

某内河箱形起重船,吃水 $d=0.8\text{m}$,排水量 $\Delta=128\text{t}$,船长 $L=20\text{m}$,宽 $B=8\text{m}$,初稳性高 $\overline{GM}=5.87\text{m}$。当从船外吊起5t货物时,其吊杆(设在船中央)伸出舷外5m,吊杆端点距基线高

度为12m。求吊起此载荷时船的横倾角。(提示:此题应考虑载荷增加和悬挂载荷对稳性的共同影响。横倾角为3.7 °)

评分:________________

知识拓展:船舶在各种装载情况下浮态及初稳性的计算

船舶的装载情况千变万化,不可能一一加以计算,故在设计阶段,必须根据我国颁发的《船舶与海上设施法定检验规则》中,对各类船舶(如客船、货船、油船、拖船、渔船等)所需计算的基本装载情况进行浮态和初稳性的计算,其中应包括初稳性最恶劣时的装载情况。计算结果应符合有关规则的要求,表示所设计的船舶具有足够的初稳性。

对于普通货船来说,所需计算的典型装载情况有满载出港、满载到港、空载(或压载)出港和空载(或压载)到港4种状态。

船舶在各种装载情况下浮态和初稳性的计算,通常包括下列3个部分:

(1)各种装载情况下重量和重心位置的计算——每种典型载况单独列一张计算表。

(2)各种装载情况下浮态及初稳性的计算——每种典型载况单独列一张计算表。

(3)各种装载情况下浮态及稳性计算综合表——主要将各种载况下算得的船舶浮态和稳性进行汇总,便于全面了解船舶的浮态和稳性情况。

下面的表3-3~表3-5中列举了某船的计算实例,以供参考。

(注:此类表格还有满载到港、压载出港、压载到港3种,此处从略。)

载况重量和重心位置计算(满载出港) 表3-3

项目	重量 W_i(t)	重心距船中 x_{G_i}(m)	对船中静矩 M_{yOz_i}(t·m)	重心距基线 z_{G_i}(m)	对基平面静矩 M_{xOy_i}(t·m)
空船	859.00	-4.03	-3461.77	3.80	3264.200
固定重量	10.80	-12.84	-138.672	4.41	47.628
供给品	0.30	-29.00	-8.700	2.40	0.720
燃油	89.66	-0.60	-53.796	0.72	64.555
柴油	21.56	-21.70	-467.852	1.45	31.262
淡水	17.02	-31.73	-540.045	3.51	59.740
滑油	2.83	-24.60	-69.618	0.30	0.849
压载水	0.00	4.22	0.000	0.73	0.000
货物	1604.83	4.24	6804.479	4.11	6595.851
其他	67.05	4.24	284.292	4.11	275.576
总计 ∑	Δ =2673.05	x_G =0.879	M_{Oy} =2348.318	z_G =3.868	M_{xOy} =10340.381

注:此类表格还有满载到港、压载出港、压载到港3种,此处从略。

各载况的浮态及初稳性计算 表3-4

项目	单位	符号及公式	满载出港	满载到港	压载出港	压载到港
排水量	t	Δ	2673.05	2557.37	1469.89	1354.21
平均吃水	m	d	4.400	4.237	2.618	2.437
重心纵向坐标	m	x_G	0.879	1.295	−1.879	−1.329
浮心纵向坐标	m	x_B	0.994	1.077	1.653	1.701
重心竖向坐标	m	z_G	3.868	3.985	2.593	2.705
纵稳心距基线高	m	z_{ML}	84.249	85.489	117.271	126.181
纵向初稳心高	m	$\overline{GM}_L = z_{ML} - z_G$	880.381	81.504	114.678	123.476
每厘米纵倾力矩	kN·m	$MTC = \Delta \dfrac{\overline{GM}_L}{100L}$	315.97	306.52	247.89	245.90
漂心纵向坐标	m	x_F	−0.978	−0.782	1.082	1.186
纵倾力臂	m	$x_G - x_B$	−0.115	0.218	−3.532	−3.030
纵倾力矩	kN·m	$M_T = \Delta(x_G - x_H)$	−3068.4	5579.49	−5191.68	−4102.71
纵倾值	m	$\mathrm{d}d = \dfrac{M_T}{100 \cdot MTC}$	−0.097	0.182	−2.094	−1.668
首吃水增量	m	$\mathrm{d}d_F = \left(\dfrac{L}{2} - x_F\right)\left(\dfrac{\mathrm{d}d}{L}\right)$	−0.05	0.093	−1.014	−0.805
尾吃水增量	m	$\mathrm{d}d_A = \left(\dfrac{L}{2} + x_F\right)\left(\dfrac{\mathrm{d}d}{L}\right)$	0.047	−0.089	1.081	0.863
首吃水	m	$d_F = d + \mathrm{d}d_F$	4.35	4.33	1.604	1.631
尾吃水	m	$d_A = d + \mathrm{d}d_A$	4.447	4.148	3.698	3.300
横稳心距基线高	m	z_M	5.125	5.121	6.040	6.330
未修正初稳心高	m	$\overline{GM_0} = z_M - z_G$	1.257	1.136	3.447	3.625
自由液面修正值	m	$\mathrm{d}\,\overline{GM}$	0.047	0.049	0.086	0.093
实际初稳心高	m	$\overline{GM} = \overline{GM_0} - \mathrm{d}\,\overline{GM}$	1.210	1.087	3.361	3.532

各载况的浮态及稳性总结表 表3-5

项目	单位	符号	满载出港	满载到港	压载出港	压载到港	要求
排水量	t	Δ	2673.05	2557.37	1469.89	1354.21	
平均吃水	m	d	4.400	4.237	2.618	2.437	
首吃水	m	d_F	4.350	4.330	1.604	1.631	
尾吃水	m	d_A	4.447	4.148	3.698	3.300	
重心纵向坐标	m	x_G	0.879	1.295	−1.879	−1.329	
重心竖向坐标	m	z_G	3.868	3.985	2.593	2.705	
进水角	°	θ_j	29.044	30.417	44.738	46.642	
横摇周期	s	T_θ	7.488	7.996	4.676	4.673	
实际初稳心高	m	$\overline{GM}$	1.210	1.087	3.361	3.532	≥0.15
30°处复原力臂*	m	L_M	0.728	0.724	1.680	1.653	≥0.2

续上表

项　目	单位	符号	满载出港	满载到港	压载出港	压载到港	要　求
最大复原力臂对应角*	°	θ_m	41.785	41.160	55.515	55.874	≥30
消失角*	°	θ	>80	>80	>80	>80	
稳性衡准数*		K	6.885	6.971	11.194	9.933	≥1
稳性校核结果			满足要求	满足要求	满足要求	满足要求	

注:还*号者是大倾角稳性的计算结果。

知识点9　船舶倾斜试验

初稳性高$\overline{GM}$是衡量船舶稳性的重要指标,因此,正确地求出初稳性高$\overline{GM}$是十分重要的。

$$\overline{GM} = (z_B + \overline{BM}) - z_G \tag{3-36}$$

式中,浮心垂向坐标z_B和横稳心半径$\overline{BM}$可以根据型线图及型值表相当精确地求得,因而问题的关键在于重心垂向坐标z_G值是否精确。

在船舶设计阶段计算所得的重量和重心位置,与船舶建成后的实际重量和重心位置往往有一定差异。故在船舶建成以后都要进行倾斜试验。以便准确地求得重量及重心的位置。试验的结果要求精确可靠。

1. 倾斜试验的原理

当船正浮于水线WL时,其排水量为Δ。若将船上A点处的重物p横向移动某一距离l至A_1点,则船将产生横倾并浮于新水线W_1L_1,如图3-23所示。

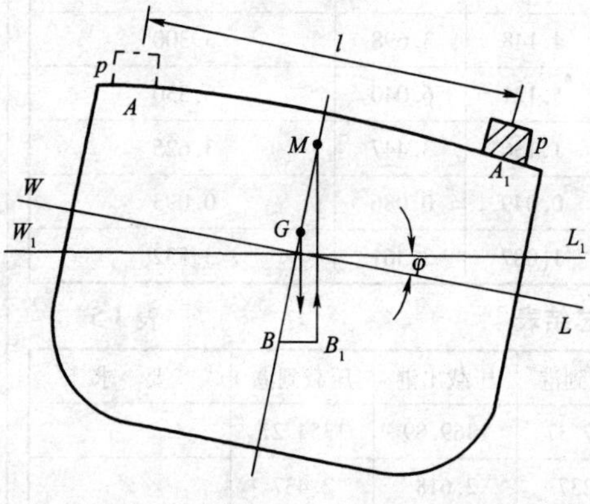

图3-23　横向移动重量时船的横倾

从船上载荷移动的计算公式可知,此时船的横倾角φ正切

$$\tan\varphi = \frac{pl}{\Delta\,\overline{GM}}$$

上式也可改写为

$$\overline{GM} = \frac{pl}{\Delta\tan\varphi} \tag{3-37}$$

将式(3-37)代入式(3-36),即可得到船重心垂向坐标z_G的计算式

$$z_G = (z_B + \overline{BM}) - \frac{pl}{\Delta\tan\varphi} \tag{3-38}$$

若已测得船的首吃水、尾吃水和船中吃水,即可根据静水力曲线或邦戎曲线求得船的排水量Δ、浮心垂向坐标z_B和横稳心半径$\overline{BM}$以及浮心纵向坐标x_B,另外已知移动重量p、横向移动距离l,并测量出横倾角φ,将它们分别代入式(3-38)后,即可得到船的重心垂向坐标z_G。在有初始纵倾的情况下,可根据式(3-39)求得重心纵向坐标x_G。

$$x_G = x_B + (z_G - z_B)\tan\theta \tag{3-39}$$

2. 倾斜试验方法

试验前,应先测量首、尾吃水和船中吃水以及水的重量密度,以便精确地求出排水量。

倾斜试验所用的移动重物一般是生铁块，将它们分成 p_1、p_2、p_3、p_4 四组，堆放于甲板上指定的位置(见图 3-24)，每组重物的重量相等，即 $p_1=p_2=p_3=p_4$。

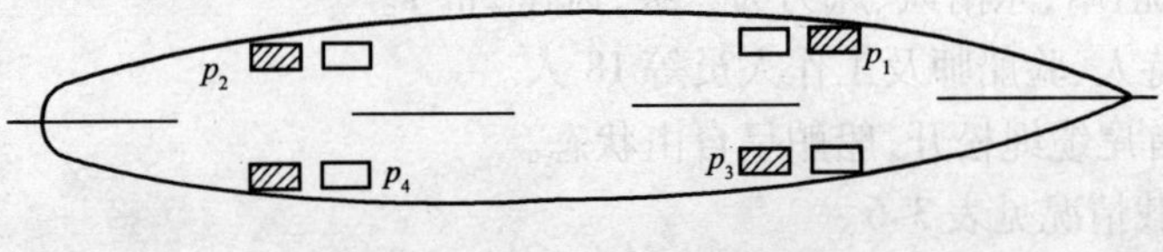

图 3-24　倾斜试验移动重量的布置

为了形成足够的倾斜力矩，使船能产生 2°~4°的横倾角，移动重物的总重量约为船舶排水量的 1%~2%，移动的距离 1 约为船宽的$\frac{3}{4}$。

横倾角 φ 一般用图 3-25 所示的摆锤进行测量。摆锤用细绳挂在船上的 O 点处，下端装有水平标尺。当船横倾时，可在标尺上读出摆锤移动的横向距离 k，则船的横倾角正切

$$\tan\varphi=\frac{k}{\lambda}$$

式中：λ——悬挂点 0 至标尺的垂直距离。为了减小测量误差，λ 应尽可能取得大些。

摆锤下端装有翼板并浸在油槽或水槽内，其目的是使摆锤能迅速停止摆动，便于读得精确的 k 值。通常在船上设置 2~3 个摆锤，分别装在首部、中部和尾部。横倾角 φ 取几个摆锤所得数据的平均值。

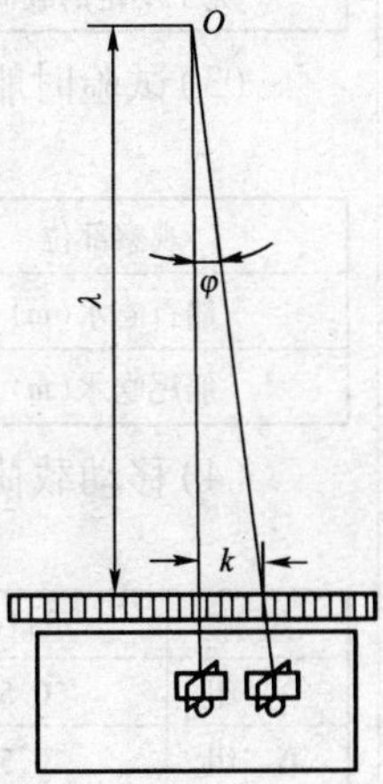

图 3-25　横倾角与摆锤

此外，横倾角也可用 U 形玻璃水管测量。设 U 形管中两侧玻璃管中心的横向水平距离为 λ，在横倾后 U 形管中两侧玻璃管的水位高度相差 b，则船的横倾角正切

$$\tan\varphi=\frac{b}{\lambda}$$

为了提高试验结果的精确程度，应使被试验的船舶重复倾斜几次，亦即在试验时需按一定的次序将船上各组重量重复移动多次，每次将重物作横向移动后，应计算其横倾力矩 M 及测量相应的横倾角 φ。设整个试验共倾斜 n 次，每次相应的力矩为 $M_1,M_2,\cdots,M_n$，横倾角为 φ_1，$\varphi_2,\cdots,\varphi_n$，则可根据下式

$$\overline{GM}=\frac{M}{\Delta\tan\varphi}$$

算出各次的面值，然后取其算术平均值，即得船的初稳性高。

但在实际计算中，常用最小二乘法原理以求得更准确的$\overline{GM}$数值。

$$\overline{GM}=\frac{1}{\Delta}\cdot\frac{\sum_{i=1}^{n}M_i\tan\varphi_i}{\sum_{i=1}^{n}\tan^2\varphi_i}$$

知识拓展：倾斜试验实例

1. 船的主尺度

船舶总长 $L_{OA}=25.67$ m；垂线间长 $L_{pp}=23.40$ m；型宽 $B=5.00$m；型深 $D=2.30$m；设计吃水 $d=1.60$m；排水量 $\Delta=120$t。

2. 试验情况

(1)天气情况:晴,东南风、风力为二级,风速2m/s。

参加者:主持人、验船师及工作人员等18人。

系泊情况:首尾缆绳松开,船舶呈自由状态。

(2)船的装载情况见表3-6。

船舶装载情况 表3-6

项目	重量(t)	重心距基线(m)	重心距船中
多余的载荷	2.99	2.59	1.36
完工不足的载荷	—	—	—

(3)试验时船舶吃水情况见表3-7。

船舶吃水情况 表3-7

观察部位	右舷	左舷	平均值
船首吃水(m)	0.405	0.375	0.39
船尾吃水(m)	1.305	1.275	1.29

(4)移动载荷情况见表3-8。

移动载荷情况 表3-8

组别	重量(t)	原始位置	重心垂向坐标(m)	重心纵向坐标(m)	移动距离(m)
第一组	0.52	#37肋位右舷	2.94	6.5	3.9
第二组	0.52	#19肋位右舷	2.48	-2.5	3.9
第三组	0.52	#31肋位左舷	2.51	3.5	3.9
第四组	0.52	#25肋位左舷	2.47	0.5	3.9

(5)摆锤布置见表3-9。

摆锤位置表 表3-9

摆锤编号	位置	摆长λ(m)
第1号	首部货舱内#35肋位	2.195
第2号	尾部甲板上#3肋位	1.601

3. 倾斜试验记录

(1)移动力矩及倾斜力矩计算见表3-10。

移动力矩及倾斜力矩计算表 表3-10

试验顺序	移动重量(t)	移动距离(力臂)(m)	移动力矩(N·m)	倾斜力矩	
				自左舷至右舷	自右舷至左舷
1	—	—	—	—	—
2	0.52	3.9	$2.03\times9.81\times10^3$	$2.03\times9.81\times10^3$	—
3	0.52	3.9	$2.03\times9.81\times10^3$	$4.06\times9.81\times10^3$	—
4	0.52	3.9	$2.03\times9.81\times10^3$	$2.03\times9.81\times10^3$	—
5	0.52	3.9	$2.03\times9.81\times10^3$	—	—
6	0.52	3.9	$2.03\times9.81\times10^3$	—	$2.03\times9.81\times10^3$
7	0.52	3.9	$2.03\times9.81\times10^3$	—	$4.06\times9.81\times10^3$
8	0.52	3.9	$2.03\times9.81\times10^3$	—	$2.03\times9.81\times10^3$
9	0.52	3.9	$2.03\times9.81\times10^3$	—	—

(2)横倾角计算见表3-11。

横倾角计算表 表3-11

试验顺序	第1号摆锤($\lambda_1=2.195$m)		第2号摆锤($\lambda_2=1.601$m)		$\tan\varphi$(两摆锤的平均值)
	k_1	$\tan\varphi_1=\frac{k_1}{\lambda_1}$	k_2	$\tan\varphi_2=\frac{k_2}{\lambda_2}$	
1	0.001	0	0.001	0	0
2	0.086	0.0392	0.065	0.0406	0.0399
3	0.180	0.0820	0.131	0.0818	0.819
4	0.089	0.0405	0.073	0.0456	0.0431
5	0.001	0	0.002	0	0
6	0.081	0.0369	0.062	0.0387	0.0378
7	0.165	0.0751	0.126	0.0787	0.0769
8	0.081	0.0369	0.062	0.0387	0.0738
9	0	0	0.003	0	0

4.分析计算

(1)试验状态的吃水 d、排水量 Δ、横稳心半径 $\overline{BM}$ 及浮心垂向坐标 z_B 的计算。

根据首尾吃水值可求得平均吃水 d,据 d 在静水力曲线图上可查得排水量 Δ、横稳心半径 $\overline{BM}$ 及浮心垂向坐标 z_B 等值。本船因有一定纵倾值,若按邦戎曲线来计算上述各值,则较麻烦。故采用如下近似方法:

先根据平均吃水 d 在静水力曲线图上查得该吃水时的漂心坐标 $x_F=-0.27$m,然后据下式计算正浮时的平均吃水 d',即

$$d'=d+x_F\frac{d_F-d_A}{L_{PP}}=0.84+(-0.27)\times\frac{0.39-1.29}{23.4}=0.85(\text{m})$$

有了正浮时的平均吃水 d',按 d' 值在静水力曲线图上查得试验状态的排水量 $\Delta=55$(t),及 $z_B+\overline{BM}=2.76$(m)。

(2)初稳心高度计算见表3-12。

初稳心高度计算表 表3-12

试验顺序	倾斜力矩 M	$\tan\varphi$	$\overline{GM}=\frac{M}{\tan\varphi}\cdot\frac{1}{\Delta\times9.81\times10^3}$
1	0	0	—
2	$2.03\times9.81\times10^3$	0.0399	0.926
3	$4.06\times9.81\times10^3$	0.0819	0.902
4	$2.03\times9.81\times10^3$	0.0431	0.856
5	0	0	—
6	$2.03\times9.81\times10^3$	0.0378	0.976
7	$4.06\times9.81\times10^3$	0.0769	0.96
8	$2.03\times9.81\times10^3$	0.0378	0.976
9	0	0	—
$\sum$			$\sum=5.596$

取算术平均值$\overline{GM}=\frac{5.596}{6}=0.93$(m)

(3)试验状态重心坐标z_G、x_G见表3-13。

试验状态重心坐标计算表 表3-13

序　号	项　目	符号及公式	数　值
1	正浮吃水	d'	0.85(m)
2	横稳心垂向坐标	$z_M=z_B+\overline{BM}$	2.76(m)
3	初稳心高度	$\overline{GM}$	0.93(m)
4	重心垂向坐标	$z_G=(z_B+\overline{BM})-\overline{GM}$	1.83(m)
5	浮心纵向坐标	x_B	-0.14(m)
6	每厘米纵倾力矩	MTC	850×9.81(N·m)
7	纵倾值	$t=d_F-d_A$	-0.90(m)
8	重心纵向坐标	$x_G=\frac{t\times MTC\times100}{\Delta\times9.81\times10^3}+x_B$	-1.53(m)

表中关于重心纵向坐标x_G的计算,是依据式(3-20)得来,因正浮时x_G与x_B不在同一垂线上,故产生一纵倾力矩M_T,其大小为

$$M_T=\Delta(x_G-x_B)$$

根据式(3-20),则有

$$x_G=\frac{t\times MTC\times100}{\Delta g\times10^3}+x_B$$

(4)空载状态排水量及重心坐标的计算(表3-14)。

空载状态排水量及重心坐标计算表 表3-14

载荷名称	重量(t)	力臂		力矩	
		z_G	x_G	对基平面	对船中
试验时船重量	55.0	1.83	-1.53	100.65	-84.15
多余重量	-2.99	2.59	1.36	-7.74	-4.07
不足重量	—	—	—	—	—
空载状态	52.01	1.79	-1.70	92.91	-88.22

据上表可算得空载状态排水量Δ_1及重心坐标分别为

$$\Delta_1=52.01(\text{t})$$

$$x_{G_1}=\frac{-88.22}{52.01}=-1.696(\text{m})$$

$$z_{G_1}=\frac{92.91}{52.01}=1.786(\text{m})$$

(5)空载状态初稳性高度计算:

按空载排水量Δ_1,查静水力曲线图可得平均吃水$d=0.82$(m),$z_M=z_B+\overline{BM}=2.82$(m),于是有$\overline{GM}=(z_B+\overline{BM})-z_{G_1}=2.82-1.786=1.03$(m)

载荷移动次序图如图3-26所示。

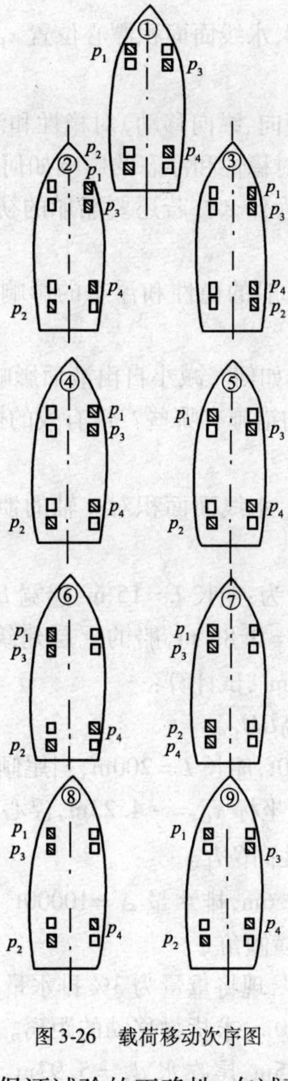

图3-26　载荷移动次序图

(6)倾斜试验注意事项。为保证试验的正确性,在试验时应注意以下几点:

①应选风力不大于2级的晴天进行试验,试验地点应选在静水的遮蔽处所。试验时应注意风和水流的影响,尽可能使船首正对风向和水流方向,最好在坞内进行倾斜试验。

②为不妨碍船的横倾,应将系泊缆绳全部松开。

③凡船上能自行移动或晃动的物体都应设法固定,机器停止运转,与试验无关时人员均应离船,留在船上的人员都有固定位置,不能随意走动。

④船上的各类液体舱柜都应抽空或注满,以消除自由液面的影响,如有自由液面则应查明其大小,以便进行修正。

⑤试验时,将船上的装载情况(包括试验时在船上的人员重量和位置)以及船上缺少或多余的物资都应作详细记录,以便将试验结果修正到空载状态。

⑥试验时各项工作应有统一的指挥,观察记录工作务必认真仔细。

思考与练习

一、简答题

1. 如已知船的长度 L，平均吃 d，水线面面积漂心位置 x_F 和纵倾值 t，通过作图写出船舶首倾 θ 角后的首尾吃水公式。

2. 船上重量移动（包括垂向、横向、纵向移动）对稳性和浮态有什么影响？

3. 船舶装上或卸下少量货物，对稳性和浮态的影响如何？要使船舶在装卸货物后，不产生倾斜，该货物应装卸在什么地方？为什么？若还要船舶的初稳性高 $\overline{GM}$ 也不变，那么货物又应该装卸在什么地方？为什么？

4. 说明装上或卸下大量货物对船的稳性和浮态的影响。为什么要利用静水力曲线来计算，并叙述其计算步骤。

5. 自由液面对船舶稳性的影响如何？减小自由液面影响的方法有哪些？

6. 提高（或改善）船舶初稳性的措施有哪些？最有效的措施是什么？为什么？

二、计算题

1. 某内河船的排水量 $\Delta = 820\text{t}$，水线面面积对 x 轴的惯性矩 $I_T = 2380\text{m}^4$，初稳性高 $\overline{GM} = 1.70\text{m}$，求重心在浮心以上的高度。

2. 某长方形起重船的主要尺度为：船长 $L = 15$ m，船宽 $B = 9.0\text{m}$，型深 $D = 2.0\text{m}$，起重船主体重为 $p_1 = 56\text{t}$，其重心高度为 $\overline{KG_1} = 0.85$ m，船的上层建筑重为 $p_2 = 78\text{t}$，重心高度为 $\overline{KG_2} = 7.5\text{m}$，水的重量密度为 $w = 1.025\text{t/m}^3$，试计算：

（1）横稳性高 $\overline{GM}$；（2）纵稳性高 $\overline{GM_L}$。

3. 某巡洋舰的排水量 $\Delta = 10200\text{t}$，船长 $L = 200\text{m}$，当尾倾为 1.3m 时，水线面面积的纵向惯性矩 $I_L = 420 \times 104\ \text{m}^4$，重心的纵向坐标 $x_G = -4.23\text{m}$，浮心的纵向坐标 $x_B = -4.25\text{m}$，水的重量密度 $w = 1.025\text{t/m}^3$。试求纵稳性高 $\overline{GM_L}$。

4. 某船正浮时初稳性高 $\overline{GM} = 0.6\text{m}$，排水量 $\Delta = 10000\text{t}$，把船内 100t 货物向上移动 3m，再横向移动 10m，求货物移动后船的横倾角 φ。

5. 某船有初始横倾角 $\varphi = 2°36'$，现将重量为 3% 排水量的货物横向移动，使船复原到正浮位置。已知船的初稳性高 $\overline{GM} = 1.30\text{m}$，求货物移动的距离。

6. 某巡洋舰的首吃水 $d_F = 5.65\text{m}$，尾吃水 $d_A = 5.97\text{m}$，每厘米纵倾力矩 $MTC = 2720\text{kN} \cdot \text{m}$，试问要从后舱抽出多少吨油到前舱方可使船平浮。两舱之间的距离 $l = 156\text{mm}$。

7. 某船主要数据为：船长 $L = 135$ m，船宽 $B = 14.2\text{m}$，首吃水 $d_F = 5.2\text{m}$，尾吃水 $d_A = 4.8\text{m}$，排水量 $\Delta = 5200\text{t}$，横稳性高 $\overline{GM} = 0.95$ m，纵稳性高 $\overline{GM_L} = 150\text{m}$，每厘米吃水吨数 $TPC = 13.8\text{t/cm}$，漂心纵向坐标 $x_F = -3.5\text{m}$，试求：在 $x = -35\text{m}$，$y = 1.0\text{m}$，$z = 9.0\text{m}$ 处装载 200t 货物后船的浮态。

8. 某船长 $L = 100\text{m}$，首吃水 $d_F = 4.2\text{m}$，尾吃水 $d_A = 4.8\text{m}$，每厘米吃水吨数 $TPC = 80\text{t/cm}$，每厘米纵倾力矩 $MTC = 750\text{kN} \cdot \text{m}$，漂心纵向坐标 $x_F = 4.0\text{m}$。今在船上装载 120t 的货物。问货物装在何处才能使船的首吃水和尾吃水相等。

9. 已知某长方形船的船长 $L = 100\text{m}$，船宽 $B = 12\text{m}$，吃水 $d = 6\text{m}$，重心垂向坐标 $z_G = 3.6\text{m}$；该船的中纵剖面两边各有一淡水舱，其尺度为：长 $l = 10\text{m}$，宽 $b = 6$ m，深 $a = 4\text{m}$。在初始状态两舱都装满了淡水，试求：

(1)在一个舱内的水耗去一半时船的横倾角;(2)如要消去横倾,那么船上 $x=8$m, $y=-4$m处的60t 货物应移至何处?

10. 已知某内河船的主要尺度和要素为:船长 $L=58$ m,船宽 $B=9.6$m,首吃水 $d_F=1.0$m,尾吃水 $d_A=1.3$m,方形系数 $C_B=0.72$,纵稳性高$\overline{GM_L}=65$ m,为了通过浅水航道,必须移动船内的某些货物,使船处于平浮状态,假定货物从尾至首最大的移动距离为 $l=28.0$m,求必须移动的货物重量。

11. 某内河客船的一舷受到风的作用,受风面积 $A_f=410\text{m}^2$,受风面积的中心在基线以上的高度为 $z_f=4.7$m,风压为 $p=490$Pa,已知船的要素为:船长 $L=75.0$m。船宽 $B=8.1$ m,吃水 $d=2.2$m,方形系数 $C_B=0.645$,初稳性高$\overline{GM}=1.4$m,假定水阻力中心在其水线处,求该船受风力作用时的横倾角。

12. 若船靠岸时有 80 个乘客集中到一舷,已知乘客移动到舷边的距离 $l=4.0$m,每个乘客重量为60kg,船舶每横倾1°的力矩 $M_0=82$kN·m。求此时该船的横倾角。

13. 某内河驳船 $\Delta=1100$t,平均吃水 $d=2.0$m,每厘米吃水吨数 $TPC=6.50$t/cm,在6个同样的舱内装石油(石油的重量密度 $W_1=0.93$ t/m^3),每个舱内都有自由液面,油舱为长方形,其尺度为 $l=15.0$m,$b=6.0$m。这时船的初稳性高为$\overline{GM}=1.86$m,若把右舷中间的一个舱中重量为 $p=120$ t 的油完全抽出,其重心垂向坐标 $z_C=0.80$m,求船的横倾角。

14. 某长方形船在港内进行倾斜试验,其主尺度和主要数据为:船长 $L=32$ m,船宽 $B=9.15$ m,首吃水 $d_F=1.83$ m,尾吃水 $d_A=3.66$ m,移动重量 $p=3$t,横移距离 $l=4.6$m,摆锤长 $\lambda=4.6$m,摆动距离 $k=0.1$m,试验后尚需从船上 $x=-8.2$m,$z=2.4$m 处卸去50t 的重量。求该重量卸去后的重心高度和首、尾吃水。

15. 某船做倾斜试验时的排水量 $\Delta=7200$t,吃水 $d=6.0$m,水线面面积 $A_W=1320\text{m}^2$全部移动载荷的总重量是50t,移动距离 $l=9.25$ m,摆锤长 $\lambda=3.96$m,最大摆动距离 $k=0.214$m。试验后还需加装850t 重的燃油。重心在基线之上 5.18 m 处,油的重量密度 $w_1=0.86\text{t/m}^3$,自由液面惯性矩 $i_x=490\text{m}^4$,求最后的横稳性高$\overline{G_1M_1}$。

第四章　大倾角稳性

• 能力目标

1. 理解大倾角稳性的概念;能运用稳性横截曲线计算静稳性曲线和动稳性曲线。

2. 掌握静、动稳性曲线的应用和稳性衡准方法。

3. 掌握改善船舶稳性的主要措施。

第二章讨论了船舶初稳性,所得结论只适用于小于 10°~15°小倾角情况。但是,船舶在遇到恶劣风浪时,其横倾角将大大超过上述范围,这时不能再用初稳性来判别船舶是否具用足够的稳性。还有一些重要问题,比如:船舶在航行中究竟能抵抗多大的外力矩;船舶横倾到什么程度将丧失稳性而倾覆等,都超出了初稳性的研究范围。所以还需要研究船舶的大倾角稳性,以便全面考查船舶在各种装载情况下是否都具有足够的稳性。

知识点 1　大倾角时船舶复原力矩及静稳性曲线

1. 大倾角时船舶复原力矩

大倾角情况如图 4-1 所示。船舶横倾一大角度 φ 后,浮于水线 $W_\varphi L_\varphi$。这时船的重心不变,但由于排水体积的形状发生了变化,浮心由 B_0 点沿曲线移至 B_φ 点。这样重力与浮力就形成了复原力矩 M

$$M_R = \Delta\,\overline{GZ} = \Delta l$$

式中:$l=\overline{GZ}$——重力作用线与浮力作用线之间的垂直距离,称为复原力臂或静稳性臂。

分析图 4-1 可发现,在大倾角时,由于入水和出水楔形形状的不对称,等体积倾斜水线不再通过正浮水线面漂心,浮心移动曲线也不再是一圆弧,因而浮力作用线与船体中线也不再交于初稳心。此时,l 随倾角 φ 的变化不能用简单公式来计算。因此,大倾角稳性不能套用初稳性的结论,大倾角稳性研究的主要问题是复原力矩(或力臂)随倾角 φ 的变化规律。图 4-2 反映出对于一定的船,在排水量 Δ 及重心高度 z_g 一定时,$\overline{GZ}$随 φ 变化的规律。

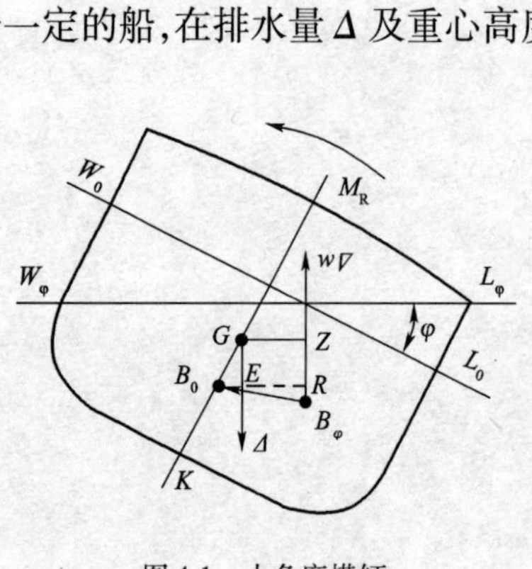

图 4-1　大角度横倾

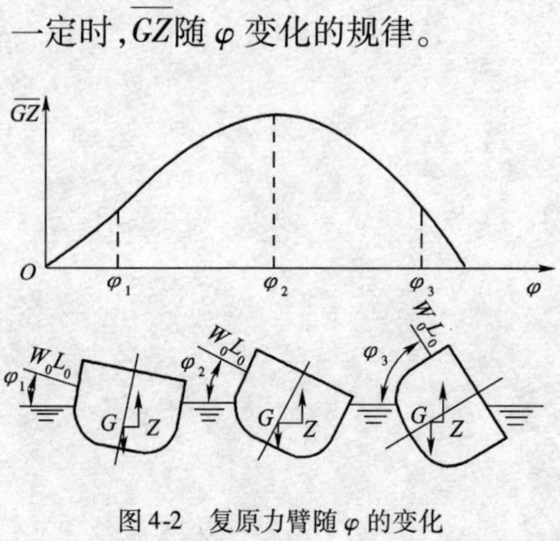

图 4-2　复原力臂随 φ 的变化

因静稳性臂 l 随倾角 φ 的变化规律较复杂，为了简化问题的研究，假定船舶处于静水中，同时不考虑横倾时因首尾不对称而引起的纵倾影响。通常是根据计算结果（计算方法见本节知识拓展）绘制成船舶在某装载情况下静稳性臂 l 随倾角 φ 变化的静稳性曲线图，见图 4-3。该曲线表示船舶在不同倾角时静稳性臂 l 的大小，因此是衡量船舶大倾角稳性的重要依据。

如果把初稳性公式中的复原力臂 $\overline{GZ}$ 写成下式

$$\overline{GZ} = l = \overline{GM}\sin\varphi \approx \overline{GM}\varphi$$

并把其随倾角的变化也画在图 4-3 上，则从图上可看出，在小倾角时，三条曲线基本上是重合的，但随着倾角的增加，初稳性公式就不符合实际情况了。这也说明了研究大倾角稳性的必要性。

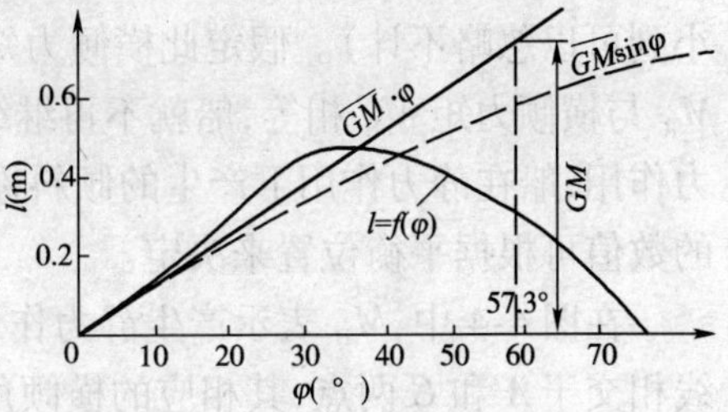

图 4-3　静稳性曲线图

2. 静稳性曲线图的特征

因复原力矩 $M_R = \Delta l$，所以按不同比例绘制纵坐标，可得如图 4-4 所示的静稳性曲线图，该图可以同时表示静稳性臂 l、复原力矩 M_R 和横倾角 φ 之间的关系。

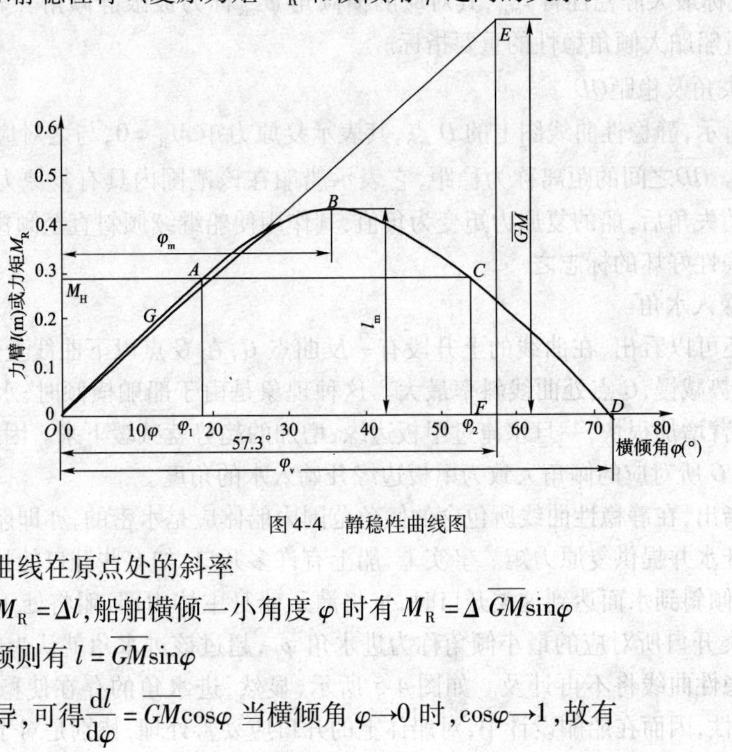

图 4-4　静稳性曲线图

1）静稳性曲线在原点处的斜率

复原力矩 $M_R = \Delta l$，船舶横倾一小角度 φ 时有 $M_R = \Delta\,\overline{GM}\sin\varphi$

对于小角度横倾则有 $l = \overline{GM}\sin\varphi$

将上式对 φ 求导，可得 $\frac{dl}{d\varphi} = \overline{GM}\cos\varphi$ 当横倾角 $\varphi \to 0$ 时，$\cos\varphi \to 1$，故有

$$\left(\frac{dl}{d\varphi}\right)_{\varphi\to 0} = \overline{GM}$$

上式说明：船舶在正浮的平衡位置，静稳性臂 l 对横倾角 φ 的导数等于初稳心高度 $\overline{GM}$。我们知道，导数的几何意义是曲线上一点处的斜率。故对静稳性曲线来说，其原点处切线的斜率等于初稳心高度 $\overline{GM}$（见图 4-4），即

$$\tan\alpha = \frac{EF}{OF} = \frac{\overline{GM}}{1\text{rad}} = \overline{GM} \tag{4-1}$$

这一特性对于绘制和检验静稳性曲线开始一段的正确性很有用处。在绘制静稳性曲线图

时，通常可先在 $\varphi=57.3°(1\ \mathrm{rad})$ 处取高度为 $\overline{GM}$ 的一点 E，连 OE 线，若静稳性曲线正确，则在原点处应与线 OE 相切。

2）最大静稳性臂及其对应的横倾角

设有一随船的横倾角而变的横倾力矩逐渐作用于船上，使船慢慢地产生倾斜（其角速度小到可以忽略不计）。假定此横倾力矩的终值为 M_H，则当船倾斜至某一角度时，其复原力矩 M_R 与横倾力矩 M_H 相等，船就不再继续倾斜而达到平衡状态。这种性质的外力矩作用称为静力作用，船在静力作用下产生的倾斜称为静力倾斜，而由此产生的横倾角称为静倾角，静倾角的数值可根据平衡位置来决定。

在图 4-4 中，M_H 表示产生静力作用之外力矩，故在图上为一条水平直线，它与复原力矩曲线相交于 A 和 C 两点，其相应的横倾角为 φ_1 和 φ_2。显然，与 A 点对应的横倾角 φ_1 是所求的静倾角，因为这时船舶处于稳定的平衡状态；而与 C 点对应的横倾角 φ_2 是不稳定的平衡位置。

静稳性曲线上的最高点 B 表示船舶所能承受的最大静倾力矩，即船本身所具有的最大复原力矩（臂），或称最大静稳性臂 l_{max}，其对应的横倾角 φ_{max} 称为极限静倾角。显然，l_{max} 和其对应的 φ_{max} 是衡量船舶大倾角稳性的重要指标。

3）稳性消失角及稳距 $\overline{OD}$

如图 4-4 所示，静稳性曲线图上的 D 点，其表示复原力矩 $M_R=0$，与之对应的横倾角称为稳性消失角 φ_V。$\overline{OD}$ 之间的距离称为稳距，它表示船舶在该范围内具有复原力矩。当船舶横倾角超过稳性消失角后，船的复原力矩变为负值，其作用使船继续倾斜直至倾覆。稳性消失角也是表示船舶稳性好坏的标志之一。

4）甲板边缘入水角

从图 4-4 还可以看出，在曲线的上升段有一反曲点 G，在 G 点以下曲线上升较快，过了 G 点，曲线上升趋势减慢，G 点处曲线斜率最大。这种现象是由于船舶横倾时，水未淹过甲板边缘前，形状稳性臂增加很快，一旦水淹过甲板边缘，增加的趋势就减缓下来。因此，对大多数船型来说，反曲点 G 所对应的倾角大致为甲板边缘开始入水的角度。

最后应当指出，在静稳性曲线所包含的倾角范围内船体应是水密的，亦即船舶在该倾角范围内确实能排开水并提供复原力矩。事实上，船上有许多开口，如有些开口的封闭装置不是水密的，则当船舶倾斜到水面达到这类开口时，水将灌入船身主体内部，船将处于危险状态。倾斜水线达到这类开口所对应的最小倾角称为进水角 φ_E，超过该进水角就认为船舶丧失稳性，进水角以后的稳性曲线将不再计及。如图 4-5 所示，显然，进水角的存在使稳性有效范围缩小，恶化船的稳性，因而在船舶设计中，对船体上的开口应妥善处理，特别是对于小进水角的开口，应尽量采用水密封闭装置。

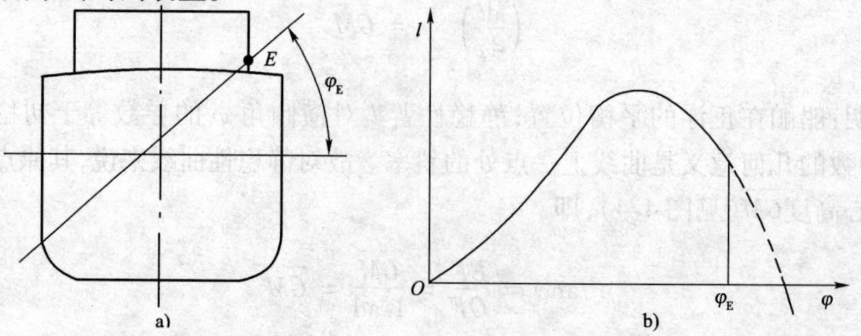

图 4-5　进水角使稳性有效范围减小

知识拓展：静稳性曲线的计算（变排水量法）

1.基本原理

如图4-6所示，船舶正浮于水线 W_0L_0，吃水为 d_0，排水体积 ∇_0，浮心为 B_0 点，重心为 G 点。当船横倾一较大角度 φ 后，假定倾斜水线 $W_\varphi L_\varphi$ 与原水线相交于 O 点。且倾斜水线下的排水体积为 ∇_φ，浮心位于 B_φ 点。这时倾斜后的浮力作用线到重心 G 之距离 $\overline{GZ}$ 即为船舶在这种装载情况下的静稳性臂 l。由此看出，只要能确定船舶横倾后浮力作用线的位置，便可以立刻得到静稳性臂 l。因此，静稳性臂的计算便可归结为如何求船舶倾斜后浮力作用线的位置。

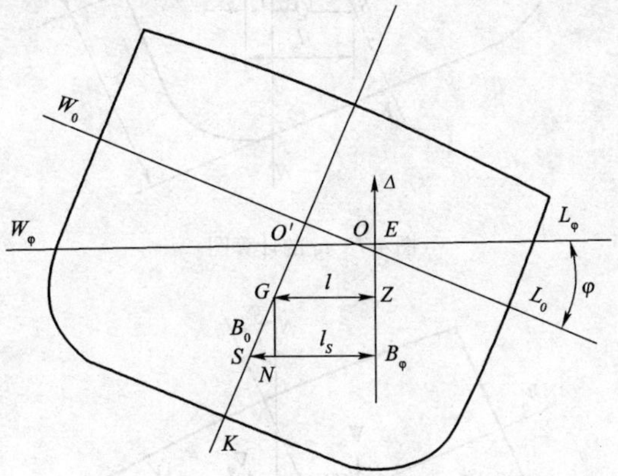

图4-6　大角度横倾

可是，对一般船舶，其装载情况是多样的。为了使计算简便，先假定一重心位置 S，其适合于任意吃水情况，并按此假定重心计算出静稳性臂 l_S，然后利用下式计算实际装载情况（重心在 G 点）时的静稳性臂 l 即

$$l = l_S - \overline{SG}\sin\varphi = l_S - (z_G - z_S)\sin\varphi \tag{4-2}$$

式中：z_G、z_S——某装载情况下的重心坐标和假定重心坐标。

下面的问题仅是求假定重心 S 到浮力作用线间的距离 l_S。

为求得 l_S，我们取过 O 点的 NN 轴线作为计算静矩的参考轴线，O 点至船中线的距离为 c，如图4-7所示，假定重心 S 到倾斜水线 $W_\varphi L_\varphi$ 下的浮力作用线的距离 l_S 为

$$l_S = \overline{OE} + \overline{OO'} + \overline{SQ} = l_\varphi + c\cos\varphi + (d_0 - z_S)\sin\varphi \tag{4-3}$$

从上式可看出，欲求 l_S，只要能求出倾斜后浮力作用线至参考轴 NN 间的距离 l_φ 即可。

2. l_φ 的计算

图4-8表示船舶由正浮横倾至 φ 角度后的浮态（图中各项意义同前两图），l_φ 为倾斜后的排水体积 ∇_φ 作用于 NN 轴的力臂，按理论力学则有

$$l_\varphi = \frac{M_\varphi}{\nabla_\varphi} \tag{4-4}$$

其中，∇_φ 可由下式求得

$$\nabla_{\varphi} = \nabla_0 + V_1 - V_2 \tag{4-5}$$

式中：V_1、V_2——入水和出水楔形的体积；

∇_0——原正浮时的排水体积。

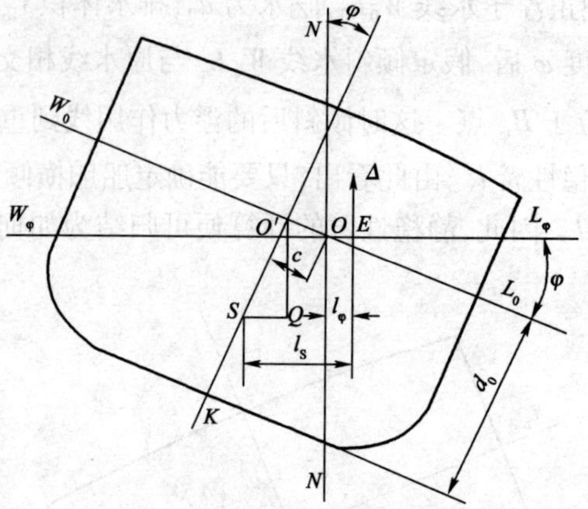

图 4-7　l_S 的计算图

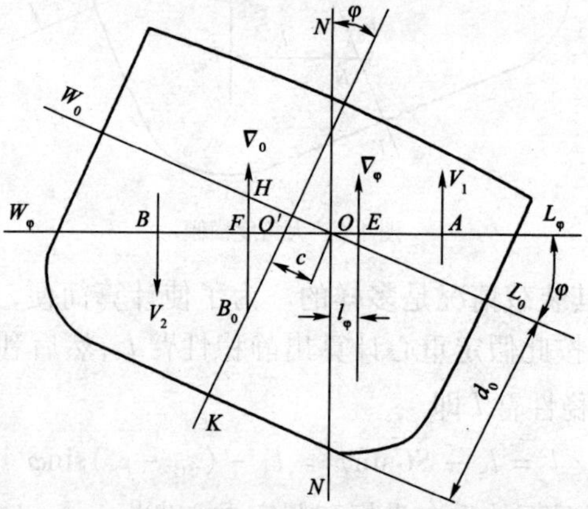

图 4-8　l_{φ} 的计算图

排水体积∇_0对 NN 轴的静矩 M_{φ} 可据合力矩定理求得，即

$$M_{\varphi} = \nabla_{\varphi} l_{\varphi} = V_1 \times \overline{OA} + V_2 \times \overline{OB} - \nabla_0 \times \overline{OF} \tag{4-6}$$

如果令

$$\delta \nabla_{\varphi} = V_1 - V_2 \tag{4-7}$$

$$M''_{\varphi} = V_1 \times \overline{OA} + V_2 \times \overline{OB} \tag{4-8}$$

$$M'_{\varphi} = -\nabla_0 \times \overline{OF} \tag{4-9}$$

则式(4-4)可表示为

$$l_{\varphi} = \frac{M''_{\varphi} + M'_{\varphi}}{\nabla_0 + \delta \nabla_{\varphi}} \tag{4-10}$$

从式 $l_\varphi = \dfrac{M''_\varphi + M'_\varphi}{\nabla_0 + \delta\nabla_\varphi}$可见，求 l_φ 的关键在于求出入水楔形体积之差 $\delta\nabla_\varphi$，以及它们对 NN 轴之静矩 M''_φ，而原排水体积∇对 NN 轴的静矩 M'_φ，则在于求$\overline{OF}$的值。从图 4-8 看出，在三角形 OFH 中$\overline{OF}$可写为

$$\overline{OF} = \overline{OH}\cos\varphi = (\overline{O'H} + O'O)\cos\varphi$$

其中，$O'H$又可表示为

$$\overline{O'H} = (d_0 - z_{B_0})\tan\varphi$$

故

$$\overline{OF} = (d_0 - z_{B_0})\sin\varphi + c\cos\varphi$$

代入式(4-9)则有

$$M'_\varphi = -\nabla_0 \times [(d_0 - z_{B_0})\sin\varphi + c\cos\varphi] \tag{4-11}$$

3. $\delta\nabla_\varphi$和 M''_φ 的计算

1) $\delta\nabla_\varphi$的计算

如图4-9 所示，船舶横倾 φ 角度后，其入水和出水楔形体积分别为 V_1 和 V_2，为求 V_1，可把入水楔形 L_0OL_φ 分成无穷多个小楔形，并在 ψ 处取一夹角为 d_ψ 的小三角形（如图 4-9 阴影部分所示），设该处入水宽度为 a，则三角形面积为

$$dA = \frac{1}{2}a^2 d\psi$$

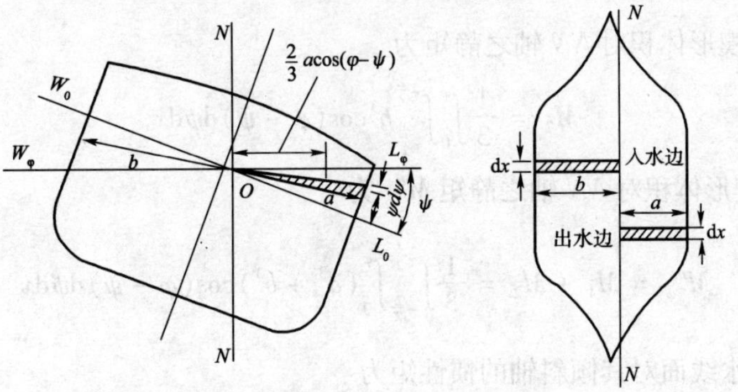

图 4-9　出入水楔形体积计算原理

在船长方向取 dx 一段，则此段体积为 dA × dx；再沿船长 L 积分，便可得到微楔形的体积，即

$$dV_1 = \int_{-\frac{L}{2}}^{+\frac{L}{2}} dA dx = \frac{1}{2}\int_{-\frac{L}{2}}^{+\frac{L}{2}} a^2 d\psi dx$$

于是，在横倾角 φ 范围内，整个入水楔形的体积为

$$V_1 = \frac{1}{2}\int_0^{\varphi} dV_1 = \frac{1}{2}\int_{-\frac{L}{2}}^{+\frac{L}{2}}\int_0^{\varphi} a^2 d\psi dx$$

同理，可求出整个出水楔形的体积为

$$V_2 = \frac{1}{2}\int_{-\frac{L}{2}}^{+\frac{L}{2}}\int_0^{\varphi} b^2 d\psi dx$$

式中：b——出水楔形的水线宽度。

故入水和出水楔形体积之差为

$$\delta\nabla_{\varphi} = V_1 - V_2 = \frac{1}{2}\int_{-\frac{L}{2}}^{+\frac{L}{2}}\int_{0}^{\varphi}(a^2 - b^2)\,\mathrm{d}\psi\mathrm{d}x \tag{4-12}$$

2）M''_{φ} 的计算

如图 4-9 所示，入水小三角形（图中阴影部分）面积 dA 对 NN 轴之静矩为

$$\mathrm{d}m = \mathrm{d}A \cdot \frac{1}{3}a\cos(\varphi - \psi)$$

$$= \frac{1}{2}a^2\mathrm{d}\varphi \cdot \frac{2}{3}a\cos(\varphi - \psi)$$

$$= \frac{1}{3}a^3\cos(\varphi - \psi)\,\mathrm{d}\psi$$

对于 dx 一段，其微体积静矩为 dm × dx。再沿船长 L 积分，使得微楔形体积对 NN 轴之静矩，可写为

$$\mathrm{d}M_1 = \int_{-\frac{L}{2}}^{+\frac{L}{2}}\mathrm{d}m\mathrm{d}x = \frac{1}{3}\int_{-\frac{L}{2}}^{+\frac{L}{2}}a^3\cos(\varphi - \psi)\,\mathrm{d}\psi\mathrm{d}x$$

于是，整个入水楔形体积对 NN 轴之静矩为

$$M_1 = \frac{1}{3}\int_{0}^{\varphi}\int_{-\frac{L}{2}}^{+\frac{L}{2}}a^3\cos(\varphi - \psi)\,\mathrm{d}\psi\mathrm{d}x$$

同理，整个出水楔形体积对 NN 轴之静矩为

$$M_2 = \frac{1}{3}\int_{0}^{\varphi}\int_{-\frac{L}{2}}^{+\frac{L}{2}}b^3\cos(\varphi - \psi)\,\mathrm{d}\psi\mathrm{d}x$$

故入水和出水楔形体积对 NN 轴之静矩 M''_{φ} 为

$$M''_{\varphi} = M_1 + M_2 = \frac{1}{3}\int_{-\frac{L}{2}}^{+\frac{L}{2}}\int_{0}^{\varphi}(a^3 + b^3)\cos(\varphi - \psi)\,\mathrm{d}\psi\mathrm{d}x \tag{4-13}$$

由上一章可知，水线面对其倾斜轴的惯性矩为

$$I_{\varphi} = \frac{1}{3}\int_{-\frac{L}{2}}^{+\frac{L}{2}}(a^3 + b^3)\,\mathrm{d}x$$

所以式(4-13)也可写作

$$M''_{\varphi} = \int_{0}^{\varphi}I_{\varphi}\cos(\varphi - \psi)\,\mathrm{d}\psi \tag{4-14}$$

将式(4-12)、式(4-14)的积分结果和式(4-11)代入式(4-5)和式(4-10)即可求出 ∇_{φ} 和 l_{φ}，再将求得的 l_{φ} 代入式(4-3)中即可求得 l_S。

学习成果测验

任务 4-1：作出静稳性曲线图，说明其所具有的特征并在图上标出相关的参数。

评分：____________

知识点 2　稳性横截曲线

为了求取任意装载情况下的静稳性曲线，通常利用稳性横截曲线。该曲线是按上述方法，分别计算若干水线下不同横倾角时的排水体积∇_φ及假定重心 S 时的静稳性臂 l_S，然后以 l_S 为纵坐标，以∇_φ为横坐标，绘制成如图 4-10 所示，代表 l_S 随∇_φ及倾角 φ 变化的一组曲线，即 $l_S = f(\nabla_\varphi, \varphi)$，若将它们合并成一图，则称为稳性横截曲线，如图 4-11 所示。

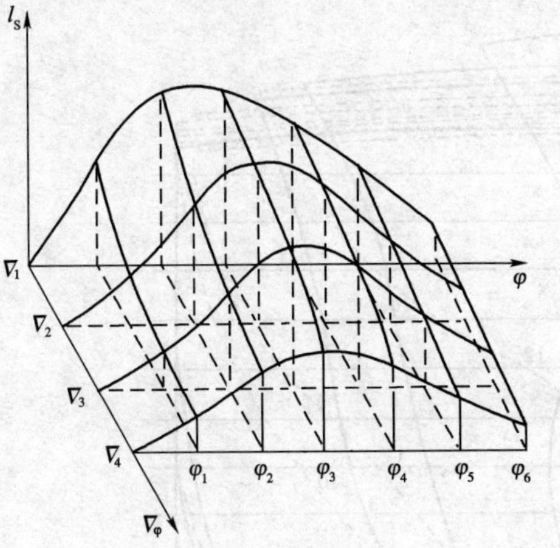

图 4-10　不同 φ 时的 ∇_φ和 l_S

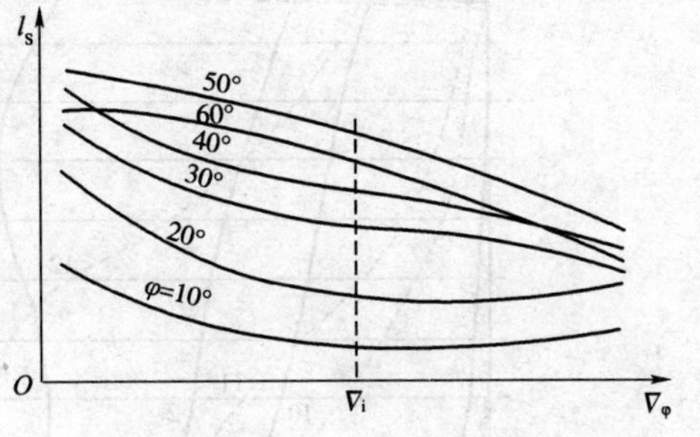

图 4-11　稳性横截曲线

有了稳性横截曲线图，便可根据船舶在各种装载情况下的重心高度及排水量，按式(4-2)求出船舶的静稳性曲线

$$l = l_S - (z_G - z_S)\sin\varphi$$

式中，l_S 可根据排水量，从稳性横截曲线图上查得。l_S 随倾角 φ 而变，一般按表 4-1 形式计算某一装载情况下的静稳性曲线。

静稳性曲线 $l_S = f(\nabla_\varphi, \varphi)$ 计算表　　表 4-1

吃水 d_0 = (m)	排水量 Δ = (t)	实际重心高度 z_G = (m)		假定重心高度 z_S = (m)
倾角 φ	l_S(由稳性横截曲线查得)	$\sin\varphi$	$(z_G - z_S)\sin\varphi$	$l = l_S - (z_G - z_S)\sin\varphi$
0°				
10°				
20°				
30°				
40°				
⋮				

知识拓展:手工计算静稳性曲线的具体步骤

手工计算大倾角稳性的工作量较大,为了尽量使计算简便,一般都采用乞氏法,具体计算步骤如下:

1. 绘制乞氏横剖面图

一般取 9 ~ 12 个站号即可,如图 4-12 所示。为了避免混淆,船中以前的剖面用实线画出,船中以后的剖面用虚线画出。乞氏剖面要画到浸水甲板线为止,对每一个剖面还要画出梁拱线。为了提高计算的准确性,比例应适当取得大些(一般比型线图比例大 1 倍)。

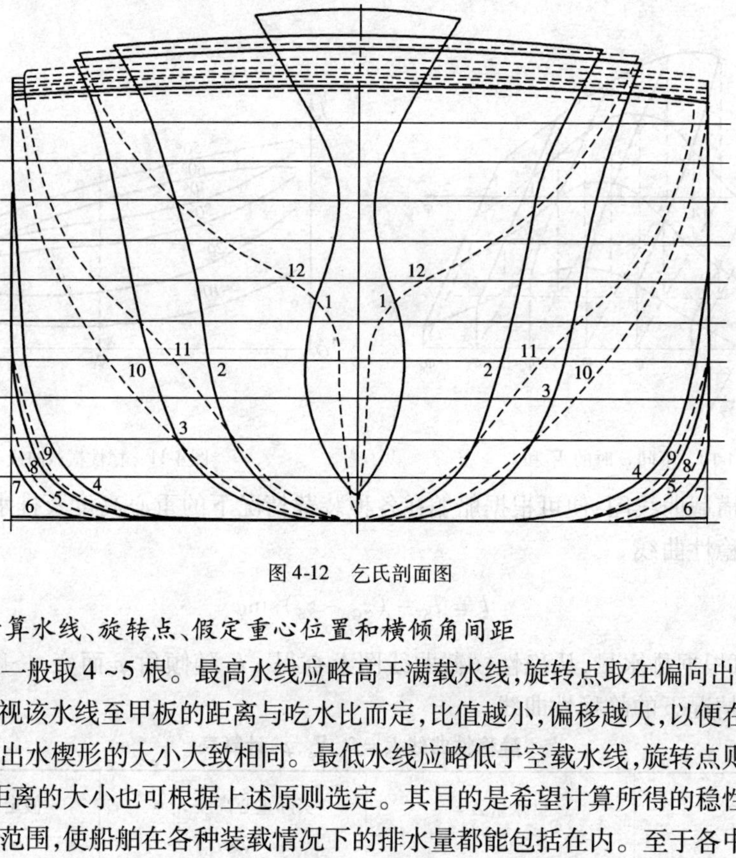

图 4-12　乞氏剖面图

2. 选择计算水线、旋转点、假定重心位置和横倾角间距

计算水线一般取 4 ~5 根。最高水线应略高于满载水线,旋转点取在偏向出水一舷,偏移距离 c 的大小视该水线至甲板的距离与吃水比而定,比值越小,偏移越大,以便在大倾角水线下入水楔形与出水楔形的大小大致相同。最低水线应略低于空载水线,旋转点则取在偏向入水一舷,偏移距离的大小也可根据上述原则选定。其目的是希望计算所得的稳性横截曲线有较大的排水量范围,使船舶在各种装载情况下的排水量都能包括在内。至于各中间水线一般用等间距确定其位置,它们的旋转点位置可取在最高水线与最低水线旋转点的连线上,如图 4-13 所示。在具体计算时,c 值偏向入水一舷者应取作正值,偏向出水一舷者取作负值。

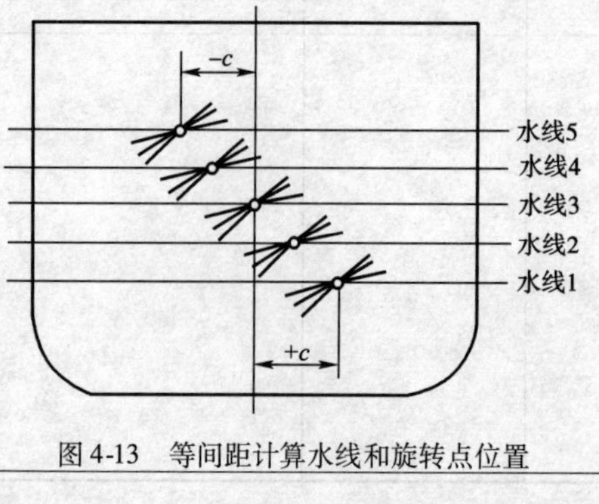

图 4-13　等间距计算水线和旋转点位置

假定重心 S 的位置可任意选定，但为了计算简便，一般取在基线上，即 $z_S = 0$。

倾角的间隔，在通常情况下，海船取 $\delta\varphi = 10°$，算至 $\varphi = 70° \sim 80°$，内河船 $\delta\varphi = 5°$，算至 $\varphi = 35° \sim 40°$。

3. 入水和出水水线宽度 a 及 b 的量取

首先，在透明纸上绘制各倾斜水线间的等分角线，即 $\varphi = 5°, 15°, 25°, 35°, \cdots$，其对应的倾斜水线分别是 $\varphi = 10°, 20°, 30°, 40°, \cdots$，江船取半。

然后将透明纸覆在乞氏剖面图上某一计算水线(例如最高水线)处。量取每一等分角线(5°,15°,25°,…,)处各横剖线入水和出水部分的坐标 a 和 b(见图4-14)，但需注意：有时倾斜水线和横剖线的交点会超过两点，此时如何量取 a、b 更要当心，以免发生计算错误。正确量取 a、b 的方法是：从0点量起，凡是到横剖线内侧的宽度都取正值，到横剖线外侧的宽度则都为负值，因此，这个规律可通俗地称为"内正、外负"。将量得之 a 和 b 填入表中(若有两个 a 和 b 值则应一起填入表格的同一倾斜水线内)，然后计算各等分角线相应的 $\sum a^2$、$\sum a^3$、$\sum b^2$、$\sum b^3$ 以及($\sum a^2 - \sum b^2$)、($\sum a^3 + \sum b^3$)。采用等分角线坐标进行计算，可以得到较正确的结果，因为这个坐标代表了整个小楔形的坐标平均值。

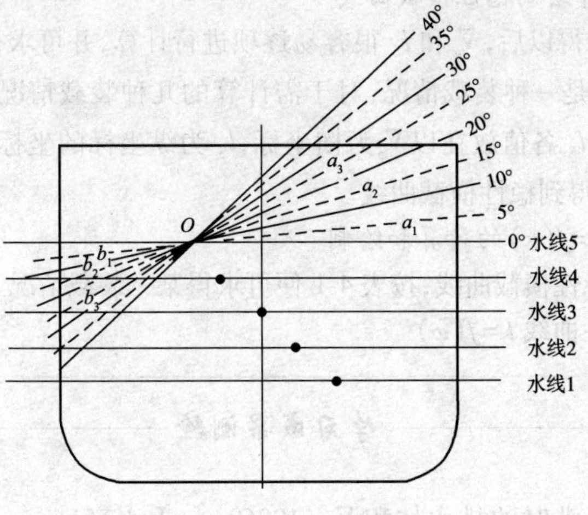

图4-14 剖面图上量取 a 和 b

4. $\delta\nabla_\varphi$ 和 M''_φ 的近似计算

为便于列表计算，将积分形式表达的求 $\delta\nabla_\varphi$ 的式(4-7)和求 M''_φ 的式(4-8)改写成用乞氏法则求和的形式

$$\delta\nabla_\varphi = V_1 - V_2 = \int_{-\frac{L}{2}}^{+\frac{L}{2}}\int_0^\varphi \frac{1}{2}(a^2 - b^2)\,d\psi\,dx$$

$$\approx \frac{1}{2}\frac{L}{n}\delta\varphi\sum_{i=1}^{m}\left(\sum_{j=1}^{n}a_j^2 - \sum_{j=1}^{n}b_j^2\right)_i$$

$$= \frac{1}{2}\frac{L}{n}\delta\varphi\sum_{i=1}^{m}W_i$$

式中：$W_i = \left(\sum_{j=1}^{n}a_j^2 - \sum_{j=1}^{n}b_j^2\right)_i$

$$M''_{\varphi} = V_1 \cdot \overline{OA} + V_2 \cdot \overline{OB}$$

$$= \frac{1}{3}\int_{-\frac{L}{2}}^{+\frac{L}{2}}\int_{0}^{\varphi}(a^3 + b^3)\cos(\varphi - \psi)\,\mathrm{d}\psi\,\mathrm{d}x$$

$$\approx \frac{1}{3}\frac{L}{n}\delta\varphi\sum_{i=1}^{m}\left(\sum_{j=1}^{n}a_j^3 + \sum_{j=1}^{n}b_j^3\right)_i\cos(\varphi - \psi)_i$$

$$\approx \frac{1}{3}\frac{L}{n}\delta\varphi\sum_{i=1}^{m}I_i\cos(\varphi - \psi)_i$$

式中：i——倾斜水线号；

j——乞氏剖面号。

$$I_i = \left(\sum_{j=1}^{n}a_j^3 + \sum_{j=1}^{n}b_j^3\right)_i$$

以图4-14所示的倾斜水线旋转点为O，按乞氏法表达的$\delta\nabla_{\varphi}$及M''_{φ}公式分别计算横倾角$\varphi = 10°, 20°, 30°, 40°, \cdots$时的入水和出水楔形的体积差及其对$NN$轴线的静矩。

具体计算可列表进行。

5. 计算∇_{φ}和l_S并绘制稳性横截曲线

当$\delta\nabla_{\varphi}$和M''_{φ}求得以后，∇_{φ}和l_S很容易逐项进行计算，并可求得不同倾斜水线下的∇_{φ}和l_S值，以上讨论的是一种装载情况，对于需计算的几种装载情况，只要进行重复计算便可，然后将所得∇_{φ}和l_S各值放在以∇_{φ}为横坐标，l_S为纵坐标的坐标系中，把横倾角相同的点光顺的连起来，就得到稳性横截曲线。

6. 静稳性曲线$l = f(\varphi)$的计算和绘制

依据已绘出的稳性横截曲线，按表4-1便可求得某一装载情况下各倾斜水线的静稳性臂l，并可作出静稳性曲线$l = f(\varphi)$。

学习成果测验

任务4-2：

(1)某船在满载出港时的排水体积$\nabla = 19960\text{m}^3$，重心高度$z_G = 7.84$ m，假定重心高度$z_S = 7.145$m时，据稳性横截曲线查得各横倾角时的l_S值如表4-2所示。求作该装载状态下的静稳性曲线，并据此检验其稳性是否符合海船稳性规范要求。

表4-2

横倾角φ(°)	10	20	30	40	50	60
l_S(m)	0.300	0.660	0.846	0.952	0.962	0.900

(2)某船的排水量$\Delta = 600$t，初横稳心高度$\overline{GM} = 1.2$m，在各横倾角时的静稳性臂l如表4-3所示。

表4-3

φ(°)	0	10	20	30	40	50	60	70	80	90
l(m)	0	0.18	0.32	0.40	0.38	0.30	0.16	-0.06	-0.22	0.42

若船的重心升高0.2m，求作新的静稳性曲线，并比较重心升高前后的稳性。

评分：________________

知识点 3　上层建筑及自由液面对静稳性曲线的影响

本章知识点 2 计算的静稳性曲线，仅计算了船的主体部分，即仅计算到上甲板为止。在一般情况下，稳性曲线算到上甲板即可，但有些船舶按规范规定，还可计入符合强度及水密性等要求的上层建筑的影响。因为满足一定强度及水密性等要求的上层建筑在入水后也产生相应的浮力和复原力矩，这样便增加了船的稳性。

另外，与初稳性中要考虑自由液面对初稳心高度的影响相似，在大倾角稳性研究中，当船内的液体舱具有自由液面时，舱内液体的重心将随船的倾斜而移动，形成一个倾斜力矩，从而使船的稳性降低。

所以，在船舶主体的静稳性曲线计算完毕后，有时还要计算上层建筑和自由液面对稳性的影响，并据此对主体之静稳性曲线进行必要的修正。下面对这两个问题分别予以讨论。

1. 上层建筑对静稳性曲线的影响

计算原理：

图 4-15 表示某一横剖面处考虑上层建筑影响的情况。图中，W_0L_0 为船舶正浮时的水线，当船舶横倾 φ 角度后，浮于水线 $W_\varphi L_\varphi$。设上层建筑入水部分的横剖面面积为 δA，面积形心在 g 处。由图可以看出，入水面积 δA 对参考轴 NN 静矩为

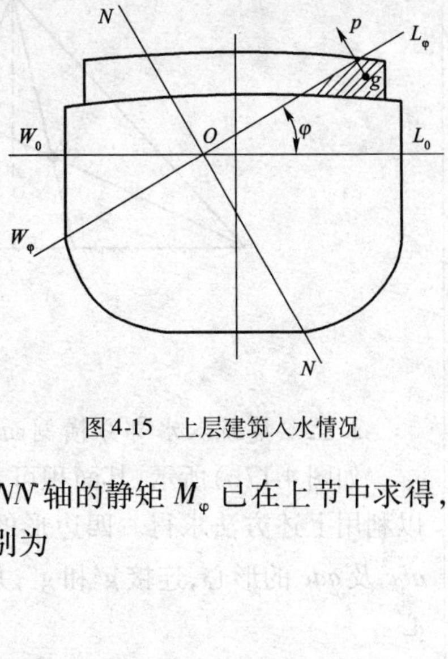

图 4-15　上层建筑入水情况

$$\delta m = \delta A \times \overline{OP}$$

沿入水上层建筑的长度 l 方向积分，便可求得入水部分的体积及其对 NN 轴的静矩，即

$$\delta V'_\varphi = \int_{-\frac{L}{2}}^{+\frac{L}{2}} \delta A \mathrm{d}x$$

$$\delta M_\varphi = \int_{-\frac{L}{2}}^{+\frac{L}{2}} \delta m \mathrm{d}x$$

因船舶主体在倾斜水线 $W_\varphi L_\varphi$ 时的排水体积 ∇_φ 及其对 NN 轴的静矩 M_φ 已在上节中求得，故考虑上层建筑以后的总排水体积及其对 NN 轴的静矩分别为

$$\nabla_{\varphi S} = \nabla_\varphi + \delta \nabla'_\varphi$$

$$M_{\varphi S} = M_\varphi + \delta M_\varphi$$

因而，船舶浮力作用线（考虑上层建筑入水后）至 NN 轴的距离为

$$l_{\varphi S} = \frac{M_{\varphi S}}{\nabla_{\varphi S}}$$

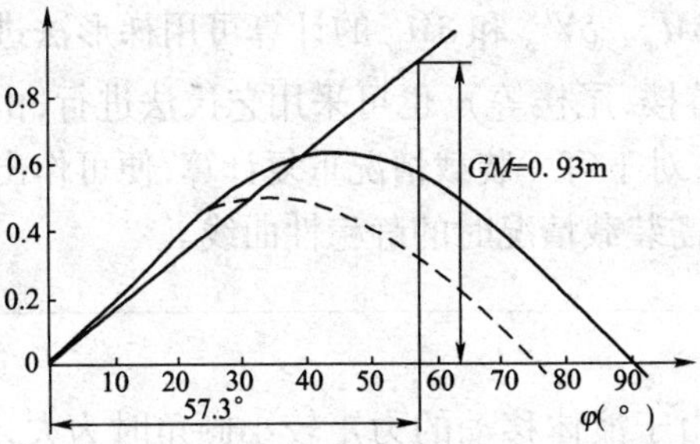

图 4-16　静稳性曲线图

根据式(4-3)可知，考虑上层建筑后，浮力作用线至假定重心 S 点的距离 l'_S 可由下式求得，即

$$l'_S = l_{\varphi S} + c\cos\varphi + (d_0 - z_S)\sin\varphi \qquad (4\text{-}15)$$

再据式(4-2)即可求得考虑上层建筑后的静稳性臂，即

$$l' = l'_S - (z_G - z_S)\sin\varphi \qquad (4\text{-}16)$$

图 4-16 是某船满载出港时的静稳性曲线图，图中虚线是不考虑上层建筑的静稳性曲线，实线是计

入上层建筑的静稳性曲线。由图可见,两者的差别是很大的。

知识拓展:考虑上层建筑后静稳性曲线的计算方法

计算步骤:首先求出入水部分横剖面面积及其形心,再按一定的近似计算方法求得上层建筑入水部分的体积及其对参考轴的静矩,接着按式(4-15)和式(4-16)计算静稳性臂就很方便了。

由于上层建筑的形状比较简单,其入水部分的横剖面可简化成三角形或四边形,因而利用图解法求其面积及其形心较为简便。方法如下:

1. 上层建筑入水部分横剖面为三角形

如图4-17a)所示,上层建筑入水部分横剖面为三角形,其面积为

$$\delta A = \frac{1}{2} ac \cdot bd$$

面积形心 g 的位置可用作图法求得:等分三角形两边,得中点 e 和 f,则直线 ae 和 bf 的交点即为三角形的形心 g。

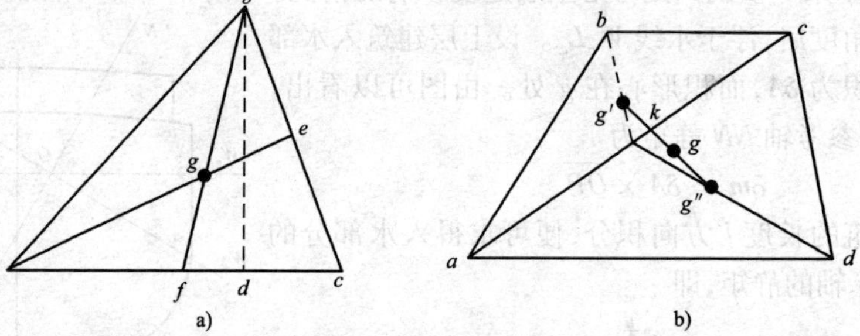

图4-17 面积形心的作图法

2. 上层建筑入水部分横剖面为四边形

如图4-17b)所示,其面积可看成由两个三角形组成。两个三角形的面积及其形心可以利用上述方法求得。四边形的形心 g 也可用作图法求得。即设 g' 及 g'' 分别为三角形 abc 及 adc 的形心,连接 g' 和 g'',并与直线 ac 交于 k 点,令 $gg' = kg''$,则 g 点即为四边形之形心。

据上述方法求得面积及其形心后,就可在图上量出形心至参考轴 NN 的距离,进而算出面积静矩 δm。

对于上层建筑的每一横剖面、每一倾角情况,都应算出其面积 δA 及面积静矩 δm,然后才可计算入水部分体积 $\delta V'_{\varphi}$ 及其对 NN 轴的静矩 δM_{φ}。$\delta V'_{\varphi}$ 和 δM_{φ} 的计算可用梯形法进行,并应根据上层建筑的具体情况分段进行(如分首楼、尾楼等);也可采用乞氏法进行,由于上层建筑相对船长较短,故一般取3~4站即可。对于每一装载情况重复计算,便可作出考虑上层建筑影响时的稳性横截曲线,进而求出所需装载情况时的静稳性曲线。

2. 自由液面对稳性曲线的影响

若船内液体舱存在自由液面,在大倾角情况下,由于液体移动的力矩较小倾角时为大,所以对船舶稳性的影响较小倾角时更严重。

如图 4-18 所示，船舶正浮于水线 W_0L_0 时，某一液舱中装有密度为 w_1 的液体，其液面在 ab，重心在 g 点。当船横倾 φ 角度而浮于水线 $W_\varphi L_\varphi$ 后，舱内液体向倾斜一侧移动，液面为 cd，重心移至 g_1 点，移动的距离为 y，因此产生的倾斜力矩 M_H 为

$$M_H = w_1 V y$$

式中：V——舱内液体体积；

w_1——舱内液体的重量密度。

设船的排水量为 Δ，复原力臂为 l，则船舶原来的复原力矩 M_R 为 $M_R = \Delta l$ 考虑自由液面影响后，船舶的实际复原力矩 M'_R 为

$$\begin{aligned} M'_R &= \Delta l - M_H \\ &= \Delta\left(l - \frac{w_1 V y}{\Delta}\right) \\ &= \Delta(l - \delta l) \end{aligned}$$

其中 $\delta l = \dfrac{M_H}{\Delta} = \dfrac{w_1 V y}{\Delta}$ 为自由液面对稳性的影响，可见，自由液面的存在将降低船舶的稳性，故 δl 称为自由液面对静稳性臂的影响值（或称修正值）。图 4-19 为自由液面修正前后的静稳性曲线。

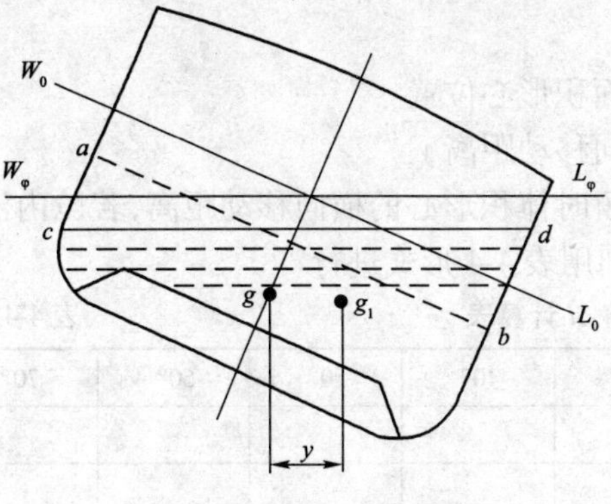

图 4-18　舱内自由液面的影响

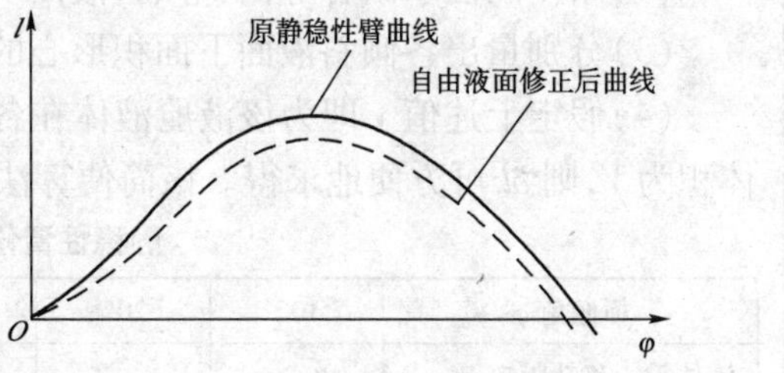

图 4-19　自由液面修正前后的静稳性曲线

知识拓展：δl 的计算

由上述讨论可知，静稳性臂修正值 δl 的大小主要决定于液体体积及其倾斜后重心移动的距离 y。液体体积可按规范并据有关资料求得，y 值的大小则不能利用由液面对初稳性影响的有关公式计算，故必须直接计算倾斜前后液体的形心位置。倾斜前液体的形心位置就是液体占据的那部分舱容的体积形心，可方便地求得；而倾斜后液体的形心位置，要由液体移动后之形状来决定，它一般采用图解法，即把液体舱的横剖面简化成三角形或四边形，从而求得液体移动后的形心位置。

利用图解法求 δl 的具体步骤如下：

(1) 将所计算的液舱分成适当站数，并画出各站的横剖面形状。

(2) 画出各倾角时的液面线。

(3) 用图解法求出液面线下的横剖面面积及其形心位置，如图 4-17 所示。

(4)沿舱长方向近似计算,便可求得舱内液体体积及重心位置,进而求得必 M_H 及 δl。

为了简便起见,对某些不太规则的剖面形状可先化作三角形或四边形。图 4-20 是某船的尾尖舱,在计算时我们先把它的剖面简化成 ΔABC,然后画出各倾角的液面线,并把各液面线下的面积形心(0,1,2,…)也相应地标记在图上。

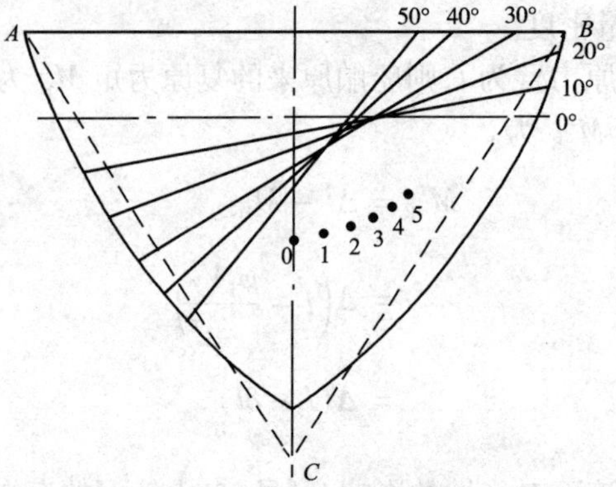

图 4-20 某船尾间舱横剖面

为了减少计算和作图的工作量,有时可采用下面更简便的办法来计算 δl:

(1)只画出液舱的某一平均剖面,即对形状较规则的液舱,可用中央一横剖面代替其他剖面。

(2)用作图法求出各等面积倾斜液面下的面积形心位置。

(3)分别量出各倾斜液面下面积形心的横向移动距离 y。

(4)假定上述值 y 即为该液舱液体在各倾角时体积形心的横向移动距离,若舱内液体体积为 V,则 δl 可方便地求得。该简便算法可利用表 4-4 形式进行。

静稳性臂修正值 δl 计算表 表 4-4

横倾角 φ	10°	20°	30°	40°	50°	60°	70°
液体重心移动距离 y(m)							
倾斜力矩函数 $w_1 V_y$							
静稳性臂修正值 $\delta l = \dfrac{w_1 V_y}{\Delta}$							

船舶在航行过程中,舱内的燃油或淡水数量是变化的,因而对静稳性臂曲线的影响也是变化的。在接近满舱或空舱时,自由液面对稳性的影响很小,但在半舱时其影响较大。在稳性计算中,应该把影响最大的情况作为进行修正的依据。因此,我国《海船法定检验技术规则》中规定:

(1)在计算大倾角自由液面影响时,舱内液体一律取舱容的 50%。

(2)舱内液体在接近满舱(98% 以上)或空舱(2% 以下)时,可不计其自由液面对初稳性高及稳性曲线的影响(但对大型油轮等除外),因为此时所产生的倾斜力矩很小。

(3)舱内因存在自由液面而产生的倾斜力矩符合下列条件者,可不予计算,即

$$M_{30} < 0.0981\Delta_{\min}$$

式中:M_{30}——船舶倾斜 30°时液体的移动力矩,kN · m;

Δ_{min}——空船到港的排水量,t。

在计算自由液面对静稳性臂的影响时,一般只考虑燃油舱及淡水舱即可,而压载水舱在加压载水时通常都是装满的,可以不必考虑。为了减小自由液面的影响,船上在使用燃油和淡水时,将某一舱中的燃油或淡水用完后再用其他舱中的燃油或淡水,尽量使存在自由液面的舱数最少。

学习成果测验

任务 4-3:简述上层建筑及自由液面对静稳性曲线有何影响?船舶设计及使用过程中对上层建筑及自由液面的影响应如何处理?

评分:________________

知识点 4　动稳性及动稳性曲线

知识准备:静稳性曲线下的面积

由力学知识知道,力矩乘转角等于功。船舶在横倾力矩(在此为静力)作用下产生倾斜,那么该横倾力矩随倾角的变化应完全与复原力矩随倾角的变化一致(否则将有角速度)。此时,横倾力矩所做的功全部转化为船舶的位能,即

$$T = \int_0^{\varphi} M_H \mathrm{d}\varphi = \int_0^{\varphi} M_R \mathrm{d}\varphi \tag{4-17}$$

上式表明,这样的横倾力矩做的功,或者复原力矩所做的功(船舶倾斜后所具有的位能)等于静稳性曲线下的面积,如图 4-21 所示。显然,静稳性曲线下的面积越大,船舶的稳性越好。因此,静稳性曲线下的面积也是表征船舶稳性好坏的重要标志之一。

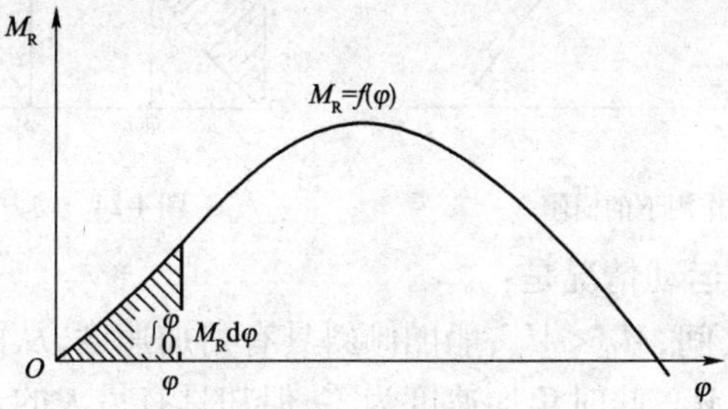

图 4-21　静稳性曲线下的面积

根据上述静稳性曲线的特性,我们分析几种典型的静稳性曲线图,如图 4-22 所示。

(1)图 4-22 a)中:初稳心高度较大,静稳性臂的最大值 l_{max} 也不小,稳性消失角可达 60°~90°。这是船宽较大、干舷较小的船舶的稳性曲线具有的特征(如内河船)。一般来说,这种船的稳性是足够的,但在海上遇到风浪时会产生剧烈的摇摆,对于海船来说,这种稳性曲线并不理想。

(2)图 4-22 b)中:初稳心高度较小,但曲线很快地超出原点处的切线,l_{max} 也不小,稳性范围较大。这是干舷较高的海洋船舶稳性曲线具有的特征。

(3)图 4-22c)中:初稳心高度为负值,这种船在静水中虽然不会倾覆,但因正浮位置是不稳定平衡,故具有一永倾角 α。其大倾角稳性较差,一般不允许出现这种情况。

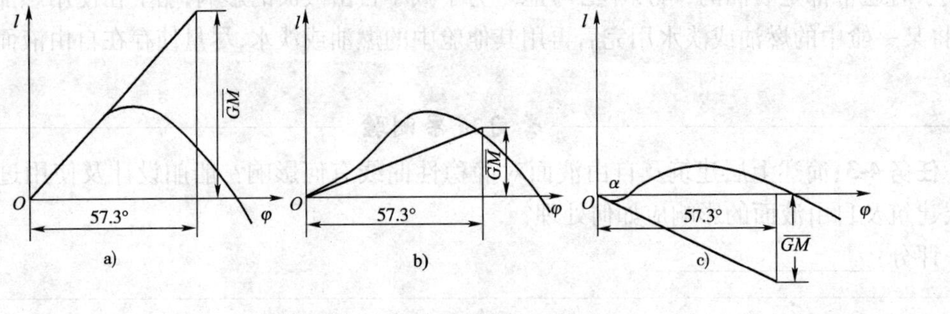

图 4-22　三种典型的静稳性曲线图

1. 动稳性

前面讨论的船舶稳性问题,都是属于静稳性范畴。即假定外力矩逐渐作用在船上,船在倾斜过程中倾斜得很慢,因而认为角速度等于零。当外力矩 M_H 与复原力矩 M_R 相等时,船即平衡于某一横倾角 φ_1,φ_1 称为静横倾角,如图 4-23 所示。船上横向移动重物或在船的一侧装卸小量货物等情况,都可以看作是外力矩的静力作用。

但实际船舶在海上航行时经常受到外力矩 M_H 的突然作用,如阵风的突然吹袭、海浪的猛烈冲击等。船舶在受到外力矩 M_H 的突然作用后将很快地产生倾斜,且在倾斜过程中具有一定的角速度,这种情况与静力作用完全不同。参见图 4-24,现对船在受外力矩 M_H 的突然作用后的运动情况具体分析如下。

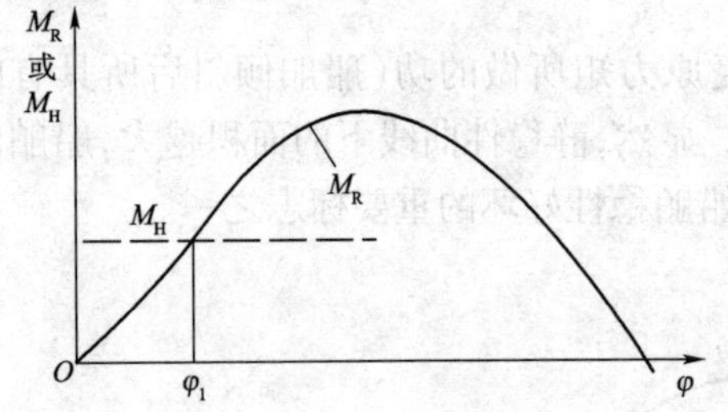

图 4-23　静力作用下的横倾

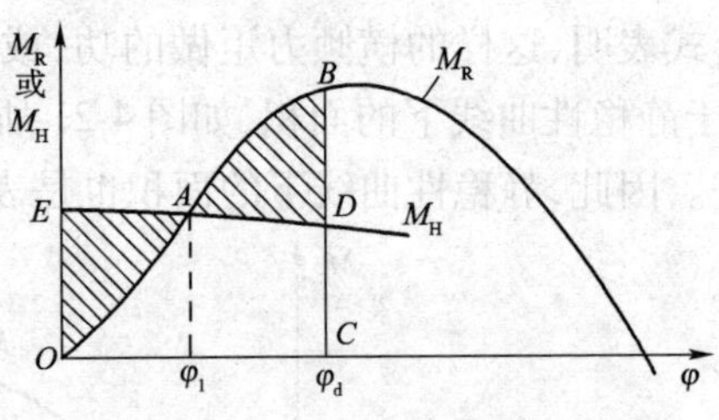

图 4-24　动力作用下的横倾

在倾斜过程中,船舶的运动情况是:

(1)倾角 φ 在 $0\sim\varphi_1$ 之间,$M_R < M_H$,船舶倾斜具有角加速度,从而其角速度不断增加。

(2)当 $\varphi=\varphi_1$ 时,$M_R=M_H$,此时角加速度为零,但却具有最大的角速度(亦即具有动能),在惯性的作用下船将继续倾斜。

(3)倾角 φ 在 $\varphi_1\sim\varphi_d$ 之间,$M_R > M_H$,具有负的角加速度,船舶减速倾斜。

(4)当 $\varphi=\varphi_d$ 时,角速度等于零,船即停止倾斜,但这时 $M_R > M_H$,故船舶开始复原(φ_d 称为动横倾角)。

在 φ_d 处,船的动能为零,这表明船舶 φ 从 $0\sim\varphi_d$ 的整个倾斜过程中,合力矩所做的功为零(即外力矩所做的正功等于复原力矩所做的负功)。

船在 φ_d 处,虽然角速度为零,但 $M_R > M_H$,故船不能在 φ_d 处平衡,在合力矩作用下将做复原运动,上述功与能的转化现象将向相反的方向进行。这样,船舶将在倾角 0 与 φ_d 之间往复摆动,但由于水及空气阻力的作用,船的摆动角速度逐渐减小,最后将平衡于 φ_1 处,如图 4-25

所示。

从上述分析可知，船舶在外力矩 M_H 的动力作用下，即使已经达到了 $M_R = M_H$，船舶仍将继续倾斜，直至 φ_d 时才开始复原运动。而动横倾角 φ_d 较静横倾角 φ_1 大很多，这当然是比较危险的情况，故在讨论船舶的大倾角稳性时，必须研究动稳性问题。

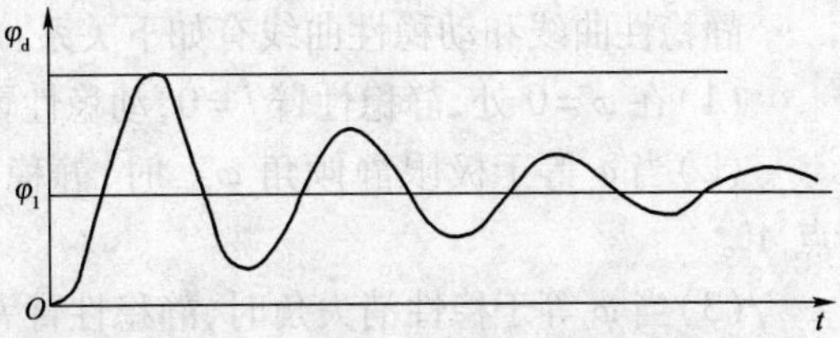

图 4-25　倾斜过程中船舶的往复摆动

在外力矩的动力作用下，船舶倾斜时具有一定的角速度，只有当外力矩 M_H 所作的功完全由复原力矩 M_R 所做的功抵消时，船的角速度才变为零而停止倾斜。根据这个原理，我们可以决定动力作用下的动横倾角 φ_d。

当船舶由 $\varphi = 0$ 倾斜至 φ_d 时，外力矩 M_H 所做的功为

$$T_H = \int_0^{\varphi_d} M_H \mathrm{d}\varphi$$

复原力矩 M_R 在 $\varphi = 0$ 与 φ_d 之间所做的功为

$$T_R = \int_0^{\varphi_d} M_R \mathrm{d}\varphi \tag{4-18}$$

从图 4-24 中可以看出：T_H 为曲线 M_H 与坐标轴所围面积 $OEDC$，T_R 为 M_R 曲线与坐标轴所围的面积 $OABC$。因此，面积 $OEDC$ = 面积 $OABC$，表示外力矩所作的功等于复原力矩所做的功，由于 $OADC$ 的面积为两者所共有，则 OEA 的面积等于 ABD 的面积（图中阴影线部分），D 点所对应的倾斜角即为动横倾角 φ_d。

总结：关于静稳性和动稳性的特点可概括如下：船舶在外力矩的静力作用下，横倾时的角速度很小，可以认为等于零。当复原力矩 M_R 和倾斜力矩 M_H 相等时即达到平衡状态。因此，船舶的静稳性是以复原力矩来表达的。

船舶在外力矩的动力作用下，横倾时具有角速度。只有当外力矩所做的功 T_H 完全由复原力矩所做的功 T_R 所抵消时，船的角速度才变为零而停止倾斜。因此，船舶的动稳性是以复原力矩所作的功来表达的。

2. 动稳性曲线

由图 4-24 可知，利用静稳性曲线求 φ_d 必须用试凑的方法使面积相等。为避免试凑方法的不方便，引入动稳性曲线，它表示复原力矩所做的功 T_R（或动稳性臂 l_d）随倾角变化的曲线，如图 4-26b）所示。

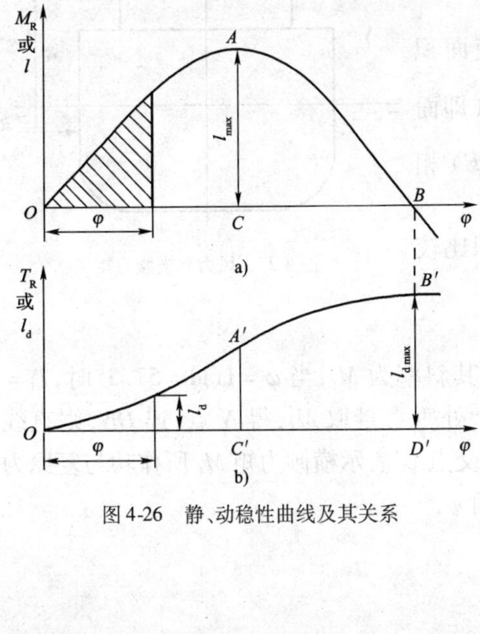

图 4-26　静、动稳性曲线及其关系

由式(4-18)可知，当船舶自正浮横倾至某一倾角 φ 时，复原力矩所作功是

$$T_R = \int_0^{\varphi} M_R \mathrm{d}\varphi = \Delta \int_0^{\varphi} l \mathrm{d}\varphi$$

或

$$T_R = \Delta l_d$$

式中，$l_d = \int_0^{\varphi} l \mathrm{d}\varphi$ 称为动稳性臂。

可见，动稳性曲线是静稳性曲线的积分曲线。利用这一特性，有了静稳性曲线，就可以用近似计算，方法求出动稳性曲线。

静稳性曲线和动稳性曲线有如下关系：

(1)在 $\varphi=0$ 处，静稳性臂 $l=0$，动稳性臂 $l_d=0$，这是 l_d 的最小值。

(2)当 φ 等于极限静倾角 φ_{max} 时，静稳性臂达最大值 l_{max}，在动稳性曲线上表现为反曲点 A'。

(3)当 φ 等于稳性消失角时，静稳性臂 $l=0$，动稳性臂 l_d 达最大值 l_{max}。

(4)动稳性曲线在某一倾角处的纵坐标代表静稳性曲线至该倾角处所围面积。例如，在图4-26中，动稳性曲线的纵坐标 $A'C'$ 代表静稳性曲线图的面积 OAC 而 $B'D'$ 代表面积 OAB。

学习成果测验

任务4-4：某船在各横倾角时的静稳性臂 l 如表4-5，试计算并绘出动稳性曲线。

表4-5

φ(°)	0	10	20	30	40	50	60	70	80	90
l(m)	0	0.12	0.28	0.64	0.91	0.93	0.74	0.44	0.08	-0.35

评分：________________

知识点5 静稳性曲线和动稳性曲线的应用

船舶在航行时，受到的外力的性质和受力的情况是多种多样的，根据静稳性曲线或动稳性曲线，可以求得船舶在外力作用下的动倾角或者船舶所能承受的最大外力矩。这些问题在讨论船舶稳性中十分重要，下面分几种情况讨论。

1.船舶在一个不变的横倾力矩作用下的动倾角

设船在一风力为 F 的阵风(假定 F 不随 φ 变化)作用下产生横向漂移。于是，水下部分受到一个水阻力 R 作用。在稳定状态下，两个力大小相等、方向相反。由于 F 和 R 不在同一水平线上，相距 z_f，因而形成一个使船横倾的力矩 M_f，见图4-27。此横倾力矩 $M_f=Fz_f$。

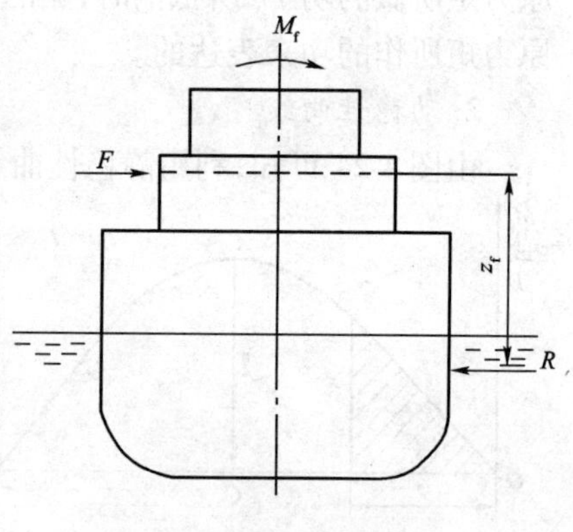

图4-27 风力和横倾力矩

船在横倾力矩 M_f 动力作用下的动倾角 φ_d 可以利用静稳性曲线求得。方法如下：

在图4-28a)上，作水平线 AD，令 $\overline{OA}=M_f$，并使面积 OAB = 面积 BCD，即复原力矩所作功 $T_R=\int_0^{\varphi_d}M_R\mathrm{d}\varphi$（即面积 OCE）与横倾力矩所作功 $T_f=M_f\varphi$（即面积 $OADE$）相等，如此，C 点对应的角度即为所求的动倾角 φ_d。

但是，借助移动直线 AD 以凑得相等的两个面积比较麻烦，故通常利用动稳性曲线来求 φ_d。

方法如下：

因为横倾力矩 M_f 作的功 $T_f=M_f\varphi$ 是一条直线，其斜率为 M_f，当 $\varphi=1\text{rad}=57.3°$ 时，$T_f=M_f$ 这样，我们可在图4-28b)的横坐标上的 $\varphi=57.3°$ 处垂直量取 M_f，得 N 点，连 ON，则直线 ON 即为 T_f 随 φ 变化的规律，而直线 T_f 与曲线 T_R 的交点 C' 表示横倾力矩 M_f 所作功与复原力矩 M_R 所作功相等，因此，C' 点对应的倾角即为动倾角 φ_d。

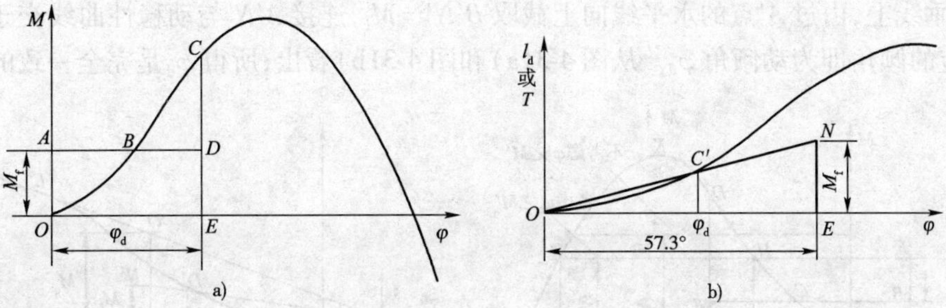

图 4-28　用静、动稳性曲线确定动横倾角

2. 船舶正浮时所能承受的最大倾斜力矩 $M_{f_{max}}$（或力臂 $l_{f_{max}}$）

与上述道理相同，在静稳性曲线图 4-29a）上，作一水平线使面积 OFG = 面积 GHK，因 K 点在曲线的下降段上，过 K 点以后不再有两个力矩做功相等的可能，则 OF 即为所求的最大倾斜力矩 $M_{f_{max}}$（或力臂 $l_{f_{max}}$），K 点对应的倾角称为极限动倾角 $\varphi_{d_{max}}$。

在动稳性曲线图 4-29b）上，过 O 点作与动稳性曲线相切的切线 OK'，此直线表示最大倾斜力矩所作功 $M_{f_{max}}$，OK'直线在 $\varphi = 57.3°$ 处的纵坐标便是所求的最大倾斜力矩 $M_{f_{max}}$（或力臂 $l_{f_{max}}$）切点 K'对应的倾角便是极限动倾角 $\varphi_{d_{max}}$。

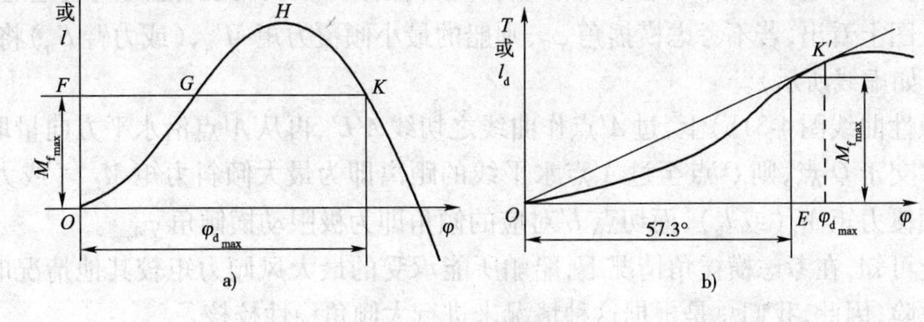

图 4-29　极限动倾角

3. 风浪联合作用下船舶所能承受的最大倾斜力矩 $M_{f_{max}}$（或力臂 $l_{f_{max}}$）

这种情况是指船舶受到波浪作用产生摇摆，当船向迎风一舷横摇至最大摆幅 φ_0 并开始反向横摇时，突然受到一阵风吹袭（图 4-30）。这种情况最为危险，因为此时复原力矩的方向与风倾力矩的方向一致，两个力矩之和促使船舶加速倾斜。下面分别介绍求动倾角 φ_d 和最大倾斜力矩 $M_{f_{max}}$（或力臂 $l_{f_{max}}$）的方法。

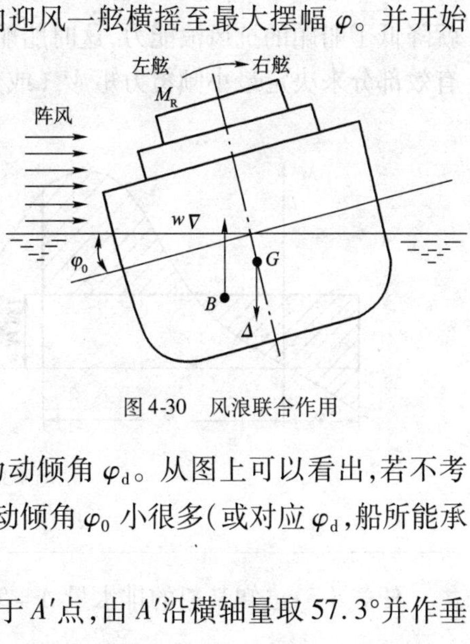

图 4-30　风浪联合作用

1）求动倾角 φ_d

由于船舶是左右对称的，故其静、动稳性曲线必对称于过 O 点的纵轴，如图 4-31 所示。在图 4-31a）上，截取 $\overline{OG} = \varphi_0$，取 $\overline{GB} = M_f$（M_f 为风倾力矩），作一水平线 BE，并使面积 ABC = 面积 CDE，则 D 点对应的倾角即为动倾角 φ_d。从图上可以看出，若不考虑横摇角 φ_0，在同样作用 M_f 下，动倾角 φ'_d 要比考虑的动倾角 φ_0 小很多（或对应 φ_d，船所能承受的 M_f 要较考虑 φ_0 的 M_f 大许多）。

在动稳性曲线图 4-31b）上，向左量取 φ_0，与曲线交于 A'点，由 A'沿横轴量取 57.3°并作垂线，在该垂线上，由过A'点的水平线向上截取$B'N' = M_f$，连接$A'N'$与动稳性曲线交于D'点，则D'点对应的倾角即为动倾角φ_d。从图 4-31a）和图 4-31b）看出，所得φ_d是完全一致的。

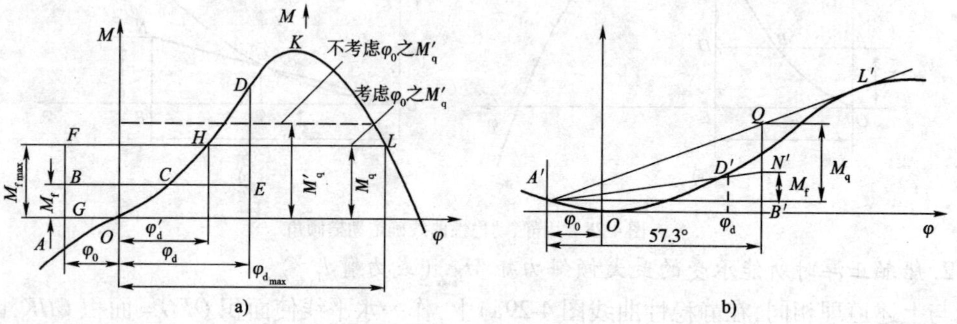

图 4-31　在风浪联合作用下的稳性曲线

2）求最大倾斜力矩$M_{f_{max}}$（或力臂$l_{f_{max}}$）

在静稳性曲线图 4-31a）上，作水平线FL使面积AFH = 面积HKL，L点在曲线之下降段上，则GF即为船舶在风浪联合作用下所能承受的最大倾斜力矩$M_{f_{max}}$（或力臂$l_{f_{max}}$），也就是使船倾覆的最小力矩（或力臂），因而又可称其为最小倾覆力矩（或力臂），记作M_q（或l_q）。与L相对应的倾角叫做极限动倾角$\varphi_{d_{max}}$，它表示船舶所允许横倾的最大角度，达到或超过这个角度船便倾覆。从图上看出，若不考虑横摇角φ_0，则船的最小倾覆力矩M'_q，（或力臂l'_q）将比M_q（或l_q）大很多（如虚线所示）。

在动稳性曲线图 4-31b）上，过A'点作曲线之切线$A'L'$，再从A'点沿水平方向量取 57.3°作垂线与$A'L'$交于Q点，则Q点至过A'点水平线的距离即为最大倾斜力矩$M_{f_{max}}$（或力臂$l_{f_{max}}$），也即最小倾覆力矩M_q（或l_q），而切点L'对应的倾角即为极限动横倾角$\varphi_{d_{max}}$。

从以上可知，在考虑横摇角情况下，船舶所能承受的最大风倾力矩较其他情况时要小，对船来说最危险，因此，我们总是根据这种情况来进行大倾角稳性校核。

4. 船舶具有进水角φ_E时的最小倾覆力矩M_q（或力臂l_q）

由于进水角φ_E以后的静稳性曲线不再计及（见图 4-5），使稳性的有效范围缩小，从而也就降低了船舶的抗风浪能力，这时船舶的稳性曲线的有效部分至进水角φ_E处为止，然后，根据有效部分来决定最小倾覆力矩M_q（或力臂l_q），如图 4-32 所示。

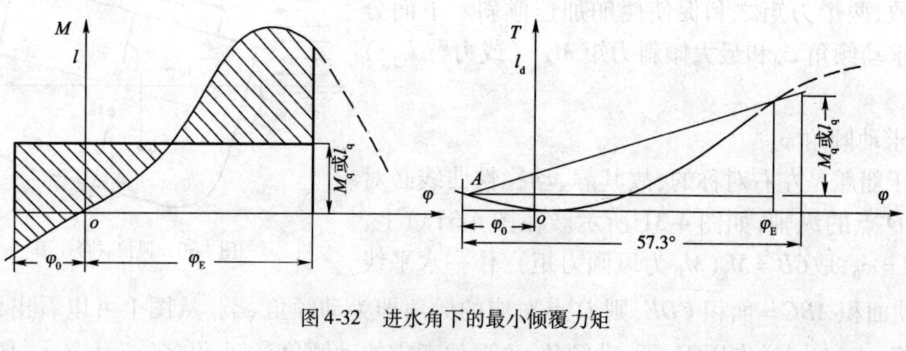

图 4-32　进水角下的最小倾覆力矩

学习成果测验

任务 4-5：已知某船的排水量Δ = 500t，其动稳性臂l_d，如表 4-6 所示。

表 4-6

$\varphi(°)$	0	10	20	30
$l_d(m)$	0	0.1	0.3	0.6

该船进水角 $\varphi_E=30°$，当船具有横摇角 $\varphi_0=0°$，$\varphi_0=10°$时，分别求其极限动倾力矩。

评分：________________

知识点 6 稳性衡准

船舶的稳性对其安全航行具有极为重要的意义，为此，我国船舶检验部门颁布了海船（或内河船）稳性规范。规范对其适用范围内的各类船舶的稳性，视船舶大小、航区及装载情况的不同，提出了具体的要求，对稳性校核计算的内容、方法与步骤等也作了相应的规定。

关于船舶稳性的衡准，各国的船舶检验部门或验船机构都有他们自己的规范。本节中，简要介绍我国海事局 2004 年颁布的《海船法定检验技术规则》中有关船舶稳性方面的要求。如果船舶在各种装载情况下的稳性都能满足《海船法定检验技术规则》中有关稳性的要求，则认为所设计建造的船舶具有足够的稳性。

因船舶的稳性随装载情况而异，我们不可能（也不必要）对每种装载情况均校核其稳性，只需对几种典型的装载情况进行校核。船舶类型不同，所校核的装载情况也不同。规范对此都有明确的规定。例如，普通货船，需要核核的装载情况有：满载出（到）港、空载（或加压载）出（到）港 4 种，除上述 4 种装载情况外，如对稳性有更不利的其他情况（如航行于冰区的船舶，应考虑船体水线以上部分结冰而对稳性产生的不利影响），也必须加以校核。此外，船舶类型不同，所要核算的装载情况亦不同，《海船法定检验技术规则》对此都有明确的规定。

我国《海船法定检验技术规则》是假定船舶没有航速，受横浪作用发生共振横摇，当摇至迎风一舷最大摆幅时，受一阵风作用而不致倾覆。《海船法定检验技术规则》把此海况作为船舶可能遇到的最危险情况来考虑，有关的衡准、规定都由此为前提出发。

1. 稳性衡准数 K

稳性衡准数 K 是对船舶稳性最基本、最重要的要求之一，利用它对船舶的动稳性作基本的衡准。我国《海船法定检验技术规则》对各类船舶的稳性衡准数 K 作了相应的规定，即应符合下列不等式

$$K=\frac{M_q}{M_f}\geqslant 1$$

或

$$K=\frac{l_q}{l_f}\geqslant 1$$

式中：K——稳性衡准数；

M_q——最小倾复力矩（l_q 为最小倾复力臂），它表示船舶在最危险情况下抵抗外力矩的极限能力；

M_f——风压倾斜力矩（l_f 为风压倾斜力臂），它表示在恶劣海况下对船舶作用的动倾力矩。

$K \geqslant 1$ 表示风压倾斜力矩小于使船倾覆所必须的最小倾覆力矩(最多相等),所以船舶不至于倾覆,因而认为稳性足够。

由上述公式可见,所谓稳性基本衡准,主要是计算 M_q(或 l_q)和 M_f(或 l_f),最后判断 K 值是否大于(等于)1。下面简要介绍它们的计算方法。

1)最小倾复力矩 M_q(或力臂 l_q)的计算

M_q(或力臂 l_q)是根据静(或动)稳性曲线以及横摇角 φ_0 来确定的,其基本方法已在动稳性和静稳性曲线的应用中进行过讨论,这里仅介绍 φ_0 的计算方法。

关于 φ_0 的计算是基于船舶零航速且横对波浪。船舶在波浪中航行时,其横摇程度不仅与波浪有关,而且还与船型、船舶装载情况、附体等因素有关。

规则规定对有舭龙骨的圆舭形船舶,横摇角按下列公式计算:

$$\varphi_0 = 15.28 C_1 C_4 \sqrt{\frac{C_2}{C_3}} \quad (^\circ)$$

式中:C_1、C_2、C_3、C_4——系数。

系数 C_1、C_2、C_3、C_4 是分别与一些因素有关的系数。下面介绍如何选取这些系数。

系数 C_1 与波浪的波长、波高及周期有关。由于在船舶的自摇周期 T_φ 等于波浪周期 T_W 时,横摇最严重,所以 C_1 可以根据船舶的自摇周期 T_φ 及航区由图 4-33 查得。船舶自摇周期按下式计算:

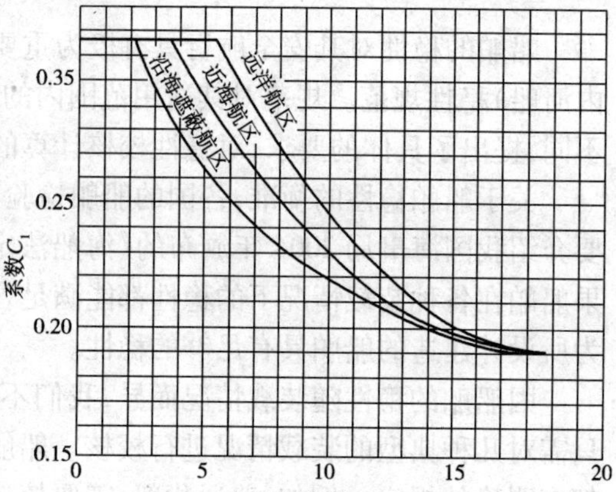

图 4-33 不同航区的 T_φ 与 C_1

$$T_\varphi = 0.58 f \sqrt{\frac{B^2 + \overline{KG}^2}{\overline{GM_0}}}$$

式中:$\overline{GM_0}$——所核算装载情况下未计及自由液面修正的船舶初稳性高,m;

B——不包括船壳板的最大船宽,m;

$\overline{KG}$——所核算装载情况下船舶重心至基线的垂向高度,m;

f——系数,按船舶的 $\frac{B}{d}$ 值由表 4-7 查得:

系 数 f 表 4-7

B/d	2.5 及以下	3.0	3.5	4.0	4.5	5.0	5.5	6.0	6.5	7.0 及以上
f	1.00	1.03	1.07	1.10	1.14	1.17	1.21	1.24	1.27	1.30

规则把航区分为四类,即远海(远洋)航区、近海航区、沿海航区和遮蔽航区,船舶的稳性按此四类不同航区进行核算。所谓远洋航区是指无限航区;近海航区是指渤海、黄海及东海距岸不超过 200 海里的海域,台湾海峡、南海中距岸不超过 120 海里(海南岛东海岸及南海岸距岸不超过 50 海里)的海域;沿海航区是指比近海航区距岸更近的海区,一般为 10~20 海里的海域;遮蔽航区是指沿海航区内遮蔽条件较好、波浪较小,且岛屿与海岸之间距离不超过 10 海里(但台湾海峡沿岸海域内,上述距离减半)的海域。由此可见,航区的划分实际上反映了对风浪大小不同的考虑,航行于不同航区的船舶必然受到不同风浪的作用。

系数 C_2 主要与波浪的有效波倾角系数有关,按下式计算:

$$C_2 = 0.13 + \frac{0.6\,\overline{KG}}{d}$$

计算 C_2 时,当 $C_2 > 1.0$ 时取 $C_2 = 1.0$,当 $C_2 < 0.68$ 时,取 $C_2 = 0.68$。

系数 C_3 主要与船舶的宽度吃水 $\frac{B}{d}$ 比有关,按表 4-8 查得。

系 数 C_3 表 4-8

B/d	2.5 及以下	3.0	3.5	4.0	4.5	5.0	5.5	6.0	6.5	7.0 及以上
C_3	0.011	0.013	0.015	0.017	0.018	0.019	0.020	0.021	0.022	0.023

系数 C_4 主要与船舶的类型和舭龙骨的尺寸有关,按表 4-9 查得。

系 数 C_4 表 4-9

A_b/LB(%)	0	0.5	1.0	1.5	2.0	2.5	3.0	3.5	4.0 及以上
干货船、油船、集装箱船、海驳	1.000	0.754	0.685	0.654	0.615	0.577	0.523	0.523	0.523
客船、渔船、拖船	1.000	0.885	0.823	0.769	0.708	0.654	0.577	0.546	0.523

表中 A_b 是舭龙骨的总面积(m^2),L 为垂线间长(m),B 为型宽(m)。对于有方龙骨的船舶,可将其侧面积计入舭龙骨面积 A_b 之内;对于装有减摇鳍的船舶,在计算 φ_0 时,不应计入其作用,但减摇鳍面积可计入舭龙骨面积。

对其他特殊线型的船舶,C_2、C_3 和 C_4 应经验船部门同意后采用。对水线以下尖舭型船舶,φ'_0 可按下式计算

$$\varphi'_0 = 0.8\varphi_0$$

式中:φ_0——相应于无舭龙骨圆舭型船的横摇角。

2)风压倾斜力矩 M_f,或力臂 l_f 的计算

风压倾斜力臂 l_f(m)可按下式求得

$$l_f = \frac{pA_fZ}{9810\Delta}$$

式中:A_f——船舶受风面积,m^2,即船体水线以上部分的侧投影面积;

Z——受风面积中心至水线的距离,m;

Δ——所核算情况的排水量,t;

p——单位面积风压,Pa,即 $N \cdot m^2$;

A_f 和 Z——可根据总布置图按规范计算得到。根据航区,计算风力作用力臂 Z 由表 4-10 查得

单位计算风压 p(Pa) 表 4-10

航 区	计算风力作用力臂 Z(m)						
	1.0	1.5	2.0	2.5	3.0	3.5	4.0
远海航区	829	905	976	1040	1099	1145	1185
近海航区	448	493	536	574	603	628	647
沿海、遮蔽航区	228	248	268	284	301	314	326

续上表

航　　区	计算风力作用力臂 Z(m)						
	4.5	5.0	5.5	6.0	6.5	≥7.0	
远海航区	1219	1249	1276	1302	1324	1347	
近海航区	667	683	698	711	724	736	
沿海、遮蔽航区	336	343	350	357	363	368	

2. 初稳性高和静稳性曲线

船舶除必须利用稳性衡准数 K 进行稳性衡准外，我国《海船法定检验技术规则》还规定，船舶在各种装载情况下经自由液面修正后的初稳心高度值和静稳性曲线应满足下列要求：

(1) 初稳心高 $GM \geqslant 0.15\text{m}$。

(2) 横倾角 $\varphi = 30°$ 处的静稳性臂 $l_R \geqslant 0.2\text{m}$ 如船体进水角 $\varphi_E < 30°$，则 φ_f 处的 $l_f \geqslant 0.2\text{m}$。

(3) $l_{r_{max}}$ 对应的横倾角 φ_{max} 应不小于 30°。

(4) 稳性消失角 $\varphi_V \geqslant 55°$。

当船舶的船宽与型深比 B/D 大于 2 时，φ_{max} 可分别比上述要求(3)所规定的值小 $\delta\varphi$。

$$\delta\varphi = 20\left(\frac{B}{D} - 2\right)(K - 1)$$

式中：D——船舶型深，m；

B——不包括船壳板的最大船宽，m。当 $B > 2.5D$ 时，取 $B = 2.5D$；

K——计算所得的稳性衡准数，当 $K > 1.5$ 时，取 $K = 1.5$。

对遮蔽航区的船舶，以下规定可作为上述要求的等效要求：

(1) 最大复原力臂对应的横倾角 φ_{max} 应不小于 15°。

(2) 最大复原力臂值应不小于下式规定值

$$l_{max} = 0.2 + 0.022(30 - \varphi_{max})$$

(3) 进水角 φ_E 应不小于最大复原力臂对应角 φ_{max}。

内河(包括长江)船的稳性计算和校核原理与海船大体相同，详细情况可参阅《内河船舶法定检验技术规则》。对于船长在 30m 以下的内河小型船舶，一般说来不必进行大倾角稳性计算，有关这类船舶的稳性校核方法，可参阅《长江水系小型钢船建造规范》。

综述：稳性曲线只表现船舶本身所具有抵抗外力矩的能力，至于船舶受到的力矩究竟有多大，以及是否经受得住，这要看外力矩的作用情况而定。外力矩主要来自风浪的作用，而风浪的大小又与离岸距离及水域开阔程度等因素有关。因此《海船法定检验技术规则》中，把航区分为四类：即远海(无限)、近海、沿海和遮蔽航区；对内河，《内河船舶法定检验技术规则》则把航区划分为三级：即 A、B、C 级航区，另加 J 级(急流江段)，并以此作为计算外力的依据。对于拖船和客船，除风浪作用外，还会受到其他外力作用，这些在规则中都有明确规定。

船舶稳性校核计算是编制稳性报告书的依据和重要内容，关于稳性报告书请参阅有关手册。

学习成果测验

任务 4-6：已知某船航行于第三类航区，排水量 $\Delta = 600\text{t}$，动稳性曲线 $l_d = f(\varphi)$ 如表 4-11 所示。

动 稳 性 曲 线 表4-11

φ(°)	0	10	20	30	40	50	60	70	80
l(m)	0	0.010	0.045	0.100	0.170	0.260	0.370	0.435	0.475

该船进水角 $\varphi_E = 35°$当船航行时遇到阵风吹袭,其受风面积 $A_f = 450m^2$,受风面积中心在水线以上高度 $z = 6m$。求横摇角分别为0°和 -15°时,该船的动倾角各为多少？稳性衡准数各为多少？

评分:________________

知识点7　稳性的影响因素和改善稳性的措施

船舶在倾斜以后浮力作用线的位置完全由水线以下的船体形状所决定。因此,船的主尺度和横剖面形状对稳性都有影响,了解这些影响对指导船舶设计具有一定的意义。现对稳性影响较大的几个因素叙述如下,并简要介绍改进稳性的措施。

1.稳性的影响因素

1)船体几何要素的影响

(1)干舷高度对稳性的影响。如图4-34所示,设 A、B 两种船型,除型深外,其他几何要素及重心高度均相同,即 B 船的干舷较 A 船高。在倾斜水线未超过 A 船的甲板边缘时,两者的稳性相同。而当倾斜水线超过 A 船的甲板边缘后,B 船的复原力臂较 A 船大,故 B 船静稳性曲线的最大复原力臂、极限静倾角及稳距等都较 A 船为大。由此可见,增加干舷可有效地改善船的稳性。

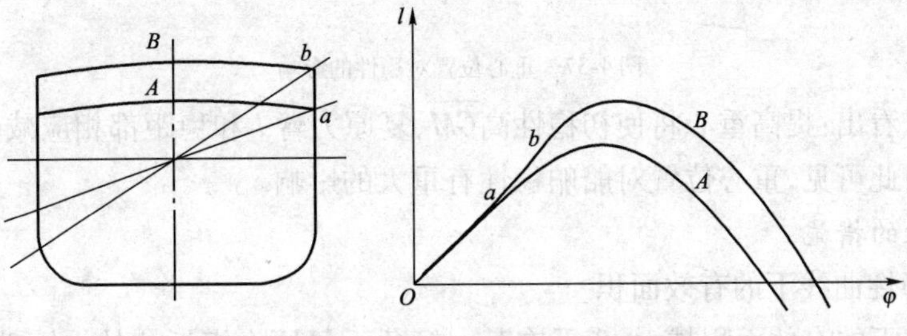

图4-34　干舷对初稳性的影响

(2)船宽对稳性的影响。如图4-35所示,设 A、B 两种船型,除船宽外,其他的几何要素及重心高度均相同,即 B 船的宽度较 A 船大。船宽大者水线面惯性矩也大,故 B 船的初稳性高大于 A 船。另外,船宽大者,出、入水楔形的移动力矩也大,因而 B 船复原力臂也大。但船宽大者甲板边缘入水角较小,因此,B 船静稳性曲线的最大复原力臂所对应的横倾角较 A 船为小。

(3)其他船型要素对稳性的影响:

①横剖面形状对稳性的影响。A、B 两船,尺度、排水体积和重心高度均相同,但 A 船的横剖面形状是U形,B 船是V形,从而 B 船的水线面系数比 A 船大,所以 B(V形)船初稳性高和复原力臂均比 A(U形)船大,如图4-36所示。

②横剖面底部升高对稳性的影响。底部升高的船型,使出水楔形的体积和移动力矩减小,从而导致复原力臂和稳距的减小。

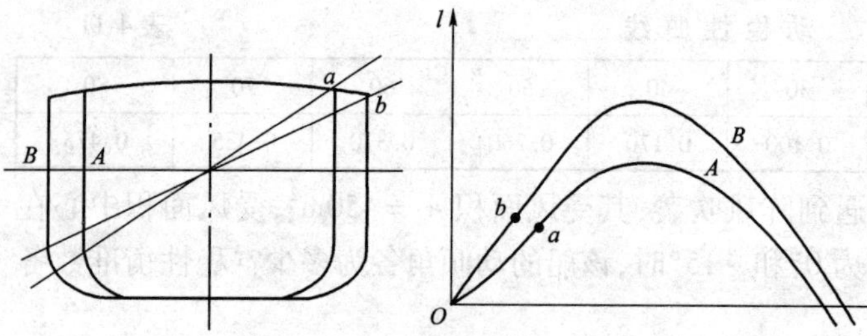

图 4-35　船宽对稳性的影响

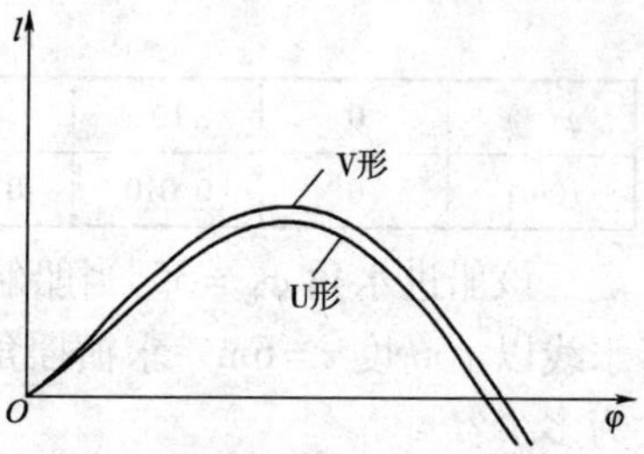

图 4-36　横剖面形状对稳性的影响

2）重心位置对稳性的影响

如图 4-37 所示，设船舶重心在 G 点时的复原力臂为 l，若重心垂直向上移动了一个距离至 G_1 处，则其复原力臂

$$l' = l - \overline{GG_1}\sin\varphi$$

如果重心下移至 G_2 处，则其复原力臂为

$$l'' = l + \overline{GG_2}\sin\varphi$$

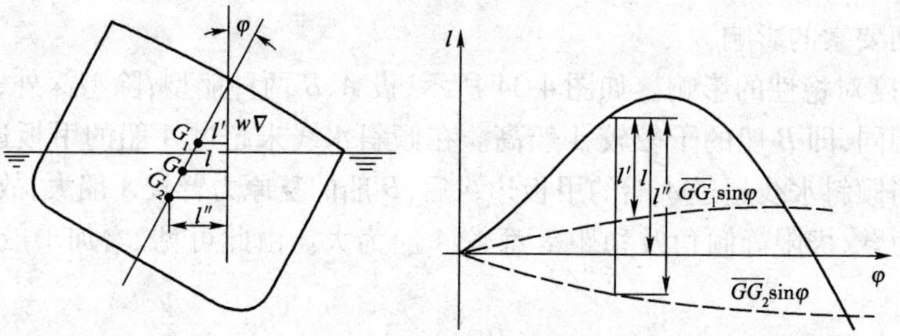

图 4-37　重心位置对稳性的影响

从图中可以看出：提高重心将使初稳性高$\overline{GM}$、复原力臂 l 和稳距都相应减小。降低重心，则作用相反。由此可见，重心位置对船舶稳性有重大的影响。

2. 改善稳性的措施

1）增大静稳性曲线下的有效面积

静稳性曲线下的有效面积越大，表示在某一倾角下复原力矩抵抗外力矩动力作用所作的功也越大，说明大倾角稳性越好。通过下面几种方法可增大静稳性曲线下的有效面积。

（1）增加干舷。这是提高船舶稳性的有效措施之一，某些稳性不足的老船可将载重线降低以增加干舷高度。

（2）改进非水密开口位置，增大进水角。

（3）增加船舶首、尾横剖面的外飘和采用较大舷弧。它们的作用在于增加入水一舷的体积及复原力矩，从而增加静稳性曲线下的有效面积。

（4）增加船宽。这是提高船舶初稳性的有效措施之一，有些老船初稳性不足时，常在船的两舷水线附近加装相当厚的护木和浮箱等，或在舷侧加装一个凸出体。

（5）降低重心高度。降低重心高度可使初稳心高度和静稳性臂及稳距都相应提高，是提高船舶稳性的根本措施。降低船舶重心的具体方法有：在设计时，限制上层建筑的层数和长宽；采用轻型结构；简化舱室设备；机械、设备尽量往船体下层布置等。对已建好的船舶，可采用加压载的办法降低其重心。

(6)适当划分液舱,控制自由液面的影响。最有效的方法是在液舱中设置纵向舱壁及减小液舱高度。

2)减小倾斜力矩

减小倾斜力矩可使稳性基本衡准数 K 提高,这是提高大倾角稳性的有效措施。具体办法有以下几点。

(1)缩短上层建筑的长宽,降低上层建筑的高度,以减小受风面积。

(2)客船应在布置上采取措施避免过多的旅客集中一舷。

(3)设置减摇装置或增大中横剖面系数来增大船舶横摇阻尼,减小横摇角。

(4)拖船的拖钩位置应尽量降低,以降低急牵力矩。

(5)舷墙上应开排水孔,以使甲板上的水能及时、迅速地排除,减小附加的横倾力矩。

(6)采取措施防止载荷移动,减小附加横倾力矩。这对于散装货船及装有悬吊货物的船舶尤为重要。最后应该指出,改善船舶稳性和改善船舶的其他性能应作统筹考虑,才能得到比较满意的效果。

学习成果测验

任务 4-7:简述影响稳性的因素及提高稳性的主要措施。

评分:________________

思考与练习

一、简答题

1. 简要概括绘制静稳性曲线的计算步骤。

2. 简述进水角的大小对最小倾覆力臂 l_q 的大小有什么影响。

3. 简述我国《海船法定检验技术规则》中是如何规定计及自由液面的影响的。

二、计算题

1. 某船在满载出港时的排水体积 $\nabla = 19960\text{m}^3$,重心高度 $z_G = 7.84$ m,假定重心高度 $z_S = 7.145$ m 时,根据稳性横截曲线查得各横倾角时的 l_S 值如表 4-12 所示。

表 4-12

横倾角 φ(°)	10	20	30	40	50	60
l(m)	0.300	0.660	0.846	0.952	0.962	0.900

求作该装载状态下的静稳性曲线,并据此检验其稳性是否符合海船稳性规范要求。

2. 某船的排水量 $\Delta = 600$t,初横稳心高度 $\overline{GM} = 1.2$m,在各横倾角时的静稳性臂 l 如表 4-13 所示。

表 4-13

φ(°)	0	10	20	30	40	50	60	70	80	90
l(m)	0	0.18	0.32	0.40	0.38	0.30	0.16	-0.06	-0.22	-0.42

若船的重心升高 0.2m,求作新的静稳性曲线,并比较重心升高前后的稳性。

3. 某内河船的排水量 $A = 540$ t,吃水 $d = 1.8$ m,静稳性臂如表 4-14 所示

表 4-14

φ(°)	0	10	20	30	40	50	60	70	80
l(m)	0	0.090	0.300	0.550	0.725	0.838	0.725	0.475	0

在进行大修时,将左舷一个重为 $p = 25$ t,重心在 $y = 2$m,$z = 1.4$m 处的主机拆除。求拆除主机后船的横倾角。已知每厘米吃水吨数 $TPC = 3.6$t/cm。

4. 同第 3 题的船,向左舷倾斜 $\varphi = 50°$。如果再受到一突加的横倾力矩 $M_f = 8 \times 10^4$ N · m 作用后,船向相反方向倾斜。试求此时的横倾角。

第五章 抗 沉 性

● 能力目标

1. 掌握渗透率、可浸长度、限界线、许用舱长等概念。

2. 掌握第一、二类舱室进水后船舶浮态和稳性的计算。

3. 掌握可浸长度的计算原理和计算方法，进而绘制可浸长度曲线。

船舶在使用过程中，可能发生船体破损等海损事故，从而使大量海水进入船体，危及船舶的安全。因此，船舶设计阶段需要考虑抗沉性问题。

所谓抗沉性，是指如船舶发生海损事故，一舱或数舱进水后仍然保持一定浮性和稳性的能力，它是船舶的重要航海性能之一。船舶之所以具有抗沉性，主要与船舶的储备浮力和破舱稳性有关，而船舶具有的储备浮力和破舱稳性又与船舶的水密舱壁的合理布置有关。

所谓储备浮力是指满载水线以上主体水密部分的体积所能产生的浮力，它对稳性、抗沉性和淹湿性等有很大的影响，是确保船舶安全航行的一个重要指标。储备浮力通常以满载排水量的百分数来表示，其大小根据船舶类型、航行区域以及载运货物的种类而定。内河驳船的储备浮力约为其满载排水量的10% ~15%，海船约为20% ~50%，军舰的储备浮力往往在100%以上。

知识拓展：储备浮力及载重线标志

储备浮力的大小也可以通过规定干舷的大小来实现，为保证安全航行，国际上制定了《国际载重线公约》，我国也颁布了《海船稳性与载重线规范》对内河船也颁布有类似的规定，规范规定了对国际航行海船、国内航行海船和内河航行船舶的最小干舷、最小船首高度和载重线标志等的要求。规范规定在船中两舷侧勘画载重线标志，表明该船在不同航区、不同季节中航行时所允许的最大吃水线，以此规定船舶安全航行所需的最小干舷和最小储备浮力。

图5-1为国际航行船舶在船中央舷侧的载重线标志，它是一个外径为300mm、内径为250mm的圆环，和横贯圆环中心的长为450mm、宽为25mm的一条水平线，以及在圆环前方540mm处的长为230mm、宽为25mm的若干水平线段所组成。

各水平线段是船舶按其航行的区域和季节而定的载重水线，从下到上各线段及对应字母所表示的意义是：

(1) WNA——冬季北大西洋载重线。

(2) W——冬季载重线。

(3) S——夏季载重线。

(4) T——热带载重线。

(5) F——夏季淡水载重线。

(6) TF——热带淡水载重线。

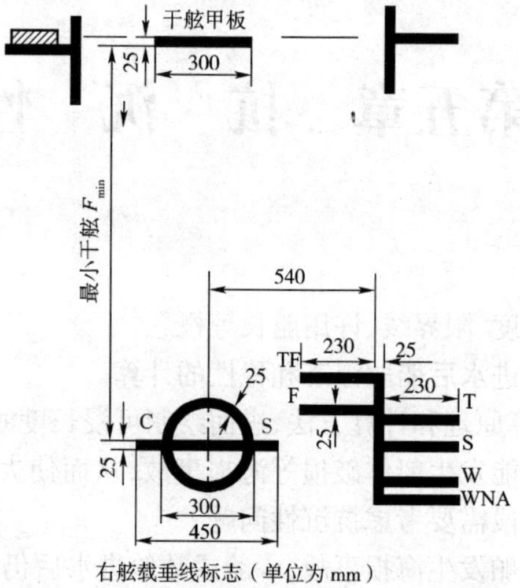

图 5-1 载重线标志

(7)圆环两侧的字母“C”、“S”表示勘定干舷的检验机关是“中国船级社”。

国内航行海船的载重线标志不同于国际航行船舶，圆形标志的下方半圆为实心图形，各季载重线字母用汉语拼音表示。“X”为夏季，“R”为热带，“Q”为夏季淡水，“RQ”为热带淡水。内河航行船舶的载重线标志圆环上的字母“CS”是标注在圆环的左方，字母“A”(或“B”、“C”)表示该船航行的区域是内河 A 级(或 B 级、C 级)航区。有的国内航行船舶的载重线标志上的字母用“ZC”字样，则表示该船是由国内各省、市、自治区的地方船舶检验机构执行检验和发证的。

若实际吃水超过规定的载重线上缘(即载重线标志被水淹没)，则表明该船已处于超载状态，其结果造成储备浮力减小，航行的安全性得不到保障，港务监督机构应不准其出港。

在保证了储备浮力的条件下，抗沉性的高低则取决于水密舱壁的布置，具有一定抗沉性要求的船舶，当一舱或数舱进水后，由于水密舱壁的存在，使水不至于漫延全船，故船舶的下沉不会超过一定的极限位置，并且具有一定的稳性。

所以，抗沉性的研究主要是两类问题：一是在船舶舱壁已定的情况下，求船舶在一舱或数舱进水后的浮态及稳性；二是在船舶设计过程中，从抗沉性要求出发，计算分舱的极限长度，即可浸长度。

知识点 1　进水舱的分类及渗透率

船舶舱室的结构随船舶种类及舱室用途的不同而异，并且舱室进水后淹没的状态也各不相同。为了讨论方便，本节先将进水舱室进行分类并介绍渗透率的概念。

1. 进水舱的分类

在抗沉性计算中，根据船舱进水情况，可将进水舱分为下列三类：

(1)第一类舱：舱的顶部位于水线之下，船体破损后，水即灌满全舱；即舱内的淹水量不随淹水后的水线位置而变，同时没有自由液面。如双层底舱和顶板在水线以下的深舱柜等均属此类，如图 5-2a）所示。

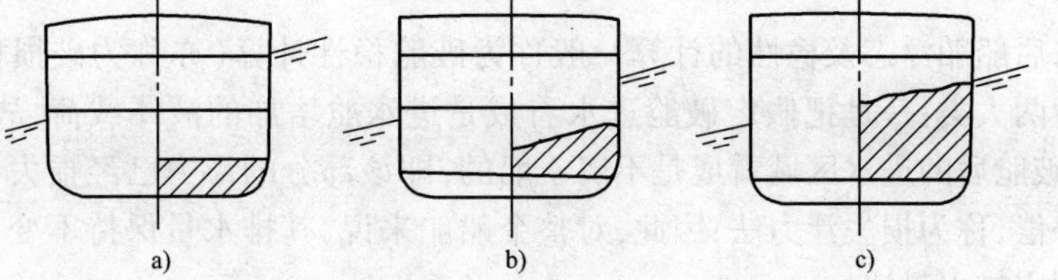

图 5-2 三类进水舱

（2）第二类舱：进水舱未被灌满，舱内水与船外水不相连通，有自由液面。为调整船舶浮态而灌水的舱室，以及船体破损处已经堵塞但水未被抽干的舱室都属于此类，如图 5-2b）所示。

（3）第三类舱：舱顶在水线以上，舱内水与船外水相通，因此舱内水面与船外水面保持同一水平面。这是破舱中最为普遍的典型情况，如图 5-2c）所示。

2. 渗透率

船舶破损后，进水舱室能被水浸占的容积与该舱室总容积的百分比，称为渗透率，又称体积渗透率 μ_V，即

$$\mu_V = \frac{V_1}{V} \quad 或 \quad V_1 = \mu_V V$$

式中：V_1、V——进水容积和空舱容积。

由于船舶舱室内有各种结构构件、设备、机械和货物等，它们都占据一定的舱室容积，并且随船舶及舱室的不同，它们占据的总容积也不同，所以，各类船舶的不同舱室之渗透率是不同的。我国《海船法定检验技术规则》规定的 μ_V 值如表 5-1 所列。

舱室处所渗透率 表 5-1

处　所	渗透率 μ_V	处　所	渗透率 μ_V
装载液体的处所	0 ~ 0.95[①]	机器处所	0.85
起居处所	0.95	货物、煤、物料储藏专有处所	0.60

注：①部分装载的舱的渗透率应与该舱所载液体的量相一致。装载液体的舱一旦破损，应假定所载液体从该舱完全流失，并由海水替代至最后平衡时的水线面。

除上述体积渗透率外，还有面积渗透率 μ_a，表示实际淹水面积与空舱面积之比。μ_V 与 μ_a 之间并无一定联系，通常 μ_V 小于 μ_a 但并非所有情况都如此，在一般计算中，μ_V 与 μ_a 可取相同的数值。

学习成果测验

任务 5-1：关于抗沉性的讨论

（1）什么是船舶的抗沉性、渗透率？

（2）船舶舱室进水分为几类，它们是怎么划分的？

评分：________

知识点 2　舱室进水后船舶浮态及稳性的计算

舱室进水后船舶浮态及稳性的计算一般称为破舱稳性计算(亦称为破损稳性计算)。计算方法常分为两大类:一是把假定破舱进水看成是进水舱增加的液体载荷,故称为增加重量法;另一是把破舱后的进水区域看成是不属于船的,即该部分的浮力已经损失,损失的浮力借增加吃水来补偿,称为损失浮力法;因此,对整个船舶来说,其排水量保持不变,故这种损失浮力法又称为固定排水量法。

当船舶破损进水量不超过排水量的10% ~15%时,应用上面两种方法并依据初稳性公式来计算船舶浮态及稳性,其结果(如复原力矩、横倾角、纵倾角、首尾吃水等)是完全一致的。但算出的初稳心高度数值不同,这是因为稳心高度是对应于一定排水量的缘故。若进水量较大,只有用其他方法(如逐步近似法)才能求得比较正确的结果。本书仅介绍进水量不超过排水量的10% ~15%这种情况。

下面分别对三类舱室进行计算,在计算中,假定各类舱室在进水前都是空的,即$\mu_V = 1$。

1. 第一类舱室

这类舱室用增加重量法进行计算较方便,可以应用第三章中的有关结论。

如图5-3所示,船舶在进水前浮于水线 WL 处:首吃水 d_F,尾吃水 d_A,平均吃水 d,排水量 Δ,横稳心高$\overline{GM}$,纵稳心高$\overline{GM}_L$水线面积 A_W,漂心纵坐标 x_F。设进水舱的体积为 V,其重心在 $C(x,y,z)$处。按增加重量法,我们可以把进入该舱的水看成是在 C 处增加大小为 $p = wV$ 的液体载荷,且无自由液面。因此,舱室进水后,船舶浮态及稳性可按下列步骤计算:

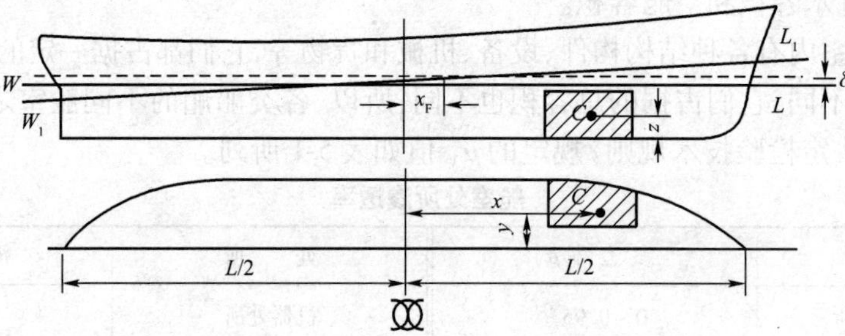

图5-3　第一类舱进水计算图

(1)平均吃水增量:

$$\delta d = \frac{p}{wA_W}$$

(2)新横稳心高度:

$$\overline{G_1M_1} = \overline{GM} + \frac{p}{\Delta + p}\left(d + \frac{\delta d}{2} - z - \overline{GM}\right)$$

(3)新纵稳心高度:

$$\overline{G_1M_{L1}} = \frac{\Delta}{\Delta + p}\overline{GM_L}$$

(4)横倾角正切:

$$\tan\varphi = \frac{py}{(\Delta + p)\ \overline{G_1M_1}}$$

(5)纵倾角正切：

$$\tan\theta = \frac{p(x - x_F)}{(\Delta + p)\ \overline{G_1M_{L1}}}$$

(6)由于纵倾引起的首尾吃水变化：

$$\delta d_F = \left(\frac{L}{2} - x_F\right)\frac{p(x - x_F)}{(\Delta + p)\ \overline{G_1M_{L1}}}$$

$$\delta d_A = -\left(\frac{L}{2} + x_F\right)\frac{p(x - x_F)}{(\Delta + p)\ \overline{G_1M_{L1}}}$$

(7)船舶最后的首尾吃水：

$$d'_F = d_F + \delta d + \delta d_F$$
$$d'_A = d_A + \delta d + \delta d_A$$

2. 第二类舱室

这类舱因存在自由液面，故采用增加重量法，计算时要考虑自由液面的影响。

如图 5-4 所示，船舶原浮于水线 WL，排水量为 Δ，首吃水为 d_F，尾吃水为 d_A，平均吃水 d，横稳心高$\overline{GM}$，纵稳心高$\overline{GM_L}$，水线面积 A_W，漂心纵坐标 x_F。设进水舱的体积为 V，进水量 $p = wV$，其重心在 $C\ (x, y, z)$处，进水舱内自由液面对其本身的纵向主轴和横向主轴的惯性矩分别为 i_x 和 i_y。这类舱进水后，船舶浮态及稳性可按下面步骤计算。

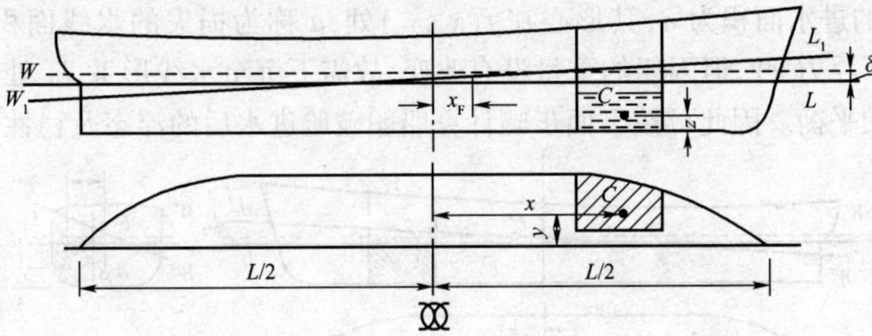

图 5-4　第二类舱进水计算图

(1)平均吃水增量：

$$\delta d = \frac{p}{wA_W}$$

(2)新横稳心高度：

$$\overline{G_1M_1} = \overline{GM} + \frac{p}{\Delta + p}\left(d + \frac{\delta d}{2} - z - \overline{GM}\right) - \frac{wi_x}{\Delta + p}$$

(3)新纵稳心高度：

$$\overline{G_1M_{L1}} = \frac{\Delta}{\Delta + p}\ \overline{GM_L} - \frac{wi_y}{\Delta + p}$$

(4)横倾角正切：

$$\tan\varphi = \frac{py}{(\Delta + p)\ \overline{G_1M_1}}$$

(5)纵倾角正切：

$$\tan\theta = \frac{p(x - x_F)}{(\Delta + p)\ \overline{G_1M_{L1}}}$$

(6)由纵倾引起的首尾吃水变化：

$$\delta d_F = \left(\frac{L}{2} - x_F\right)\frac{p(x - x_F)}{(\Delta + p)\ \overline{G_1M_{L1}}}$$

$$\delta d_A = -\left(\frac{L}{2} + x_F\right)\frac{p(x - x_F)}{(\Delta + p)\ \overline{G_1M_{L1}}}$$

(7)船舶最后的首尾吃水：

$$d'_F = d_F + \delta d + \delta d_F$$

$$d'_A = d_A + \delta d + \delta d_A$$

3. 第三类舱室

这类舱室破损进水后，舱内水面与船外水面保持同一水平面，其进水量要由最后的水线来决定。因此，用增加重量法来计算就很不方便，宜用损失浮力法进行计算，并认为舱室进水后船舶排水量和重心位置保持不变。

如图5-5所示，船舶浮于水线 WL，排水体积 ∇，吃水 d，横稳心高 $\overline{GM}$，纵稳心高 $\overline{GM_L}$，水线面积 A_W，漂心 F 纵向坐标 x_F。设进水舱在水线 WL 以下的体积为 V，其重心在 $C\ (x、y、z)$ 处，该舱在水线处 WL 的进水面积为 a，其形心在 $f(x_a, y_a)$ 处，a 称为损失的水线面积。当该舱进水后，船舶即失去了浮力 wV，但因船的重量没有改变，故需下沉至水线形 W_1L_1 处，以获得补偿浮力，方能保持船舶平衡。因此可按下面步骤计算船舶破舱进水后的浮态及稳性。

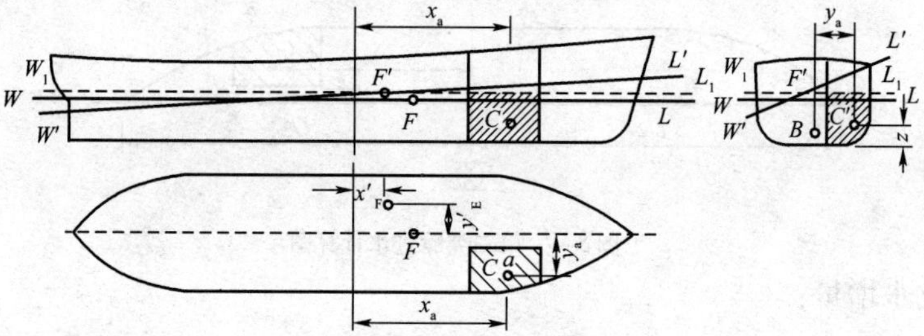

图5-5　第三类舱进水计算图

(1)平均吃水增量：

$$\delta d = \frac{V}{A_W - a}$$

式中：$(A_W - a)$——剩余水线面面积。

(2)剩余水线面面积的漂心位置 $F'(x'_F, y'_F)$：

$$x'_F = \frac{A_W x_F - a x_a}{A_W - a}$$

$$y'_F = \frac{-a y_a}{A_W - a}$$

(3)剩余水线面积$(A_W - a)$对通过其漂心F'的横轴和纵轴的惯性矩：

$$I'_T = I_T - (i_x + a y_a^2) - (A_W - a) y'^2_F$$

$$I'_L = I_L - [i_y + a(x_a - x_F)^2] - (A_W - a)(x'_F - x_F)^2$$

式中：I_T、I_L——原水线面积A_W对通过其漂心横向和纵向的惯性矩；

i_x、i_y——损失的水线面积对通过其本身形心的横向和纵向的惯性矩。

(4)船舶浮心坐标的变化：

由图5-5可以看出，损失的浮力wV的作用点在C处，而补偿的浮力$w\delta d(A_W - a)$的作用点在$\left(x'_F, y'_F, d + \frac{\delta d}{2}\right)$处。可以认为，由于体积$V$由$C$处移至$\left(x'_F, y'_F, d + \frac{\delta d}{2}\right)$处，从而引起船舶浮心位置的移动。根据重心移动原理可知，破舱后浮心位置变化为

$$\delta x_B = \frac{V(x - x'_F)}{\nabla}$$

$$\delta y_B = -\frac{V(y - y'_F)}{\nabla}$$

$$\delta z_B = -\frac{V\left[z - \left(d + \frac{\delta d}{2}\right)\right]}{\nabla}$$

(5)横、纵稳心半径的变化：

$$\delta \overline{BM} = \frac{I'_T}{\nabla} - \frac{I_T}{\nabla}$$

$$\delta \overline{BM_L} = \frac{I'_L}{\nabla} - \frac{I_L}{\nabla}$$

(6)横、纵稳心高度的变化：

因船舶重心在进水前后保持不变，故有

$$\delta \overline{GM} = \delta z_B + \delta \overline{BM}$$

$$\delta \overline{GM_L} = \delta z_B + \delta \overline{BM_L}$$

(7)新的横、纵稳心高度：

$$\overline{GM_1} = \overline{GM} + \delta \overline{GM}$$

$$\overline{GM_{L1}} = \overline{GM_L} + \delta \overline{GM_L}$$

(8)横倾角正切：

$$\tan\varphi = \frac{V(y - y'_F)}{\nabla \overline{GM_1}}$$

(9)纵倾角正切：

$$\tan\theta = \frac{V(x - x'_F)}{\nabla \overline{GM_{L1}}}$$

(10)由纵倾引起的首、尾吃水变化：

$$\delta d_F = \left(\frac{L}{2} - x'_F\right)\frac{V(x - x'_F)}{\nabla GM_{L1}}$$

$$\delta d_A = -\left(\frac{L}{2} + x'_F\right)\frac{V(x - x'_F)}{\nabla GM_{L1}}$$

(11)船舶最后的首尾吃水：

$$d'_F = d_F + \delta d + \delta d_F$$
$$d'_A = d_A + \delta d + \delta d_A$$

4. 一组舱室进水

船舶的一组舱室同时进水后的浮态及稳性计算也可以采用上述方法进行。在这种情况下，可以用一个假想的舱室代替进水的一组舱室，该舱室进水后对船舶浮态及稳性的影响与一组舱室同时进水的影响完全相同。我们称这一假想舱为等值舱，而这种计算方法称为等值舱法。为此，首先要计算出等值舱的有关数值：

(1)等值舱的进水体积为：

$$V = \sum V_i$$

(2)等值舱的形心位置为：

$$x = \frac{\sum V_i x_i}{\sum V_i}$$

$$y = \frac{\sum V_i y_i}{\sum V_i}$$

$$z = \frac{\sum V_i z_i}{\sum V_i}$$

(3)等值舱在原来水线处的损失水线面积：

$$a = \sum a_i$$

(4)等值舱损失水线面积的形心坐标：

$$x_a = \frac{\sum a_i x_{ai}}{\sum a_i}$$

$$y_a = \frac{\sum a_i y_{ai}}{\sum a_i}$$

将上述等值舱数据代入前面有关公式(视进水舱为几类舱而定)，即可算出船舶在一组舱室进水后的浮态及稳性。

学习成果测验

任务5-2：

某海船排水量 $\Delta = 30000\text{t}$，船长 $L = 198\text{m}$，船宽 $B = 30\text{m}$，吃水 $d = 7.9\text{m}$，浮心垂向坐标 $z_B = 4.4\text{m}$，重心垂向坐标 $z_G = 11\text{ m}$，初稳心高 $\overline{GM} = 1.98\text{ m}$，每厘米吃水吨数 $TPC = 45\text{t/cm}$，船内某舱长 15 m，舱顶在基线以上 9.15 m，围绕该舱的两道纵舱壁距中线面为 3.6 m 和 11m；该舱在双层底以上，双层底高 1.5m。假设该舱的渗透率 $\mu = 0.8$，双层底原已充满压载水。试求舱内进水占全舱体积一半时，该船产生的横倾角，以及船外海水可自由进入舱内时，该船可能产生的最大横倾角。

解：依题意分两种情况计算：

(1)舱内进水占全舱体积一半时的横倾角。因属第二类舱，故按增加重量法计算，步骤如下：

①增加的液体载荷为($p=348\text{t}$)。

②增加载荷 p 后平均吃水增加为($\delta d=0.077\text{m}$)。

③增加载荷的重心垂向坐标为($z=3.41\text{m}$)。

④破损舱室内自由液面对其本身纵轴的惯性矩为($i_x=405\text{m}^4$)。

⑤新的初稳心高度为($\overline{G_1M_1}=2\text{m}$)。

⑥增加载荷 p 的重心横向坐标为($y=7.3\text{m}$)。

⑦所求横倾角为($\tan\varphi=0.042$，$\varphi=2.4°$)。

评分：________

(2)求船外水可自由进入舱内时该船可能产生的最大横倾角。

这种情况属于第三类舱，故按损失浮力法计算，步骤如下：

①进水舱在吃水7.9m处的进水量为($p=582\text{t}$)。

②损失水线面积为($a=89\text{m}^2$)。

③吃水 $d=7.9\text{m}$ 时，船舶的水线面积为($A_W=4390\text{m}^2$)。

④剩余水线面积为($A_W-a=4301\text{m}^2$)。

⑤平均吃水增量为($\delta d=0.135\text{m}$)。

⑥剩余水线面的漂心横向坐标为($y'_F=-0.15\text{m}$)。

$$y'_F=\frac{-ay_a}{A_W-a}$$

⑦损失的排水体积的形心垂向坐标为($z=4.7\text{m}$)。

⑧浮心垂向位置变化为($\delta z_B=-0.06\text{m}$)。

$$\delta z_B=-\frac{V\left[z-\left(d+\frac{\delta d}{2}\right)\right]}{\nabla}$$

⑨横稳心半径的变化为($\delta\overline{BM}=-0.18\text{m}$)。

$$\delta\overline{BM}=\frac{I'_T}{\nabla}-\frac{I_T}{\nabla}$$

⑩进水后的横稳心高度变化为($\delta\overline{GM}=-0.12\text{m}$)。

⑪进水后的横稳心高度为($\delta\overline{GM_1}=1.86\text{m}$)。

⑫所求横倾角为($\tan\varphi=0.078$，$\varphi=4.4°$)。

评分：________

知识点3　可浸长度的计算

抗沉性研究的重要内容之一，就是为具有一定抗沉性要求的船舶确定划分水密舱壁位置提供依据，这个依据就是所谓可浸长度曲线。本节即介绍可浸长度的计算原理和计算方法。

知识准备:限界线、可浸长度及可浸长度曲线

1. 限界线

当船体破损后,海水进入船舱内,船即下沉。为了保证船舶不至于沉没,我国《海船法定检验技术规则》规定:民用船舶的下沉极限是其舱壁甲板上表面的边线以下76mm处,也就是说,船舶在破损后至少要有76mm的干舷。在船体侧视图上,舱壁甲板边线以下76mm处的一条曲线(与该甲板边线平行)称为安全限界线(简称限界线),如图5-6a)所示。

船舶下沉后的水线不应超过限界线,故限界线上各点的切线表示所允许的最高破舱水线(或称极限破舱水线)。

2. 可浸长度

为了保证船舶破损后的水线不超过限界线,对船舶舱室的长度必须加以限制。船舱的最大许可长度称为可浸长度,它表示进水后船舶的最高破舱水线恰与限界线相切。

3. 可浸长度曲线

由于在船长的不同位置处,船舱的横剖面大小不同,因此各船舱进水后对船舶的纵倾影响也不同,所以,可浸长度随船长的位置而变。在船体侧视图上,以各进水舱可浸长度的中点距中横剖面的距离 x 为横坐标,以对应位置的可浸长度 l 为纵坐标绘制的曲线称为可浸长度曲线,如图5-6b)所示。

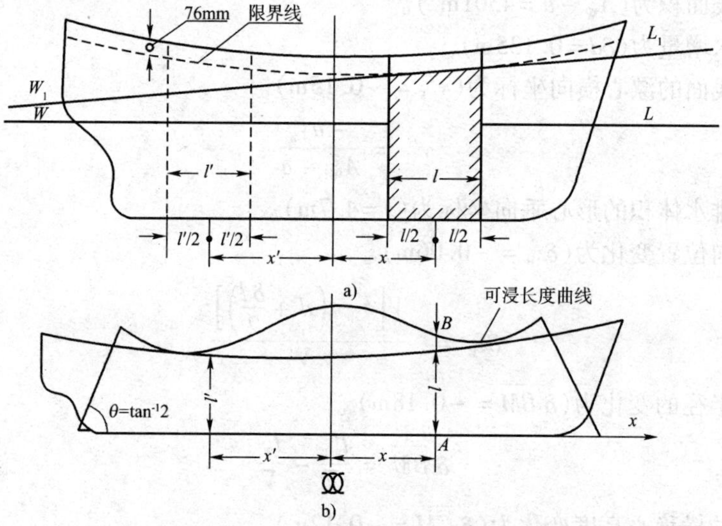

图5-6 限界限和可浸长度曲线

1. 计算可浸长度的基本原理

根据可浸长度的定义,计算可浸长度的问题是在已知极限破舱水线 W_1L_1 下,求解相应浸水舱舱长及其位置。如图5-7所示,船原正浮于满载水线 WL,排水体积为 ∇,船舶重力等于浮力 $w\nabla$,重心坐标 x_G 等于浮心纵坐标 x_B。设舱破损进水后,船恰能浮于水线 W_1L_1 处,其排水体积为 ∇_1,浮心纵坐标为 x'_B。若破舱的体积为(亦即进水体积) V_i,形心纵坐标为 x_i,则船恰能浮于水线 W_1L_1 处时(假定渗透率 $\mu_V=1.0$),我们可以认为船舶浮态从水线 WL 移动到水线 W_1L_1 是由于在 x_i 处增加了一个载荷 ωV_i,则增加载荷后船舶的重力 $w\nabla_1$ 和重心 x'_G(在 W_1L_1 倾斜不大的条件下,近似认为 $x_G'=x'_B$)必然满足下面关系:

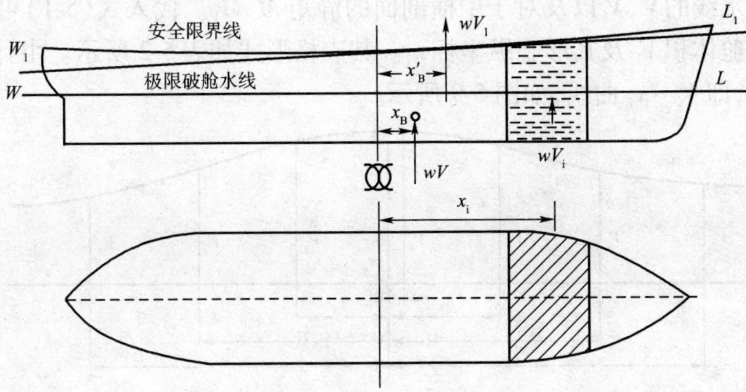

图 5-7 可浸长度计算原理图

$$\begin{cases}\omega\ \nabla_1 = \omega\ \nabla + \omega V_i \\ \omega\ \nabla_1 x'_B = \omega\ \nabla x_B + \omega V_i x_i\end{cases}$$

令 $M_1 = \nabla_1 x'_B$, $M = \nabla x_B$,则由上式整理可得:

$$\begin{cases}\nabla_1 = \nabla + V_i \\ x_i = \dfrac{M_1 - M}{V_i}\end{cases} \tag{5-1}$$

根据式(5-1)计算出进水舱体积 V_i 及其形心纵坐标 x_i 后,便可应用图解法求出进水舱的长度 l 及其位置 x。

2. 可浸长度曲线的计算与绘制步骤

根据上述计算原理,具体计算步骤如下:

1)在邦戎曲线上绘出限界线

在图 5-8 的邦戎曲线图上,先从限界线的最低点画一条水平的破舱水线 H,然后在首尾垂线处,自 H 向下量取一段距离 z,其数值可近似按下式估算

$$z = 1.6D - 1.5d$$

式中:D——舱壁甲板型深;

d——吃水。

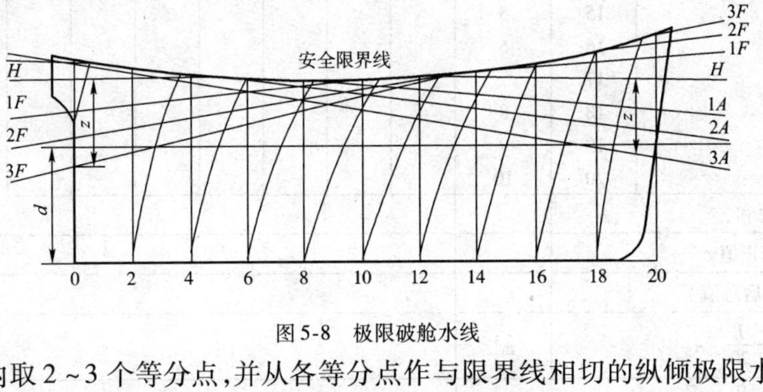

图 5-8 极限破舱水线

在距离 z 内取 2 ~ 3 个等分点,并从各等分点作与限界线相切的纵倾极限水线 1F,2F,3F 和 1A,2A,3A 等。通常极限破舱水线取 7 ~ 10 条,其中尾倾水线 3 ~ 5 条,水平 1 条,首倾水线 3 ~ 4 条。这些极限破舱水线对应于沿船长不同舱室进水时船舶的最大下沉限度。

2)计算进水舱体积 V_i 及其形心纵坐标 x_i

在邦戎曲线图上,量取计算水线和破舱水线的横剖面面积,并用数值积分法分别算出相应

计算水线和破舱水线的 ∇、∇_1 以及对于中横剖面的静矩 M、M_1。代入式(5-1)可求得各极限破舱水线下的进水舱体积 V_i 及其形心纵坐标 x_i。其表格形式如表5-2所示。由计算结果绘制成的进水舱容曲线,即 $V_i - x_i$ 曲线,如图5-9所示。

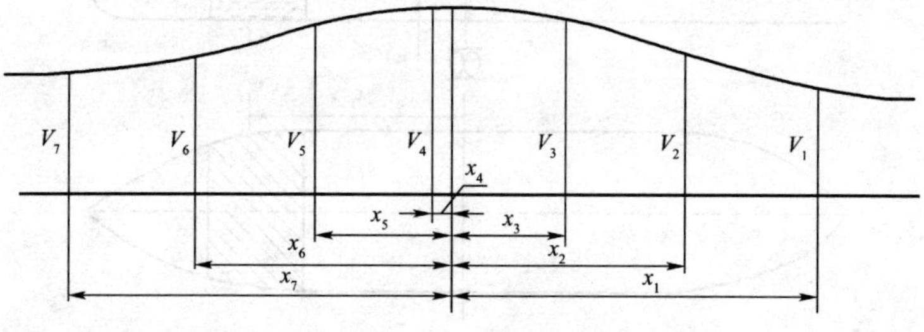

图 5-9　进水舱容曲线

极限破舱水线水线下 x_i 及 V_i 计算表　　　　　　　　表 5-2

$L = \_\_m, M = \nabla x_B \_\_m^4$ $\delta L = \_\_m, x_B = \_\_m,$ $(\delta L)^2 = \_\_m^2, \nabla = \_\_m^3$ (各参数查静水力曲线图)		力臂乘数 k_i	极限破舱水线号									
			H		$1A$		$2A$		$3A$		$1F$	
			A_S (m^2)	$A_S k_i$	A_S	$A_S k_i$	A_S	$A_S k_i$	A_S	$A_S k_i$	A_S	$A_S k_i$
横剖面站号	尾首	0　　-10										
		1　　-9										
		2　　-8										
		3　　-7										
		4　　-6										
		5　　-5										
		6　　-4										
		7　　-3										
		8　　-2										
		9　　-1										
		10　　0										
		11　　1										
		12　　2										
		13　　3										
		14　　4										
		15　　5										
		16　　6										
		17　　7										
		18　　8										
		19　　9										
		20　　10										
总和 $\sum{}'$												
修正值 ε												
修正后总值 $\sum$												
$\nabla_1 = \dfrac{L}{20}\sum A_S$		m^3										
$V_i = \nabla_1 - \nabla$		m^3										
$M_1 = (\delta L)^2 \sum A_S k_i$		m^4										
$m = M_1 - M$		m^4										
$x_i = \dfrac{m}{V_i}$		m										

3）应用作图法计算浸水舱的可浸长度 l

在图 5-10a）所示的横坐标（x 轴）上，定出破舱的形心位置 x_i，并过此位置作横坐标轴之垂线，该垂线与 A_S 的积分曲线交 O 点。在该垂线上截取 $\overline{CD}=V_i$ 并使 AOC 的面积等于 BOD 的面积，则两块面积对 $\overline{CD}$ 的静矩相等。根据积分曲线的特性可知，该破舱体积的形心必在 x_i 处。这样，曲线上 A、B 两点间的水平距离，即为破舱的极限长度（可浸长度 l）。同时该舱中点（即 l 的中点）至中横剖面的距离 x 也可在图上量出，根据表 5-3 计算出各进水舱的体积 V_i 及其形心纵坐标 x_i。

应用上述方法可以求出各极限破舱水线所对应的 l 及 x，但这种方法需要绘制每一破舱水线的横剖面面积曲线及其积分曲线，工作量较大。实践证明：浸水舱的位置通常总是在其相应的破舱水线与限界线相切的切点，故极限破舱水线下的横剖面面积曲线与限界线下的横剖面面积曲线在进水舱附近几乎相同。因此在实际计算中，常用限界线下的横剖面面积曲线及其积分曲线代替所有破仓水线下的相应曲线，如图 5-10b）所示。按此所得可浸长度略小于实际长度，偏于安全，因此是允许的。

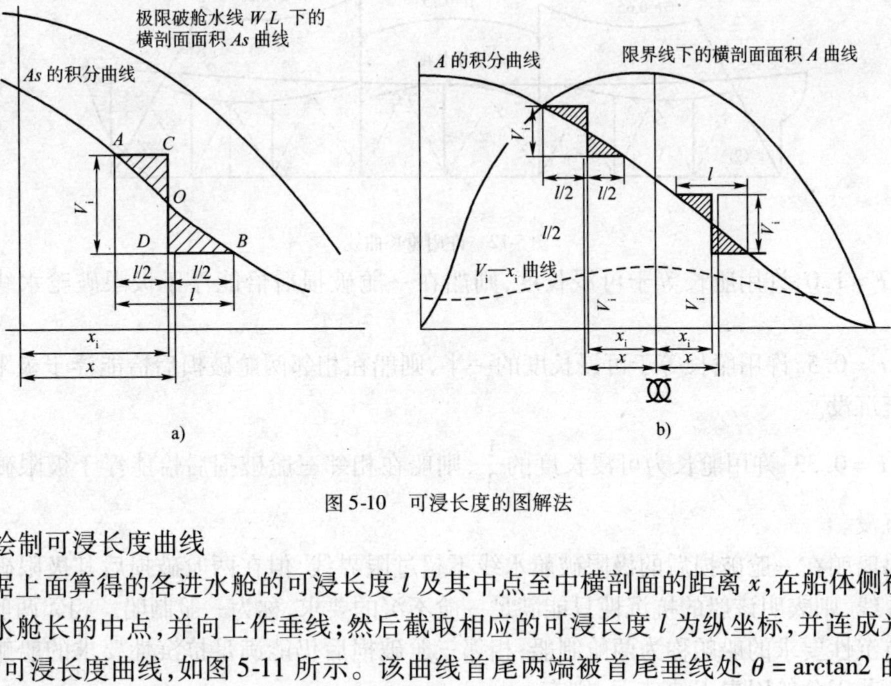

图 5-10　可浸长度的图解法

4）绘制可浸长度曲线

根据上面算得的各进水舱的可浸长度 l 及其中点至中横剖面的距离 x，在船体侧视图上标出各进水舱长的中点，并向上作垂线；然后截取相应的可浸长度 l 为纵坐标，并连成光滑的曲线，即为可浸长度曲线，如图 5-11 所示。该曲线首尾两端被首尾垂线处 $\theta=\arctan2$ 的斜线所限制，这是因为 x 代表舱长中点的位置的缘故。

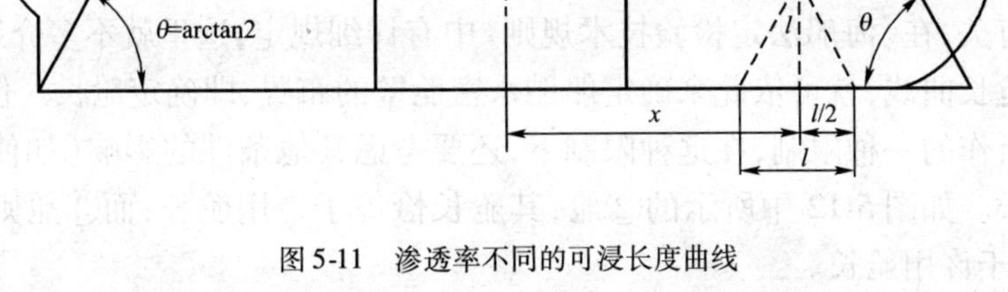

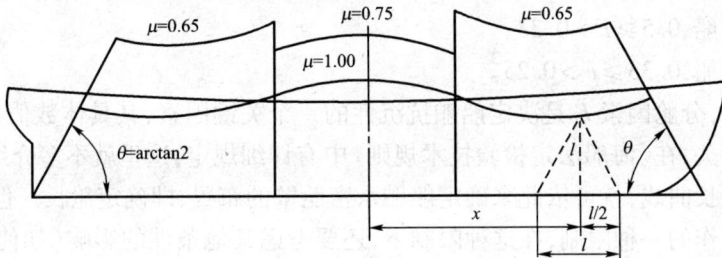

图 5-11　渗透率不同的可浸长度曲线

上面所作可浸长度曲线是假定进水舱的渗透率$\mu = 1.0$的情况，事实上μ总是小于1.0的，故在图上还需绘出实际的可浸长度曲线，并注明μ的具体数值。

3.分舱因素及许用舱长

位于船长某处的一个舱室破损后，只要该舱长度不超过该处之可浸长度，则认为船舶抗沉性是符合要求的。但是，假如与该舱相邻的舱室也同时破损的话，那么很显然船舶将不能满足抗沉性的要求。所以只用可浸长度来检验船舶舱室的大小(即横舱壁的布置)是否满足抗沉性要求，不能体现出各类船舶在抗沉性方面要求的不同。为此，在《海船法定检验技术规则》中采用了一个分舱因素F来决定许用舱长，并规定船舶任一水密舱室的长度不得大于许用舱长。F是一个等于或小于1.0的系数，且有：

$$许用舱长 = 可浸长度(l) \times 分舱因素(F) = l \cdot F$$

将实际的可浸长度乘以分舱因素F后，便得到许用舱长曲线，如图5-12所示。假定水密舱壁的布置恰为许用舱长，这时如果：

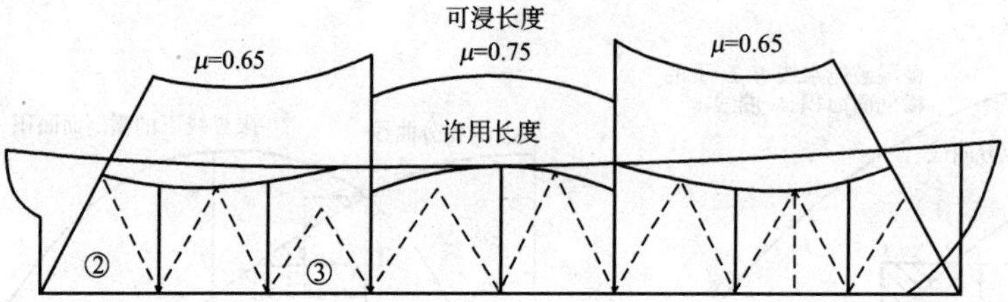

图5-12　许用舱长曲线

(1)$F = 1.0$，许用舱长等于可浸长度，则船在一舱破损后恰能浮于极限破舱水线而不至沉没。

(2)$F = 0.5$，许用舱长等于可浸长度的一半，则船在相邻两舱破损后恰能浮于极限破舱水线而不至沉没。

(3)$F = 0.33$，许用舱长为可浸长度的$\frac{1}{3}$，则船在相邻三舱破损后恰能浮于极限破舱水线而不至沉没。

如果船舶在一舱破损后的极限破舱水线不超过限界线，但在两舱破损后其极限破舱水线超过限界线，则表明该船的抗沉性只能满足一舱不沉的要求，称为一舱制船。相邻两舱破损后能满足抗沉性要求的船舶称为两舱制船；相邻三舱破损后仍能满足抗沉性要求的船舶称为三舱制船。若用分舱因素F来表示，则有：

对于一舱制船，$1.0 \geqslant F > 0.5$；

对于二舱制船，$0.5 \geqslant F > 0.33$；

对于三舱制船，$0.33 \geqslant F > 0.25$。

由上述可见，分舱因素F是决定船舶抗沉性的一个关键因素，其具体数值与船舶长度、用途及业务性质有关，在《海船法定检验技术规则》中有详细规定，这里就不多介绍。

有了许用舱长曲线，就可依此来确定船舶水密舱壁的布置，即确定舱长。但这只是对舱长从抗沉性角度所作的一种限制，在这种限制下，还要考虑其他条件的影响(如使用等因素)，才能最后确定舱长。如图5-12中所示的②舱，其舱长恰等于许用舱长；而③舱则因考虑使用等因素，其舱长小于许用舱长。

需要说明的是，在上述可浸长度和许用舱长计算中，都没有考虑破舱后的稳性问题，因此在上述计算后，还需依据抗沉性规范对破舱稳性的具体要求进行稳性校核计算。《海船法定检验技术规则》中有对破舱稳性的具体要求。

以下是某船的可浸长度曲线绘制过程及可浸长度计算数据汇总实例。图 5-13 是该船邦戎曲线、图 5-14 为安全限界线及极限破舱水线、图 5-15 为进入舱容曲线、图 5-16 为不同渗透率的可浸长度曲线。

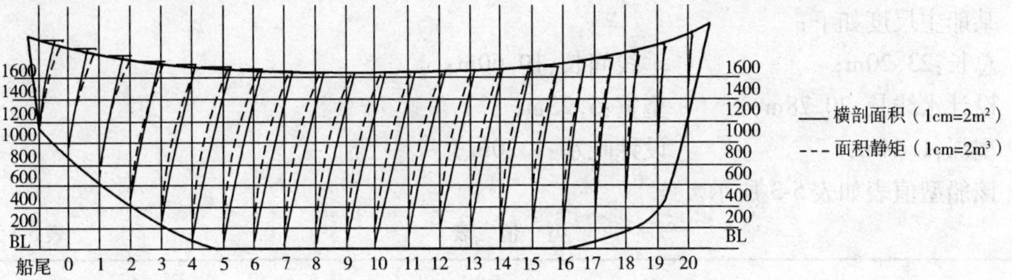

图 5-13 某船邦戎曲线

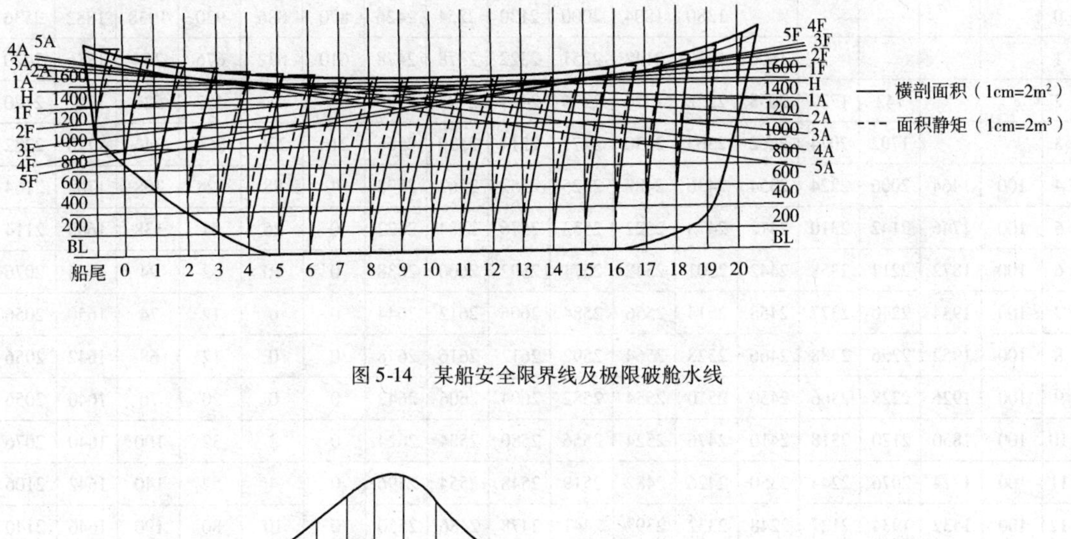

图 5-14 某船安全限界线及极限破舱水线

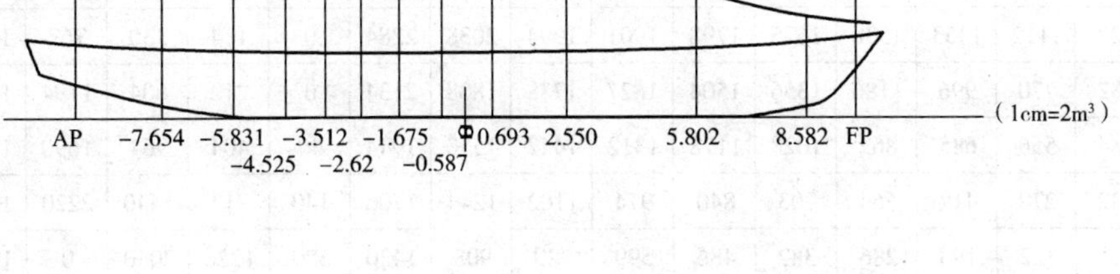

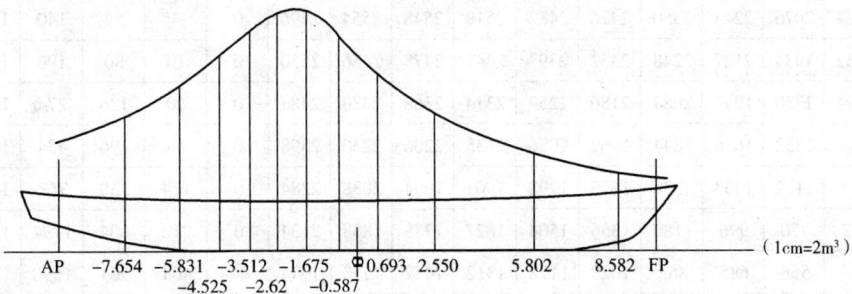

图 5-15 某船进水舱容曲线

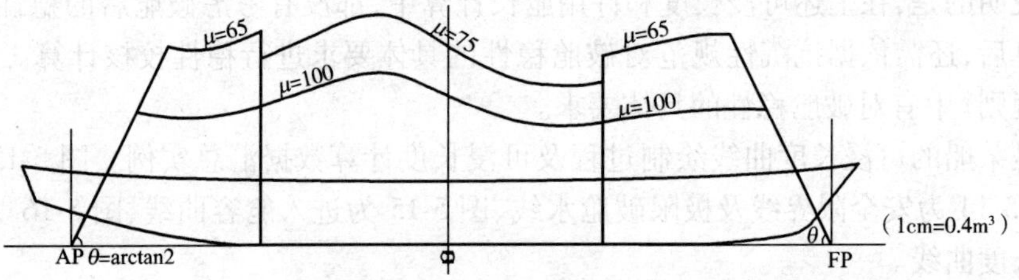

图 5-16　某船渗透率不同的可浸长度曲线

某船主尺度如下：

总长：23.20m；　　　　　　　垂线间长：19.60m；

设计水线长：20.78m；　　　　型宽：5.23m；

型深：1.64m；　　　　　　　设计吃水：1.20m。

该船型值表如表 5-3 所示。

型　值　表　　　　　　　　表 5-3

	半宽											高度					
	龙骨	水线								甲板	舷边	龙骨	纵剖线			甲板	舷边
		200	400	600	800	1000	1200	1400	1600				500	1000	1500		
	0						780	1445	1732	2040	2340	1140	1170	1236	1430	2004	2730
0						1380	1804	2000	2130	2254	2426	870	886	930	1038	1882	2536
1					1606	1953	2142	2251	2322	2378	2478	610	632	676	764	1816	2420
2			142	1729	2058	2222	2326	2396	2444	2472	2526	398	418	452	526	1762	2120
3			1702	2074	2262	2365	2430	2477	2514	2530	2566	216	226	264	346	1728	2232
4	100	1464	2006	2224	2354	2436	2488	2525	2552	2562	2598	70	88	128	208	1702	2164
5	100	1746	2142	2310	2412	2478	2522	2553	2576	2584	2622	0	26	64	138	1680	2114
6	100	1872	2214	2358	2442	2501	2542	2571	2592	2600	2638	0	10	32	94	1664	2076
7	100	1934	2240	2377	2458	2514	2556	2584	2606	2612	2644	0	0	12	74	1650	2056
8	100	1952	2256	2388	2466	2523	2564	2592	2612	2616	2648	0	0	12	68	1642	2056
9	100	1926	2228	2366	2450	2510	2554	2582	2604	2606	2642	0	0	20	76	1640	2056
10	100	1850	2170	2318	2410	2476	2524	2556	2580	2584	2624	0	2	32	100	1640	2076
11	100	1724	2076	2244	2350	2426	2482	2519	2548	2554	2596	0	4	52	140	1642	2106
12	100	1532	1934	2127	2248	2332	2392	2441	2478	2486	2550	0	10	80	190	1646	2140
13	100	1294	1730	1945	2084	2180	2252	2314	2368	2380	2484	0	20	126	274	1654	2180
14	100	1010	1452	1686	1844	1962	2056	2135	2206	2230	2398	0	58	196	434	1672	2224
15	100	728	1112	1353	1530	1675	1798	1901	1994	2038	2284	0	114	330	762	1696	2272
16	100	482	770	996	1186	1356	1504	1627	1738	1808	2134	0	212	604	1194	1726	2336
17	100	284	556	685	862	1028	1178	1312	1442	1550	1944	40	404	964	1690	1768	2418
18	100	132	270	417	564	703	840	974	1102	1244	1706	140	712	1440	2220	1826	2522
19			122	193	286	382	486	599	720	908	1420	320	1226	2040	0	1902	2648
20							100	194	294	526	1084	1200	1956	2680	0	1996	2800

可浸长度计算数据汇总如表 5-4 所示。

可浸长度计算数据汇总

分舱吃水 $d = 1.20$m　　　　表 5-4

序号	船尾吃水	船首吃水	破舱后排水体积	进水体积	进水体积重心	对应位置	可浸长度
单位	d_a(m)	d_f(m)	V_h(m^3)	V_w(m^3)	y_w(m)	y(m)	l(m)
1	0.932	1.83	80.1	9.9	8.582	8.068	3.464
2	1.002	1.812	82.7	12.5	5.802	6.062	3.444
3	1.143	1.777	88.1	17.9	2.55	2.619	3.042
4	1.283	1.73	93.3	23	0.693	0.708	3.466
5	1.424	1.668	98	27.8	−0.587	−0.569	4.045
6	1.564	1.564	101.4	31.2	−1.675	−1.659	4.376
7	1.658	1.424	101.1	30.9	−2.62	−2.608	4.269
8	1.712	1.283	98.8	28.6	−3.512	−3.508	3.986
9	1.746	1.143	95.7	25.5	−4.525	−4.549	3.653
10	1.762	1.002	91.7	21.5	−5.831	−5.897	3.288
11	1.778	0.862	87.8	17.6	−7.654	−7.804	3.315

说明：本表所提供的数据是用软件计算的，与手工梯形法计算的结果会有些差异，有条件的同学可尝试计算。

学习成果测验

任务 5-3：已知某船在限界线下的横剖面面积曲线和极限破舱水线下进水舱体积曲线，如图 5-17 及表 5-5 所示。计算并绘制可浸长度曲线。如机舱的前舱壁在船中后 6m 处，该舱的渗透率 $\mu = 0.85$。求机舱的最大舱长限度，以保证船的抗沉性。

表 5-5

x(m)	0	10	20	30	40	50	60	65
A_s(m^2)	0	13.58	18.21	19.35	18.92	17.14	8.67	0
V(m^3)	—	80	130	150	150	110	—	—

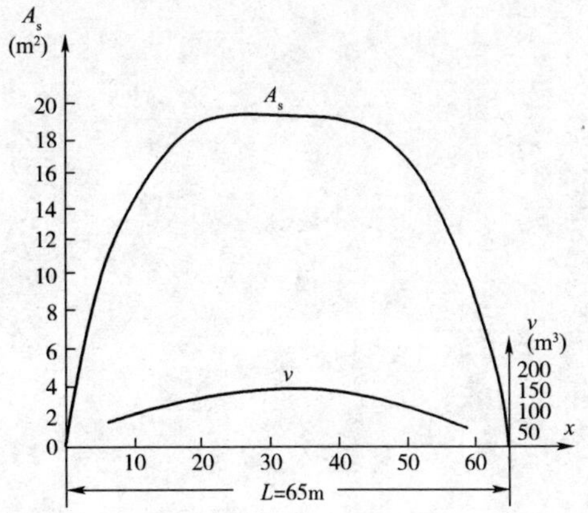

图 5-17　某船在限界线下的横剖面面积曲线和极限舱水线下进水舱体积曲线

思考与练习

一、简答题

1. 什么是船舶的抗沉性、渗透率、限界线、可浸长度、许用舱长？

2. 叙述可浸长度曲线绘制的步骤。

二、计算题

1. 已知某船的数据为：$L=95\ \text{m}$，$B=12.4\text{m}$，$d_F=5.8\ \text{m}$，$d_A=6.3\ \text{m}$，$C_B=0.7$，$C_{WP}=0.78$，$x_F=1.4\text{m}$，$\overline{GM}=0.42\text{m}$，$\overline{GM}_L=125\ \text{m}$；因船体损伤，双层底淹水，该舱的体积 $V=60\text{m}^3$，形心坐标 $x=20\text{m}$，$y=2.7\text{m}$，$z=0.4\text{m}$。求该船损伤后的横倾角和首尾吃水。

2. 某内河船的数据如下：$\Delta=800\text{t}$，$d=2.2\text{m}$，$TPC=5.7\ \text{t/cm}$，$\overline{GM}=1.75\ \text{m}$，浸水舱的进水体积 $V=90\text{m}^3$，形心坐标 $x=x_F$，$y=2.4\text{m}$，$z=1.2\text{m}$，自由液面面积为：$l\times b=12.6\times5\ \text{m}^2$，求该船破损后浮态和稳心高。

3. 某内河船原处于正浮状态，已知数据为：$L=70\text{m}$，$B=10.2\ \text{m}$，$d=2.3\ \text{m}$，$TPC=5.7\text{t/cm}$，$C_B=0.68$，$x_F=-0.8\ \text{m}$，$x_G=3.2\text{m}$，$\overline{GM}=1.2\text{m}$，$\overline{GM}_L=141.5\ \text{m}$，$z_B=1.24\text{m}$。当船壳板破损后有一长 $l=8\ \text{m}$，宽 $b=5.1\ \text{m}$ 的右舷舱淹水，淹水舱在原水线下的体积为 $V=90\text{m}^3$，形心坐标为 $(9,2.5,1.2)(\text{m})$，破舱的水线面形心坐标为 $(9,2.55)(\text{m})$。求该船破损后的浮态。

4. 已知某船的可浸长度曲线如图 5-18 所示，现要在舱长中点 x_1 和 x_2 处布置两个货舱，试在图上画出 2 个货舱的舱壁极限位置。

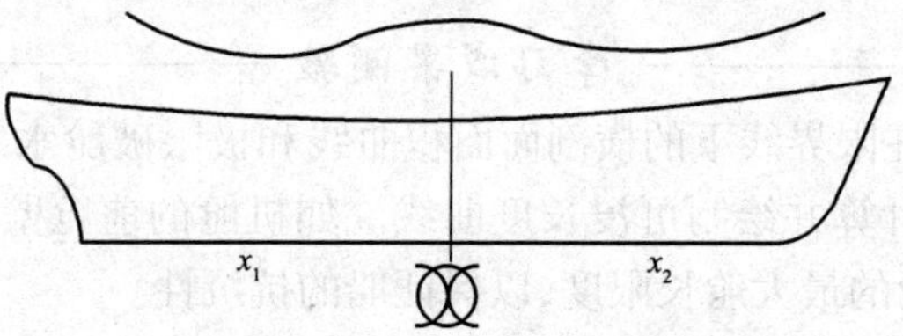

图 5-18

第六章　流体力学基础

• 能力目标

1. 掌握流体密度、重度、黏性等流体物理性质的定义及物理意义。

2. 掌握流体静力学基本方程及应用。

3. 理解稳定流动、非稳定流动、迹线、流线、流管、流量等流体流动的基本概念及连续性方程。

4. 理解层流、紊流两种流体流动状态，掌握伯努利方程的实际意义，能运用伯努利方程分析基本流体现象。

知识点1　流体的主要物理性质

流体的物理性质，主要是指重度、密度、压缩性、膨胀性及黏滞性等。

1. 流体的密度、质量体积和重度

1）密度和质量体积

流体的密度以单位体积流体所具有的质量来表示，它表示流体在空间的密集程度。取包围空间某点的微元体积 ΔV，其中所包含的流体质量为 Δm，比值 $\Delta m/\Delta V$ 即为 ΔV 中流体的平均密度，当 ΔV 趋近于0时，即为该点的密度。

$$\rho = \lim_{\Delta V \to 0} \frac{\Delta m}{\Delta V} \quad (\mathrm{kg/m^3}) \tag{6-1}$$

对空间各点密度相同的均质流体，其密度为

$$\rho = \frac{m}{V} \quad (\mathrm{kg/m^3}) \tag{6-2}$$

式中：ρ——流体密度，$\mathrm{kg/m^3}$；

m——流体质量，kg；

V——流体体积，$\mathrm{m^3}$。

流体密度倒数称为流体的质量体积，即

$$V = \frac{1}{\rho} \quad (\mathrm{m^3/kg}) \tag{6-3}$$

2）重度

在均质流体中，流体具有的重量与其所占的体积之比，称为重度，用 w 表示，即

$$w = \frac{G}{V}$$

式中：w——流体重度，$\mathrm{N/m^3}$；

G——均质流体重量，N；

V——均质流体体积，$\mathrm{m^3}$。

3）重度与密度的关系

根据牛顿第二定律，流体的重量和质量的关系为 $G=mg$，将此式两边同除以体积，则

$$w=\rho g \tag{6-4}$$

式中：g——重力加速度，$g=9.81\text{m/s}^2$。

小常识：密度和重度均为压力和温度的函数。温度对液体密度的影响很小，一般情况下可以近似地认为液体密度不随温度变化。在工程上一般认为水的密度 ρ 和重度 w 不变，常取4℃蒸馏水的 $\rho=1000\text{kg/m}^3$ 和 $w=9800\text{N/m}^3$ 作为计算值。

在压力为 0.101325MPa，温度为15℃时，淡水、海水和空气的密度分别为：

淡水：$\rho=1000\text{kg/m}^3$

海水：$\rho=1019.9\text{kg/m}^3$

空气：$\rho=1.226\text{kg/m}^3$

例 6-1：某燃料油体积为 492cm^3，其质量为 0.446kg，试求以国际单位表示的密度 ρ 和重度 w 各为多少？

依据定义可知：

密度：
$$\rho=\frac{m}{V}=\frac{0.446}{492\times10^{-6}}\text{kg/m}^3=906.5\text{kg/m}^3$$

重度：
$$w=G/V=mg/V=\rho Vg/V=\rho g=0.446\times9.81/(492\times10^{-6})=8892.8(\text{N/m}^3)$$

2. 流体的压缩性和膨胀性

1）压缩性

流体分子间有一定的间隙，当温度保持不变，流体所受压力增加时，其体积缩小的性质，称为流体压缩性。流体压缩性的大小用体积压缩系数 β 来度量。它表示当温度不变时，增加一个单位压力所引起的体积相对缩小量，即

$$\beta=-\frac{1}{V}\cdot\frac{dV}{dp} \tag{6-5}$$

式中：β——流体体积压缩系数，m^2/N；

V——流体的原有体积，m^3；

dV——流体体积的缩小量，m^3；

dp——流体压力的增加量，N/m^2。

因为 dp 与 dV 变化方向相反，故式中加一负号，使系数 β 恒为正值。

小常识：由实验得知，液体体积压缩系数非常小，例如水在0℃时，压力增加一个大气压，$\beta=1/2000\approx0$。因此在工程实践中，可把液体视为不可压缩的流体，只有一些特殊情况，如研究高压液体传动、水下爆炸及管路中的水击问题时，才须考虑液体压缩性。

由于气体压缩性很大，故称为压缩性流体。但在流速 50～70m/s 时，其压力和温度变化不大，因而引起的体积或密度变化可以忽略不计。如船舶通风等问题，可以把气体当作不可压缩流体处理。因此，不可压缩流体得出的规律，不仅适用于液体运动，同时也适用于低速气体的运动。

2）膨胀性

在一定压力下，流体体积（或密度）随温度变化而改变的性质称为流体膨胀性，其大小可以用体积膨胀系数 α 来表示。所谓体积膨胀系数就是在压力不变的情况下，温度上升1℃时

所引起的体积相对增加量，即

$$\alpha = \frac{1}{V}\frac{\mathrm{d}V}{\mathrm{d}t} \tag{6-6}$$

式中：α——流体体积膨胀系数，1/℃；

V——流体的原有体积，m^3；

$\mathrm{d}V$——流体体积的增量，m^3；

$\mathrm{d}t$——流体温度的增量，℃。

小常识：由实验得知，液体的体积膨胀系数非常小，例如水，在一个大气压下，

当温度在 0～10℃范围内变化时，体积膨胀系数为 $\alpha = 14 \times 10^{-6}$；

当温度在 10～20℃范围内变化时，体积膨胀系数为 $\alpha = 150 \times 10^{-6}$。

3. 黏滞性

流体流动时，由于流体与固体壁面的附着力及流体本身的分子运动和内聚力，使各流体层的速度不相等。在两个相邻流体层之间的接触面上，将产生一对阻碍两层流体相对运动的等值反向的摩擦力，叫做内摩擦力。流体流动时产生内摩擦力的这种性质叫做流体的黏滞性。

1）牛顿内摩擦定律

设有两块平行板，其间充满流体，如图 6-1 所示。下板固定，上板以速度 u_0 向右移动，由于流体与板面的附着力，紧贴板面的流体附在板上，与板具有相同的速度，即黏在上板面的一层流体以速度 u_0 随上板向右移动。而紧贴下板的一层流体和下板一样静止不动。介于两板之间的各层流体以自上而下逐层递减的速度向右移动，流动较快的流体层带动流动较慢的流体层，因此在流体层之间产生内摩擦力。

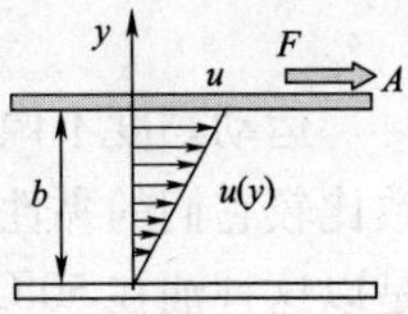

图 6-1 流体层流速分布

根据牛顿研究的结果，流体运动产生的内摩擦力与沿接触面法线方向的速度梯度成正比，与接触面的面积成正比；而且与流体的物理性质有关，与接触面压力无关。这个关系称为牛顿内摩擦定律，其数学表达式为

$$T = \mu F \cdot \frac{\mathrm{d}u}{\mathrm{d}y} \tag{6-7}$$

用面积 F 除上式两侧，就可得到单位面积上的内摩擦力，即黏滞切应力

$$\tau = \mu \frac{\mathrm{d}u}{\mathrm{d}y} \tag{6-8}$$

式中：T——流体层接触面上的内摩擦力，N；

F——流体层之间的接触面积，m^2；

$\frac{\mathrm{d}u}{\mathrm{d}y}$——沿接触面法线方向的速度梯度，1/s；

μ——流体物理性质的比例系数，称为黏性动力系数，Pa·s；

τ——黏滞切应力，N/m^2。

在流体运动中，内摩擦力或切应力总是成对出现的，它们大小相等、方向相反，分别作用在对方流层上。

流体静止时，速度梯度为零，则内摩擦力 T 或切应力 τ 等于零，即流体不呈现内摩擦力或切应力。这说明流体黏滞性只有在流体发生运动或变形时，才呈现出来。而流体的运动或变

形一停止,阻碍流体运动的内摩擦力或切应力也随之消失,流体就不呈现黏滞性。

2)理想流体与实际流体

忽略了黏滞性的流体叫做理想流体。而具有黏滞性的流体叫做实际流体。如果必须考虑黏滞性的影响时可以首先专门对黏滞性的作用进行理论分析或实验研究,然后再对研究的结果加以补充和修正,使实际问题得以解决。

4. 流体的黏度

1)动力黏度 μ

动力黏度即黏性动力系数,其物理意义是:在相同 du/dy 情况下,用 μ 值表征流体黏性的大小。由公式(6-8)可知,当速度梯度等于1时,在数值上 μ 就等于接触面上的切应力。

动力黏度的国际单位为 $N \cdot s/m^2$ 或 $Pa \cdot s$。在 CGS 制中用 P(泊)即 $dyn \cdot s/cm^2$(达因秒/平方厘米),较小的单位为 cP(厘泊),它们的关系是:

$$1cP = 0.01P$$

$$1P = 10^{-1}Pa \cdot s = 10^{-6}bar \cdot s$$

2)运动黏度 υ

运动黏度即黏度运动系数,流体动力黏度 μ 与密度 ρ 之比为运动黏度。其国际单位为 m^2/s 或 cm^2/s,即

$$\upsilon = \mu/\rho \tag{6-9}$$

运动黏度不像动力黏度可直接表示流体黏性的大小,只有密度相近的流体才可以用来大致比较它们的黏性。在液压系统计算及液压油的牌号表示上多用运动黏度。机械油的标号就是以这种油在50℃时运动黏度的平均值来标注的。

由实验可知:当压力变化时,黏性系数变化不大;当温度变化时,黏性系数变化很大,如表6-1所示。温度增加时水的 υ 变小,而气体的 υ 变大,如图6-2所示。原因是液体的黏性基本上决定分子间的集结力。当温度升高时,液体分子振动速度增加,因此容易克服保持它们位置的束缚,更增大了流动性。气体的黏性则基本上取决于分子不规则热运动中的相互冲击和频率。温度增加时,分子的热运动加剧,气体的黏性也就增加。

水的运动黏性系数 表6-1

温度(℃)	υ 值	
	海水	淡水
15	1.18831×10^{-6}	1.13902×10^{-6}
10	1.35283×10^{-6}	1.30641×10^{-6}

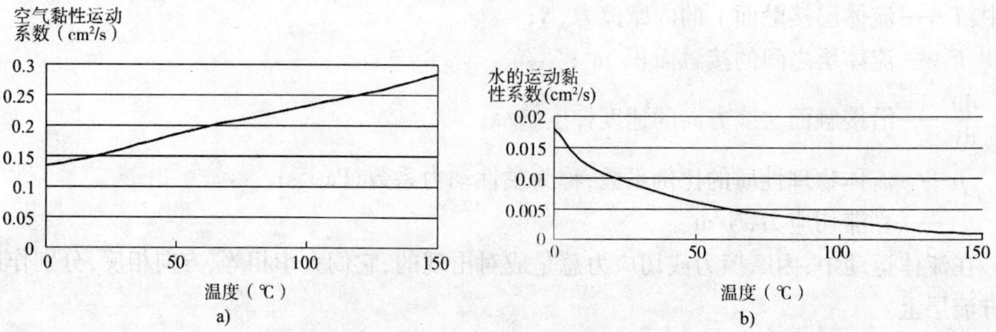

图6-2 温度与运动黏性系数的关系

a)空气的运动黏性系数;b)水的运动黏性系数

3)影响黏度的因素

(1)温度。温度对流体黏度的影响较大,它对液体和气体却有相反的影响。温度升高时,液体黏度降低,而气体黏度反而增大。这是由于液体的分子间距较小,相互吸引的内聚力在起主要作用,而切应力主要取决于内聚力。当温度升高时,分子间距离增大,液体的内聚力减小,因而切应力也随之减小。而气体的分子间距离较大,内聚力极微小。根据分子运动理论,分子的动量交换率随温度升高而加剧,因而切应力也随之增加。相对来说,温度的影响对液体较气体更为明显。油液黏度的变化,对液压元件性能有较大的影响。温度升高时,油液黏度下降,使流量发生波动,造成工作不平稳,所以液压系统中希望采用黏温性能好的油液,即黏度随温度变化越小越好。

(2)压力。液体黏度随压力的升高而增大。因为当液体压力增加时,分子间的距离缩小,其黏度增加。当压力在 3×10^7Pa 以下时黏度和压力的变化一般呈线性关系。当压力极高时,黏度会急剧增加,所以当液压油压力在 2×10^7Pa 以上且变化幅度较大时,应当计算其黏度的变化。当液压油压力在 10^7 Pa 以下时,其黏度变化可以忽略不计。

各种机器使用的润滑油,其黏度应保持一定的范围。对于柴油机和辅助锅炉,为使燃油雾化良好,可根据不同性质燃油进行适当加温,以使燃油黏度降低。另外,船舶在低温区域或低温季节航行时,更应注意对燃油和滑油的加温工作,使其黏度降低,以利于沿管道输送。

例 6-2:海水在温度为 15℃ 的黏性动力黏度 $\mu=1.14\times10^{-3}\text{N}\cdot\text{s/m}^2$,求黏度运动系数 ν。(已知海水密度为 $\rho=1019.9\text{kg/m}^3$)

$$\nu=\mu/\rho=\frac{1.14\times10^{-3}}{1019.9}=1.1178\times10^{-6}(\text{m}^2/\text{s})$$

学习成果测验

任务 6-1:流体物理参数的计算:

(1)某燃料油体积为 500cm³,其质量为 0.4986kg,试求以国际单位表示的密度 ρ 和重度 w 各为多少?

(2)海水在温度为 15℃ 的黏度运动系数 ν 为 $1.1178\times10^{-6}\text{m}^2/\text{s}$,求海水的黏性动力黏度 μ。(已知海水密度为 $\rho=1019.9\text{kg/m}^3$)

评分:________________

知识点 2　流体静力学基本方程

流体静力学是研究流体平衡(静止)时的规律及这些规律的实际应用。在流体静力学中,由于流体处于静止或相对静止状态,流层之间不呈现黏滞性作用,所以流体静力学所得的结论,对于理想流体和实际流体都是适用的。

1. 流体静力学基本方程

在流体力学中,当流体所受的质量力只有重力时,则该流体称为重力流体。静止或作匀速直线运动的流体,都属于重力流体。工程技术领域中所遇到的静止流体通常都是重力流体。

在静止流体中取一点 B,如图 6-3 所示,距液面的深度为 h,以 B 点为中心取一微小面积 $\mathrm{d}F$,则形成高为 h 的微小圆柱体。若 B 点及 $\mathrm{d}F$ 面积上的静压力均为 p,顶面的液体表面压力

为 p_0,现取微小圆柱体为分离体,分析其上所受的作用力:

(1)作用于顶部表面的总压力 $P_{顶}=p_0\mathrm{d}F$。

(2)作用于底部的总压力 $P_{底}=p\mathrm{d}F$。

(3)圆柱体自重 $G=\rho gh\mathrm{d}F$。

(4)作用在圆柱体周围水平方向的压力大小相等,方向相反,互相抵消。

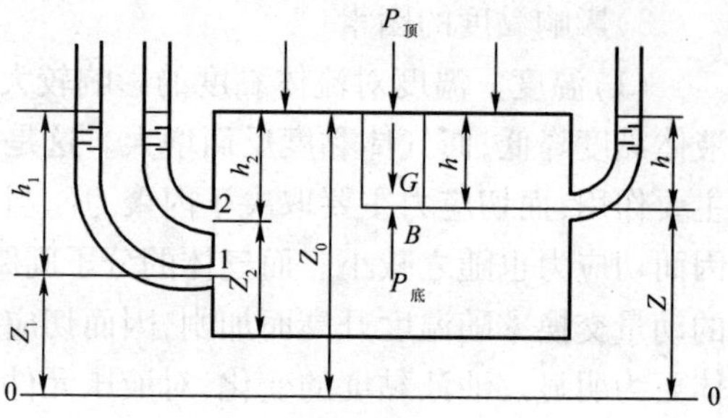

图 6-3　静止流体

写出沿圆柱体轴线(即垂直)方向的平衡方程,可得

$$p_0\mathrm{d}F+\rho gh\mathrm{d}F-p\mathrm{d}F=0$$

简化后得

$$p=p_0+\rho gh \tag{6-10}$$

上式即为不可压缩流体仅在重力作用下的静压力计算公式,通常称为流体静力学基本方程。它说明静止流体中任意点的静压力,是由自由表面上压力 p_0 与流体柱重量两部分组成。当密度为常数时(即在同一容器的同种流体中),静压力的大小与深度 h 成线性变化。显然,距自由表面下深度相同的各点的静压力都相等。

流体静力学基本方程还可以表达为另一种形式。如图 6-3 上取任意水平面 0-0 为基准面,将 B 点位于基准面以上的高度 Z、液体自由面位于基准面以上高度 Z_0 及 $h=Z_0-Z$,代入式(6-10)得

$$p=p_0+\rho g(Z_0-Z)$$

上式两端除以 ρg,并移项得

$$Z+p/\rho g=Z_0+p_0/\rho g \tag{6-11}$$

对重力作用下的静止流体来说,自由液面上各点 Z_0 都相等,而 p_0 为自由液面上的平均压力,故 $Z_0+p_0/\rho g$ 是常数。因此上式可写为

$$Z+p/\rho g=C \tag{6-12}$$

推导式(6-10)或式(6-11)时点 B 是任意选定的。假如在静止液体中任选两点 1 和 2,相对于同一基准面 0-0,则必有

$$Z_1+p_1/\rho g=Z_2+p_2/\rho g=C$$

式(6-11)或式(6-12)为流体静力学基本方程的另一种表达式。

2. 流体静力学基本方程的应用

1)连通器中液体的平衡

底部互相连通的两个或几个容器称为连通器。如图 6-4 所示的连通器内部装有密度为 ρ 的均质流体,作用于两端面上的压力分别为 p_1 和 p_2,在两端而产生高度差为 h 的情况下处于平衡状态。设等压面 a-a 处的压力为 p,则按式(6-10)得

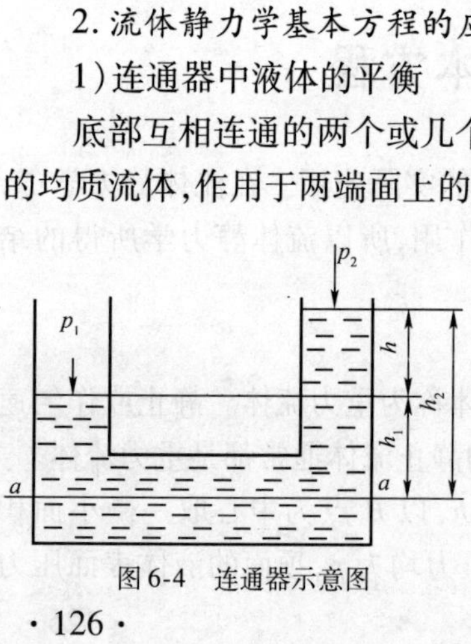

图 6-4　连通器示意图

$$p_1+\rho gh_1=p \qquad p_2+\rho gh_2=p$$

两式相减并移项得

$$h=(p_1-p_2)/\rho g \tag{6-13}$$

从上式可知,当两部分容器表面压力相等时,即 $p_1=p_2$ 或自由液面上只有大气压时,即 $p_1=p_2=p_a$,此时两液面处于同一水平面。它表明了连通器内液体平衡的规律。

利用连通器原理，可以制成锅炉水位计。在锅炉侧壁上装一个玻璃管，其下端与锅炉内液体相连，其上端与锅炉上部蒸汽空间相通则玻璃管内的液面高度即指示锅炉中的水位。

如果在图6-5a)所示的左边容器中注入另一种密度为ρ_1($\rho_1 < \rho$)的液体。它的原自由表面就产生附加压力，从而交界面下降；而右边容器中自由表面则上升，重新建立新的平衡。

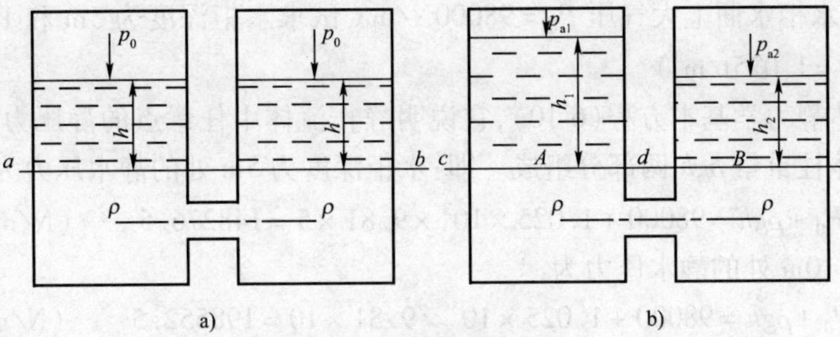

图6-5　连通器流体流动

新的自由表面至cde线的深度分别为h_1和h_2，在两容器cde线上分别取A点和B点，由于分界面是一水平的等压面，则A、B两点流体静压力分别为

$$p_A = p_{01} + \rho_1 g h_1$$

$$p_B = p_{02} + \rho g h_2$$

于是

$$p_{01} + \rho_1 g h_1 = p_{02} + \rho g h_2 \tag{6-14}$$

如果在两容器中，液体自由表面上压力相等，即$P_{01} = P_{02}$则式(6-14)可简化为

$$\rho_1 g h_1 = \rho g h_2$$

或者写成

$$\rho / \rho_1 = h_1 / h_2 \tag{6-15}$$

由此可知，从液体分界面(及其延长线)至自由表面的高度与两种液体的密度成反比。根据这个结论，可利用连通器内已知液体的密度ρ，再测出h_1和h_2，就可以求出未知液体的密度。

2)帕斯卡定律

由流体静力学基本方程式$p = p_0 + \rho g h$知，对于同一种连续液体中的任意确定点来说h将为定值，则p将随p_0的数值而改变。当p_0增加时，只要液体原有的平衡情况未受到破坏，则p也必将随着增加Δp，即

$$p + \Delta p = (p_0 + \Delta p) + \rho g h$$

这个规律可表述如下：在平衡液体里，其液面或任意一点的压力和压力变化，将均匀地传递到液体中的每一点上去，而且其值不变。这就是帕斯卡定律。

帕斯卡定律是液压传动的基本原理。利用这个原理，可以计算油压千斤顶中力的比例关系。图6-6所示为油压千斤顶的工作原理图。

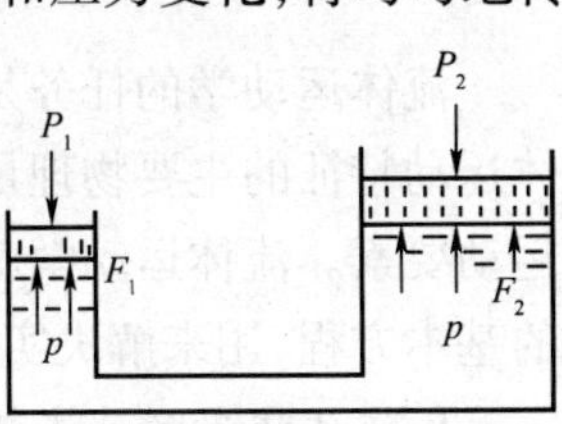

图6-6　静压力传递规律

在两个互相连通的封闭容器中盛满了油构成封闭的液压传动系统。设小活塞和大活塞的承压面积分别为F_1和F_2，若在小塞上作用一个外力P_1时，小活塞对它底面接触液体所产生的表面压力为

$$p = P_1 / F_1 \quad (\mathrm{N/m^2}) \tag{6-16}$$

根据帕斯卡定律这个表面压力p将均匀地传递到液体中的每一点上，因此，在大活塞的底面上产生同样的压力p_0，如果不计活塞与壁面的摩擦力，则大活塞所受到的总压力为

$$P_2 = pF_2 = P_1 F_2 / F_1 \quad (\mathrm{N}) \tag{6-17}$$

$$P_1/P_2 = F_1/F_2 \tag{6-18}$$

由于大活塞面积 F_2 比小活塞面积 F_1 大,因此,作用在大活塞上的总压力 P_2 比作用在小活塞上的总压力 P_1 要大得多。这个原理被广泛地用于机械工程,如千斤顶、水压机等,在小活塞处施加较小的力,就可在大活塞处产生较大的力,举起较重的物体。

例 6-3:已知水柜水面上大气压 $P_0 = 98000\text{N/m}^2$,试求水柜深度为 5m 和 10m 处的静水压力各为多少?($\rho = 1.025\text{t/m}^3$)

解:根据流体静力学基本方程(6-10),它说明静止流体中任意点的静压力,是由自由表面上压力 P_0 与流体柱重量 ρgh 两部分组成。即:水柜深度为 5m 处的静水压力为

$$p = P_0 + \rho gh = 98000 + 1.025 \times 10^3 \times 9.81 \times 5 = 148276.5 \quad (\text{N/m}^2)$$

水柜深度为 10m 处的静水压力为

$$p = P_0 + \rho gh = 98000 + 1.025 \times 10^3 \times 9.81 \times 10 = 198552.5 \quad (\text{N/m}^2)$$

例 6-4:如图 6-7 所示的差动式比压计中的水银柱高 $h = 0.03\text{m}$,其余液体为水,容器 A、B 的中心位置高差 $H = 1\text{m}$,求 A、B 容器中心处的压力差。

解:水银液体中,液面差分别用 1、2 表示,这样,1、2 液面的水银静压力为:

$$\rho_{水银} gh + P_1 = P_2 \tag{1}$$

在 A 球容器中,水作为液体,液面水压力差为:

$$\rho_{水}\, gh_2 + P_2 = p_A \tag{2}$$

在 B 球容器中,水作为液体,液面水压力差为:

$$\rho_{水}\, g(h_2 + H + h) + P_1 = p_B \tag{3}$$

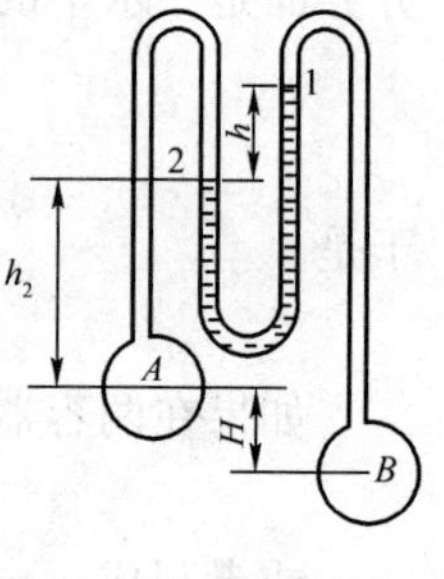

图 6-7　差动式比压计

上述式(2)、式(3)两式相减,并与式(1)式比较,可知 A、B 容器中心处的压力差:

$$\rho_{水}\, g(H + h) - \rho_{水银} gh = p_B - p_A$$

学习成果测验

任务 6-2:什么是帕斯卡定律?试举例说明帕斯卡定律在实际生活中的应用。

评分:________

知识点 3　流体运动学基础

流体运动学的任务是研究流体运动规律,以及应用这些规律解决各种实际问题。表征流体运动特征的主要物理量,有流速 u、压力 P、密度 ρ、加速度 a 等。这些物理量统称为流体的运动要素。流体运动学就是研究各运动要素随时间变化的规律,以及建立这些运动要素之间的基本方程,用来解决实际工程上的有关问题。

1. 流体流动的基本概念

1)稳定流动与非稳定流动

(1)稳定流动。在一般情况下,流体质点的运动要素是空间坐标(x,y,z)和时间 t 的函数。

如果运动流体内任意点的速度 u 和压力 p 仅仅是空间坐标(x,y,z)的函数,而不随时间变化而变化,具有这种特征的流动则称为稳定流动。可用下列函数式表示

$$u = u(x,y,z)$$

$$p = p(x,y,z) \tag{6-19}$$

例如当水柜内水位保持不变时,侧壁孔口的流体流出;离心泵以稳定不变的转速抽水时,输水管各点的速度和压力保持不变。这种流体的运动称为稳定流动。

(2)非稳定流动。若流体运动时,在流动空间的各点上,流体质点的运动要素全部或部分随时间而改变,即质点的各运动要素不仅随空间坐标而改变,也随时间而不同,这种流动称为非稳定流动,可用下列函数式表示:

$$\begin{aligned} u &= u(x,y,z,t) \\ p &= p(x,y,z,t) \end{aligned} \tag{6-20}$$

例如,液面高度不断变化时水柜的侧壁孔口液体的流动;往复泵抽水时,由于活塞作不等速运动,水管内各点压力和速度忽大忽小。这些流动都是非稳定流动。

2)迹线与流线

(1)迹线。运动流体中的某流体质点在连续时间内所经过空间的连线称为迹线。迹线即流体质点的运动轨迹线。

(2)流线。在充满运动流体的空间各点,流体质点的运动要素随时间而变化,这种流动的空间称为流场。流线是流场中某一瞬间绘出的一条曲线,在这条曲线上所有各流体质点的流速矢量与该曲线相切。流线即速度场的矢量线。

流线有如下性质:

(1)对于非定常流场,不同时刻通过同一空间点的流线一般不重合;对于定常流场,流线与迹线重合。

(2)流线不能相交(驻点和速度无限大的奇点除外)。

(3)流线的走向反映了流速方向,疏密程度反映了流速的大小分布。

迹线和流线的差别:

迹线是同一流体质点在不同时刻的位移曲线,与 Lagrange 观点对应;

流线是同一时刻、不同流体质点速度向量的包络线,与 Euler 观点对应。

3)流管、微小流速及总流

(1)流管。在流场中取出一段微小的封闭曲线,过这条曲线上各点引出流线,这些流线族所围成的封闭管状曲面,称为流线管,简称流管。

(2)微小流束及总流。在流管中运动的流体,称为流束。断面无穷小的流束称为微小流束。由于断面无穷小,可以认为微小流束断面上各点的运动要素是相等的。在稳定流动中,微小流束不随时间而改变。由于流线不能相交,流管内外的流线不能穿过流管壁,即流管内的流体只能在流管内流动,流管外的流体也只能在流管外流动。

无限多微小流束的总和被称为总流。在工程上和日常生活中,常见到的沿着某一方向流动的水管及风管中的液体及气体,均视为总流。

4)过流断面、流量及平均流量

(1)过流断面。垂直于微小流束的横断面称为过流断面,又称为有效断面。微小流束过流断面面积常用 dF 表示。

过流断面随着流线的形状而改变。对于总流来说垂直于流动方向的过流断面(用符号 F 表示)在流线平行的情况下,是一垂直流线的平面;在流线不平行的情况下,则一般为曲面。

(2)流量。单位时间内总流通过某一过流断面的流体体积,称为体积流量,简称流量,用符号 Q 来表示。其单位为 m^3/s 或 L/s 等。单位时间内通过总流过流断面的流体重量称为重量流量，用符号 G 来表示，其单位是 kN/h 或 t/h。

对于微小流束来说，由于过流断面上各点的流速 u 相等，所以在 $\mathrm{d}t$ 时间内通过微小过流断面的流体体积为 $u\mathrm{d}t\mathrm{d}F$，单位时间通过的流体体积 $u\mathrm{d}t\mathrm{d}F/\mathrm{d}t$ 就是流量 $\mathrm{d}Q$，即

$$\mathrm{d}Q = u\mathrm{d}F \tag{6-21}$$

对于总流来说，通过过流截面的流量 Q 等于无数微小流束流量 $\mathrm{d}Q$ 的总和，即

$$Q = \int \mathrm{d}Q = \int u\mathrm{d}F \tag{6-22}$$

(3)平均流速。由于流体具有黏性，当流体流动时，流体与固体壁面之间，流体本身质点之间都有阻力产生。总流过流断面上各点的流速是不相等的。例如，管道中靠近管壁处流速小，而管轴处流速最大，如图 6-8 所示。设想总流过流断面上流体以某一平均速度分布，根据流量相等原则，即单位时间内以平均流速 v 流过过流断面的流量与按实际流速 u 通过同一过流断面的流量相等，即

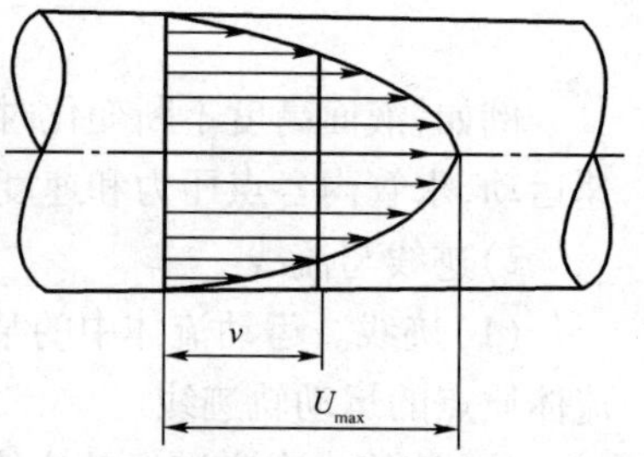

图 6-8　平均流速

$$Q = \int u\mathrm{d}F = vF$$

或

$$v = \frac{\int_F u\mathrm{d}F}{F} = \frac{Q}{F} \tag{6-23}$$

工程上所指管道中流体的流速，就是这个过流断面的平均流速。由式(6-23)可知，平均流速就是流量与过流断面面积的比值。若已知管道的过流断面的面积为 F，通过 F 的平均流速为 v，则通过管道的体积流量 Q 和重量流量 G 分别为

$$Q = vF$$

$$G = \rho gvF \tag{6-24}$$

式中：v——平均流速，m/s；

F——管道过流断面面积，m^2；

ρ——流体的密度，$\mathrm{kg/m}^3$；

g——重力加速度，$g = 9.81\mathrm{m/s}^2$。

2. 连续性方程及其应用

流体的连续性方程是质量守恒定律在流体力学中的具体应用。如图 6-9 所示，为研究方便，设在稳定流动的流场中，取出一微小流束，其两端 1-1 和 2-2 上过流断面面积分别为 $\mathrm{d}F_1$ 和 $\mathrm{d}F_2$，通过的流速分别为 u_1 和 u_2，并考虑下列条件：

(1)因为是稳定的流动，流速 u_1 和 u_2 不随时间而变化。

(2)流管是由流线组成的，所以流体质点不能穿越流管壁流入或流出。

(3)流体是连续介质和不可压缩的，在两断面间流体没有空隙及压缩现象。

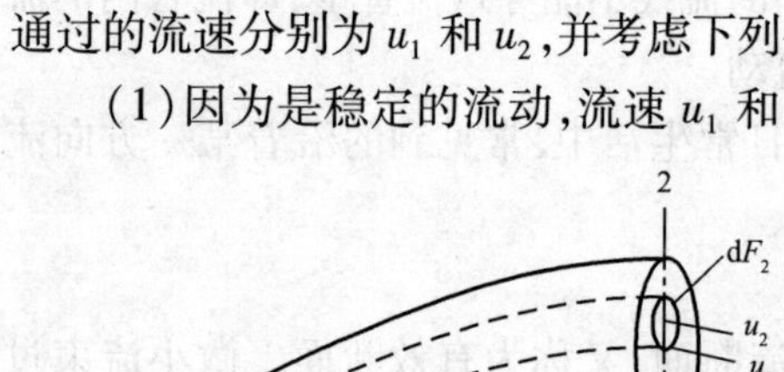

图 6-9　连续性方程

根据这些条件，可以肯定，在 $\mathrm{d}t$ 时间内，从过流断面 $\mathrm{d}F_1$ 流入的流体质量 $\rho_1 u_1 \mathrm{d}F_1 \mathrm{d}t$，必定等于从过流断面 $\mathrm{d}F_2$ 流出的流体质量 $\rho_2 ut_2 \mathrm{d}F_2 \mathrm{d}t$，即

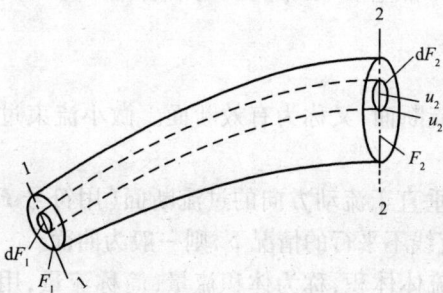

$$\rho_1 u_1 \mathrm{d}F_1 \mathrm{d}t = \rho_2 u_2 \mathrm{d}F_2 \mathrm{d}t$$

考虑到流体不可压缩，即 $\rho_1 = \rho_2$，则

$$dQ = u_1 dF_1 = u_2 dF_2 = 常数 \tag{6-25}$$

式(6-25)为不可压缩流体微小流束的连续性方程。它表示稳定流动中微小流束中任意两过流断面的流量均相等。

对于总流，应将上式积分得

$$\int dQ = \int u_1 dF_1 = \int u_2 dF_2$$

如果以 u_1 和 u_2 分别表示过流断面 F_1 和 F_2 上的平均流速，则

$$Q = u_1 F_1 = u_2 F_2 \tag{6-26}$$

式(6-26)就是不可压缩流体稳定流动的连续性方程，它是流体力学中各种流体必须遵循的基本定理之一。将上式写成

$$u_1 / u_2 = F_1 / F_2 \tag{6-27}$$

式(6-26)表明，在稳定流动中，总流过流断面面积与通过该断面上的平均流速成反比。

学习成果测验

任务 6-3：什么是迹线？什么是流线？在同一流场中，同一时刻不同流体质点组 A 的曲线是否都是流线？

评分：________________

知识点 4　流体动力学基础

1. 流体流动的两种形态

实践表明，管道中液体流动的速度不同，其运动状态也不同。1883 年英国学者雷诺通过大量实验发现，流体运动存在两种不同的形态，即层流与紊流。

雷诺试验装置如图 6-10 所示，在水箱 A 的侧壁连接一根玻璃管 B，玻璃管末端装有一个阀门 C，用以调节玻璃管中的流量，流经玻璃管的流量用桶 D 来测定，在水箱的一上方放置一个小容器 E，其中盛有密度与水箱内液体密度相近的颜色水。从小容器引出一根细管 F，细管下端弯向玻璃管的进口，颜色水的流量由装在细管上的小阀 G 调节。

试验之前，先把水注入水箱，利用溢出使水箱中保持一定的水位，然后徐徐开启玻璃管 B 上阀门 C，让水从玻璃管中流出。为观察玻璃管中水的状态，略开细管上的小阀门 G，使颜色水亦流入玻璃管中。

实验表明，当玻璃管中流速较小时有颜色的液体在无色的水流中形成一条鲜明的直线，如图 6-11a）所示，这说明此时管中水流质点的轨迹是有条不紊的，各流层的质点互不混杂，这种流动状态叫做层流。

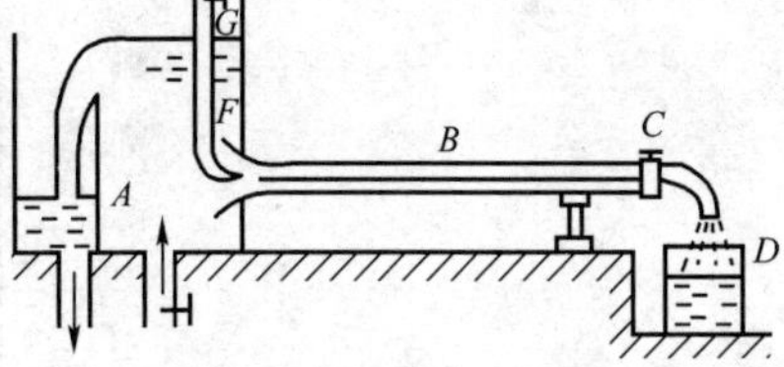

图 6-10　雷诺试验装置

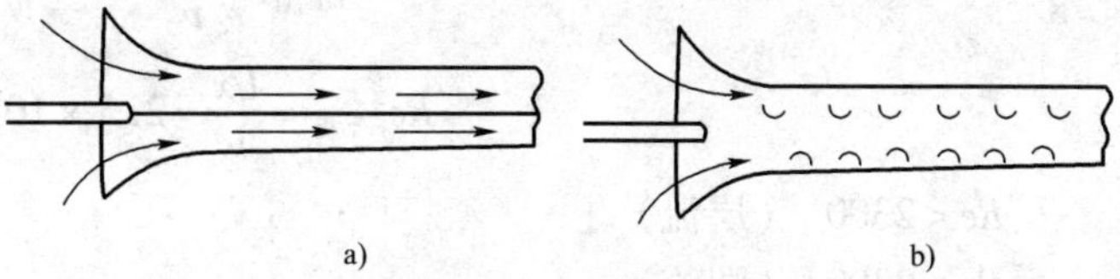

图 6-11　层流与紊流

如果逐渐开大阀门 C，则玻璃管中流速也逐渐增大，于是颜色液体的直线流束微微颤动，发生弯曲。当阀门 C 继续开大，水流速度达到某一数值后，则有颜色液体碎裂成一种紊流状态，最后与水流相混合，如图 6-11 b)所示。这说明此管中水质点的轨迹极为混乱，这样的液流叫做紊流。

知识拓展：雷诺(Reynolds)实验(1883 年)

实验目的：观察黏性流体的流动状态(图 6-12)。

实验装置：水箱、染色水、玻璃管、阀门；很干净，扰动小。

层流(laminar flow)：流速较低，红墨水迹线平稳。水质点沿轴向分层平稳流动。

不稳定流动：红墨水迹线波动。水质点不稳定，有轴向和垂向的分速度。

湍流(turbulent flow)：流速超过某值时，红墨水迹线破裂。各层流体质点相互掺混，出现不规则、随机脉动速度。

实验表明：黏性流动存在两种流动状态——层流和湍流。

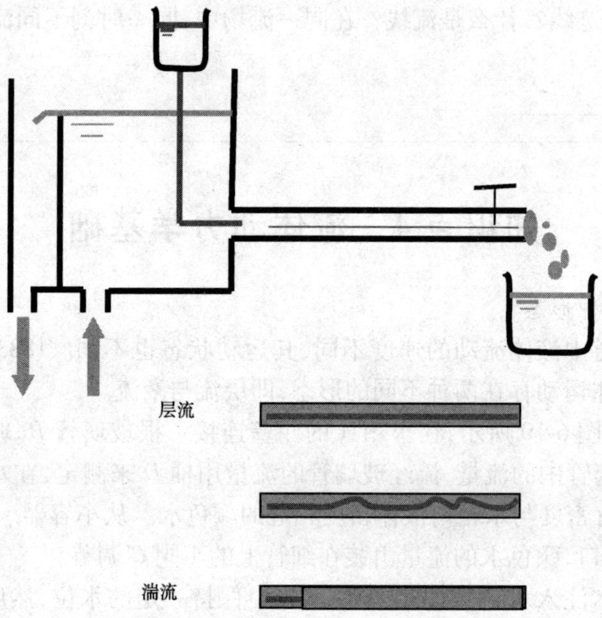

图 6-12　雷诺实验

雷诺数 Re：

$$Re = \frac{\rho U d}{\mu} = \frac{Ud}{v}$$

临界雷诺数(Reynolds number)——流动状态发生转换对应的雷诺数。

$$Re_{cr圆管} = \frac{Ud}{\nu} = 2300$$

$$Re_{cr平板} = \frac{Ux}{\nu} = 2.5 \times 10^5$$

$Re < 2300$　(层流)

$Re > 2300$　(湍流)

不是一个确定的常数，它与水流扰动等实验条件有关。扰动大 Re_{cr} 低；扰动小 Re_{cr} 高。它的下限约2300，上限会高达40000。

$$Re = \frac{惯性力}{黏性力}$$

惯性使扰动放大，导致湍流，黏性抑制扰动使流动保持稳定。当 $Re \to \infty$ 时，流动趋于理想流体运动。

上述实验并不只限于圆管，流动的液体也并不只限于水，任何其他的实际液体和气体，在任何形状的边界范围内流动时，都可以发生类似的情况。因此可以得出以下结论：任何实际流体的流动都具有两种流动状态，即层流与紊流。

如果把上述实验程序相反进行，即先开大玻璃管末端的阀门，使管中液体呈紊流状态，然后逐渐关小阀门，降低管内流速，当流速降低到某一数值后，颜色流束直线又重新出现，此时管中流体呈层流状态。

通常把流动状态转化时，流过圆管过流断面的平均流速称为临界流速。实验表明，由层流转变为紊流时的临界流速大于由紊流转变为层流时的临界流速。前者称为上临界流速，用 v'_c 表示，后者称为下临界流速，用 v_c 表示。这是由于惯性的结果，当流速从小到大时，由于管中液体具有保持原有运动的惯性，即使流速已经较大，仍可保持层流状态。反之，当流速由大到小时，由于管中液体具有保持原有运动的惯性，即使流速较小，流动仍然出现紊流状态。

综合上述实验的结果，可以判别当圆管中液体的平均流速 $v > v_c'$ 时，液流属于紊流形态；当液流的平均流速 $v < v_c$ 时，液流属于层流形态。当液流的平均流速介于上下临界流速之间，即 $v_c < v < v'_c$ 时，液流形态可能是层流，也可能是紊流，液流形态是不稳定的。这主要取决于圆管中流速的变化规律。如果开始时作层流运动，则当速度逐渐增加到超过 v_c 而未达到 v'_c 时，仍有可能保持其层流状态。如果开始时是紊流运动，当流速逐渐减少到低于 v'_c，但仍大于 v_c 时，仍有可能保持其紊流状态。但是，必须指出，上述条件的两种流动形态都是不稳定的。如原来是层流，在某些偶然因素（如机械振动、固体表面的粗糙度及束流的不均匀等）的影响下，易于转变为紊流。所以一般认为圆管中流速 $v > v_c$ 时，液流属于紊流。因此临界流速可用下临界流速 v_c 值表示。

根据实验和分析可知：临界流速 v_c 值的大小与管径 d、液体密度 ρ 以及液体动力黏度 μ 有关。这些物理量的关系，可以用量纲分析法，写成下列形式

$$Re_c = \rho v_c d/\mu = v_c d/\nu \tag{6-28}$$

式(6-28)中无量纲数 Re_c 称为临界雷诺数。

有了临界雷诺数 Re_c 的公式，可以提出相应于任意流速 v 的雷诺数表达式，即

$$Re = vd/\nu \tag{6-29}$$

由前述可知，当 $v < v_c$ 时，这时 $Re < Re_c$ 液流属于层流；当 $v > v_c$ 时，这时 $Re > Re_c$ 液流属于紊流。因而可用雷诺数 Re 与临界雷诺数 Re_c 相比较，来判定液流是属于层流或是紊流。

通过圆管中液流实验得

$$Re_c = v_c d/\nu = 2320$$

对于圆管流动，知道了流速 v、运动黏度（水20℃时为 $0.01\ cm^2/s$）ν、管径 d，若 $Re < 2320$，管中流动为层流；若 $Re > 2320$，则管中流动为紊流。

小常识：液流为什么会存在层流和紊流两种状态？为什么临界雷诺数可以作为流态的判别标准呢？这是因为在液体运动中总是存在着维持液体运动的惯性力和阻抗液体运动的黏性

力。在流速很小的情况下,黏性力对液体质点的运动起着主导作用,控制质点不作紊流运动,于是出现了层流。当流速很大时,维持液体质点运动的惯性力起着主导作用,使黏性力失去对液体质点运动的控制,这时就会出现紊流。从层流到紊流的转变决定于惯性力与黏性力大小的比值。而临界雷诺数就是液流内部这两种力的对比达到使流态起质变的临界值。

在工程问题上,经常给定的条件是流量 Q 而不是流速 v,这种情况下,流经圆管时的雷诺数可用下式表示

$$Re = 21.23Q/d\nu \tag{6-30}$$

式中:Q——流量,L/min;

d——圆管内径,cm;

ν——运动黏度,cm^2/s。

2. 理想流体的伯努利方程

研究流体力学问题,必须注意流体处于静止还是在流动。流体在流动中的压强分布与静液迥然不同。这里研究在惯性系中观察理想流体在重力场中作定常流动时——流线上的压强、流速和高度的关系。1738 年伯努利把机械能守恒定律应用于理想流体在细流管中的定常流动,提出了著名的伯努利方程。

连续性方程只表达流体平均流速与过流断面面积之间的关系。伯努利方程将建立流动流体的速度、压力及管道位置之间的关系。

1)理想流体微小流束的伯努利方程

根据动能定理首先导出在重力作用下理想流体微小流束的伯努利方程,从导出的过程中,可以知道其物理意义。

从仅在重力作用下作稳定流动的理想流体中,取一段微小流束作为分离体,如图 6-13 所示。

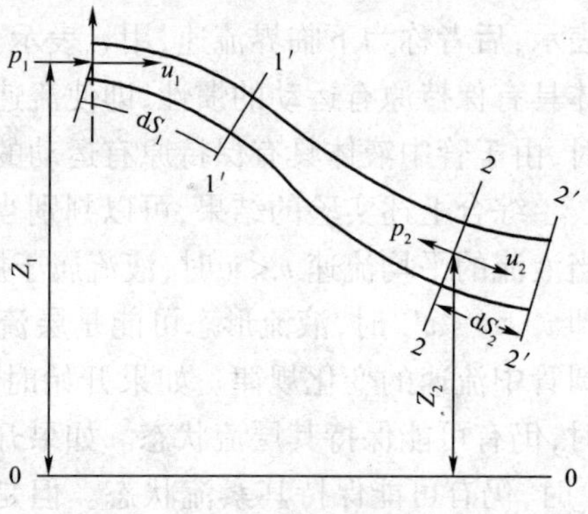

图 6-13 伯努力方程

根据动能定理:作用在运动物体上全部外力所做功的总和,等于同时段内物体动能的增量。用公式表示为

$$\sum W = \frac{mu^2}{2} - \frac{mu_0^2}{2} \tag{6-31}$$

式中:$\sum W$——所有外力对物体做功的总和;

u_0——物体初速度;

u——物体末速度。

根据动能定理,现在来分析作用在微小流束上所有外力所做的功和动能变化的情况。

(1)压力做功 W_1。作用于微小流束侧表面的压力处处垂直于微小流束运动方向,所以不做功。因此压力做功为

$$W_1 = p_1 \mathrm{d}F_1 \mathrm{d}S_1 - p_2 \mathrm{d}F_2 \mathrm{d}S_2$$

而

$$\mathrm{d}F_1 \mathrm{d}S_1 = \mathrm{d}F_2 \mathrm{d}S_2 = \mathrm{d}V$$

所以

$$W_1 = (p_1 - p_2)\mathrm{d}V \tag{6-32}$$

(2)重力做功 W_2。根据连续性方程可知，重力作用下位置高度的变化为 Z_1-Z_2，则重力做功为

$$W_2=\rho g dV(Z_1-Z_2) \tag{6-33}$$

式中，$Z_1>Z_2$ 时，重力做正功，$Z_1<Z_2$ 时，重力做负功。

(3)流体段动能增量。在稳定流动情况下，因而动能不变，则动能增量为

$$\mathrm{d}mu_2^2/2-\mathrm{d}mu_1^2/2=\rho\mathrm{d}V(u_2^2-u_1^2)/2 \tag{6-34}$$

将式(6-32)、式(6-33)和式(6-34)代入动能定理式(6-31)得

$$\rho\mathrm{d}V(u_2^2-u_1^2)/2=\rho g\mathrm{d}V(Z_1-Z_2)+\mathrm{d}V(p_1-p_2)$$

将上式除以流体重量 $\rho g\mathrm{d}V$，即对单位重量流体来说，可得

$$\frac{(u_2^2-u_1^2)}{2g}=(Z_1-Z_2)+\frac{(p_1-p_2)}{\rho g}$$

将上式移项整理后成为

$$Z_1+\frac{p_1}{\rho g}+\frac{u_1^2}{2g}=Z_2+\frac{p_2}{\rho g}+\frac{u_2^2}{2g} \tag{6-35}$$

或

$$Z+\frac{p}{\rho g}+\frac{u^2}{2g}=\text{常数} \tag{6-36}$$

公式(6-35)和式(6-36)称为理想流体微小流束在重力作用下稳定流动的伯努利方程，它反映了稳定流动中沿各点的位置高度 Z、压力 p 和流速 u 这 3 个水力要素之间的变化规律。

2)理想流体微小流束伯努利方程的意义

在理想流体稳定流动的流体中有一微小流束 1-2，如图 6-14 所示，则沿微小流束的伯努利方程为

$$Z_1+\frac{p_1}{\rho g}+\frac{u_1^2}{2g}=Z_2+\frac{p_2}{\rho g}+\frac{u_2^2}{2g}$$

伯努利方程是流体力学中最常用的方程，只有通过其物理意义和几何意义的讨论，才能深刻理解其实用价值。

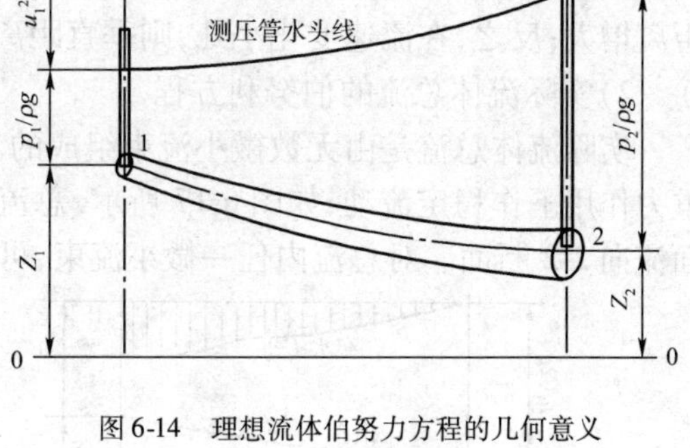

图 6-14 理想流体伯努力方程的几何意义

(1)物理意义。设有以质量为 dm 的流体质点沿流束 1-2 流动，这质点在 1 处所具有的能量：

$$\begin{cases}\text{位能 } \mathrm{d}mgz_1\\ \text{压能 } \mathrm{d}mgp_1/\rho g\\ \text{动能}=\mathrm{d}mu_1^2/2\end{cases}$$

所以，该点的总机械能为

$$\mathrm{d}mgZ_1+\frac{\mathrm{d}mgp_1}{\rho g}+\frac{\mathrm{d}mu_1^2}{2}$$

将上式除以 dmg 可得单位重量流体的总机械能，称为总比能，即 $Z_1+\frac{p_1}{\rho g}+\frac{u_1^2}{2g}$由伯努利方程可知，在 1 处和 2 处的总比能相等，所以，对微小流束上任何过流断面来说

$$Z+\frac{p}{\rho g}+\frac{u^2}{2g}=常数$$

从物理意义方面看,Z 为比位能,$p/\rho g$ 为比压能,$u^2/2g$ 为比动能。伯努利方程表明:在重力作用下不可压缩理想流体稳定流动时,沿同一微小流束上所有各点的比位能、比压能和比动能三者之和是相等的。所以,该方程是机械能守恒原理在流体力学中的表达式。

(2)几何意义。对于同一微小流束上二任意两点 1 和 2 来说,由伯努利方程可知,Z 称为位置水头,$p/\rho g$ 称为压力水头,而这两者之和($Z+p/\rho g$)称为测压管水头,$u^2/2g$ 称为速度水头,如图 6-15 所示。它们都具有长度的量纲。

伯努利方程中位置水头、压力水头及速度水头三者之和称为总水头。

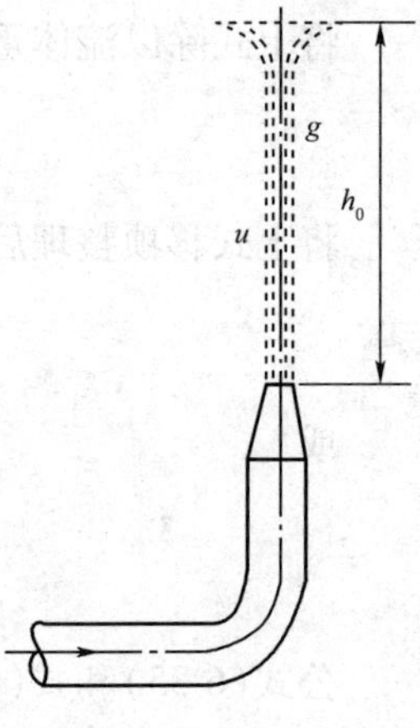

图 6-15　速度水头

3. 实际流体的伯努利方程

1)实际流体微小流束伯努利方程

理想流体稳定流动微小流束的伯努利方程,说明流束上单位重量流体的机械能处处相等,这与实际是不符合的。因为实际流体有黏性,流动时由于流体与边界的摩擦、流体之间的摩擦而产生阻力;同时由于某些局部装置引起流体流动的干扰而产生附加阻力。流体为了克服这些阻力,就会有部分机械能耗损而变成热能散失。因此,实际流体微小流束流动时,总机械能沿流动方向逐渐减少,习惯上称为水头损失。它表示单位重量流体从断面 1 流至断面 2 所消耗的能量,用符号 h'_W 表示。因此便得实际流体微小流束的伯努利方程为

$$Z_1+\frac{p_1}{\rho g}+\frac{u_1^2}{2g}=Z_2+\frac{p_2}{\rho g}+\frac{u_2^2}{2g}+h'_W \tag{6-37}$$

实际流体微小流束伯努利方程中各项能量意义和理想流体相同,但几何意义略有不同。对于实际黏性流体,由于沿着流动方向有机械能的损失,所以总水头线是沿着流动力方向逐渐下降,而测压管水头线仍然随流速的速度水头和压力水头上升或下降。如图 6-16 所示。

因为势能和动能可以互相转化,所以测压管水头线沿流动方向可以升降。测压管水头线和总水头线之间的垂直距离是速度水头,在流速变化大处,测压管水头线和总水头之间的垂直距离增大;反之,在流速变化小处,则垂直距离缩短。

2)实际流体总流的伯努利方程

实际流体总流是由无数微小流束组成的。假如所研究的总流是不可压缩的黏性流体,在重力作用下作稳定流动,如图 6-17 所示,总流两端过流面面积分别为 F_1 和 F_2,流体从 1-1 断面流向 2-2 断面。对总流内任一微小流束,可写出伯努利方程为

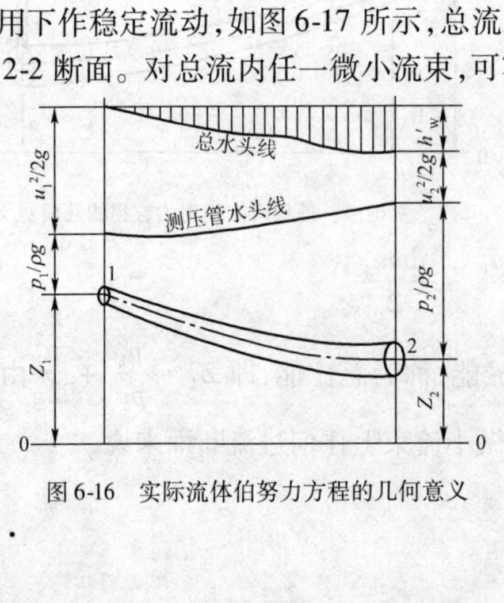

图 6-16　实际流体伯努力方程的几何意义

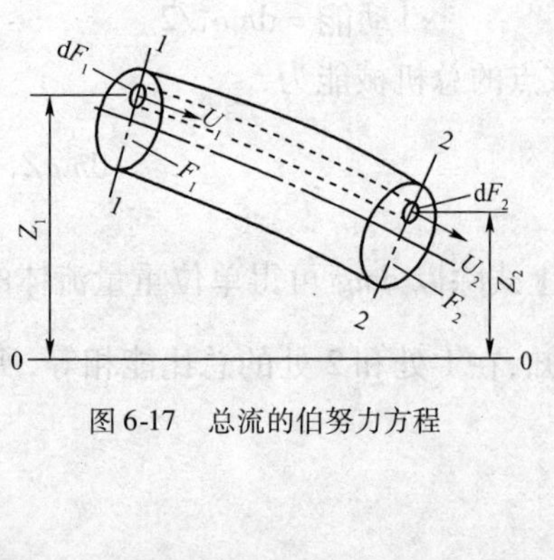

图 6-17　总流的伯努力方程

$$Z_1 + p_1/\rho g + u_1^2/2g = Z_2 + p_2/\rho g + u_2^2/2g + h'_W \tag{6-38}$$

式中等号左边的三项之和，叫做微小流束 dF_1 断面上单位总机械能，等号右边的前三项之和，叫做微小流束 dF_2 断面上单位总机械能。

最后一项 h'_W 是微小流束单位重量流体从断面 dF_1 到 dF_2 流动过程中所损耗的机械能，即水头损失。

单位时间内通过总流过流断面的总机械能，是各微小流束断面机械能的总和。设单位时间内通过微小流束 dF 断面的流体重量为 $\rho g dQ$，并考虑 $dQ = u_1 dF_1 = u_2 dF_2$，对总流过流断面积分，便可得到单位时间内通过过流断面 F 的流体所具有的总机械能。因此可将式(6-38)写成

$$\iint_{F_1}\left(Z_1 + \frac{p_1}{\rho g} + \frac{u_1^2}{2g}\right)\rho g u_1 dF_1 = \iint_{F_2}\left(Z_2 + \frac{p_2}{\rho g} + \frac{u_2^2}{2g}\right)\rho g u_2 dF_2 + \int_{F_2}\rho g u_2 dF_2 h'_{W2} + h'_W \tag{6-39}$$

经积分运算后，便可得实际流体总流的伯努利方程为

$$Z_1 + p_1/\rho g + \alpha_1 u_1^2/2g = Z_2 + p_2/\rho g + \alpha_2 u_2^2/2g + h'_W \tag{6-40}$$

式中：α_1、α_2、u_1、u_2——动能修正系数和平均流速；

h'_W——总流断面 1 流至断面 2 过程中，单位重量流体损耗的机械能，通常称为水头损失。

式(6-40)和总流的连续性方程，是解决实际工程问题的两个重要方程。

例 6-5：某船上一淡水管路，直径 $d = 50$mm，水的流速 $v = 1$m/s，水温 $t = 20$ ℃，判别圆管中的流动形态。

解：根据实验和分析可知，临界流速 v_c 值的大小与管径 d、液体密度 ρ 以及液体动力黏度 μ 有关。在临界流速下的雷诺数：$Re_c = \rho v_c d/\mu = v_c d/\nu$，则有，$v = Re \times \nu/d$，通过实验得到的临界流速下的雷诺数：$Re_c = \rho v_c d/\mu = v_c d/\nu = 2320$，此时淡水管路的雷诺数为：

$Re = \rho v d/\mu = vd/\nu = 1.0 \times 0.05/(0.01 \times 10^{-4}) = 50000 > 2320$，所以流动为紊流。

例 6-6：温度 $t = 15$℃的水在内径 $d = 100$mm 的圆管中流动，流速从紊流逐渐降低，问流速为多大时才能为层流？

解：在临界流速下的雷诺数：$Re_c = \rho v_c d/\mu = v_c d/\nu$，流速从紊流逐渐降低，变为层流时，其雷诺数 $Re_c = \rho v_c d/\mu = v_c d/\nu < 2320$，求解不等式，$v_c < \dfrac{2320}{d}\nu$ 为层流状态，则流速为 $v_c = \dfrac{2320}{0.100} \times 0.01 \times 10^{-4} = 2.32 \times 10^{-2}$(m/s)

例 6-7：某润滑系统的油泵，供给流量 $Q = 0.001\text{m}^3/\text{s}$ 的机油在 $t = 20$℃时的运动黏度 $\nu = 1.8\text{m}^2/\text{s}$，圆管内径 $d = 40$mm，试判别机油在圆管中的流动状态。

解：流动状态的判断与流体的雷诺数的大小有关，与流量有关的雷诺数计算可依据公式(6-30)，$Re = 21.23Q/(d\nu)$

$Re = \dfrac{v_c d}{\nu}$，因为流量 $Q = v_c \dfrac{\pi d^2}{4} \Rightarrow v_c d = \dfrac{4Q}{\pi d}$

$$\text{则有：}Re = \frac{4Q}{\pi d\nu}\left(\frac{\text{m}^3/\text{s}}{\text{m}\cdot\text{m}^2/\text{s}}\right) = \frac{4Q}{\pi d\nu}\left(\frac{\frac{10^{-3}}{60}\left(\frac{\text{L}}{\text{min}}\right)}{10^{-2}\cdot 10^{-4}(\text{cm}\cdot\text{cm}^2/\text{s})}\right)$$

$$= 21.22\frac{Q}{d\nu}$$

式中：Q——流量，$\frac{L}{min}$；

d——直径，cm；

υ——运动黏性系数，cm^2/s。

雷诺数

$$Re=\frac{21.23Q}{d\nu}=21.23\times0.001\times1000\times60/(4\times1.8\times10^4)=0.01853<2320$$

所以机油在管道中流动为层流。

例 6-8：图 6-18a)所示是一虹吸现象示意图。把一根充满水的弯曲的粗细均匀的虹吸管插入水桶中，于是水就从虹吸管中流出。虹吸管的出口处比桶中水面低 H，管 CD 比水面高 h。设水桶很大而虹吸管很细，求虹吸管中水流的速度，以及 B、C、D 三点的压强。

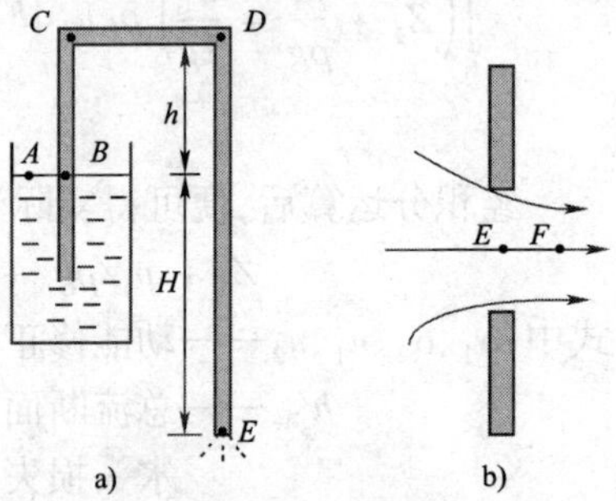

图 6-18 虹吸现象示意图

解：设水桶很大而虹吸管很细，则桶内水面下降速度很小，所以水的流动可以看作稳定流动。在流体中取一条流线 $ABCDE$，首先对 A、E 两点应用伯努利方程，由 $v_A=0$，$p_A=p_0$

并规定 E 点为势能零点得方程

$$p_E+\frac{1}{2}\rho v_E^2=p_0+\rho gH \tag{1}$$

为了求出 p_E，要进行近似计算，如图 6-18b)所示，近似认为小孔附近的流线是平行的并且是稳定流动，同一条流线的两点 E、F，可近似认为压强相等

即
$$p_E=p_F=p_0$$

将 $p_E=p_F=p_0$ 代入式(1)即可得到虹吸管出口处流速

$$v_E=\sqrt{2gH}$$

为了求出 B、C、D 三点的压强，我们根据虹吸管的粗细是均匀的条件，由连续性方程可知虹吸管中 B、C、D 三点的流速亦为 $\sqrt{2gH}$，这样对 B、C、D、E 四点应用伯努利方程就得到

$$p_E+\frac{1}{2}\rho v_E^2=p_B+\frac{1}{2}\rho v_B^2+\rho gH$$

$$p_E+\frac{1}{2}\rho v_E^2=p_C+\frac{1}{2}\rho v_C^2+\rho g(H+h)$$

$$p_E+\frac{1}{2}\rho v_E^2=p_D+\frac{1}{2}\rho v_D^2+\rho g(H+h)$$

即得 B、C、D 三点的压强等于

$$p_B=p_0-\rho gH,p_C=p_D=p_0-\rho g(H+h)$$

结果表明，在粗细均匀的虹吸管中等高的 C、D 两点的压强是相等的：$p_C=p_D$；而 A、B 两点虽然是等高的，但由于 A 点在水桶水面上，而 B 点在虹吸管中，它们的压强却是不相等的：

$$p_A=p_0，而\ p_B=p_0-\rho gH$$

水之所以能通过虹吸管源源不断地流出，是由于虹吸管外水桶中的水压比虹吸管内等高点的水压大，于是水在这个压强差的驱使下由水桶流向虹吸管，产生虹吸现象。有人在解释虹吸现象时认为：水之所以能从虹吸管中流出，是由于虹吸管中 C 点比等高的 D 点的压强大。从上面的讨论中可以看出这个解释是错误的。当虹吸管的粗细均匀时，虹吸管中等高的 C、D

两点的压强是相等的。当虹吸管粗细不均匀时，如 D 点处虹吸管的截面比 C 点大，则 D 点处的压强反而比 C 点大，尽管水是由 C 点流向 D 点的。所以，虹吸现象的关键在于 H 的存在。

学习成果测验

任务 6-4：关于流体运动规律的讨论：

(1) 流体流动的形态有哪几种？如何判别液流处于哪种流态？

(2) 简述理想流体伯努利方程的物理意义和几何意义。

评分：________________

思考与练习

简答题

1. 流体的密度、质量体积和重度之间关系是怎样的？

2. 影响流体黏度的因素有哪些？

第七章 船舶阻力

● 能力目标

1. 掌握船舶阻力的分类、成因和变化规律。
2. 掌握基本阻力、附加阻力的计算方法。
3. 了解船舶阻力的近似估算、船舶阻力换算。
4. 能运用海军系数法和艾亚法估算有效功率。
5. 船舶摩擦阻力的计算。

船舶在水中航行时要受到阻力,为了使船舶以一定的速度航行,必须供给船舶推力以克服阻力。船舶的推力由推进器供给,而推进器的能量则来自船舶的主机。

快速性就是研究船舶尽可能消耗较小的机器功率以维持一定航行速度的能力的科学。或者说,是在给定的机器功率时,表征船舶航行速度快慢的一种性能。

快速性是船舶的重要性能之一,其优劣,对民船将影响其使用的经济性;对军舰则关系着其作战性能。

船舶快速性分为“船舶阻力”和“船舶推进”两部分。前者是研究船体在运动过程中的阻力问题,后者是研究克服阻力的推进器及其与船体间的相互干扰与匹配问题。本章只研究船舶阻力问题,船舶推进在下一章中讨论。

船舶阻力主要研究下列问题:

(1)船舶以一定速度在水中航行时所受到的各种阻力的性质。

(2)阻力随航速、船型和外界条件的变化规律。

(3)如何估算船舶阻力的大小,作为确定主机的功率、设计推进器的依据。

(4)减小阻力的方法,寻求设计低阻力的优良船型。

研究快速性的方法有:理论分析法、模型试验法和实船试验法三种,它们彼此区别而又互相密切联系。

模型试验是目前研究快速性的主要方法,它是将实船、实桨按一定比例缩小,制成船模和桨模在试验池中进行试验,来分析研究船舶阻力和推进问题。这种方法简单、经济且可提供定量的数据。所以模型试验目前在国内外得到了广泛的应用,几乎所有较重要的船舶在建造前都要进行船模试验。本章只对此作简要介绍。

知识点 1 船舶阻力的分类

1. 基本概念

船舶在水面航行时,船体在水和空气两种流体介质中运动,受到水和空气对船体的反作用力,这种与船舶运动方向相反的流体作用力称为船舶阻力,如图 7-1 所示。

船体阻力可分为水阻力和空气阻力。水阻力是水对船体水下部分的反作用力;空气阻力是空气对船体水上部分的反作用力。

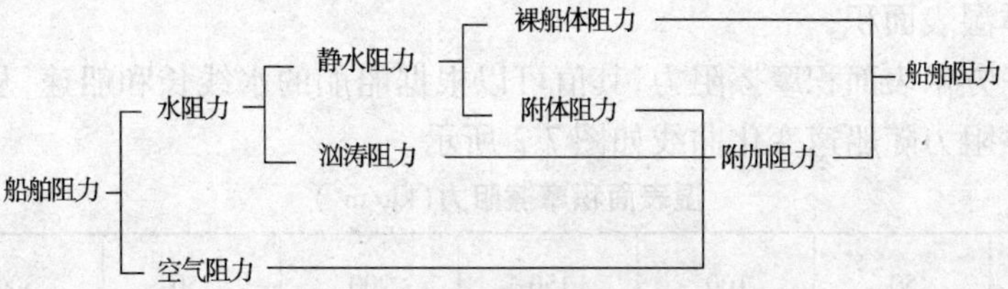

图 7-1　船舶阻力构成示意图

水阻力又可分为船体在静水中航行时的静水阻力和波浪中的阻力增值(即汹涛阻力)两部分。而静水阻力通常分成裸船体阻力和附体阻力两部分。所谓裸体阻力是指不包括任何附属体的光体阻力,而附体阻力是指突出于裸船体外的附属体(如舵、舭龙骨、轴支架等)所形成的阻力。

2. 船舶阻力的分类

为了研究上的方便,根据船舶阻力形成的原因和性质,将水面航行船舶所受的总阻力 R 分为基本阻力 R_0 和附加阻力 ΔR 两部分。即:$R = R_0 + \Delta R$,接下来就这两部分阻力进行详细的说明。

学习成果测验

任务 7-1:简述船舶阻力的分类

评分:________________

知识点 2　基 本 阻 力

基本阻力是指新出坞的裸船体(不包括附属体)在平静水面行驶时,水对船体产生的阻力。基本阻力占船舶阻力的绝大部分,基本阻力 R_0 根据它的形成的原因可分为:

$$R_0 = R_F + R_R = R_F + R_E + R_W \tag{7-1}$$

式中:R_F——摩擦阻力,它是由于水的黏性使水与船体湿表面产生摩擦切应力所构成的摩擦力;

R_R——压差阻力,它是由于作用在船前体和后体上水的压力不等,形成与前进方向相反的力,所以它是一种压力差形成的阻力。根据傅汝德假设,通常将 R_R 称为剩余阻力。根据形成的不同原因,又可将 R_R 分为黏性压差阻力 R_E 和兴波压差阻力 R_W 两部分;

R_E——通常称为涡流阻力或漩涡阻力;

R_W——通常称为兴波阻力。

例 7-1:摩擦阻力的估算。

某单桨货船满载吃水 $d = 7.699$m,水线长 $L = 128$m,船宽 $B = 17.55$m,方形系数 $C_b = 0.666$,船速 $v_s = 18$kn,求摩擦阻力。

题意分析及知识点注释:

傅汝德依据平板摩擦试验结果,提出船体摩擦阻力的估算公式

$$R_f = a_f S \tag{7-2}$$

式中：$R_{\rm f}$——摩擦阻力；

S——船体湿表面积；

$a_{\rm f}$——每平方米表面积摩擦阻力，其值可以根据船舶的水线长和船速，从下表 7-1 查得。摩擦阻力随船速变化曲线如图 7-2 所示。

湿表面积摩擦阻力（$\rm kg/m^2$） 表 7-1

船速（kn）\ 水线长（m）	50	100	150	200	250	300	350
2	0.156	0.154	0.152	0.150	0.149	0.148	0.148
4	0.533	0.544	0.538	0.533	0.528	0.525	0.523
6	1.160	1.140	1.127	1.116	1.107	1.100	1.095
8	1.958	1.925	1.903	1.886	1.87	1.858	1.850
10	2.944	2.895	2.861	2.835	2.811	2.793	2.781
12	4.107	4.037	3.990	3.954	3.921	3.896	3.880
14	5.441	5.350	5.287	5.239	5.195	5.162	5.140
16	6.943	6.826	6.746	6.685	6.629	6.587	6.559
18	8.610	8.465	8.336	8.291	8.221	8.169	8.134
20	10.433	10.257	10.138	10.046	9.962	9.898	9.856
22	12.416	12.206	12.064	11.966	11.855	11.779	11.729

运输船的湿表面积可用下式估算

$$\begin{cases} S = Ld\dfrac{2 + B/2d}{1.625 - C_{\rm b}} & (C_{\rm b} < 0.7) \\ S = Ld\left[2 + 1.37(C_{\rm b} - 0.274)\dfrac{B}{d}\right] & (C_{\rm b} > 0.7) \end{cases} \tag{7-3}$$

式中：S——湿表面积；

L——水线长；

B——船宽；

d——吃水；

$C_{\rm b}$——方形系数。

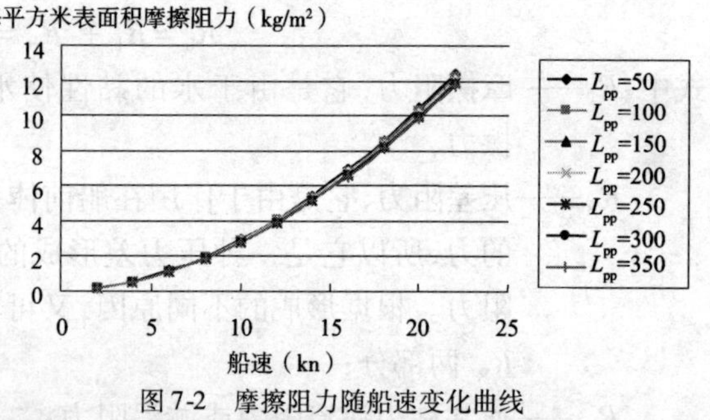

图 7-2 摩擦阻力随船速变化曲线

解：(1) 根据式(7-3)，计算得到湿面积：

$$S = Ld\frac{2 + B/2d}{1.625 - C_{\rm b}}$$

$$= 128 \times 7.699 \times \frac{2 + 17.55/2 \times 7.699}{1.625 - 0.666} = 3226.43(\rm m^2)$$

(2) 根据已知条件，水线长 $L = 128\rm m$，船速 $v_{\rm s} = 18\rm kn$，查表 7-1 用内插法得到：

$L = 100{\rm m}, v_{\rm s} = 18{\rm kn}, a_{\rm f} = 8.465{\rm kg/m^2}$；

$L = 150{\rm m}, v_{\rm s} = 18{\rm kn}, a_{\rm f} = 8.336{\rm kg/m^2}$；

内插法求 $L = 128{\rm m}, v_{\rm s} = 18\rm kn$ 时，

$$a_{\rm f} = \frac{a_{\rm f2} - a_{\rm f1}}{L_2 - L_1} \times (L - L_1) + a_{\rm f1} = \frac{8.336 - 8.465}{150 - 100} \times (128 - 100) + 8.465 = 8.39276$$

(3)根据式(7-2),计算得到摩擦阻力为:

$R_f = a_f S = 8.39276 \times 3226.43 \approx 27078(\text{kg}) \approx 27.08(\text{t})$。

例 7-2:剩余阻力的计算。

某单桨货船满载吃水 $d = 7.699\text{m}$,水线长 $L = 128\text{m}$,船宽 $B = 17.55\text{m}$,$C_p = 0.684$,$C_m = 0.975$,方形系数 $C_b = 0.666$,$\Delta = 11760\text{t}$,$L/B = 7.293$,$L/d = 16.63$,船速 $V_s = 18\text{kn}$,求船的剩余阻力。

题意分析及知识点注释:

根据傅汝德假设,船舶基本阻力由摩擦阻力 R_f 和剩余阻力 R_r 构成。如果从船模试验测得模型船的总阻力,可以应用相当平板的摩擦阻力的计算公式,计算出模型船的摩擦阻力,从模型船的总阻力减去摩擦阻力就得到了模型船的剩余阻力,用 r_r 表示。根据傅汝德相似准则,实际船舶的剩余阻力 R_r 与模型船的剩余阻力 r_r 之间有如下关系:

$$\frac{R_r}{r_r} = \left(\frac{L_s}{L_m}\right)^3 = C_L^3 = \frac{\nabla_s}{\nabla_m} = \frac{\Delta_s}{\Delta_m}$$

式中:∇_s——实船的排水体积;

∇_m——船模的排水体积;

Δ_s——实船的排水量;

Δ_m——船模的排水量。

上式表明,实际船与模型船的剩余阻力之比等于线尺度比的立方,或排水体积、排水量的比。这样就容易将模型船的剩余阻力直接换算到实际船的剩余阻力。

如果没有模型试验的结果,可以用下面的估算公式直接计算船的剩余阻力

$$R_r = C_r \times \frac{1}{2}\rho \nabla^{2\frac{2}{3}} \tag{7-4}$$

式中:C_r——剩余阻力系数;

∇——排水体积;

v——船速;

ρ——水的密度。

剩余阻力系数先根据表 7-2 的船舶要素找到所估计剩余阻力船属于哪一种类型,然后根据 A,B,C…找到图 7-3 中的对应曲线,由傅汝德数查到剩余阻力系数。图 7-3 称为蓝波—奥芬凯勒。

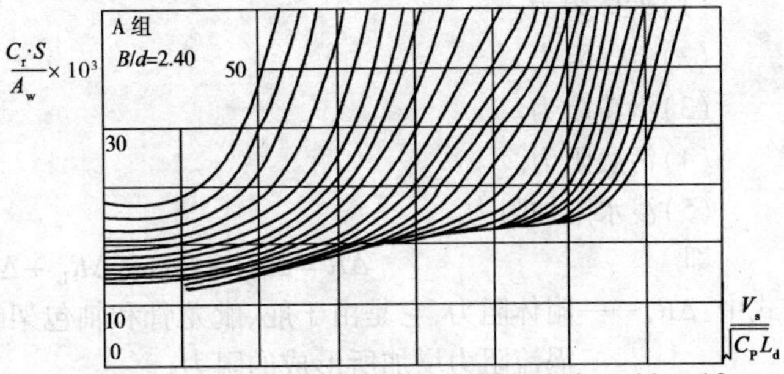

图 7-3　蓝波—奥芬凯勒 A 组图谱

船 舶 要 素　　表 7-2

符号	船舶类型	L/B	L/d	C_b	C_p	C_m
A	大型货船	7.874	18.31	0.662	0.670	0.988
B	中型货船	6.667	15.62	0.701	0.708	0.990
C	中型货船	6.873	14.38	0.721	0.743	0.970
D	小型货船	6.079	13.28	0.761	0.760	0.991
E	大型客船	8.097	23.52	0.582	0.603	0.965
F	客车轮渡	7.630	21.45	0.548	0.578	0.948

解：

(1)计算傅汝德数 $Fr=\frac{v}{\sqrt{gl}}=\frac{18\times0.5144}{\sqrt{9.8\times128}}=0.26$

(2)根据本船要素，从表7-2中可以查得该船接近A型船，从图7-3中得A曲线得到 $C_r=0.0105$。

(3)排水体积 $\nabla=\Delta/\rho=11760/1.025=11473m^3$。

(4)根据式(7-4)，剩余阻力为

$$R_r=0.0105\times0.5\times1.025\times(18\times0.5144)^2(11473)^{2/3}=234.46(kN)$$

学习成果测验

任务7-2：摩擦阻力系数和剩余阻力系数计算：

(1)摩擦阻力系数(估算法)(经验公式估算)：

已知某船的水线长 $L=152m$，船宽 $B=20.4m$，吃水 $=8m$，方形系数 $C_b=0.67$。估算船在航速为17kn(1kn=0.5144m/s)时的摩擦阻力的大小。

(2)求剩余阻力系数，查曲线、查表：

某海船的棱形系数 $C_p=0.681$，中横剖面系数 $C_m=0.984$，排水体积 $\nabla=16074m^3$，船长158m。估算此船在航速为17kn时的剩余阻力。

评分：________________

知识点3 附加阻力

根据附加阻力产生的原因，通常将附加阻力分为5个方面的阻力成分：

(1)附体阻力。

(2)空气阻力。

(3)汹涛阻力。

(4)污底阻力。

(5)浅水附加阻力。

即

$$\Delta R=\Delta R_A+RA_A+\Delta R_R+\Delta R_F+\Delta R_S$$

式中：ΔR_A——附体阻力，它是由于舵、舭龙骨和轴包架等船体的附属体引起的局部摩擦力和涡流阻力增加所形成的阻力；

RA_A——空气阻力，它是由于空气流过船体和上层建筑形成的摩擦阻力和涡流阻力的总和；

ΔR_R——汹涛阻力，它是船在风浪中航行时，由于风浪以及船身的摇荡运动所增加的阻力；

ΔR_F——污底阻力，它是由于污底使船体湿表面变得更粗糙，导致船体摩擦阻力和涡流阻力增加所形成的阻力；

ΔR_S——浅水附加阻力，它是由于船在浅水中航行时，由于船体与水相对运动速度的提高所增加的阻力。

1.附体阻力

主要由局部的摩擦阻力和局部涡流阻力构成。附体阻力的计算通常时在基本阻力 R_0 的基础上乘上一个百分数，即：

$$\Delta R_A = K_A R_0$$

式中：K_A——附体阻力占基本阻力的百分数，参见表 7-3。从表中可以看出，舵和舭龙骨产生的阻力占附体阻力的大部分。

附体阻力占基本阻力的百分数　　表 7-3

附体名称	占基本阻力的百分数 K_A（%）		
	单桨货船或客货船	双桨货船或客货船	高速客船
舵	4.5	2.0	1.5
舭龙骨	3.0	2.5	2.5
轴包架		2.5	4.0

附体阻力决定于附体的数量、大小、位置及形状。

一般民船：单桨船附体阻力 $\Delta R_A = 2\% \sim 5\% R_T$；

双桨船附体阻力 $\Delta R_A = 5\% \sim 10\% R_T$；

高速舰艇附体阻力 $\Delta R_A = 8\% \sim 15\% R_T$。

其中：R_T 是船舶的总阻力。

2. 空气阻力

船舶在航行过程中，船体水上部分所受到的阻力，其中包括由于风的作用面产生的阻力，称为空气阻力，用 RA_A 表示。空气阻力由摩擦阻力和黏压阻力两种阻力构成。由于空气的黏性较小，故摩擦阻力占极小部分，就目前一般船舶面言，空气阻力几乎全为黏压阻力。

空气阻力大小，视船的水上部分和上层建筑形式而异，也与船的航速、风速、风向有关。一般船舶的 $RA_A = 2\% \sim 4\% R_T$。

3. 汹涛阻力

船舶在风浪中航行时，由于风浪作用以及船体运动致使其阻力较静水中航行时大，这种增加的阻力叫汹涛阻力，用 ΔR_R 表示。

影响汹涛阻力的因素除波浪外还与船型有关。通常，汹涛阻力常用储备马力来考虑。储备马力取多少，由船长、船形、船的业务性质及海区气象条件而定。所谓储备马力是指：考虑到波浪中阻力增值的因素，为了维持静水中的相同速度，则必须较原静水中马力再增加一定备用马力，这部分马力称为储备马力或储备功率。

对普通船舶，储备马力均取已包括附体阻力、空气阻力在内的静水试航马力的15% ~30%。但也不宜过大，否则在正常气象条件下就不经济；而且，当汹涛过大时，往往为了保护推进装置可靠安全工作，常降速航行，即降低主机的马力。因此，过大的储备备马力是不必要。

例 7-3：兴波阻力的计算（含傅汝德系数、雷诺系数）。

某船的船长 $L = 150\text{m}$，船宽 $B = 20\text{m}$，以 16kn 的航速在海上航行，求此时船的傅汝德数 Fr 和雷诺数 Re（水的运动黏性系数为 $1.01 \times 10^{-6}\text{m}^2/\text{s}$）。

解：傅汝德数 $Fr = \dfrac{V}{\sqrt{gl}} = \dfrac{16.0 \times 0.5144}{\sqrt{9.81 \times 150}} = 0.2146$

雷诺数 $Re = \dfrac{VL_{WL}}{\nu} = \dfrac{16.0 \times 0.5144 \times 150}{1.01 \times 10^{-6}} = 1.222 \times 10^9$

例 7-4：水池试验。

某船的船长 $L = 150\text{m}$，船宽 $B = 20\text{m}$，实船的速度为 37km/h，如果要在水池中测定它的兴波阻力,船模的缩尺比为1∶30,求船模在水池中的速度应该为多少?如果测得的船模兴波阻力为1.04N,求实船的兴波阻力应为多少?

题意分析:本例涉及的知识点有:

(1)基本概念:傅汝德数、兴波阻力及成因;

(2)利用船舶模型在水池中测量船模的兴波阻力;

(3)水池试验结果转换到实船。

解:依据船模与实船之间的相似数:

$$Fr_s = Fr_m$$

$$Fr_S = \frac{V_S}{\sqrt{gl_S}}, Fr_m = \frac{V_m}{\sqrt{gl_m}}$$

故有:

$$V_m = \sqrt{\frac{L_m}{L_S}}V_S = \sqrt{\frac{1}{30}} \times 37 \times 1000/3600 = 0.050715(m/s)$$

兴波阻力可由兴波阻力系数经过有因次计算得到,$F_S = \frac{1}{2}\rho V_S^2 A_S C_S$,$F_m = \frac{1}{2}\rho V_m^2 A_m C_m$,又由于船模水池试验的兴波阻力系数与实船的兴波阻力系数相等,$C_S = C_m$,

则实船的兴波阻力为

$$F_S = F_m \times \left(\frac{V_S}{V_m}\right)^2 \left(\frac{L_S}{L_m}\right)^2 = F_m \times \left(\frac{L_S}{L_m}\right)^3 = 1.04 \times 30^3 = 28080(N)$$

学习成果测验

任务7-3:附加阻力估算

(1)某海船的吃水 $d = 8m$,其水线以上的正横投影面积 $S_y = 350m^2$,船速为17kn,绝对风速为5m/s,风向正横,计算此时受到的横向风力。

(2)某船的船长 $L = 100m$,船宽 $B = 15m$,以12kn的航速在海上航行,求此时船的傅汝德数 Fr 和雷诺数 Re(水的运动黏性系数为 $1.01 \times 10^{-6} m^2/s$)。

(3)某船的船长 $L = 189m$,船宽 $B = 32.2m$,实船的速度为18.5kn,如果要在水池中测定它的兴波阻力,船模的缩尺比为1∶30,求船模在水池中的速度应该为多少?如果测得的船模兴波阻力为2.0N,求实船的兴波阻力应为多少?

评分:________

知识点4 船舶阻力的近似估算

我们可以通过船模试验求得船舶的阻力,然而在船舶设计初期,当决定了主尺度和船型系数以后,必须要知道主机功率,以保证船舶能达到设计航速;若是主机功率已知,则需要估计阻力,以确定船的航速。在这个阶段,由于船舶型线尚未确定,因而还不能用船模试验的方法来确定阻力,只能用近似方法估算。另外,对一些小型船舶或次要的船舶,在设计过程中也往往应用近似方法估算其阻力,而无需进行船模试验。

船舶阻力(或有效功率)的近似估算方法,是根据大量船模试验和实船试验所积累的资料，通过分析、总结而拟定的。因此应用近似估算方法所得结果的准确程度取决于设计船与母型船或设计船与船模系列之间的相似程度。所以为了提高近似估算的准确性，应有针对性地选择估算方法。

近似估算方法有很多，这里仅介绍目前民用船舶常用的几种，即海军系数法、艾亚法等等。

1. 海军系数法

海军系数法亦称海军常数法。这是一种应用母型船数据，迅速地决定设计船舶有效功率的方法。虽然这种方法的精确性不高，但由于使用简单、方便，因此常用于比较多种设计方案的阻力性能估算，以及某些对阻力性能作粗略估算的情况。

海军系数法认为，对于船型近似，尺度和航速略同的船舶，它们的总阻力 R_t 与其排水量 Δ 及航速 V 都有如下关系：

$$R_t \propto \Delta^{\frac{2}{3}} \cdot V^2$$

那么，有效功率 P_E 与排水量 Δ 及航速 V 的关系则为

$$P_E \propto \Delta^{\frac{2}{3}} \cdot V^3$$

又可表示为

$$C_e = \frac{\Delta^{\frac{2}{3}} \cdot V^3}{P_E} \tag{7-5}$$

式中：C_e——海军系数；

Δ——排水量，t；

V——航速，kn。

式(7-5)即为海军系数表达式，此式说明，对于船型相近，尺度和航速也略同的船舶，它们的海军系数相同。

因此，通常估算设计船的有效功率时，若能找到母型船，即与所设计船的船型相近、大小和航速差不多的船舶，那么，设计船的有效功率估算步骤如下：

(1)先由母型船资料按式(7-5)求得其海军系数 C_e。

(2)因设计船与母型船之海军系数相同，则设计船的有效功率 P_E 为

$$P_E = \frac{\Delta^{\frac{2}{3}} \cdot V^3}{C_e} \tag{7-6}$$

应注意式(7-6)中的排水量 Δ 和航速 V 均应用设计船的数据。

2. 艾亚法

艾亚法亦称爱尔法。它是统计归纳了大量船模试验和实船试验的资料，并将它们绘成用于估算阻力的曲线图表，成为对应于某一标准船型的阻力(或有效功率)估算方法。

艾亚法适用范围较广，一般对中、低速商船比较适用，也可用于正常尺度的海洋拖船。

估算的有效功率中包含了单桨船通常具有的舭龙骨、舵等附体阻力以及一般货船的空气阻力，合计约占裸船体阻力的 8%。所以对双桨船或多螺旋桨船的阻力和对极大上层建筑的空气阻力应另加修正。另外，内河船应用艾亚法求得的有效功率一般还需加 10% ~15% 的裕量；对于 B/d 值较大的内河浅水船(B/d 在 8 以上)，估算的结果一般偏大，也应另加修正。

由于艾亚法适用范围较广，特别是对于中、低速船的估算结果与船模试验结果较吻合，所以应用较广泛。但由于该法依据的资料较陈旧，对于新船型，估算的结果误差往往较大；此外艾亚法中未考虑满载水线的形状及进水角等因素，同时此法估算的依据纯属统计资料，很难从理论上予以判断，这是艾亚法的不足之处。

1)艾亚法的“标准船型”及有效功率

艾亚法规定的直接估算有效功率的“标准船型”参数有：

(1)标准方形系数 C_{BC}，可用下面公式表示：

单桨船：

$$C_{BC}=1.08-1.68Fr \tag{7-7}$$

双桨船：

$$C_{BC}=1.09-1.68Fr \tag{7-8}$$

可见标准方形系数随傅汝德数 Fr 而变化(或随速长比 $V/\sqrt{L}$ 而变化)。其具体数值如表 7-4所列。

标准方形系数 C_{BC} 及标准浮心纵向位置 x_{BC} 表 7-4

$V_S/\sqrt{gL}$ V(m/s) L(m)	$V/\sqrt{L}$ V(kn) L(ft)	标准 C_{BC}(单桨船)	标准 x_{BC} 为位置(距船中,%L)			
			单桨船	在船中	双桨船	在船中
0.148	0.50	0.83	2.00	前	1.00	前
0.154	0.52	0.82	1.96	前	0.96	前
0.160	0.54	0.81	1.93	前	0.93	前
0.166	0.56	0.80	1.90	前	0.90	前
0.172	0.58	0.79	1.85	前	0.85	前
0.178	0.60	0.78	1.80	前	0.80	前
0.184	0.62	0.77	1.73	前	0.73	前
0.190	0.64	0.76	1.65	前	0.65	前
0.196	0.66	0.75	1.55	前	0.55	前
0.202	0.68	0.74	1.44	前	0.44	前
0.208	0.70	0.73	1.31	前	0.31	前
0.214	0.72	0.72	1.16	前	0.16	前
0.220	0.74	0.71	0.99	前	—	
0.226	0.76	0.70	0.80	前	0.20	后
0.232	0.78	0.69	0.55	前	0.45	后
0.238	0.80	0.68	0.20	后	0.80	后
0.244	0.82	0.67	0.12	后	1.11	后
0.250	0.84	0.66	0.45	后	1.37	后
0.256	0.86	0.65	0.75	后	1.57	后
0.261	0.88	0.64	1.00	后	1.72	后
0.267	0.90	0.63	1.20	后	1.85	后
0.273	0.92	0.62	1.40	后	1.96	后
0.279	0.94	0.61	1.58	后	2.05	后
0.285	0.96	0.60	1.74	后	2.12	后
0.291	0.98	0.59	1.88	后	2.19	后
0.297	1.00	0.58	1.99	后	2.24	后
0.303	1.02	0.573	2.09	后	2.29	后
0.309	1.04	0.568	2.18	后	2.33	后
0.315	1.06	0.564	2.25	后	2.37	后

续上表

$V_s/\sqrt{gL}$ V(m/s) L(m)	$V/\sqrt{L}$ V(kn) L(ft)	标准 C_{BC}（单桨船）	标准 x_{BC}为位置(距船中,%L) 单桨船	在船中	双桨船	在船中
0.321	1.08	0.560	2.32	后	2.40	后
0.327	1.10	0.557	2.37	后	2.43	后
0.333	1.12	0.554	2.41	后	2.45	后
0.339	1.14	0.552	2.44	后	2.47	后
0.345	1.16	0.549	2.47	后	2.48	后
0.351	1.18	0.547	2.49	后	2.49	后
0.357	1.20	0.545	2.50	后	2.50	后
0.363	1.22	0.543	2.51	后	2.51	后
0.369	1.24	0.541	2.52	后	2.52	后
0.375	1.26	0.539	2.53	后	2.53	后
0.380	1.28	0.537	2.54	后	2.54	后
0.386	1.30	0.536	2.55	后	2.55	后

(2)标准宽度吃水比:$B/d=2.0$。

(3)标准浮心纵向位置 x_B 亦随傅汝德数 Fr(或 $V/\sqrt{L}$)变化。其具体数值也在表7-4中列出。

(4)标准水线长 $L_{WL}=1.025L_{pp}$

艾亚法给出的对应于上述标准船型的有效功率 P_E 估算式为

$$P_E=\frac{\Delta^{0.64}V_S^3}{C_0}\times 0.735(\text{kW}) \tag{7-9}$$

式中:Δ——排水量,t;

V_S——静水中试航速度,kn。

系数 C_0 可根据长度排水量系数 $L/\Delta^{1/3}$ 和速长比 $V/\sqrt{L}$(或 Fr)由图7-4查得,这里的 L 均为垂线间长 L_{pp}。查得的 C_0 值仅可适用于标准船型。

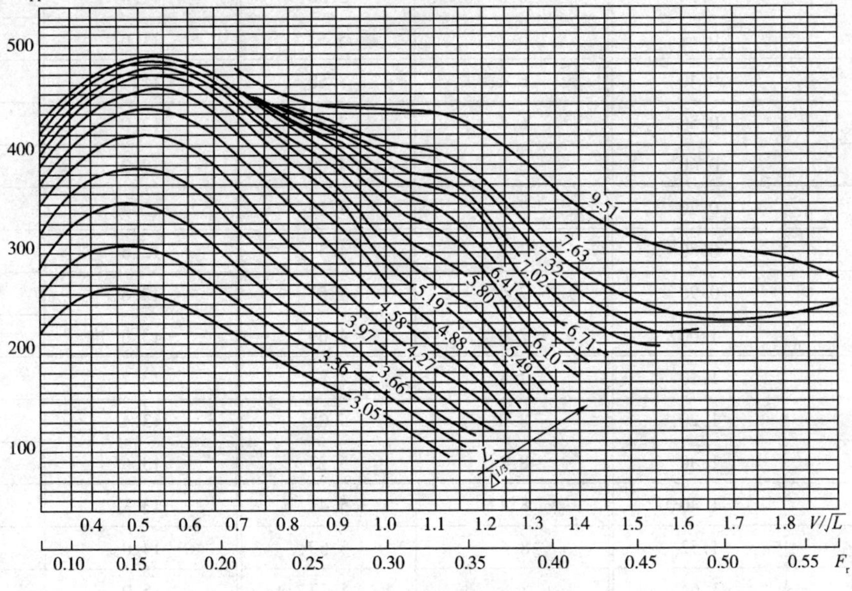

图7-4 艾尔法标准船型的 C_0 值

2)按标准船型估算阻力(或有效功率)的步骤

对于所要估算其阻力的设计船舶,由于其船型往往与标准船型不同,即设计船的上述各船型参数与标准船不同,故不能直接运用式(7-9)求取阻力(或有效功率)。解决的办法是:根据设计船与标准船型在相应参数之间的差异,逐项进行修正,最后得到系数 C_0 的修正值。然后用此修正值,再利用公式(7-9)便可估算设计船的阻力(或有效功率)。

具体步骤如下:

(1)由所要估算其阻力的设计船舶的 Fr 或 $V/\sqrt{L}$的值,在图 7-4 上查得相应于标准船型的值。

(2)根据 Fr 或 $V/\sqrt{L}$,由表 7-4 查得对应于标准船型的方形系数 C_{BC} 和浮心纵向位置 x_{BO}。

(3)比较设计船与标准船型的各对应参数,并进行修正。方法如下:

①方形系数 C_B 的修正:若没计船的 C_B 小于或大于标准船型的 C_{BC}值时,应对标准船型的 C_0 值增加或减小一个修正值 Δ_1。

当 $C_B > C_{BC}$时,

$$\Delta_1 = -3 \times C_B \frac{C_B - C_{BC}}{C_{BC}} C_0 \tag{7-10}$$

当 $C_B < C_{BC}$时,$\Delta_1 = C_0 \times K_{BC}$(增加的百分数),这里 C_0 所增加的百分数由表 7-5 查得,经方形系数修正后的系数值 C_1 为

$$C_1 = C_0 + \Delta_1 \tag{7-11}$$

实际 C_B 较小时对 C_0 所增加的百分数 K_{BC} 表 7-5

$100 \times \frac{C_{BC} - C_B}{C_{BC}}$	K_{BC}	$100 \times \frac{C_{BC} - C_B}{C_{BC}}$	K_{BC}	$100 \times \frac{C_{BC} - C_B}{C_{BC}}$	K_{BC}
—	—	5.4	2.88	10.8	7.60
0.2	0.08	5.6	3.04	11.0	7.80
0.4	0.16	5.8	3.20	11.2	8.00
0.6	0.24	6.0	3.36	11.4	8.20
0.8	0.32	6.2	3.52	11.6	8.38
1.0	0.40	6.4	3.68	11.8	8.54
1.2	0.50	6.6	3.84	12.0	8.70
1.4	0.60	6.8	4.00	12.2	8.88
1.6	0.70	7.0	4.16	12.4	9.06
1.8	0.80	7.2	4.33	12.6	9.23
2.0	0.90	7.4	4.51	12.8	9.39
2.2	1.00	7.6	4.69	13.0	9.55
2.4	1.10	7.8	4.87	13.2	9.71
2.6	1.20	8.0	5.05	13.4	9.87
2.8	1.30	8.2	5.23	13.6	10.02
3.0	1.40	8.4	5.41	13.8	10.16
3.2	1.52	8.6	5.59	14.0	10.30
3.4	1.64	8.8	5.77	15.0	11.00

续上表

$100\times\frac{C_{BC}-C_B}{C_{BC}}$	K_{BC}	$100\times\frac{C_{BC}-C_B}{C_{BC}}$	K_{BC}	$100\times\frac{C_{BC}-C_B}{C_{BC}}$	K_{BC}
3.6	1.76	9.0	5.95	16.0	11.60
3.8	1.88	9.2	6.13	17.0	12.05
4.0	2.00	9.4	6.31	18.0	12.35
4.2	2.12	9.6	6.49	19.0	12.60
4.4	2.24	9.8	6.67	20.0	12.80
4.6	2.36	10.0	6.85	21.0	12.90
4.8	2.48	10.2	9.03	22.0	13.00
5.0	2.60	10.4	7.21	—	—
5.2	2.74	10.6	7.40		

②宽度吃水比 B/d 的修正:当设计船的 $B/d\neq 2.0$ 时,则系数 C_1 需另加一个修 Δ_2。Δ_2 可按下式计算

$$\Delta_2=-10C_B\left(\frac{B}{d}-2\right)\times 10^{-2}\times C_1 \tag{7-12}$$

经方形系数 C_B 和 B/d 修正后的系数 C_2 值为

$$C_2=C_1+\Delta_2=C_0+\Delta_1+\Delta_2$$

③浮心纵向位置 x_B 的修正;若设计船的浮心纵向位置 x_B 不在标准位置时,应对系数 C_2 减小一个修正量 Δ_3 为了确定 Δ_3 式(7-13),先算出 $(\Delta_3)_0$

$$(\Delta_3)_0=C_2\times K_{xc} \tag{7-13}$$

式中减小百分数 K_{xc}(%)由表 7-6 或表 7-7 查得。但这里需要注意,应根据实际 C_B 修正量来决定 x_B 影响的修正量 Δ_3。

实际 x_B 位置在标准 x_{BO} 位置前时,对 C_2 应减小的百分数 K_{xc} 表 7-6

$V/\sqrt{L}$	实际 x_B 位置在标准 x_{BO} 位置前的距离以船长 L 的百分数计									
	0.2	0.4	0.6	0.8	1.0	1.2	1.4	1.6	1.8	2.0
0.40	0.4	0.8	1.2	1.6	2.0	2.6	3.2	3.8	4.4	5.0
0.42	0.3	0.7	1.0	1.4	1.8	2.4	3.0	3.6	4.2	4.8
0.44	0.2	0.6	0.9	12.2	1.6	2.2	2.8	3.4	4.0	4.6
0.46	0.2	0.5	0.8	1.0	1.4	2.0	2.6	3.2	3.8	4.4
0.48	0.2	0.4	0.7	0.9	1.2	1.8	2.4	3.0	3.6	4.2
0.50	0.2	0.4	0.6	0.8	1.0	1.6	2.2	2.8	3.4	4.0
0.52	0.2	0.4	0.6	0.8	1.0	1.6	2.2	2.8	3.4	4.0
0.54	0.2	0.4	0.6	0.8	1.0	1.6	2.2	2.8	3.4	4.0
0.56	0.2	0.4	0.6	0.8	1.0	1.6	2.2	2.8	3.4	4.0
0.58	0.2	0.4	0.6	0.8	1.0	1.6	2.2	2.8	3.4	4.0
0.60	0.2	0.4	0.6	0.8	1.0	1.6	2.2	2.8	3.4	4.0
0.62	0.2	0.5	0.8	1.1	1.4	1.0	2.6	3.2	3.8	4.4
0.64	0.3	0.7	1.0	1.4	1.8	2.0	3.0	3.6	4.2	4.8

续上表

$V/\sqrt{L}$	实际 x_B 位置在标准 x_{BO} 位置前的距离以船长 L 的百分数计									
	0.2	0.4	0.6	0.8	1.0	1.2	1.4	1.6	1.8	2.0
0.66	0.4	0.8	1.3	1.7	2.2	2.8	3.4	4.0	4.6	5.2
0.68	0.5	1.0	1.5	2.0	2.6	3.2	3.8	4.4	5.0	5.6
0.70	0.6	1.2	1.8	2.4	3.0	3.6	4.2	4.8	5.4	6.0
0.72	0.6	1.3	2.0	2.7	3.4	4.1	4.7	5.4	6.1	6.8
0.74	0.7	1.5	2.2	3.0	3.8	4.5	5.3	6.0	6.8	7.6
0.76	0.8	1.6	2.5	3.3	4.2	5.0	5.8	6.7	7.5	8.4
0.78	0.8	1.8	2.7	3.6	4.6	5.5	6.4	7.3	8.2	9.2
0.80	1.0	2.0	3.0	4.0	5.0	6.0	7.0	8.0	9.0	10.0
0.82	1.0	2.1	3.2	4.3	5.4	6.5	7.6	8.6	9.7	10.8
0.84	1.1	2.3	3.4	4.6	5.8	7.0	8.1	9.2	10.4	11.6
0.86	1.2	2.4	3.7	4.9	6.2	7.5	8.7	9.9	11.1	12.4
0.88	1.2	2.6	3.9	5.2	6.6	8.0	9.2	10.2	11.8	13.2
0.90	1.4	2.8	4.2	5.6	7.0	8.4	9.8	11.2	12.6	14.0
0.92	1.4	2.9	4.4	5.9	7.4	8.9	10.4	11.8	13.3	14.8
0.94	1.5	3.1	4.6	6.2	7.8	9.3	10.9	12.4	14.0	15.6
0.96	1.6	3.2	4.9	6.5	8.2	9.8	11.5	13.1	14.7	16.4
0.98	1.6	3.4	5.1	6.8	8.6	10.3	12.0	13.7	15.4	17.2
1.00	1.8	3.6	5.4	7.2	9.0	10.8	12.6	14.4	16.2	18.0
1.02	1.8	3.7	5.6	7.5	9.4	11.3	13.2	15.0	16.9	18.8
1.04	1.9	3.9	5.8	7.8	9.8	11.8	13.7	15.6	17.6	19.6
1.06	2.0	4.0	6.1	8.1	10.2	12.3	14.3	16.3	18.3	20.4
1.08	2.1	4.2	6.3	8.4	10.6	12.7	14.8	16.9	19.1	21.2
1.10	2.2	4.4	6.6	8.8	11.0	13.2	15.4	17.6	19.8	22.0
1.15	2.4	4.8	7.2	9.6	12.0	14.4	16.8	19.2	21.6	24.0
1.20	2.6	5.2	7.8	10.4	13.0	15.6	18.2	20.8	23.4	26.0

实际 x_B 位置在标准 x_{BO} 位置后时，对 C_2 应减小的百分数 K_{xc} 表 7-7

$V/\sqrt{L}$	实际 x_B 位置在标准 x_{BO} 位置后的距离以船长 L 的百分数计									
	0.2	0.4	0.6	0.8	1.0	1.2	1.4	1.6	1.8	2.0
0.40	1.0	2.0	3.0	4.0	5.0	6.4	7.8	9.2	10.6	12.0
0.42	1.9	1.9	2.8	3.8	4.8	6.1	7.5	8.9	10.2	11.6
0.44	0.8	1.8	2.7	3.6	4.6	5.8	7.2	8.6	9.8	11.2
0.46	0.8	1.7	2.6	3.5	4.4	5.6	6.9	8.3	9.5	10.8
0.48	0.8	1.7	2.5	3.4	4.2	5.4	6.6	8.0	9.2	10.4
0.50	0.8	1.6	2.4	3.2	4.0	5.2	6.4	7.6	8.8	10.0
0.52	0.7	1.5	2.3	3.1	3.8	4.9	6.1	7.2	8.4	9.6
0.54	0.6	1.4	2.2	2.9	3.6	4.6	5.8	6.9	8.0	9.2
0.56	0.6	1.3	2.0	2.8	3.4	4.4	5.6	6.6	7.6	8.8
0.58	0.6	1.2	1.9	2.6	3.2	4.2	5.2	6.3	7.3	8.4

续上表

$V/\sqrt{L}$	实际 x_B 位置在标准 x_{BO} 位置后的距离以船长 L 的百分数计									
	0.2	0.4	0.6	0.8	1.0	1.2	1.4	1.6	1.8	2.0
0.60	0.6	1.2	1.8	2.4	3.0	4.0	5.0	6.0	7.0	8.0
0.62	0.6	1.1	1.7	2.3	2.8	3.7	4.7	5.6	6.6	7.6
0.64	0.5	1.1	1.6	2.1	2.6	3.4	4.4	5.3	6.2	7.2
0.66	0.5	1.0	1.4	1.9	2.4	3.2	4.1	5.0	5.8	6.8
0.68	0.5	0.9	1.3	1.7	2.2	3.0	3.8	4.7	5.5	6.4
0.70	0.4	0.8	1.2	1.6	2.0	2.8	3.6	4.4	5.2	6.0
0.72	0.4	0.7	1.0	1.4	1.8	2.5	3.2	4.0	4.8	5.6
0.74	0.3	0.6	0.9	1.2	1.6	2.3	2.9	3.6	4.4	5.2
0.76	0.3	0.5	0.8	1.0	1.4	2.0	2.6	3.3	4.0	4.8
0.78	0.2	0.4	0.7	0.9	1.2	1.8	2.4	3.0	3.6	4.4
0.80	0.2	0.4	0.6	0.8	1.0	1.6	2.2	2.8	3.4	4.0
0.82	—	0.2	0.4	0.6	0.8	1.3	1.8	2.4	3.0	3.6
0.84	—	—	0.2	0.4	0.6	1.1	1.6	2.1	2.6	3.2
0.86	—	—	—	0.2	0.4	0.8	1.3	1.8	2.3	2.8
0.88	—	—	—	—	0.2	0.6	1.0	1.4	1.9	2.4
0.90	—	—	—	—	—	0.4	0.8	1.2	1.6	2.0
0.92	—	—	—	—	—	0.3	0.6	1.0	1.4	1.6
0.94	—	—	—	—	—	0.3	0.5	0.7	1.0	1.2
0.96	—	—	—	—	—	0.2	0.4	0.7	1.0	1.2
0.98	—	—	—	—	—	0.3	0.6	0.9	1.2	1.6
1.00	—	—	—	—	—	0.4	0.8	1.2	1.6	2.0
1.02	—	—	—	—	0.2	0.6	1.0	1.5	1.9	2.4
1.04	—	—	—	0.2	0.4	0.8	1.3	1.8	2.3	2.8
1.06	—	—	0.2	0.4	0.6	1.1	1.6	2.1	2.6	3.2
1.08	—	0.2	0.4	0.6	0.8	1.3	1.9	2.4	3.0	3.6
1.10	0.2	0.4	0.6	0.8	1.0	1.6	2.2	2.8	3.4	4.0
1.15	0.3	0.6	0.9	1.2	1.5	2.2	2.9	3.6	4.3	5.0
1.20	0.4	0.8	1.2	1.6	2.0	2.8	3.6	4.4	5.2	6.0

$$\left.\begin{array}{ll} \text{当 } \Delta_1 > 0\text{,则} & \Delta_3 = -(\Delta_3)_0 \\ \text{当 } \Delta_1 < 0\text{,且 } |(\Delta_3)_0| \leqslant \Delta_1\text{,则} & \Delta_3 = 0 \\ \text{当 } \Delta_1 < 0\text{,且 } |(\Delta_3)_0| > \Delta_1\text{,则} & \Delta_3 = -|(\Delta_3)_0| - \Delta_1 \end{array}\right\} \tag{7-14}$$

经 C_B、B/d、x_B 修正后的系数 C_3 值为

$$C_3 = C_2 + \Delta_3 = C_0 + \Delta_1 + \Delta_2 + \Delta_3$$

④水线长度 L_{WL} 的修正:对于设计船的水线长 L_{WL} 大于或小于标准水线长度,则应将系数 C_3 增加或减少一个修正量 Δ_4

$$\Delta_4 = \frac{L_{WL} - 1.025L_{pp}}{1.025L_{pp}} \times C_3 \tag{7-15}$$

这样经过 C_B、B/d 和 x_B 修正后的系数 C_4 值为

$$C_4 = C_3 + \Delta_4 = C_0 + \Delta_1 + \Delta_2 + \Delta_3 + \Delta_4$$

(4)设计船的有效功率:设计船的有效功率要按式(7-10)进行估算,但需将系数 C_0 以修正后的系数 C_4 代替,即

$$P_E = \frac{\Delta^{0.64} V_s^3}{C_4} \times 0.735(\mathrm{kW}) \tag{7-16}$$

这里的 P_E 是计入 8% 的附体阻力在内的有效功率,其相应的裸船体有效功率为

$$P_{EB} = P_E / 1.08 \tag{7-17}$$

艾亚法可以可列表进行计算,表 7-8 是具体估算实例(该船为单桨船)。

艾亚法有效功率估算表 表 7-8

已知量		水线长 $L_{WL}=125.5$m 垂线间长 $L_{PP}=122.0$m 船宽 $B=16.8$m 吃水 $d=7.94$m 排水量(海水)$\Delta=11970$t	宽度吃水比 $B/d=2.12$ 方形系数 $C_B=0.721$ 浮心纵向位置 $x_c=0.5\%L$(船中前) $L/\Delta^{1/3}=5.33$ $\Delta^{0.64}=406$	
计算顺序	(1)	速度 V(kn)	14	15
	(2)	傅汝德数 $v_s/\sqrt{gL}$	0.208	0.222
	(3)	标准 C_0,查图 7-4	449	424
	(4)	标准 C_{BC},查表 7-4	0.730	0.705
	(5)	实际 C_B 修正(肥或瘦)(%):	1.23 瘦	2.27 肥
	(6)	C_B 修正(%) 若肥:$-C_B$ 肥(%)$\times 3C_B$;若瘦:查表 7-5	+0.51	−4.91
	(7)	C_B 修正量 Δ_1	+2	−21
	(8)	已修正后 C_B 的 C_1	451	403
	(9)	B/d 修正(%)$=-10C_b\left(\frac{B}{T}-2\right)\%$	−0.86	−0.86
	(10)	B/d 修正数量 Δ_2(式 7-12)	−4	−3
	(11)	已修正 B/d 之 C_2	447	400
	(12)	标准 x_{BO},(%)L,船中前或后,查表 7-4	1.31,船中前	0.90,船中前
	(13)	实际 x_B,(%)L,船中前或后。(已知量)	0.50,船中前	0.50,船中前
	(14)	相关(%)L,在标准 前或后	0.81,船中后	0.40,船中后
	(15)	x_B 修正(%),查表 7-6	−1.62	−0.55
	(16)	x_B 修正数量,Δ_3(或 7-14)	−1	−2(免)
	(17)	已修正 x_B 后的 C_3	440	400
	(18)	L_{WL}修正(%)$=\frac{L_{WL}-1.025L_{PP}}{1.025L_{PP}}\times 100\%$	+0.3	+0.3
	(19)	L_{WL}修正量 $\Delta_4=$(式 7-15)	+1	+1
	(20)	L_{WL}修正后的 C_4	441	401
	(21)	V_s^3	2744	3375
	(22)	$p_E=\frac{\Delta^{0.64}V^3}{C_4}\times 0.735$(kW)	1860	2521

学习成果测验

任务 7-4:简述船舶阻力的近似估算的方法

评分:____________

知识点 5　船舶阻力相似理论和阻力换算

1. 雷诺定律

由于摩擦阻力 R_f 是流体质量密度 ρ、船长 L、船速 v 以及水的运动黏性系数 ν(水的运动黏性系数 ν 和质量密度 ρ,见第六章)的函数,故可以成

$$R_f=\varphi(\rho,L,V,\nu)=\sum k\rho^a L^b V^c \nu^d \tag{7-18}$$

为确定以 a、b、c、d 值,根据流体力学的量纲分析法,上面等式两端的量纲应相同,据此可以列出因次方程如下

$$\left(\frac{ML}{T^2}\right)=\left(\frac{M}{L^3}\right)^a[L]^b\left(\frac{L}{T}\right)^c\left(\frac{M}{LT}\right)^d$$

式中:M——质量,kg;

T——时间,s。

对照等式两端相同量纲的指数,可得

$$M: 1=a+d$$
$$L: 1=-3a+b+c-d$$
$$T: -2=-c-d$$

解以上联立方程,可得:$a=1-d$,$b=2-d$,$c=2-d$,于是

$$R_f=\sum k\rho^{1-d}L^{2-d}v^{2-d}\nu^d=\rho L^2v^2\sum k\left(\frac{vL}{\nu}\right)^{-d}$$

现虽仍不知道 d 的值,但至少可以写成

$$\frac{R_f}{\frac{1}{2}\rho v^2L^2}=f\left(\frac{vL}{\nu}\right)$$

由于湿面积是长度的二次方,所以上式中 L^2 用湿面积 S 代替,则有

$$C_f=\frac{R_f}{\frac{1}{2}\rho v^2S}=f(Re) \tag{7-19}$$

这就是雷诺定律,式中 C_f 是单位面积上的摩擦阻力与水动压力之比,称为摩擦阻力系数。雷诺定律说明,当两船(或船模与实船)几何相似且雷诺数相等时,两者的摩擦阻力系数必相等

2. 傅汝德定律

由于兴波阻力是流体质量密度、船长、船速以及重力加速度的函数,故可以写成

$$R_W=\varphi(\rho,L,v,g)=\sum k\rho^aL^bv^cg^d$$

按量纲分析法,同样可以列出因次方程并得到

$$C_W=\frac{R_W}{\frac{1}{2}\rho v^2S^2}=f\left(\frac{V}{\sqrt{gL}}\right)=f(Fr) \tag{7-20}$$

这就是傅汝德定律，式中 C_W 称兴波阻力系数，$v/\sqrt{gL}$称傅汝德数 Fr。傅汝德定律表明，当两船（或实船与船模）几何相似且傅汝德数相等时，两者的兴波阻力系数亦相等。

傅汝德定律还可由另一形式表示：当两船（或实船与船模）几何相似且傅汝德数相等时，两者的单位排水量亦必相等，即当 $Fr_m = Fr_s$时，有下面关系

$$\frac{R_{wm}}{\Delta_m} = \frac{R_{ws}}{\Delta_s}$$

这一关系也称傅汝德比较定律，式中的 R_{wm}和 Δ_m 表示船模的兴波阻力和排水量；R_{ws}和 Δ_s 表示实船的兴波阻力和排水量；而 Fr_m和 Fr_s 表示船模和实船的傅汝德数。

傅汝德比较定律可证明如下：

由于船模的傅汝德数 $F_m = v_m/\sqrt{gL_m}$，实船的傅汝德数 $Fr_s = v_s/\sqrt{gL_s}$（v_m 和 v_s 分别表示船模与实船的航速，L_m 和 L_s 分别表示船模与实船的线性长度），两者相等时则有

$$\frac{v_s}{\sqrt{gL_s}} = \frac{v_m}{\sqrt{gL_m}}$$

或者

$$v_s = v_m\sqrt{\frac{L_s}{L_m}} = v_m\alpha^{\frac{1}{2}}$$

式中：α——船模与实船的缩尺比（或称尺度比）。

由于船模与实船几何相似且傅汝德数相等，所以它们的兴波阻力系数必相等，即

$$C_{wm} = C_{ws}$$

$$\frac{R_{wm}}{\frac{1}{2}\rho_m v_m^2 S_m} = \frac{R_{ws}}{\frac{1}{2}\rho_s v_s^2 S_s}$$

$$R_{ws} = R_{wm}\frac{\rho_s v_s^2 S_s}{\rho_m v_m^2 S_m}$$

因为几何相似，故湿面积之比 $S_s/S_m = \alpha^2$，而 $v_s^2/v_m^2 = \alpha$，所以上式可写成

$$R_{ws} = R_{wm}\frac{\rho_s}{\rho_m}\alpha^3 \tag{7-21}$$

由于尺度比的三次方即为排水体积之比，于是有

$$\frac{R_{WS}}{\Delta_S} = \frac{R_{Wm}}{\Delta_m} \tag{7-22}$$

根据傅汝德比较定律，当由试验求得船模的兴波阻力后，就可求得在相应速度（即 $V_s = V_m\alpha^{\frac{1}{2}}$）时的实船兴波阻力。

3. 全相似定律

由上述讨论可知，流体黏性阻力是雷诺数的函数，流体兴波阻力是傅汝德数的函数，因此总阻力必是黏性阻力与兴波阻力之和，也就是它同时是雷诺数与傅汝德数的函数，即

$$C_t = \frac{R_1}{\frac{1}{2}\rho v^2 S} = f(Re, Fr) \tag{7-23}$$

这就是全相似定律，它表明当两船（或实船与船模）几何相似且雷诺数与傅汝德数均相等时，两者的总阻力系数必相等。这样，我们便可十分方便地从船模的阻力换算出实船的阻力，即

$$R_{ts} = C_{tm}\frac{1}{2}\rho_s v_s^2 S_s \tag{7-24}$$

但是,全相似是不可能实现的,其理由如下:

若雷诺数相等时,有

$$\frac{v_m L_m}{\nu_m} = \frac{v_s L_s}{\nu_s}$$

或者

$$v_m = v_s \frac{L_s \nu_m}{L_m \nu_s}$$

将上式两边平方,则有

$$v_m^2 = v_s^2\left(\frac{L_s}{L_m}\right)^2\left(\frac{\nu_m}{\nu_s}\right)^2$$

若傅汝德数相等时,有

$$\frac{v_s}{\sqrt{gL_s}} = \frac{v_m}{\sqrt{gL_m}}$$

或者

$$v_m = v_s\sqrt{\frac{L_m}{L_s}}$$

将上式两边平方,则有

$$v_m^2 = v_s^2\frac{L_m}{L_s}$$

当雷诺数与傅汝德数均相等时,则从雷诺数相等时导出 v_m,应等于从傅汝德数相等时导出的 v_m 即

$$v_s^2\left(\frac{L_s}{L_m}\right)^2\left(\frac{\nu_m}{\nu_s}\right) = v_s^2\ \frac{L_m}{L_s}$$

$$\nu_m^2 = \nu_s^2\left(\frac{L_m}{L_s}\right)^3$$

$$\nu_m = \nu_s\left(\frac{L_m}{L_s}\right)^{\frac{3}{2}} \tag{7-25}$$

上式为满足全相似定律的条件。由式中可见,若要满足实船和船模的全相似,则船模需要在运动黏性系数比水小得多的流体中进行试验,这在试验技术上是很难办到的,也就是说,实船与船模的全相似是不可能实现的,即不能将船模试验测得的总阻力直接换算成实船的总阻力。

4. 傅汝德假定

船模与实船不能同时满足雷诺数和傅汝德数相等,所以不可能根据船模试验结果直接求得实船的总阻力。实际上单一的雷诺数相等也是不能实现的。因此,只能在保持傅汝德数相等的情况下组织试验。为了能从船模试验结果求得实船的阻力,傅汝德作出下列假定:

(1)假定船体总阻力可以分为独立的两部分:一为摩擦阻力 R_f,只与雷诺数有关;另一为粘压阻力 R_{pv}与兴波阻力 R_W 合并后的剩余阻力 R_r,只与傅汝德数有关,且适用比较定律。

(2)假定船体的摩擦阻力等于同速度、同长度、同湿面积的平板摩擦阻力。通常称为相当平板假定。

如果满足傅汝德数相等组织船模试验,同时应用傅汝德假定,便可将试验结果换算得实船在相应速度时的阻力。因为由假定知

$$R_{ts} = R_{fs} + R_{rs} \tag{7-26}$$

在相应速度时，由比较定律得

$$R_{rs} = R_{rm}\frac{\Delta_s}{\Delta_m}$$

则得

$$R_{ts} = R_{fs} + R_{rm}\frac{\Delta_s}{\Delta_m} \tag{7-27}$$

这里下标 m、s 分别代表船模和实船的数据。考虑到船模剩余阻力 $R_{rm} = R_{tm} - R_{fm}$，

而
$$\frac{\Delta_s}{\Delta_m} = \frac{\rho_s}{\rho_m} \cdot \alpha^3$$

则有

$$R_{ts} = R_{fs} + (R_{tm} - R_{fm})\frac{\rho_s}{\rho_m}\alpha^3 \tag{7-28}$$

式(7-28)称为傅汝德换算关系。显然，由船模试验得到船模总阻力 R_{tm}，并分别计算船模和实船的摩擦阻力后，即可得实船总阻力。

但严格地讲，傅汝德假定有不完善和不合理的地方，运用傅汝德方法把船的阻力机械地分成两个独立部分，一个仅与傅汝德数有关，另一个仅与雷诺数有关，而忽略其相互影响，在理论上是不正确的。该方法将兴波阻力和黏性阻力这两个不同性质的阻力合为剩余阻力，并认为符合比较定律，在理论上是不合理的；该方法用“相当平板”代替船体计算船舶的摩擦阻力，也必然给计算结果带来误差。

知识拓展：船模试验与阻力换算

1. 船模试验

目前，利用船模，采用不同的试验方法，可以对船模的总阻力、兴波阻力及黏性阻力进行测定。测定的结果，则作为换算实船阻力的依据。

1）船模总阻力的测定

试验是以用木材或石蜡做成的与实船几何相似而缩小了尺度的船模在特设的水池中进行的。此水池称为船模试验池。按试验时牵引船模的方式，试验池可分为拖车式与重力式两种。在拖车式船模试验池中，船模靠行驶于池旁轨道上的拖车带动前进，调整拖车速度为一恒定值，则可测定该速度下船模之阻力。在重力式船模试验池中，船模靠落下的重量带动前进，此时船模的阻力与选定的下落重量平衡，即可测定船模对应于该阻力的速度。

试验池是船模试验的主要设备。大型的拖车式试验池，如图 7-5 所示，一般有上百米以至近千米长，建造精度要求很高。拖车上的试验人员操纵各种电子设备使车架拖曳船模

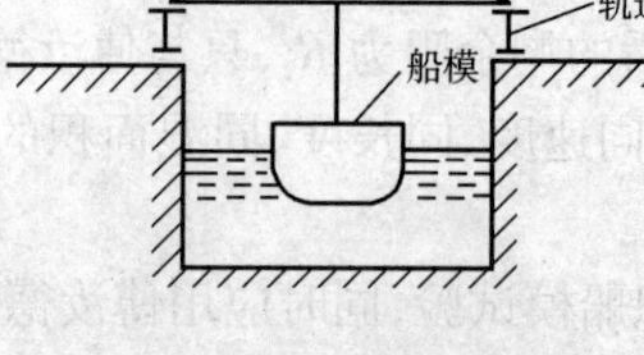

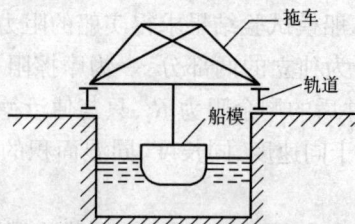

图 7-5　拖车式船模试验池

沿水池壁上的轨道运动，装置于拖车架上的各种仪器测量和记录下试验数据。另外，为了消除船模试验所产生的波浪，还在池壁装有消波岸，在池壁始端装有消波器。试验水池并装有造波、风筒等设备，以进行船舶操纵、摇摆、强度、推进等项研究。因此这种试验池试验范围广，结果也可靠，被广泛应用。

小型水池一般为重力式。船模用拖绳进行拖曳，并用自由下落砝码的重力使其运动。船模的阻力是以砝码的重量除以滑轮和传动装置的传动比，并对此系统装置的摩擦量予以修正而得到。船模速度用机械或光电装置来测定。这种水池一般较短，不超过 40 ~ 50m，试验的精确性较差，试验范围也不广，通常仅供教学用。图 7-6 所示为重力式试验水池的示意图。

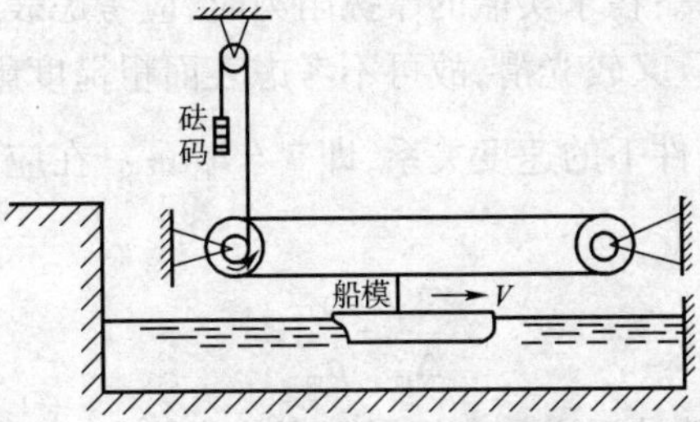

图 7-6　重力式船模试验池

2）船模兴波阻力的测定

船模兴波阻力的测定是利用波形分析法，通过测量船后或船侧一定距离处的一条或几条波形，并将测量所得各波形参数代入有关公式计算而得的，因此，这种由测量波形的方法所求得的兴波阻力也叫波形阻力。

具体方法之一是，在与船模前进方向平行的截面上，用一台或几台浪高仪测取实际波形；方法之二是，在测量上采用了立体测量法或在船后 $L/2 \sim L$ 处垂直于前进方向的截面上测量波形。前者因浪高仪所测波形长度受试验池宽限制，船首波受池壁反射，会干扰测量波迹，故给测量精度带来影响；而后者不受池壁干扰，但技术较复杂，且精度也受拖车轨道高低不平及船后伴流等的影响。

3）船模黏性阻力的测定

船模黏性阻力的测定是利用尾流测量法。其基本原理是，通过对船模运动过程中不同位置及深度处的速度和压力的测量，并采用流体力学理论导出的公式，计算出船模的黏性阻力。

具体的测量方法一般是，在船模后较近处的某位置设一测量平面，在该平面中的某一深度上横向布置一组毕托管，在随船模一起前进中，则可测得各点的相对总压力和相对静压力。对于某一给定速度，反复进行多次拖曳，每次改变毕托管的深度，就可测得在该速度下不同深度和宽度范围内的各点压力值。

2. 阻力换算

阻力换算就是将船模试验所测得的阻力换算成实船的阻力。其依据的理论是流体力学的相似理论，即两物体几何相似和两流场运动相似条件下的力学相似，现在的阻力换算方法，一般随着对黏压阻力的不同处理，分为傅汝德法（二因次法）及三因次方法等几种。

1）傅汝德换算方法

据据傅汝德假定，将船模总阻力 R_{tm} 换算成实船总阻力 R_{ts} 的具体步骤如下：

(1)由船模试验测得船模的总阻力 R_{tm}。

(2)用“相当平板”方法计算出船模的摩擦阻力 R_{fm}。

(3)计算船模的剩余阻力 $R_{rm}=R_{tm}-R_{fm}$。

(4)应用比较定律,由船模的剩余阻力 R_{rm} 换算出实船的剩余阻力 R_{rs},即

$$R_{rs}=R_{rm}\frac{\Delta_s}{\Delta_m}$$

(5)用“相当平板”方法求得实船的摩擦阻力 R_{fs}。

(6)据式 $R_{ts}=R_{rs}+R_{fs}$ 算出实船的总阻力 R_{ts}。

在具体计算时必须注意:在求实船的摩擦阻力时,应考虑表面粗糙度的影响;而求船模的摩擦阻力时,因其较小,且又较光滑,故可不考虑表面粗糙度影响。对于船模与实船的速度,应符合傅汝德数相等条件下的速度关系,即 $v_s=v_m\alpha^{\frac{1}{2}}$。在应用比较定律时,实船与船模排水量之比可表示为

$$\frac{\Delta_s}{\Delta_m}=\frac{\rho_s}{\rho_m}\alpha^3$$

这里要注意实船与船模是否运动在相同密度的流体中,以确定密度值。

2)三因次换算法

三因次换算方法的实质是将黏压阻力 R_{pv} 与摩擦阻力 R_f,合并为黏性阻力 R_v 加以换算。这里就不详细介绍。

知识点6 船舶摩擦阻力的计算

目前船舶摩擦阻力的计算是以光滑平板摩擦阻力公式为基础,然后考虑船体的一些特殊条件来进行计算的。

1. 光滑平板摩擦阻力公式

根据流体力学的边界层理论,光滑平板的摩擦阻力 R_f 可用其摩擦阻力系数 C_f 来表示,即

$$C_f=\frac{R_f}{\frac{1}{2}\rho v^2 S} \tag{7-29}$$

这个公式除表示摩擦阻力 R_f 与流体的黏性、运动速度 v 及平板湿面积 S 有关外,还与摩擦阻力系数 C_f 有关,而 C_f 是雷诺数 Re 的函数。由于雷诺数 Re 的不同,会出现三种流态,即层流、过渡流和紊流,也就是对于不同的流态,摩擦阻力系数 C_f 是不同的。由于船舶尺度比较大,航速也比较高,故其雷诺数 Re 较大,因此船舶一般均处在紊流流动状态中运动,所以,经常用到的是光滑平板在紊流中的摩擦阻力公式。在公式中,摩擦阻力系数 C_f 可用下面两式计算(还有其他公式):

(1)普兰特—许立汀公式:

$$C_f=\frac{0.455}{(\lg Re)^{2.58}} \tag{7-30}$$

(2)1957 年国际船模试验池会议建立的实船——船模换算公式(简称 ITTC 公式):

$$C_f = \frac{0.075}{(\lg Re - 2)^2} \tag{7-31}$$

应该指出式(7-31)并不完全是紊流光滑平板摩擦阻力系数公式,它专用于实船和船模的阻力换算,我国现较多用此公式。而式(7-30)过去经常使用。

2. 船体摩擦阻力计算公式

目前,船体摩擦阻力的计算通常采用傅汝德提出的“相当平板”的计算方法,即认为船体的摩擦阻力和一块“相当平板”的摩擦阻力相等。“相当平板”是指平板的长度等于船长,平板的湿面积等于船的湿面积,平板的运动速度等于船的运动速度,平板周围的流动状态与船的周围流动状态相同。这样,只要已知船的水线长 L_{WL} 船速 V 及湿面积 S,就可利用上述光滑平板的摩擦阻力公式算出船体的摩擦阻力。

知识拓展:船体表面弯曲度和船体表面粗糙度的影响

由于船体表面是三维曲面,其周围的流动情况与平板有着明显的不同,因而船体摩擦阻力与平板摩擦阻力亦有所差别。

1. 船体表面弯曲度对摩擦阻力的影响

当水流流经具有纵向弯曲的船体表面时,各处的流速是不同的。总的说来,船体表面的大部分与水流的相对速度较船速 v 大,而仅首尾两端附近较 v 小,因此,水流的平均速度有所增加。但平板各处与水流的相对速度都等于其绝对前进速度,既然纵向弯曲表面的水流之平均相对速度较平板情况大,其平均边界层厚度必然较薄,这将导致速度梯度和摩擦阻力增大。

船体横向弯曲的影响与纵向弯曲情况相同。实际测量结果指出,具有横向弯曲处其边界层厚度较相当平板薄,在曲度较大的舭部尤为显著,所以阻力也相应增大。此外,有时船首处的边界层流至舭部处,往往会分成纵向和横向流动,其结果使舭部所受的局部摩擦阻力增大。

船体表面弯曲度的另一个影响方面是由于弯曲表面易发生边界层分离以致产生旋涡,如图 7-7 所示。旋涡区的出现不但改变了外部流线,且旋涡区的水流速度较低,该处的摩擦阻力随之减小。

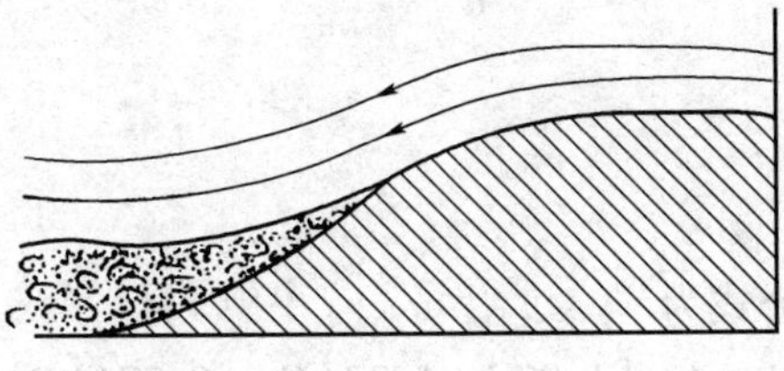

图 7-7　旋涡区对外部流线的影响

由此可见,船体弯曲表面的影响相当复杂,由于船体弯曲表面影响使其摩擦阻力与相当平板计算所得结果的差别称为形状效应。

2. 船体表面粗糙度对摩擦阻力的影响

由于船体表面并不光滑,它具有一定的粗糙度,如实船外板的焊缝、局部凹凸、锈蚀点及海生物附着等均属于此,因此船体的表面粗糙度将使其摩擦阻力较“相当平板”有较大的增加。

大量的实船试验表明，由于船体表面粗糙度引起的摩擦阻力的增量，在紊流状态下可以认为和雷诺数无关。因此，通常的作法是把因表面粗糙度而引起的摩擦阻力系数的增量 ΔC_f 当作一个不随雷诺数 Re 而变的常量（即对同一条船舶而言不随航速而变），称为“表面粗糙度补贴”。这样，在实际计算中，总的摩擦阻力系数可取光滑平板摩擦阻力系数 C_f 再加上表面粗糙度补贴 ΔC_f。我国目前一般取其值为 $\Delta C_f = 0.4\times10^{-3}$。

根据上述船体曲度和表面粗糙度对摩擦阻力影响的分析，得出了考虑表面粗糙度影响的船体摩擦阻力 R_f 的计算公式为

$$R_f = (C_f + \Delta C_f)\cdot\frac{1}{2}\rho v^2 S \tag{7-32}$$

式中：v——船舶航速，m/s；

ρ——水密度，kg/m³；

S——船体湿面积，m²；

C_f——摩擦阻力系数，可由式(7-30)或式(7-31)求得；

ΔC_f——粗糙度补贴，取值为 0.4×10^{-3}。

3. 摩擦阻力的计算步骤

根据“相当平板”的简化计算方法，并利用公式(7-32)计算船体摩擦阻力的步骤如下：

(1)计算船体湿面积：

计算船体湿面积通常有下面两种方法：

①根据船体外板展开图，应用近似积分方法进行计算。所得湿面积较为精确，但此法较繁琐。

②根据不同的船型，应采用不同的经验公式来计算湿面积。其中应用较广的有如下几种：

我国长江船型的湿面积公式为

$$S = L_{WL}(1.8d + C_B\cdot B)$$

交通部对于江船系列给出的湿面积公式为

$$S = \frac{59L_{WL}}{64 - \dfrac{B}{d}}(1.8d + C_B\cdot B)$$

式中：L_{WL}——水线长，m；

B、d——船宽和吃水，m；

C_B——方形系数。

对于巡洋舰尾的海船，公式为

$$S = L_{WL}[1.97d + 1.37(C_B - 0.274)B]$$

若不是巡洋舰尾的海船，则上式 d 之前的系数为2，其他均相同。

(2)计算雷诺数 Re。计算雷诺数 $Re = \dfrac{vL_{WL}}{\nu}$时，$L_{WL}$为水线长，m；$v$ 为船速，m/s；ν 是水的运动黏性系数，如无特殊注明，对于实船取标准水温 $t = 15$℃时的值。ν 数值可由表中查出。

(3)根据光滑平板摩擦阻力公式算出摩擦阻力系数 C_f。

(4)决定表面粗糙度补贴 ΔC_f 的数值，目前我国一般取 $\Delta C_f = 0.0004$。

(5)根据式(7-32)算出船体的摩擦阻力 R_f。

例 7-5：某海船水线长 $L_{WL}=130\text{m}$，船宽 $B=18\text{m}$，吃水 $d=6.5\text{m}$，航速 $v=12\text{kn}$，方形系数 $C_B=0.56$，求船在该航速下的摩擦阻力。

解：(1)计算船的湿面积 S：

$$\begin{aligned} S &= L_{WL} = [2d+1.37(C_B-0.274)B] \\ &= 130\times[2\times6.5+1.37(0.56-0.274)\times18] \\ &= 2607(\text{m}^2) \end{aligned}$$

(2)计算雷诺数 Re：

选取标准温度 $t=15℃$，在该温度下的海水运动黏性系数 $\nu=1.18831\times10^{-6}(\text{m}^2/\text{s})$，航速 $v=0.515\times12=6.18(\text{m/s})$。

$$Re=\frac{\nu L_{WL}}{\nu}=\frac{6.18\times130}{1.18831\times10^{-6}}=676.09\times10^6\approx7\times10^8$$

(3)求摩擦阻力系数 C_f

$$C_f=\frac{0.075}{(\lg Re-2)^2}=\frac{0.075}{(\lg7\times10^8-2)^2}=1.6007\times10^{-3}$$

(4)取标准表面粗糙度补贴：

$$\Delta C_f=0.4\times10^{-3}$$

(5)计算船的摩擦阻力：

$$\begin{aligned} R_f &= (C_f+\Delta C_f)\frac{1}{2}\rho v^2 S \\ &= (1.6007\times10^{-3}+0.4\times10^{-3})\times\frac{1}{2}\times1025\times6.18^2\times2607 \\ &= 102092(\text{N}) \end{aligned}$$

思考与练习

计算题

某单桨货船满载吃水 $d=7.5\text{m}$，水线长 $L=126\text{m}$，船宽 $B=21.8\text{m}$，方形系数 $C_B=0.666$，船速 $V_S=16\text{kn}$，求摩擦阻力。

第八章　船舶推进

能力目标

1. 具备用机翼原理解释螺旋桨的工作原理的能力。
2. 具备用 B 型螺旋桨图谱进行 B 型螺旋桨的设计计算的能力。
3. 具备绘制 B 型螺旋桨的工作总图的能力。
4. 具备利用螺旋桨的工作特性曲线解释螺旋桨的工作特性的能力。
5. 具备有关螺旋桨性能计算的能力。

本章将限于讨论螺旋桨,并主要讨论普通螺旋桨工作原理、工作特性及螺旋桨的设计等问题。知识点 4、5 可做选修内容。

知识点 1　基本概念

1. 基本概念

(1)快速性:是指船舶在给定主机功率(马力)情况下,在一定装载时于静水中航行的快慢问题。

(2)推进器:船舶能保持一定航速向前航行,必须提供给船舶一定的推力(或拉力),以克服其所受的阻力。作用在船舶上的推力是由能源产生的,故在船上还需要设有专门把能源转化为推力的装置或机构,把能源(发动机)发出的功率转换为推船前进的功率,这种专门的装置或机构统称为推进器,比如:桨、篙、橹、帆以及明轮、螺旋桨、喷水推进器等。

(3)螺旋桨:按船舶设计中对快速性要求,设计螺旋桨时应考虑:

①船舶于航行时所遭受的阻力要小,即优良线型的选择问题;

②选择足够的推力,且效率较高的推进器;

③选取合适的主机;

④推进器与船体和主机之间的配合一致。

知识拓展:推进器的种类

推进器的种类有螺旋桨、风帆、明轮、直叶推进器、喷水推进器、POD 推进器、槽道推进器等。

1. 螺旋桨

导管螺旋桨,在螺旋桨的外围套上一个纵切面为机翼或类似于机翼剖面的折角线形的套筒,如图 8-1a)所示。在负载较重时,其效率较普通螺旋桨为高,主要用于拖网渔轮或拖轮上。

可调螺距螺旋桨是一种利用设置于桨毂中的操纵机构能使桨叶绕垂直于桨轴的周线转动以改变其角度(螺距)的螺旋桨。由于桨叶的螺距可根据需要进行调节,故在不同航行状态时,主机均能充分发挥功率和转速。机构较复杂,造价和维修费用比较高。

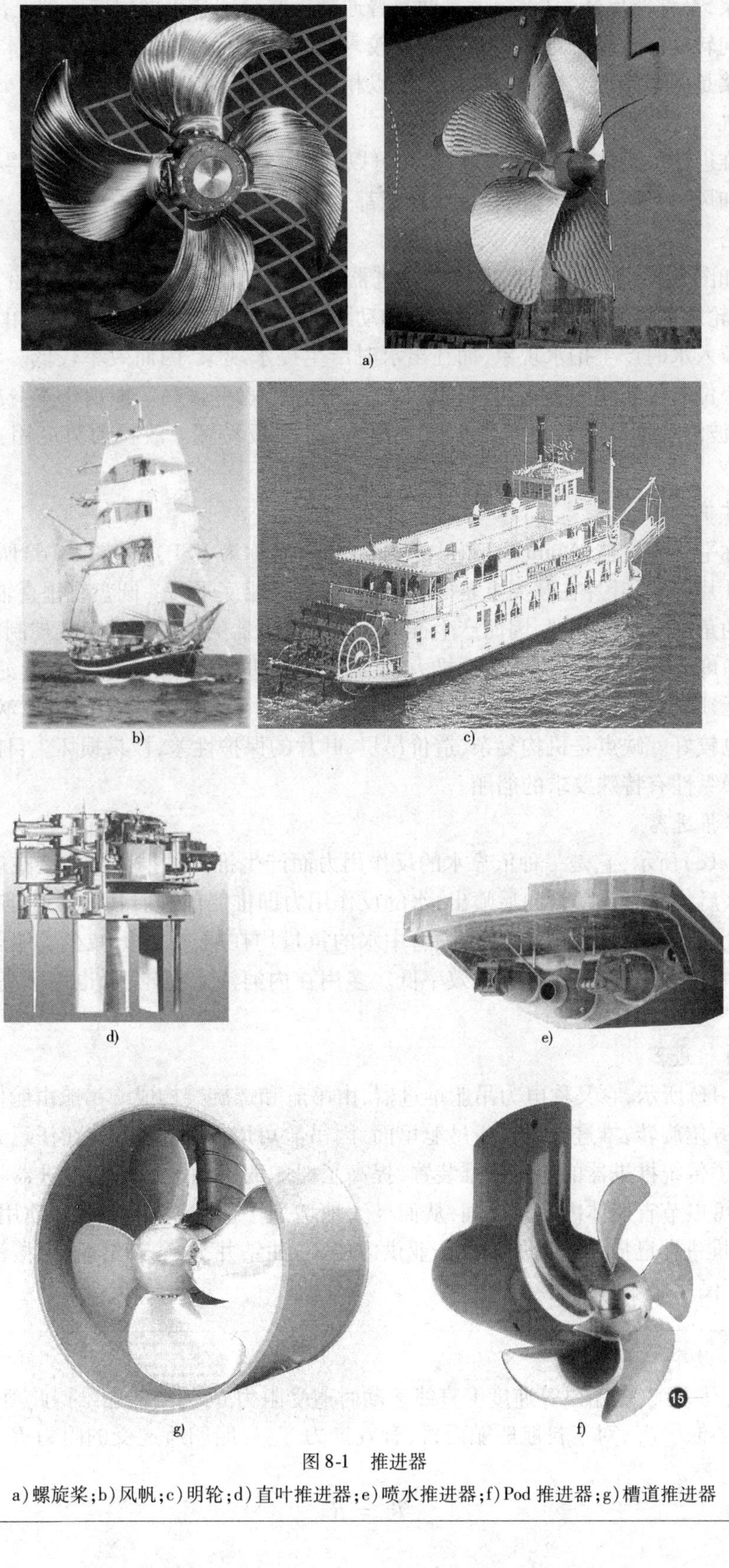

图 8-1　推进器

a)螺旋桨;b)风帆;c)明轮;d)直叶推进器;e)喷水推进器;f)Pod 推进器;g)槽道推进器

对转桨，又称双反转螺旋桨，就是两只普通螺旋桨分别装于两根同心轴上，并以等速或不等速反向转动。这种推进器传动装置比较复杂，多用于鱼雷或潜艇。

串列桨是两个螺旋桨串列于同一轴上以相同的转速运转的推进器。

2. 风帆

风帆推进器（如图 8-1b）所示）。虽然可以利用无代价的风力，但其所能得到的推力依赖于风向和风力，以致船的速度和操纵性能都受到限制。

3. 明轮

明轮如图 8-1c）所示是局部没水的推进器，外形略似车轮，其水平轴沿船宽方向置于水线之上，轮之周缘有蹼板。分为定蹼式和动蹼式明轮。定蹼式明轮构造简单，造价低廉。缺点是蹼板入水时产生拍水现象，而在出水时产生提水现象，因而效率较低。动蹼式明轮可以借偏心位置控制蹼板，以调节出水和入水的角度，效率较高。但由于本身的机构十分笨重，且在波涛中不易保持一定的航速和航向，且蹼板易坏。故目前只应用在部分内河船舶。

4. 直叶推进器

它也称平旋推进器（Voith Schneider® Propeller，简称为 VSP），如图 8-1d）所示，它由若干垂直的叶片组成，叶片在圆周上是等间距的，圆盘与船底平齐。圆盘绕垂直轴旋转，各叶片以适当的角度与水流相遇，因而产生推力。直叶推进器的偏心装置可以控制各叶片与水流相遇的角度，故能发出任意方向的推力，装有直叶推进器船舶的操纵性能良好，且在船舶倒退时也无须逆转主机，此外，直叶推进器的效率较高（约与螺旋桨相同），在汹涛海面下，工作情况也较好。缺点是机构复杂，造价昂贵，叶片的保护性差，极易损坏。目前应用在港口作业或操纵性有特殊要求的船舶。

5. 喷水推进器

如图 8-1e）所示，它是一种依靠水的反作用力而产生推力的推进器。装在船内的水泵自船底吸水后将水流自喷管向后喷出，水的反作用力即推船前进。其优点是具有良好的保护性，操纵性能良好；缺点是：水泵及喷管中水的重量均在船体内部，减少了船舶的有效载重量，喷管中水力损耗很大，故推进效率低。多用在内河浅水拖轮上，也用于高速水翼艇、滑行艇上。

6. POD 推进器

如图 8-1f）所示，它又称电力吊舱推进器，由吊舱和螺旋桨构成。吊舱由舱体和支架构成，可以全方位旋转，推进电机置于吊舱里面，因吊舱可以 360°旋转，并在任意方向产生推进力，省去了传统推进器的舵和侧推装置，提高了船舶的机动性。POD 推进器将推进系统置于船外，可以节省船体内大量空间，从而极大地增加了船舶设计、建造和使用的灵活性。目前，POD 推进器已应用于诸如潜水作业供应船、石油钻井平台、补给船、穿梭油轮及滚装船和游轮等民用船舶。

2. 马力和效率

（1）有效马力：设船舶以等速度 V 直线运动时遭受阻力 R，为使船舶维持此项运动，则必须对船供给有效推力 T_e，对于自航船舶而言，有效推力 T_e 与船舶所遭受的阻力 R 大小相等，方向相反，即

$$T_e = R \tag{8-1}$$

对于多螺旋桨的推力是指各个螺旋桨有效推力之和。对于拖船来说,其所需的有效推力 T_e 必须克服拖船本身的阻力 R 和驳船的阻力 F(即拖船脱钩上的拉力)即

$$T_e = R + F \tag{8-2}$$

自航状态的船舶,若以船速 V 航行时所遭受的阻力为 R,则阻力 R 在单位时间内所消耗的功为 RV,而有效推力 T_e 在单位时间内所做的功为 T_eV,两者在数值上是相等的,T_eV(或 RV)称为有效功率,表示推进器所产生的实际有效功率。若以马力计,则称为有效马力或拖曳马力,简写为 P_E。

公制的有效马力可写作

$$P_E = \frac{T_eV}{75} = \frac{RV}{75}(\text{UShp}) \tag{8-3}$$

英制的有效马力可写作

$$P_E = \frac{T_eV}{76} = \frac{RV}{76}(\text{UKhp}) \tag{8-4}$$

式中:T_e——有效推力,kgf;

R——阻力,kgf;

V——船速,m/s。

公制马力和英制马力的换算关系:

1UKhp = 1.014hp

(2)主机马力和传递效率。推进船舶所需要的功率由主机供给,主机发出的马力称为机器马力,以 P_s 表示。机器马力经过减速装置、推力轴承及主轴等传送至推进器。在主轴尾端与推进器连接处所得到的马力成为推进器的收到马力,以 P_D 表示。由于推力轴承、轴承、尾轴填料函及减速装置等具有摩擦损耗,故推进器收到马力总是小于机器马力,两者之比称为传送效率或轴系效率,以 η_s 表示。

$$\eta_s = \frac{P_D}{P_S} \tag{8-5}$$

若主机直接带动螺旋桨,螺旋桨的转速亦为主机转速,则中机型船 $\eta_S = 0.97$;尾机型船 $\eta_S = 0.98$。

(3)推进效率和推进系数。推进器所收到的马力为 P_D,而最后为克服船体阻力的功率是有效马力 P_E。由于推进器本身在操作时有一定的能量损耗,且船身与推进器之间有相互影响,故有效马力总是小于推进器所收到的马力,两者之比值称为推进效率,并以 η_D 表示(推进效率也近似是推进系数 P.C)

$$\eta_D = \frac{P_E}{P_D} \tag{8-6}$$

有效马力与机器马力的比值为推进系数,以 $P.C$ 表示。

$$P.C = \frac{P_E}{P_D} \cdot \frac{P_D}{P_S} = \eta_D \cdot \eta_s \tag{8-7}$$

船后螺旋桨效率 η_B、螺旋桨敞水效率 η_0、相对旋转效率 η_R 螺旋桨推功率 P_T 与船后螺旋桨的收到功率 P_{DB}之比值称为船后螺旋桨的效率

$$\eta_B = \frac{P_T}{P_{DB}} = \frac{TV_A}{2\pi nQ_0}\frac{Q_0}{Q_B} = \eta_0\eta_R \tag{8-8}$$

式中:$\eta_0 = \dfrac{TV_A}{2\pi nQ_0}$——螺旋桨敞水效率;

$\eta_R = \dfrac{Q_0}{Q_B}$——相对旋转效率；

η_R——也可写作螺旋桨敞水收到功率 P_D 与船后收到功率 P_{DB} 之比，即

$$\eta_R = \frac{P_D}{P_{DB}} \tag{8-9}$$

(4)船身效率 η_H。把船的有效功率 P_E 与螺旋桨推功率 P_T 之比值称为船身效率 η_H，即

$$\eta_H = \frac{P_E}{P_T} = \frac{RV}{TV_A} = \frac{1-t}{1-\omega} \tag{8-10}$$

由上式可见，船身效率 η_H 表示伴流与推力减额之合并作用。

(5)推进效率 η_D。把船的有效功率 P_E 与船后螺旋桨的收到功率 P_{DB} 之比值，称为推进效率 η_D(或称为准推进系数 QPC)，即

$$\eta_D = \frac{P_E}{P_{DB}} = \frac{P_E}{P_T}\frac{P_T}{P_{DB}} = \eta_H\eta_{DR} = \eta_H\eta_0\eta_R \tag{8-11}$$

(6)推进系数 $P.C$(另一种表达式)。把船的有效功率 P_E 与主机功率 P_s 之比值称为推进系数，即

$$P.C = \frac{P_E}{P_S} = \frac{P_E}{P_T}\frac{P_T}{P_{D0}}\frac{P_{D0}}{P_{DB}}\frac{P_{DB}}{P_S} = \eta_D\eta_S = \eta_H\eta_0\eta_R\eta_S \tag{8-12}$$

推进系数 $P.C$ 表示由主机、船体及螺旋桨三者组成的整个推进系统的综合性能，推进系数越高，船舶的推进性能越好。

学习成果测验

任务 8-1：螺旋桨的功率计算

(1)某船主机为 12VA300 型船用柴油机，额定功率为 8827.6kW，供给水泵消耗 73.55kW，主机到螺旋桨采用直接传动，试估计其收到功率。

(2)已知某蒸汽机拖船在拖速 $V_A = 8.5$km/h 时的阻力 $R = 3.728$kN，拖索上的拉力 $F = 49.05$kN，船的推进系数 $P.C = 0.4$，试求该船所需的主机功率。

(3)螺旋桨的推力 $T = 38$kN，螺旋桨的进速 $V_A = 12$kn，求推功率是多少？

(4)已知一个模型螺旋桨的推力 $T = 180$N，转矩 $Q = 10$ N·m，螺旋桨的进速 $V_A = 6$kn，转速 $n = 720$r/min，求此模型螺旋桨的推功率、吸收功率及效率是多少？

(5)某船螺旋桨的直径 $D = 2.4$m，进速 $V_A = 16$kn，在淡水中发出的推力 $T = 79$kN，试求：

①理想效率；

②估计螺旋桨的实际效率。

评分：________________

知识点 2　螺旋桨的几何特性

基本概念：

1. 螺距

设线段 ab 与轴线 OO_1 成固定角度，并使 ab 以等角速度绕轴 OO_1 旋转的同时以等线速度沿 OO_1 向上移动，则 ab 在空间所描绘的曲面即为等螺距螺旋面，如图 8-2 所示。线段 ab 称为

母线，母线绕行一周在轴向前进的距离称为螺距，以 P 表示。

根据母线的形状及与轴线间夹角的变化可以得到不同形式的螺旋面。若母线为一直线且垂直于轴线，则所形成的螺旋面为正螺旋面如图 8-3a）所示。若母线为一直线但不垂直于轴线，则形成斜螺旋面，如图 8-3b）所示。当母线为曲线时，则形成扭曲的螺旋面，如图 8-3c）及图 8-3d）所示。

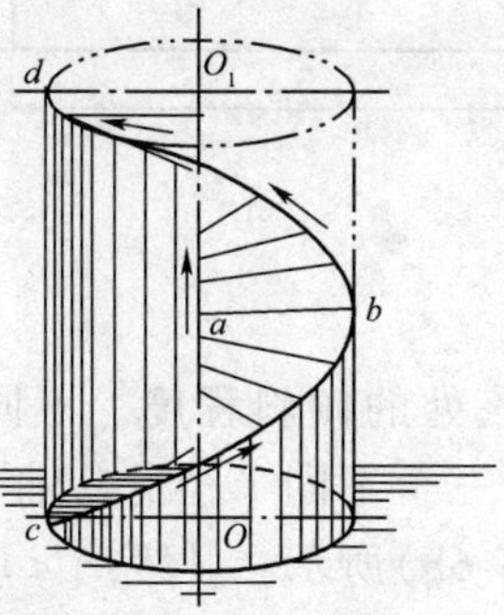

图 8-2　螺旋面的形成

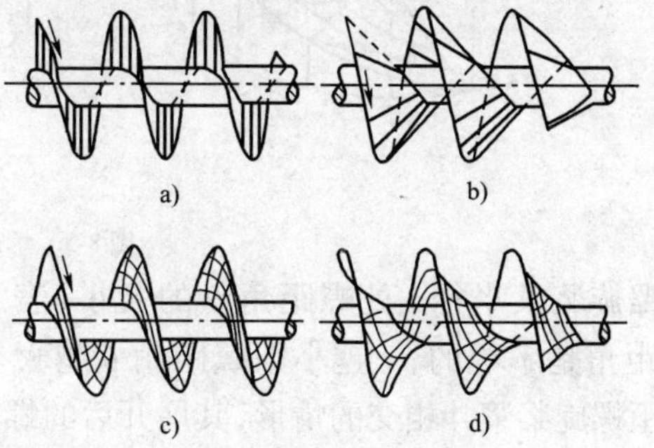

图 8-3　螺旋面的几种形式

2. 螺距角

母线上任一固定点在运动过程中所形成的轨迹为一螺旋线。任一共轴之圆柱面与螺旋面相交的交线也为螺旋线，图 8-4a）表示半径为 R 的圆柱面与螺旋面相交所得的螺旋线 BB_1B_2。如将此圆柱面展成平面，则此圆柱面即成一底长为 $2\pi R$ 高为 P 的矩形，而螺旋线变为斜线（矩形的对角线），此斜线称为节线。三角形 $B'B''B''_2$ 称为螺距三角形，节线与底线间的夹角 θ 称为螺距角，如图 8-4b）所示。由图可知，螺距角可由下式来确定

$$\tan\theta = \frac{P}{2\pi R} \tag{8-13}$$

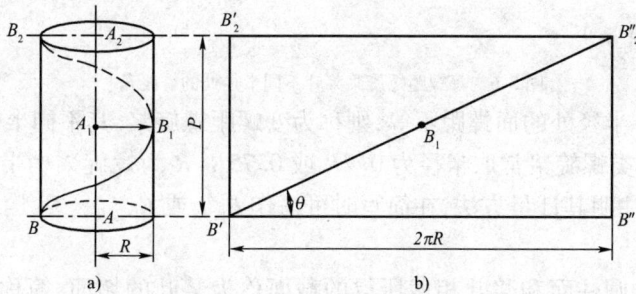

图 8-4　螺旋线及螺距三角形

3. 螺距比

螺旋桨桨叶的叶面是螺旋面的一部分，见图 8-5a），故任何与螺旋桨共轴的圆柱面与叶面的交线为螺旋线的一段，如图 8-5b）中的 B_0C_0 段。若将螺旋线段 B_0C_0 引长且环绕轴线一周，则其两端之轴向距离等于此螺旋线的螺距 P。若螺旋桨的叶面为等螺距螺旋面之一部分，则 P 即称为螺旋桨的面螺距。面螺距 P 与直径 D 之比（P/D）称为螺距比。将圆柱面展成平面后即得螺距三角形，如图 8-5c）所示。

设上述圆柱面的半径为 R，则展开后螺距三角形的底边长为 $2\pi r$，节线与底线之间的夹角口为半径 r 处的螺距角，并可据下式来确定

$$\tan\theta = \frac{P}{2\pi r} \tag{8-14}$$

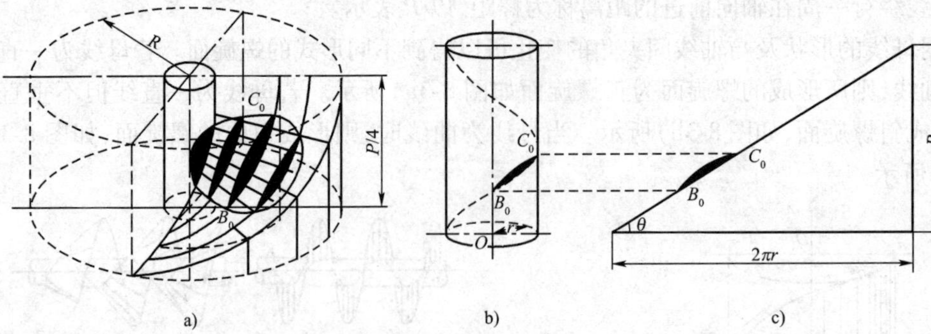

图 8-5 螺旋桨的面螺距

螺旋桨某半径 r 处螺距角 θ 的大小，表示桨叶叶面在该处的倾斜程度。不同半径处的螺距角是不等的，r 越小则螺距角 θ 越大。图 8-6a) 表示三个不同半径的共轴圆柱面与等螺距螺旋桨桨叶相交的情形，其展开后的螺距三角形如图 8-6b) 所示。显然，$r_1 < r_2 < r_3$，而 $\theta_1 > \theta_2 > \theta_3$。

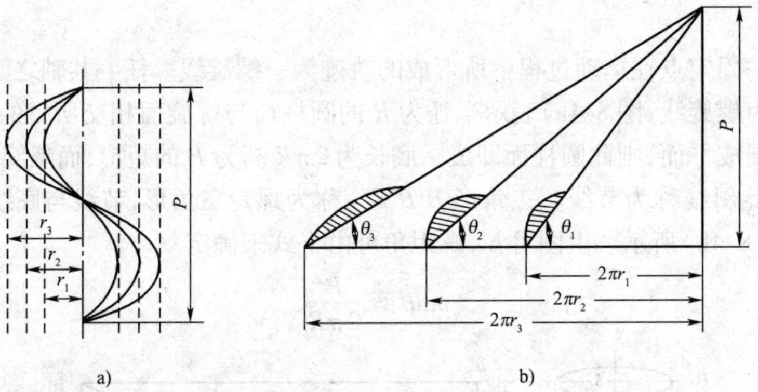

图 8-6 等螺距螺旋桨桨叶不同半径处的螺距角

若螺旋桨叶面各半径处的面螺距不等，则称为变螺距螺旋桨，其不同半径处螺旋线的展开如图 8-7 所示。对此类螺旋桨常取半径为 0.7R 或 0.75R（R 为螺旋桨梢半径）处的面螺距代表螺旋桨的螺距，为注明其计量方法，在简写时可写作 $R_{0.7R}$ 或 $R_{0.75R}$。

4. 桨叶切面

与螺旋桨共轴的圆柱面和桨叶相截所得的截面称为桨叶的切面，简称叶切面或叶剖面。如图 8-5b) 所示。将圆柱面展为平面后则得如图 8-5c) 所示的叶切面形状。桨叶切面的形状通常为弓形切而或机翼形切面，特殊的也有梭形切面和月牙形切面，如图 8-8 所示。一般来说，机翼形切面的叶型效率较高，但空泡性能较差，弓形切面则相反。普通的弓形切面展开后叶面为一直线，叶背为一曲线，中部最厚两端颇尖。机翼形切面在展开后无一定形状，叶面大致为一直线或曲线，叶背为曲线，导边钝而随边较尖，其最大厚度则近于导边，约在离导边 25% ~40% 弦长处，其形状与机翼切面相仿。所以表征机翼切面几何特性的方法，可以用于桨叶切面。

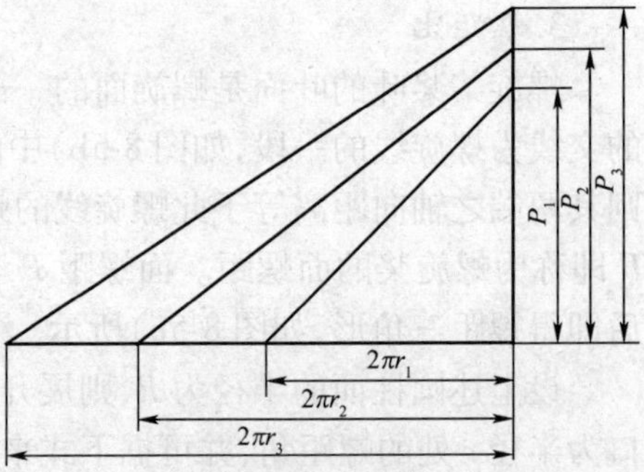

图 8-7 变螺距螺旋桨桨叶不同半径处的螺距及螺距角

5. 切面的拱度

切面厚度以垂直于所取弦线方向与切面上下面交点间的距离来表示。其最大厚度 t 为叶厚,z 与切面弦长 b 之比称为切面的相对厚度或叶厚比 $\delta = t/b$。切面的中线或平均线称为拱线或中线,拱线到内弦线的最大垂直距离称为切面的拱度,以 f_m 表示。f_m 与弦长 b 之比称切面的拱度比 $f = f_m/b$,如图 8-9 所示。

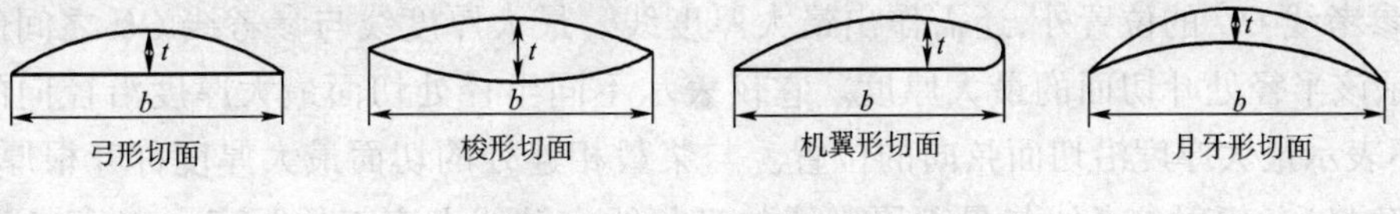

图 8-8　桨叶切面的形状

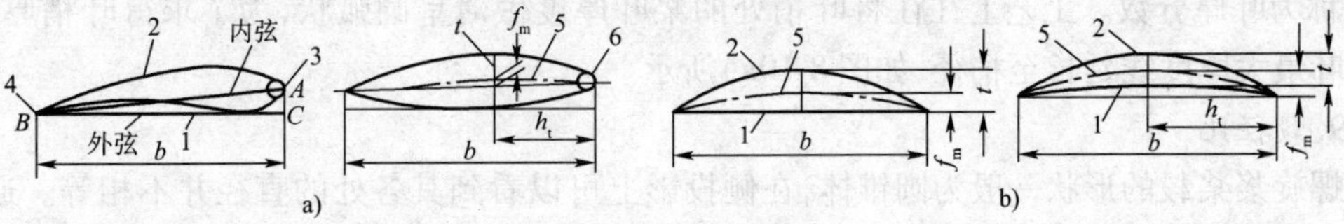

图 8-9　切面的几何特征

a) 机翼形;b) 弓形

1-面线;2-背线;3-导边;4-随边;5-拱线;6-导边端圆

6. 桨叶的外形轮廓和叶面积

桨叶的外形轮廓可以用螺旋桨的正视图和侧视图来表示。从船后向船首所看到的为螺旋桨的正视图,从船侧看过去所看到的为侧视图。图 8-10 所示为一普通螺旋桨的图,图上注明了螺旋桨各部分的名称和术语。

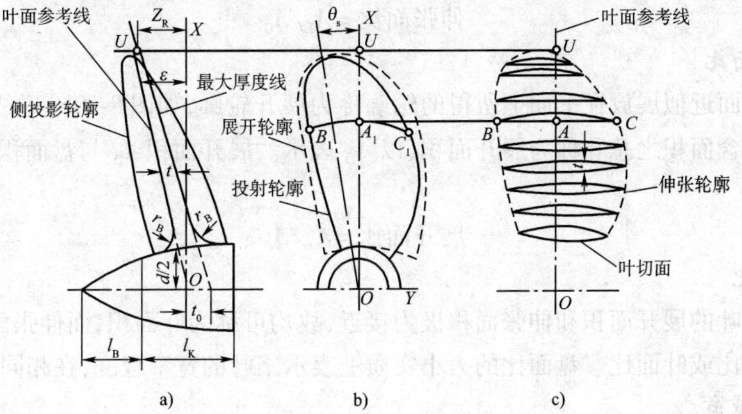

图 8-10　桨叶的外形轮廓

为了正确表达正视图和侧视图之间的关系,取叶面中间的一根母线作为作图的参考线,称为桨叶参考线或叶面参考线,如图中直线 OU。若螺旋桨叶而是正螺旋面,则在侧视图上参考线 OU 与轴线垂直。若为斜螺旋面,则参考线与轴线的垂线成某一夹角 ε,称为纵斜角。参考线线段 OU 在轴线上的投影长度称为纵斜,用 Z_R 表示。纵斜螺旋桨一般都是向后倾斜的,其目的在于增大桨叶与尾框架或船体间的间隙以减小螺旋桨诱导的船体振动,但纵斜不宜过大(一般 $\varepsilon < 15°$),否则螺旋桨在操作时因离心力而增加叶根处的弯曲应力,对桨叶强度不利。

7. 投射面比

桨叶在垂直于桨轴的平面上的投影称为正投影,其外形轮廓称为投射轮廓。螺旋桨所有桨叶投射轮廓包含面积之总和称为螺旋桨投射面积，以 A_p 表示。投射面积 A_p 与盘面积 A_0 之比称为投射面比，即

$$投射面比 = A_p/A_0$$

8. 叶厚分数

桨叶在平行于包含轴线和辐射参考线的平面上的投影称为侧投影。图上除画出桨叶外形轮廓及参考线 OU 的位置外，还需作出最大厚度线。最大厚度线与参考线 OU 之间的轴向距离 t 表示该半径处叶切面的最大厚度。它仅表示不同半径处切面最大厚度沿径向的分布情况，并不表示最大厚度沿切面弦向的位置。与桨毂相连处的切面最大厚度称叶根厚度（除去两边填角料）。辐射参考线与最大厚度线的延长线在轴线上交点的距离 t_0 与直径 D 之比值 t_0/D 称为叶厚分数。工艺上往往将叶梢处的桨叶厚度做薄呈圆弧状，为了求得叶梢厚度，须将桨叶最大厚度线延长至梢径，如图 8-10a）所示。

9. 毂径比

螺旋桨桨毂的形状一般为圆锥体，在侧投影上可以看到其各处的直径并不相等。通常所说的桨毂直径（简称毂径）是指辐射参考线与桨毂表面相交处（略去叶根处的填角料）至轴线距离的两倍，并以 d 来表示（参阅图 8-10a）。毂径 d 与螺旋桨直径 D 的比值 d/D 称为毂径比。

10. 伸张面比

将各半径处共轴圆柱面与桨叶相截的各切面展成平面后，以其弦长置于相应半径的水平线上，并光顺连接端点所得之轮廓称为伸张轮廓，如图 8-10c）所示。螺旋桨各叶伸张轮廓所包含的面积之总和称为伸张面积，以 A_E 表示。伸张面积 A_E 与盘面积 A_0 之比称为伸张面比，即

$$伸张面比 = A_E/A_0$$

11. 展开面比

将桨叶叶面近似展放在平面上所得的轮廓称为展开轮廓，如图 8-10b）虚线所示。各桨叶展开轮廓所包含面积之总和称为展开面积，以 A_D 表示。展开面积 A_D 与盘面积 A_0 之比称为展开面比，即

$$展开面比 = A_D/A_0$$

12. 盘面比

螺旋桨桨叶的展开面积和伸张面积极为接近，故均可称为叶面积，而伸张面比和展开面比均可称为盘面比或叶面比。盘面比的大小实质上表示桨叶的宽窄程度，在相同的叶数下，盘面比越大，桨叶越宽。

13. 平均宽度 b_m

可用桨叶的平均宽度 b_m 来表示桨叶的宽窄程度，其值按下式求取

$$b_m = \frac{A_E}{Z\left(R - \frac{d}{2}\right)} \tag{8-15}$$

式中：A_E——螺旋桨伸张面积；

d——毂径；

Z——叶数。

或用平均宽度比 $\overline{b_m}$ 来表示，即

$$\overline{b_m}=\frac{b_m}{D}=\frac{\dfrac{\pi A_E}{A_0}}{2Z\left(1-\dfrac{d}{D}\right)} \tag{8-16}$$

知识点 3　螺旋桨的理论基础

螺旋桨理论按其内容发展阶段可分为动量定理（理想推进器理论，也称理想螺旋桨理论）叶元体理论、升力线理论、升力面理论及面元法。

推进器的动量理论早在 19 世纪末已确立，它认为螺旋桨的推力是因其使水产生动量变化所致的，所以可通过水的动量变更率来计算推力。由于忽略的因素过多，所得到的结果与实际情况有一定的距离，不能用作计算或设计的依据。但是，由于推进器的动量理论还能简略地说明推进器产生推力的原因，而且某些结论也有一定的实际意义，故在本章中做必要的介绍。

我们通常把由于螺旋桨运转使水流产生的运动速度称为诱导速度。为了便于分析研究问题，把诱导速度分解为两个分量：一个是平行于桨轴方向，另一个是垂直于轴平面内的圆周方向。沿轴线方向的诱导速度分量称为轴向诱导速度，其方向与螺旋桨轴向运动方向相反。沿圆周方向的诱导速度分量称为周向诱导速度，其方向与螺旋桨旋转方向相同。对于负荷（指螺旋桨承担的推力）较重的螺旋桨常可以发现螺旋桨尾流有较严重的收缩现象，这时水质点还存在径向诱导速度。

往往由于对诱导速度的处理不同，产生了不同的螺旋桨理论，例如忽略了周向诱导速度的影响，应用动量定理可得到理想推进器理论，若同时考虑周向诱导速度并应用动量矩定理便可得到理想螺旋桨理论。下面我们分别来讨论理想推进器理论和理想螺旋桨理论。

1. 理想推进器理论

1）理想推进器的工作情况

三个假设：

(1) 推进器为轴向零尺度，水可自由流过，吸收功率推水向后的圆盘。

(2) 流速及压力在圆盘上均匀分布。

(3) 水为不可压缩的理想流体。

根据这些假定而得到的推进器理论，称为理想推进器理论。

设推进器在无限静止流体中以速度 V_A 前进，应用运动转换原理，即认为推进器是固定的，而水流自无穷远前方以速度 V_A 流向推进器（鼓动盘）。图 8-11a）表示包围着推进器的流管。

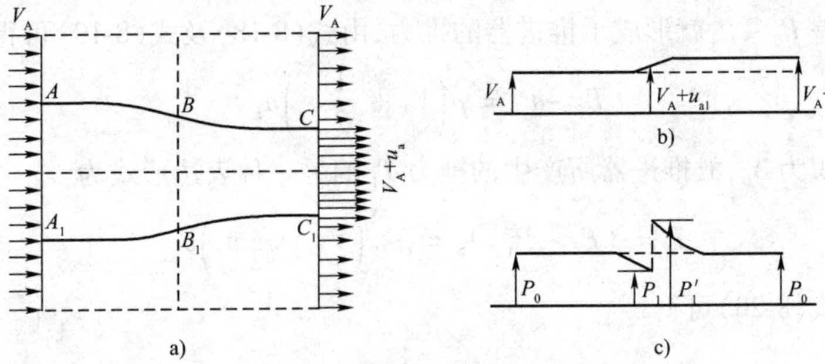

图 8-11　理想推进器的工作情况

由于推进器的作用，在流管中水质点的速度与流管外不同，在流管以外的水流速度和压力处处相等，均为 V_A 和 P_0，故流管的边界 ABC 和 $A_1B_1C_1$ 是分界面。现在讨论流管内水流轴向速度和压力的分布情况（参阅图 8-11a）。在推进器的远前方（A_1B_1 剖面）压力为 P_0、流速为 V_A。离盘面越近，由于推进器的抽吸作用，水流的速度越大而压力下降，到盘面（A_1B_1 剖面）的紧前方时，水流的速度为 V_A+U_{a1}。而压力降为 P_1。当水流经过盘面时，压力突增为 P_1'，（这一压力突变是由于推进器的作用而产生），而水流速度仍保持连续变化。水流离开盘面以后，速度将继续增大而压力下降。到推进器的远后方（CC_1 剖面）处，速度将达到最大值 V_A+U_a 而压力回复至 P_0，图 8-11b）和图 8-11c）分别表示流管中水流速度和压力的分布情况。流管内水流轴向速度的增加使流管截面形成收缩，而流管内外的压力差由其边界面的曲度来支持。由于假定推进器在无限深广的流体中运动，故流管以外两端无限远处的压力和水流速度可视为不变。

根据以上的分析，便可以进一步决定推进器所产生的推力和水流速度之间的关系。

应用动量定理可以求出推进器的推力。单位时间内流过推进器盘面（面积为 A_0）的流体质量为 $m=pA_0(V_A+u_{a1})$ 自流管远前方 AA_1 断面流入的动量为 $pA_0(V_A+u_{a1})V_A$，而在远后方 CC_1 断面处流出的动量为 $pA_0(V_A+u_{a1})(V_A+u_a)$，故在单位时间内水流获得的动量增值为 $pA_0(V_A+u_{a1})$ 根据动量定理，作用在流体上的力等于单位时间内流体动量的增量。

$$\rho A_0(V_A+u_{a1})(V_A+u_a)-\rho A_0(V_A+u_{a1})V_A=\rho A_0(V_A+u_{a1})u_a$$

而流体的反作用力即为推力，故推进器所产生的推力

$$T_i=mu_a=\rho A_0(V_A+u_{a1})u_a \tag{8-17}$$

以上各式中，ρ 为流体的密度。

为了寻求盘面处速度增量配 u_{a1} 与无限远后方速度增量 u_a 的关系，在推进器盘面前和盘面后分别应用伯努利方程。在盘面远前方和紧靠盘面处有下列关系式

$$P_0+\frac{1}{2}\rho V_A^2=P_1+\frac{1}{2}\rho(V_A+u_{a1})^2$$

故

$$P_1=P_0+\frac{1}{2}\rho V_A^2-\frac{1}{2}\rho(V_A+u_{a1})^2 \tag{8-18}$$

而在盘面远后方和紧靠盘面处有

$$P_0+\frac{1}{2}\rho(V_A+u_a)^2=P'_1+\frac{1}{2}\rho(V_A+u_{a1})^2$$

故

$$P_1'=P_0+\frac{1}{2}\rho(V_A+u_a)^2-\frac{1}{2}\rho(V_A+u_{a1})^2 \tag{8-19}$$

盘面前后的压力差 $P_1'-P_1$ 就形成了推进器的推力，由式(8-18)及式(8-19)可得：

$$P_1'-P_1=\rho\left(V_A+\frac{1}{2}u_a\right)u_a$$

因推进器的盘面积为 A_0，故推进器所产生的推力 T_i 的另一种表达形式为

$$T_i=(P_1'-P_1)A_0=\rho A_0\left(V_A+\frac{1}{2}u_a\right)u_a \tag{8-20}$$

比较式(8-17)及式(8-20)可得

$$u_{a1}=\frac{1}{2}u_a \tag{8-21}$$

由上式可知，在理想推进器盘面处的速度增量为全部增量的一半。水流速度的增量 u_{a1} 及 u_a 称为轴向诱导速度。由式(8-20)或式(8-21)可见，轴向诱导速度越大，推进器产生的推力也越大。

2)理想推进器的效率

推进器的效率等于有效功率和消耗功率的比值。现以绝对运动观点来讨论理想推进器的效率。推进器在静水中以速度 V_A 前进时产生推力 T_1，则其有效功率为 T_1V_A。但推进器在工作时，每单位时间内有 $\rho A_0\left(V_A+\frac{1}{2}u_A\right)$ 质量的水通过盘面得到加速而进入尾流，尾流中的能量随水消逝乃属损失，故单位时间内损失的能量(即单位时间内尾流所取得的能量)为

$$\frac{1}{2}\rho A_0\left(V_A+\frac{1}{2}u_{a1}\right)u_a^2=\frac{1}{2}T_iu_a$$

从而推进器消耗的功率为

$$T_iV_A+\frac{1}{2}T_iu_a=T_i\left(V_A+\frac{1}{2}u_a\right)$$

因此，理想推进器的效率为

$$\eta_{iA}=\frac{T_iV_A}{T_i\left(V_A+\frac{1}{2}u_a\right)}=\frac{V_A}{V_A+\frac{1}{2u_a}} \tag{8-22}$$

由式(8-20)可见，推进器必须给水流以向后的诱导速度才能获得推力，故从式(8-22)可知，理想推进器的效率总是小于1。

理想推进器的效率还可用另外的形式来表达，根据式(8-19)解 u_a 的二次方程可得

$$u_a=-V_A+\sqrt{V_A^2+\frac{2T_i}{\rho A_0}} \tag{8-23}$$

或写作

$$\frac{u_a}{V_A}=\sqrt{1+\frac{T_i}{\frac{1}{2}\rho A_0V_A^2}}-1=\sqrt{1+\sigma_T}-1 \tag{8-24}$$

式中：$\sigma_T=T_i/\frac{1}{2}\rho A_0V_A^2$——推进器的载荷系数。

将式(8-23)代入式(8-21)得到的效率表达式为

$$\eta_{iA}=\frac{2}{1+\sqrt{1+\sigma_T}} \tag{8-25}$$

由式(8-24)及式(8-25)可见，若已知推进器的载荷系数 σ_T，便可以确定诱导速度 u_a(或 u_{a1})及效率 η_{iA}。图8-12表示 η_{iA}、$\frac{1}{2}u_a/V_A$，与载荷系数 σ_T 之间的关系曲线。σ_T 越小则效率越高。在推力 T_1 和速度 V_A 一定的条件下，要取得小的载荷系数必须增大盘面积 A_0，对螺旋桨来说需增大直径 D，从而提高效率。这一结论具有重要的现实意义。

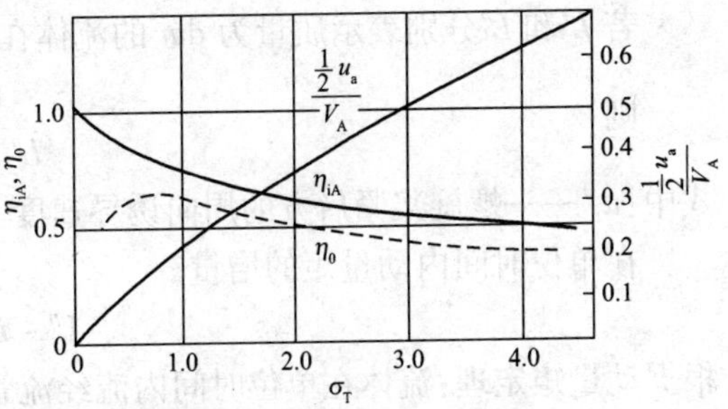

图8-12　理想推进器的效率曲线

2. 理想螺旋桨理论

1）理想螺旋桨的工作情况

在理想推进器理论中，规定推进器具有吸收外来功率并产生轴向诱导速度的功能。然而，对于推进器是怎样吸收外来功率，又如何实现推水向后等问题，却未予说明。对于螺旋桨来说，它是利用旋转运动来吸收主机功率的。因而，实际螺旋桨在工作时，除产生轴向诱导速度外还产生周向诱导速度，其方向与螺旋桨旋转方向相同，两者合成作用表现为水流经过螺旋桨盘面后有扭转现象，如图 8-13 所示。

为了便于简要地分析周向诱导速度的存在对螺旋桨性能的影响，现讨论具有无限多桨叶的螺旋桨在理想流体中的运动情况，即同一半径处周向诱导速度为常量。

按动量矩定理，必须有对轴线之外力矩才能变更流体对此轴的动量矩。因为我们假定水是理想流体，故在流体中任何面上仅有垂直的力。在桨盘以前，水柱之任何两切面间所受的压力或通过轴线，或平行于轴线，对轴线皆无力矩，故动量矩保持不变，因而水质点不能产生周向的附加速度，亦即在盘面以前水流的周向诱导速度总是等于零。水流经过盘面时，因螺旋桨的转动作用使水流获得周向诱导速度。水流过螺旋桨后直到远后方，作用在流体上的外力矩又等于零，所以流体的动量矩不变。若桨盘后尾流的收缩很小，则可近似认为从螺旋桨紧后方和远后方的周向诱导速度为一常数。

设螺旋桨在无限、静止流场中以速度 V_A 前进，以角速度旋转。为了便于讨论，假定螺旋桨仍以 ω 旋转但不前进，而水流在远前方以轴向速度 V_A 流向推进器。

现分别以 u_{t1} 和 u_t 表示桨盘处和远后方的周向诱导速度（其方向与螺旋桨旋转方向相同），并对盘面上半径 r 处 dr 段圆环中所流过的水流应用动量矩定理。参阅图 8-14，设 dm 为单位时间内流过此圆环的流体质量，其值为

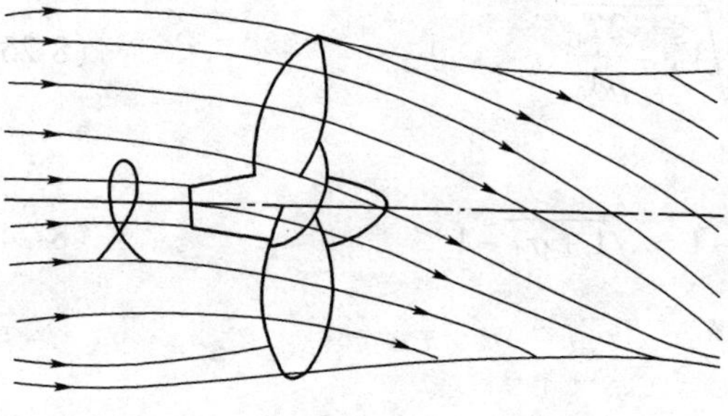

图 8-13　桨盘前后的水流情况

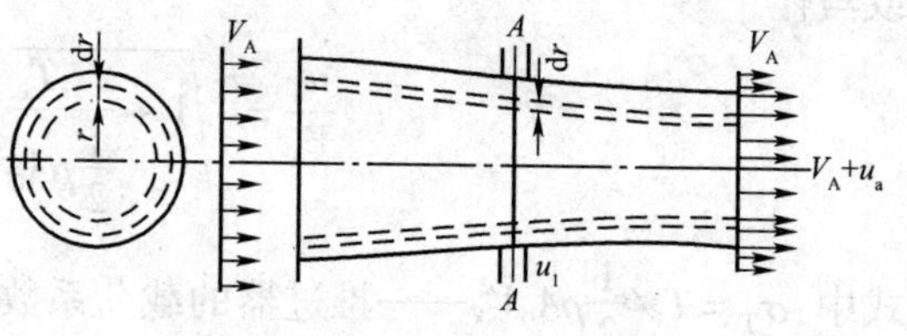

图 8-14　理想螺旋桨的工作情况

$$dm = \rho dA_0\left(V_A + \frac{1}{2}u_a\right)$$

式中：dA_0——桨盘上半径 r 至（r + dr）段的环形面积。

若 L' 和 L'' 分别表示质量为 dm 的流体在桨盘紧前方和紧后方的动量矩，

则

$$L' = 0$$

$$L'' = dmru'_t$$

式中：u_t'——螺旋桨紧后方的周向诱导速度。

在单位时间内动量矩的增量

$$L'' - L' = dmru'_t \tag{8-26}$$

根据动量矩定理：流体在单位时间内流经流管两截面的动量矩增量等于作用在流管上的力矩。在我们所讨论的情形下，是指对螺旋桨轴线所取的力矩。即

$$L'' - L' = \mathrm{d}Q \tag{8-27}$$

设螺旋桨在旋转时 dr 圆环范围内作用于流体的旋转力为 dF_i，则其旋转力矩为 rdF_i，故作用在流体上的力矩应为

$$\mathrm{d}Q = r\mathrm{d}F_i \tag{8-28}$$

由式(8-26)及式(8-28)可得

$$\mathrm{d}F_i = \mathrm{d}mu'_t \tag{8-29}$$

质量为 dm 的流体经过桨盘之后，不再遭受外力矩的作用，故其动量矩保持不变。若桨盘后尾流的收缩很小，则可以近似地认为桨盘后的周向诱导速度为一常数，亦即桨盘紧后方及远后方处的周向诱导速度相等，故

$$u'_t = u_t \tag{8-30}$$

根据动能定理可知，质量为 dm 的流体在旋转运动时动能的改变应等于旋转力 dF_i 在单体位时间内所作的功，即

$$\mathrm{d}F_i u_{t1} = \mathrm{d}m \frac{u_t^2}{2}$$

式中：u_{t1}——桨盘处的周向诱导速度。

将式(8-29)代入上式中，并经简化后可得

$$u_{t1} = \frac{1}{2}u_t \tag{8-31}$$

上式表明，螺旋桨盘面处的周向诱导速度等于盘面后任一截面处(包括远后方)的周向诱导速度的一半。

dr 段圆环面积以 dA_0，吸收的功率为 $\omega r\mathrm{d}F_i$，它消耗于三部分：完成有效功 $\mathrm{d}T_i V_A$，水流轴向运动所耗损的动能 $\frac{1}{2}dmu_a^2$；和水流周向运动所耗损的动能 $\frac{1}{2}dmu_t^2$。因此

$$\omega r\mathrm{d}F_i = \mathrm{d}T_i V_A + \frac{1}{2}\mathrm{d}mu_a^2 + \frac{1}{2}\mathrm{d}mu_t^2 \tag{8-32}$$

将 $\mathrm{d}F_i = \mathrm{d}mu_t$ 代入式(8-32)左边并消去两端 dm，整理后可得

$$\frac{u_a}{u_t} = \frac{\omega r - \frac{u_t}{2}}{V_A + \frac{u_a}{2}} \tag{8-33}$$

若将盘面处，远前方及远后方三项的水流速度(相对于半径 r 处的圆环)作成图 8-15 所示的速度多角形，则据式(8-32)可知，由矢量($V_A + u_{a1}$)、($\omega r - u_{t1}$)和 V_R 组成的直角三角形与 u_a、u_t 和 u_n 组成的直角三角形相似，从而得到一个非常重要的结论：诱导速度 u_n 垂直于合速 V_R。图中 V_0 和 V_∞ 分别表示远前方和远后方的合速。

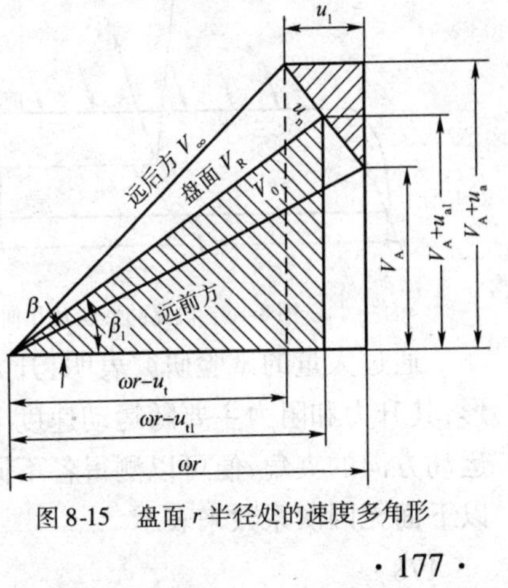

图 8-15　盘面 r 半径处的速度多角形

2)理想螺旋桨的效率

设 dT_i 为流体在环形面积 dA_0 上的推力，则单位时间内所做的有用功为 $\mathrm{d}T_i V_A$，而吸收的功率为 dF_{wr}，故半径 r 处 dr 段圆环的理想效率为

$$\eta_i = \frac{\mathrm{d}T_i V_A}{\mathrm{d}F_i \omega r} = \frac{\mathrm{d}mu_a V_A}{\mathrm{d}mu_t \omega r} = \frac{u_a V_A}{u_t \omega r} \tag{8-34}$$

将式(8-33)代入式(8-34)得到

$$\eta_i = \frac{V_A}{V_A + \frac{u_a}{2}} \cdot \frac{\omega r - \frac{u_t}{2}}{\omega r} = \eta_{iA}\eta_{iT} \tag{8-35}$$

式中：η_{iA}——理想推进器效率，也可称为理想旋转桨的轴向诱导效率。

$$\eta_{iT} = \frac{\omega r - \frac{u_t}{2}}{\omega r} \tag{8-36}$$

称理想螺旋桨的周向诱导效率。

从式(8-35)可见，由于实际螺旋桨后的尾流旋转，故理想螺旋桨效率 η_i 总是小于理想推进器效率 η_{iA}。这里尚需提醒的是：式(8-35)乃是半径 r 处 dr 段圆环的理想效率，只有在各半径处的 dr 圆环对应的 η_i 都相等时，该式所表示的才是整个理想螺旋桨的效率。

知识点4　螺旋桨的工作原理

1. 机翼原理

机翼是飞机产生升力的机构。如图8-16所示，机翼的长度称为翼展，用符号 l 表示，它的宽度称为翼弦，用符号 b 表示，翼展 l 与翼弦 b 之比，称为展弦比，即 $\lambda = l/b$。

如图8-17所示，将机翼模型放在风洞中进行试验，并用伯努利方程解释机翼产生升力的原因。伯努利方程给出了一个流场里流速与压力之间的关系，即流速大的地方压力小，而流速小的地方则压力大。在研究机翼的运动中，常采用运动相对原理，即认为机翼不动，来流以速度 V 流向机翼，来流速度 V 与机翼弦线之夹角称为冲角 α_k，见图8-17。由于来流受机翼阻挡，所以只能分别从上下绕过机翼。这时发现机翼上表面的气流速度比前方来流速度高，因而压力较低，机翼下表面的气流速度大致与翼前方的相等或略低，因而压力稍增。这样机翼上下表面的压力差就构成了向上的力。此力的方向垂直于来流方向，具有使机翼升起的作用，故称升力。由于实际流体具有黏性，故机翼在实际流体中运动时，除产生升力之外，来流对机翼同时还产生阻力，具有阻碍机翼运动的作用。通常一个优良的机翼升力总是比阻力大得多。

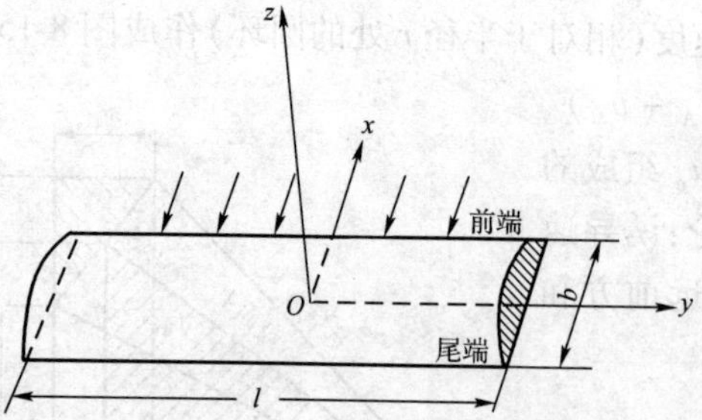

图8-16　机翼的形状及几何要素

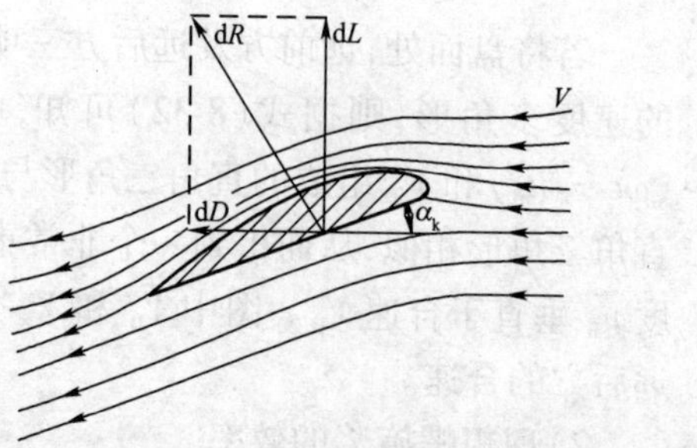

图8-17　机翼的流体动力形成

通过大量的试验研究表明，升力与阻力的大小与机翼本身的几何要素有关。对一既定翼形，其升力和阻力主要随运动速度 V 与几何冲角 α_k 的大小而变化。如果变更机翼模型与气流运动方向的夹角，便可以测得各不同几何冲角时的升力、阻力和力矩。通常风洞试验的结果是以下面无因次系数来表示

升力系数

$$C_L = \frac{L}{\frac{1}{2}\rho V^2 S} \tag{8-37}$$

阻力系数

$$C_D = \frac{D}{\frac{1}{2}\rho V^2 S} \tag{8-38}$$

式中：V——流体的速度（即机翼前进的速度）；

S——机翼平面面积；

L——机翼的升力；

D——机翼的阻力。

系数 C_L 和 C_D 的大小，与展弦比 λ 及切面形状有关，特别是与几何冲角的大小有关。对于一定几何形状的叶片，C_L 和 C_D 取决于几何冲角 α_k，图 8-18 是 C_L 和 C_D 随 α_k 变化的曲线。从图中可以看出：

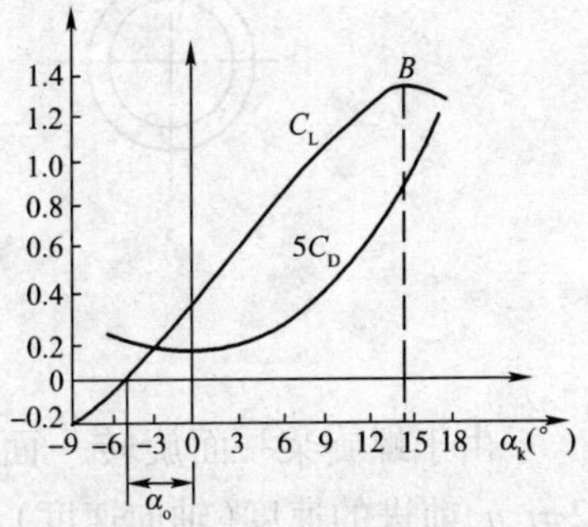

图 8-18　C_L、C_D 与 α_k 关系曲线

（1）实验证明，在实用范围内，升力系数 C_L 是随几何冲角 α_k 增加而增加，两者几乎成线性关系。当几何冲角达到某一临界值 α_k 之后，C_L 反而随 α_k 的增大而下降。这是由于流线与机翼表面产生了分裂现象，形成了一个充满旋涡的广阔尾流，如图 8-19 所示。因为机翼上面的压力升高，致使升力激剧下降，阻力突然上升，这一情况称为失速现象，α_k 称为临界冲角或失速角。

（2）当几何冲角 α_k 为零时，升力系数 C_L 并不等于零。而是某一正值，这是因为机翼剖面不对称之故。如果在某冲角下机翼的升力恰好等于零，则此时来流速度 V 的方向线称为无升力线，如图 8-20 所示。其冲角 α_0 称为无升力角。有时以无升力线为参考方向，来流速度 V 的方向线与此线的夹角 α 称为流体动力冲角（或绝对冲角）。显然 $\alpha = \alpha_0 + \alpha_k$

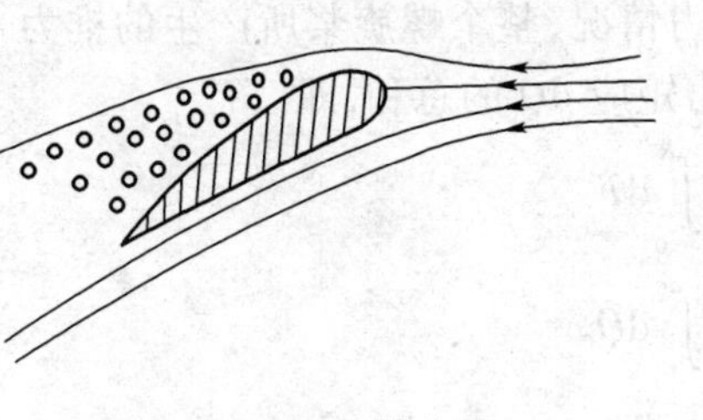

图 8-19　机翼表面流体分裂

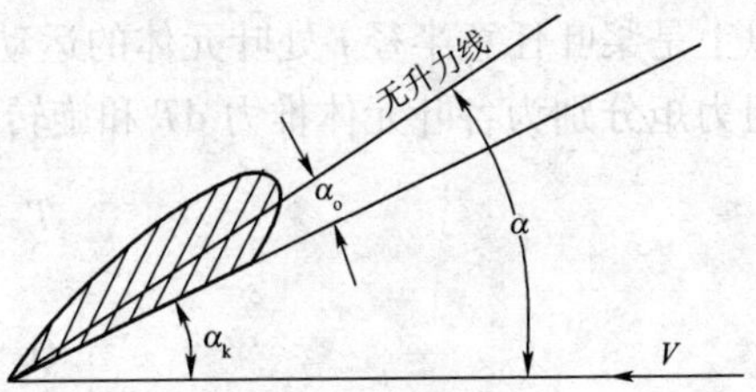

图 8-20　无升力角

（3）阻力系数 C_D 也随几何冲角 α_k 而变，在零冲角前后变化比较平缓，但随 α_k 的增加而迅速增大，从图 8-18 可以看出；阻力系数要比升力系数小得多，但不管什么时候阻力都不等于零，但当 $\alpha_k = 0$ 时阻力最小。

2. 敞水螺旋桨的水流运动分析

螺旋桨工作时，一面随主机驱动而旋转，一面随船舶前进而前进，这两种运动的组合即为螺旋运动。

为了分析螺旋桨的运动和受力情况，我们先对半径为 r，宽度为 dr 的一薄片，称为叶元体（见图 8-21a）进行分析，而整个螺旋桨所受的力正是各叶元体受力的总和。

如果将半径为 r 处的叶元体展平，则叶元体切面如图 8-21b) 所示。其切面弦线与周向的倾斜角即为螺距角 φ。

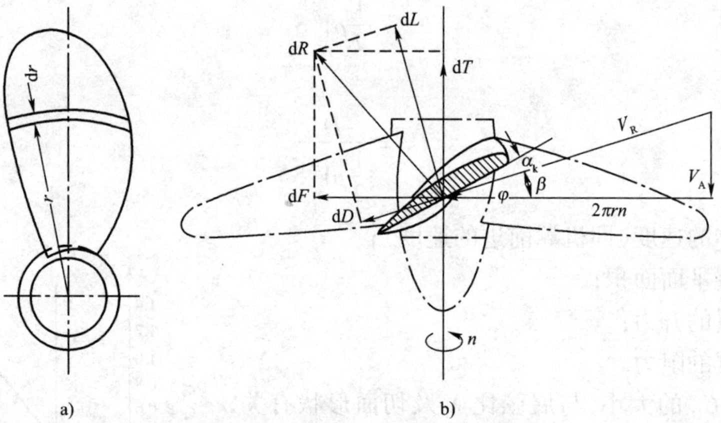

图 8-21 叶元体的运动与受力

a) 叶元体；b) 速度三角形

由于螺旋桨一面旋转一面前进，设螺旋桨的转速为 n，在 r 处切向速度（周向速度）为 $2\pi r\ n$，前进的速度（轴向速度）为 V_A。根据相对运动的原理，设叶元体不动，水流以轴向速度 V_A 和周向速度 $2\pi rn$ 流向叶元体，其合成速度为 V_R。合速度 V_R 与叶元体之间的夹角 α_k 称为几何冲角。以轴向速度 V_A，周向速度 $2\pi rn$ 及合速度 V_R 组成的三角形常称为速度三角形，如图 8-21b) 所示。这样叶元体的螺旋运动最后归结为水流以合速度 V_R 及几何冲角 α_k 流向叶元体。其几何冲角 $\alpha_k = \varphi - \beta$，（$\beta$ 是合速度与周向速度之间的夹角称为进角）。几何冲角的大小与螺距角和水流的进角有关。

经过以上分析，得知叶元体与水的相对运动和机翼与空气相对运动类似。因此，叶元体将受到一个升力 dL 和一个阻力 dD，dL 的方向与来流合速度 V_R 垂直，dD 就在 V_R 的方向上，二者的合力为 dR。合力 dR 在螺旋桨前进方向的投影为推力 dT，在周向的投影即为阻碍螺旋桨运动的阻力 dF，因而旋转阻力矩 $dQ = r dF$。

以上是桨叶任意半径 r 处叶元体的运动受力情况，整个螺旋桨所产生的推力 T 和所受的旋转阻力矩分别为各叶元体推力 dT 和旋转阻力矩应 dQ 的总和，即

$$T = Z\int_{r_0}^{R} dT \tag{8-39}$$

$$Q = Z\int_{r_0}^{R} dQ \tag{8-40}$$

式中：Z——螺旋桨的叶数；

r_0——桨毂半径；

R——螺旋桨半径。

螺旋桨工作时，发出的推力用以克服船的阻力，推船前进。受到的阻力矩由主机发出的旋转力矩来克服。可见，当螺旋桨以转速 n 进行旋转时，必须吸收主机所供给的转矩 Q，才能克服阻力矩。螺旋桨吸收的功率为 $2\pi rn$。螺旋桨在运动中产生推力为 T，且以进速 V_A 推船前进，其所发挥作用的功率为 TV_A。故螺旋桨的效率为

$$\eta_0 = \frac{推功率}{吸收功率} = \frac{TV_A}{2\pi nQ} \tag{8-41}$$

为了提高螺旋桨的效率,总是力求使螺旋桨所产生的推力增大,而使运动中所遭受的阻力矩减少,从而使主机供给的转矩 Q 减小。为此,首先要选择良好的叶元体形状。更为重要的是还要使桨叶在各半径处都能具有最适宜的几何冲角 α_k。由图 8-21b)可以看出,对于性能良好的桨叶切面,在各半径处合成的来流速度 V_R 与桨叶切面的几何冲角 α_k 又是适宜的,那么,各桨叶切面就会产生较大的升力 dL 和较小的阻力 dD,从而使推力 dT 较大而旋转阻力 dQ 较小,这就有利于提高螺旋桨的效率。

由速度三角形可见,进角 β 的正切与所处的半径 r 成反比,这与螺矩角 φ 有相同的特性。

这就是说,采用螺旋面作为桨叶的叶面,可以使各半径处的螺矩角 φ 与进角 β 相适应,以保证桨叶在各半径处都具有较适宜的几何冲角 α_k。

3. 速度多角形及叶元体上的作用力

前面我们是应用速度三角形来求螺旋桨的作用力及效率,一般在给定螺旋桨的进速 V_A 和转速 n 时,如能求得诱导速度 u_A 及 u_T 时,还可以用速度多角形来求螺旋桨的作用力和效率。取半径 r 处 dr 段的叶元体进行讨论,其速度多角形如图 8-22 所示。当水流以合速度 V_R,冲角 α_k 流向叶元体时,便产生了升力 dL 和阻力 dD。将升力 dL 分解为沿螺旋桨轴向的分力 dL_a 和旋转方向的分力 dL_t,阻力 dD 相应地分解为 dD_a 和应 dD_t。

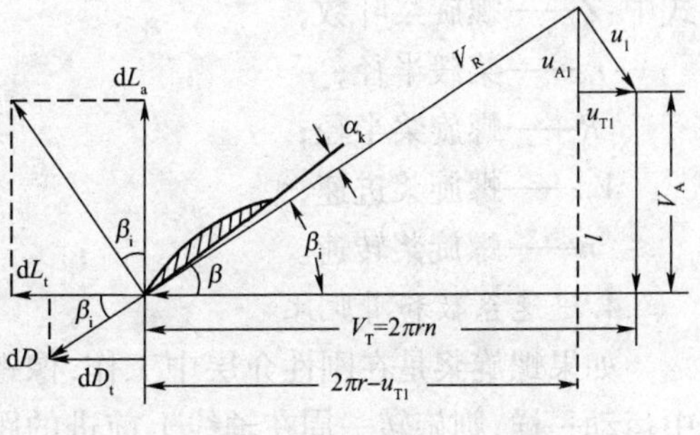

图 8-22 速度多角形及叶元体上的作用力

因此该叶元体的推力、转力矩公式是

$$dT = dL_a - dD_a = dL\cos b_i - dD\sin b_i = dL\cos b_i(1 - \varepsilon\tan b_i) \tag{8-42}$$

$$dF = dL_t + dD_t = dL\sin\beta_i + dD\cos\beta_i = dL\sin\beta_i\left(1 + \frac{\varepsilon}{\tan\beta_i}\right) \tag{8-43}$$

$$dQ = r dF = r dL\sin\beta_i\left(1 + \frac{\varepsilon}{\tan\beta_i}\right) \tag{8-44}$$

式中:β_i——水动力进角或水动力螺距角;

ε——阻升比,$\varepsilon = \frac{dD}{dL}$。

叶元体的效率 η_0 为

$$\eta_0 = \frac{V_A dT}{\omega r dF} = \frac{V_A dL(\cos\beta_i - \varepsilon\sin\beta_i)}{\omega r dL(\sin\beta_i + \varepsilon\cos\beta_i)} = \frac{V_A\cos\beta_i(1 - \varepsilon\tan\beta_i)}{\omega r\sin\beta_i\left(1 + \frac{\varepsilon}{\tan\beta_i}\right)}$$

$$= \frac{V_A}{V_A + \frac{u_a}{2}} \cdot \frac{\omega r - \frac{u_t}{2}}{\omega r} \cdot \frac{1 - \varepsilon\tan\beta_i}{1 + \frac{\varepsilon}{\tan\beta_i}} = \eta_{iA} \cdot \eta_{iT} \cdot \eta_\varepsilon \tag{8-45}$$

式中:η_{iA}——理想螺旋桨的轴向诱导效率;

η_{iT}——理想螺旋桨的周向诱导效率;

η_ε——叶元体的结构效率。

$\eta_\varepsilon = \dfrac{1 - \varepsilon\tan\beta_i}{1 + \dfrac{\varepsilon}{\tan\beta_i}}$是因为螺旋桨在具有黏性的实际流体中螺旋所引起。在实际流体中,因

$\varepsilon \neq 0$,故 η_ε <1,说明螺旋桨在实际流体中工作的效率比在理想流体中要低。应从改善每一叶元体的 η_{iA}、η_{iT} 和 η_ε 入手,尽量减少尾流中的能量损失和降低阻升比 ε 之值。

从上述我们已知螺旋桨桨叶任意半径处叶元体上的作用力及效率,由此可通过积分求得整个螺旋桨上的作用力及效率。则

$$T = Z\int_{r_0}^{R} \mathrm{d}T \tag{8-46}$$

$$Q = Z\int_{r_0}^{R} \mathrm{d}Q \tag{8-47}$$

$$\eta_0 = \frac{TV_A}{2\pi nQ} \tag{8-48}$$

式中:Z——螺旋桨叶数;

r_0——桨毂半径;

R——螺旋桨半径;

V_A——螺旋桨进速;

n——螺旋桨转速。

4. 进速系数和滑脱比

如果螺旋桨是在刚性介层中工作,像螺钉在螺母中运动一样,则旋转一周在轴线上前进的距离就等于几何螺距 P。但螺旋桨是在船后工作的,其前进的距离决定于船速。螺旋桨旋转一周在轴向前进的距离称为进程,以 h_p 表示。进程 h_p 将小于几何螺距 P,其差值($P-h_p$)为滑脱,如图 8-23 所示。滑脱与冲角有一定联系,正是由于有滑脱才会产生推力。滑脱与螺距之比称为滑脱比,以 S 表示。即

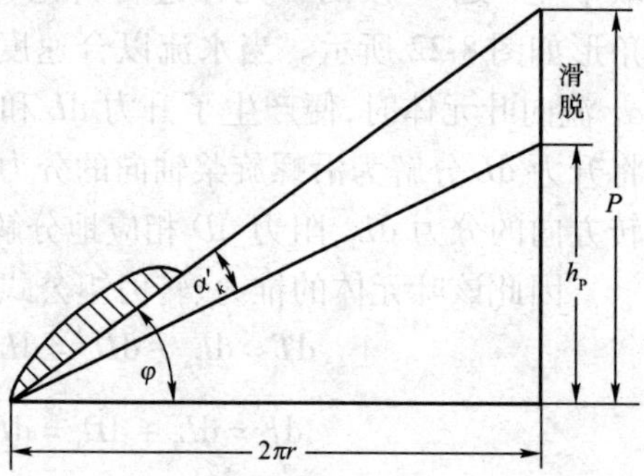

图 8-23　进程三角形

$$S = \frac{P - h_p}{P} = 1 - \frac{h_p}{P} \tag{8-49}$$

或

$$h_p = (P - SP) = (1 - S)P \tag{8-50}$$

进程 h_p 与螺旋桨直径 D 之比称为进速系数,因螺旋桨每秒钟前进的距离为 $nh_p = V_A$,故进速系数可写成

$$J = \frac{h_p}{D} = \frac{V_A}{nD} \tag{8-51}$$

式中:V_A——螺旋桨进速,m/s;

n——螺旋桨转速,r/s。

由式(8-50)及式(8-51)可得进速系数 J 与滑脱比 S 之间的关系为

$$J = \frac{P}{D}(1 - S) \tag{8-52}$$

在螺距 P 一定的情况下,若不考虑诱导速度,则滑脱(或滑脱比 S)的大小即标志者冲角 a_k 的大小;滑脱比 S 大(进速系数 J 小)即表示冲角 a_k 大,则螺旋桨的推力和转矩亦大。因此,滑脱比(或进速系数 J)是影响螺旋桨性能的重要参数,对于几何形状一定的螺旋桨来说,其推力系数和转矩系数只与进速系数 J(或滑脱比 S)有关。

5. 螺旋桨的性征曲线

螺旋桨的水动力性能是指一定几何形体的螺旋桨在水中运动时所产生的推力、消耗的转矩及效率与进速 V_A 和转速 n 之间的关系。在研究它们之间的关系时，通常不是应用推力和转力矩的绝对数量，而是以无因次系数来表示。这样可使所得到的结果不受几何尺寸的限制。它们的表达式分别为：

推力系数：

$$K_T = \frac{T}{\rho n^2 D^4} \tag{8-53}$$

转矩系数：

$$K_Q = \frac{Q}{\rho n^2 D^5} \tag{8-54}$$

效率：

$$\eta_0 = \frac{TV_A}{\omega Q} = \frac{K_T \rho n^2 D^4 V_A}{K_0 \rho n^2 D^5 \omega} = \frac{K_T}{K_0} \times \frac{J}{2\pi} \tag{8-55}$$

式中：T——推力，N；

Q——转矩，N·m；

ρ——水的密度，kg/m^3；

n——螺旋桨转速，r/s；

D——螺旋桨直径，m。

对于几何形状一定的螺旋桨而言，推力系数 K_T、转力矩系数 K_Q 及效率 η_0，与进速系数 J 有关。通常把螺旋桨在不同进速系数时的推力系数 K_T、转矩系数 K_Q，和效率 η_0 绘在同一图上（图 8-24）。因 K_Q 的数值太小，常增大 10 倍（$10K_Q$）与 K_T 共用一纵坐标。表示螺旋桨水动力系数 K_T、K_Q 和 η_0 与进速系数 J 之间关系的曲线称为螺旋桨的敞水性征曲线。通常它是根据敞水螺旋桨模型试验结果绘制的，也可以用理论方法求得。它表示螺旋桨在正车状态时的全面性能。

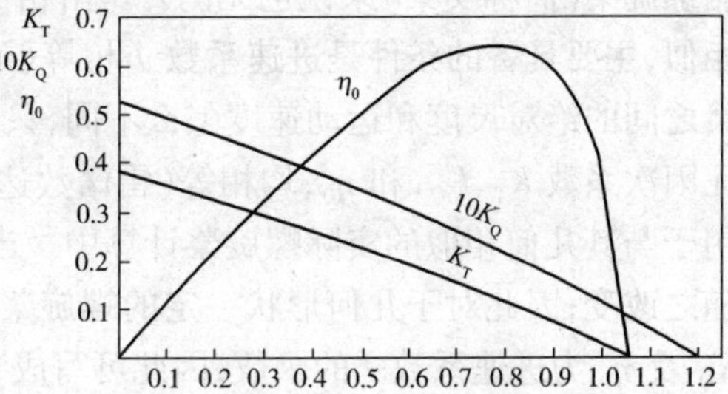

图 8-24　螺旋桨性征曲线图

从图 8-24 中可以看出：

（1）推力系数 K_T 和转矩系数 K_Q 随进速系数 J 的增加而减小，其原因主要因为冲角的改变。因为 J 大则冲角小，J 小则冲角大，在一定的范围内，冲角的增大，会使升力和阻力增加。

（2）当螺旋桨的转速为一定时，当 $J=0$ 时，K_T 和 K_Q 均达最大值。船在系泊试验时，即为此种情况，这是检验螺旋桨在最大推力及转矩作用下能否满足强度要求的办法之一，也可检查系柱推力是否与设计要求相符。由于系柱试验时转矩大，因而主机会超负荷。一般情况下，柴油机在额定转速时，其功率不能超过额定功率的 110%，而且超功率时间不能多于 1h，如发生这种情况，必须降低转速。

（3）当 J 为某一数值时 $K_T=0$，即没有产生推力，但此时 K_Q 并不为零，但数值很小。例如，当主机由全速变换为低速运转时，由于船舶有惯性，仍会保持一定航速前进，即进速系数变化小，而螺旋桨的转速已很低，致使水流的实际冲角为零升力角，螺旋桨不产生推力。

（4）从效率 η_0 曲线可知，当 J 为某一数值时，效率出现最高值，但对不同螺距比的螺旋桨，效率的最高值大小是不同的。螺距比越大(在一定的范围内),则最高效率数值也越大。此时所对应的J值也大,即在一定的D、n之下船速较快;或在一定航速下D、n较小,换句话说,负荷轻的螺旋桨,其螺距比稍大一些,所对应的J值也大一些。

知识点5　螺旋桨模型的敞水试验

螺旋桨模型单独地在静水中的试验称为敞水试验,试验可以在船模试验池或空泡水筒中进行。它是检定和分析螺旋桨性能较为简便的方法。

螺旋桨模型试验对于研究螺旋桨的水动力性能有极其重要的作用,由于模型试验可以在一定条件下进行重复试验和多次观察,因而能充分分析各种现象的本质,为螺旋桨理论的建立和发展以及螺旋桨性能的改进提供可靠的基础,为螺旋桨设计提供丰富的资料。

1. 螺旋桨敞水试验的目的

(1)进行螺旋桨模型的系列试验,将所得的结果绘制成专用图谱,以供螺旋桨设计之用。当前各类螺旋桨的各种形式的设计图谱都是根据系列试验结果绘制而成的。

(2)根据系列试验的结果,可以全面系统地分析螺旋桨各种几何要素对性能的影响,以供设计时正确选择各种参数,并为改善螺旋桨性能提供方便。

(3)为配合自航试验和进行同一螺旋桨的敞水试验时,以分析推进效率成分,比较各种设计方案的优劣,便于选择最佳的螺旋桨。

从"流体力学"及"船舶阻力"课程中知道,在流体中运动的模型与实物要达到力学上的全相似,必须使模型与实物几何相似、运动相似及动力相似。对于螺旋桨模型(简称桨模)和实船螺旋桨(简称实桨)来说也无例外。由相似理论可以证明,要使几何相似的螺旋桨成为动力相似,主要具备的条件是进速系数J相等(运动相似)。就是说,不论实际螺旋桨与模型螺旋桨之间的绝对尺度和运动速度怎么不同,只要保持它们之间的几何相似、进速系数J相等,则无因次系数K_T、K_Q,和η_0,均相等(雷诺数达到一定数值),因此可将螺旋桨的模型试验结果应用于与其几何相似的实际螺旋桨计算中。当几何形状或进速系数J改变时,则K_T、K_Q及η_0亦随之改变;因此对于几何形状一定的螺旋桨来说,其水动力性能只与进速系数J有关,而K_T,K_Q及η_0为进速系数J的函数,因此可写成

$$K_T = \frac{T}{\rho n^2 D^4} = f_1(J) \tag{8-56}$$

$$K_Q = \frac{Q}{\rho n^2 D^5} = f_2(J) \tag{8-57}$$

$$\eta_0 = \frac{K_T}{K_Q} \cdot \frac{J}{2\pi} = f_3(J) \tag{8-58}$$

螺旋桨试验的目的就是要测定螺旋桨的性能数据,即求出上述K_T、K_Q及η_0与J的变化规律,一般是采用保持模型的转速n不变,而以不同的进速V_A进行试验来改变进速系数J的值。

通常,将试验测得的结果(V_A、n、T及Q)按公式算出无量纲系数K_T、K_Q、η_0及J,并以J为横坐标,K_T、K_Q及η_0为纵坐标绘制成如图8-24所示的螺旋桨性征曲线。

2. 敞水试验设备及测试仪器

螺旋桨模型敞水试验,是把桨模安装在流线型敞水箱前方,如图8-25所示。敞水箱由拖车带动,以获得一定的进速(等于拖车速度)。用于驱动桨模转动及测量其推力、转矩和转速

动力仪安装在敞水箱内。为了防止敞水箱对桨模周围流场的影响,一般把桨模置于敞水箱$(2\sim3)D$处,且保持$h_s \geqslant D$,以避免螺旋桨兴波的影响。

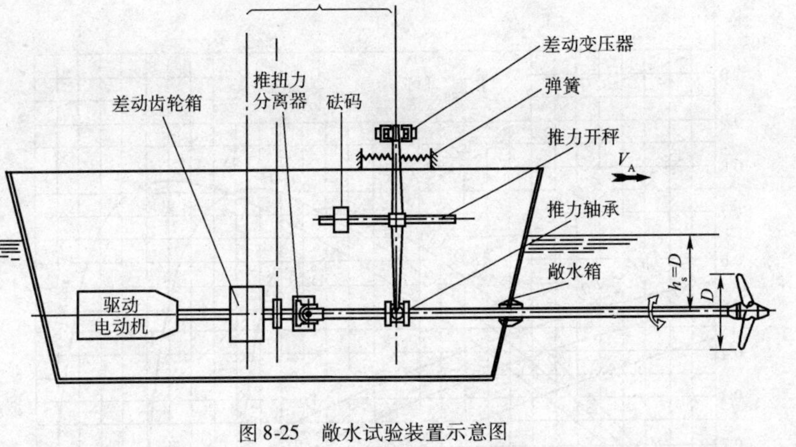

图 8-25 敞水试验装置示意图

图 8-25 是为试验螺旋桨装置的示意图,它是目前大型水池广泛采用的一种。螺旋桨转速通过桨轴上转速传感器(可以是光电式、磁电式或电接触式)检测,其推力通过推力轴承作用于推力天平上,推力天平借砝码平衡大部分推力。余下小部分推力使弹簧发生变形,利用差动变压器(或其他微变形传感器),检测弹簧的变形,而后用图线记录仪记录,或数字化后打印输出。

转矩是通过一个差动齿轮机构来测量的,驱动电机的转矩借差动齿轮机构的外壳作用于螺旋桨转轴上,因此螺旋桨转轴同时给外壳的一个大小相等、方向相反的作用力矩,用天平各机构测得这反作用力矩的大小,也就是螺旋桨的转矩。测量转矩天平的原理同推力天平完全一样,因此在图 8-25 中没有画出。为了使推力只作用于推力天平上,必须采用图中的推扭力分离器,有了分离器可使推力全部传至推力天平,而转矩传至齿轮箱,互不干扰。

3. 螺旋桨模型系列试验及特性曲线组

为了研究螺旋桨几何参数对性能的影响,各试验池常以成组的螺旋桨模型做系统的试验,并将其结果以最方便的形式绘制成专门图谱,以供设计螺旋桨或分析船舶试航时用。此种试验数据称为螺旋桨模型系列试验组,其方法是将一定类型的螺旋桨按一定的秩序变更某些主要参数,以构成一个螺旋桨系列。在同一系列中,将叶数 Z 和盘面比 A_E/A_0 相同,而螺距比 P/D 不同的 5 个或 6 个桨模称为一组。通常将同一组螺旋桨的敞水性征曲线绘制在同一张图内,如图 8-26 所示。

目前世界上已有不少性能优良的螺旋桨系列,其中比较著名应用较广的有:荷兰的 B 型螺旋桨,日本的 AU 型螺旋桨和英国的高恩螺旋桨等。B 型和 AU 型螺旋桨适用于商船,而高恩螺旋桨则适用于水面高速军舰。图 8-26 是根据 B 系列螺旋桨中 B－4－55 组模型系列试验结果绘制的性征曲线。其中第一个字母“B”表示螺旋桨的形式,第二个数字表示叶数,第三个数字表示盘面比。B-4-55 表示 B 型四叶盘面比为 0.55 的螺旋桨。

下面举例说明性征曲线的应用:

例 8-1:已知螺旋桨形式为 B-4-55,直径 $D = 2.6\text{m}$,转速 $n = 200\text{r/min}$,进速 $V_A = 12.65\text{kn}$,要求产生 98100N 推力,如轴系效率为 0.97,试求该螺旋桨所需之螺距比及主机功率。

解(1)预备计算:

$$n = \frac{200}{60} = 3.33(\text{r/s})$$

$$V_A = 0.5144 \times 12.65 = 6.507(\text{m/s})$$

$$\rho n^2 D^4 = 1000 \times 3.33^2 \times 2.6^4 = 506736.12(\text{N})$$

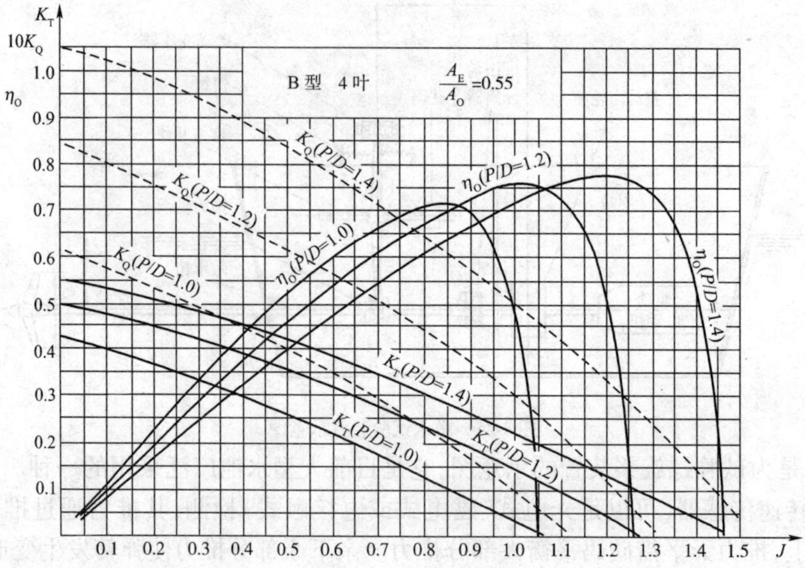

图 8-26　B-4-5 图谱

(2)计算 J 与 K_T：

$$J = \frac{V_A}{nD} = \frac{6.507}{3.33 \times 2.6} = 0.752$$

$$K_T = \frac{T}{\rho n^2 D^4} = \frac{98100}{506736.12} = 0.194$$

(3)按算出的 J 和 KT 值，查 B-4-55 性征曲线图得：

$$\frac{P}{D} = 1.07$$

$$K_Q = 0.035$$

(4)求螺旋桨收到的主机功率：

$$P_D = 2\pi n Q$$

$$Q = K_Q \rho n^2 D^5 = 0.035 \times 1000 \times 3.33^2 \times 2.6^5 = 46112.987(\text{N}\cdot\text{m})$$

$$P_D = 2 \times 3.14 \times 46112.987 \times 3.33 = 964.333(\text{kW})$$

(5)求主机功率：

$$P_B = \frac{P_D}{\eta_S} = \frac{964.333}{0.97} = 994.158(\text{kW})$$

知识点 6　螺旋桨与船体相互影响

实际螺旋桨是在船后工作的，螺旋桨和船体成为一个系统，两者之间必然存在相互作用。这种相互作用表现为船体所形成的速度场和螺旋桨所形成的速度场之间的相互影响。在船后工作的螺旋桨因受到船体的影响，故进入桨盘处的水流速度及其分布情况与敞水者不同，而船体周围的水流速度分布及压力分布受螺旋桨的影响也与孤立的船体不同。因此，船后螺旋桨与水流的相对速度不等于船速，螺旋桨发出的推力也不等于孤立船体所遭受的阻力。

如何把孤立螺旋桨和孤立船体联系起来，正是研究螺旋桨和船体相互影响的目的。严格来说，应把船体与螺旋桨作为统一的整体来考虑。近年来也确有一些学者从事这方面的研究，但由于问题相当复杂，未能付诸实施。所以，目前仍采用近似方法来解决，即分别研究船体和螺旋桨的单独性能，然后再近似地考虑两者之间的相互影响。这种近似方法的实质是：把船体和螺旋桨仍然看作是孤立的，即认为螺旋桨是在船后流场中单独工作，而船体位于螺旋桨所影响的水流中运动。这样就可以把孤立螺旋桨和孤立船体相联系起来，亦即考虑到上述情况以后，可以把螺旋桨敞水试验的结果和船模阻力试验的结果用于船体一螺旋桨的整个系统。

1. 伴流——船体对螺旋桨的影响

1）伴流的成因和分类

伴流：船在水中以某一速度 V 向前航行时，附近的水受到船体的影响而产生运动，其表现为船体周围伴随着一股水流，这股水流称为伴流。由于伴流的存在，使螺旋桨与其附近水流的相对速度和船速不同。在船舶推进中通常所指的伴流即为船尾装螺旋桨处（即桨盘处）的伴流。

船后伴流的速度场是很复杂的，它在螺旋桨盘面各点处的大小和方向是不同的。一般来说，伴流速度场可以用相对于螺旋桨的轴向速度、周向（或切向）速度和径向速度三个分量来表示。测量结果表明，与轴向伴流速度相比较，周向和径向两种分量为二阶小量，在螺旋桨设计问题中，常可不予考虑。因此，在本书中如无特别说明，所谓伴流均指轴向伴流。伴流的速度与船速同方向者称为正伴流，反之则为负伴流。伴流按形成的原因分以下三种：

（1）摩擦伴流。因水具有黏性，故当船在运动时沿船体表面形成边界层，边界层内水质点具有向前的速度，形成正伴流，通常称为摩擦伴流。摩擦伴流在紧靠船身处最大，由船身向外急剧减小，离船体不远处即迅速消失，但在船后相当距离处摩擦伴流依然存在。图 8-27 表示船身附近的边界层（或称摩擦伴流带），边界层（实际上是尾流）在尾部后具有相当的厚度，与螺旋桨直径相差不多，故摩擦伴流常为总伴流中的主要部分。摩擦伴流的大小与船型、表面粗糙度、雷诺数及螺旋桨的位置等有关。

（2）形势伴流。船在水中以速度 V 向前航行时，船体周围水流的流线分布情况大致如图 8-28 所示。首尾处的水流具有向前速度，即产生正伴流，而在舷侧处水流具有向后速度，故为负伴流。由此而形成的伴流称为形势伴流或势伴流。因流线离船身不远处即迅速分散，故在离船体略远处其作用即不甚显著，也就是说离船体越远，形势伴流之数值则越小。

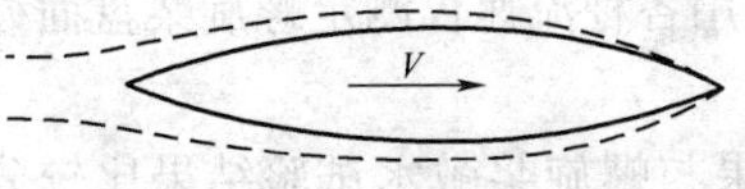

图 8-27　摩擦伴流

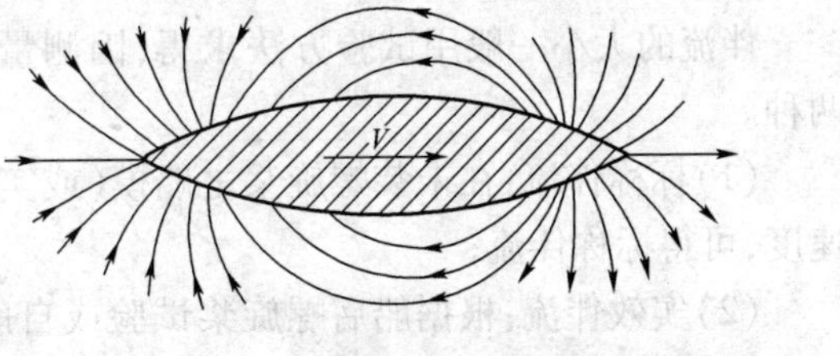

图 8-28　船体周围的流线分布

（3）波浪伴流。船在航行时水面形成波浪，若螺旋桨附近恰为波峰，则水质点具有向前速度；若恰为波谷，则具有向后速度。由于船舶本身兴波作用而形成的伴流称为波浪伴流，其数值常较前两者为小。但对于高速双桨船（例如驱逐舰）因其尾部常为波谷，且螺旋桨的位置处于船后两侧，摩擦伴流和势伴流较小，故其总伴流可能为负值。

由伴流的成因可知,伴流是一股很复杂的水流,在螺旋桨盘面各处伴流速度的大小和方向各不相同。因而,在利用螺旋桨系列敞水图谱设计螺旋桨时,常取盘面处伴流的平均轴向速度近似地估计桨盘处的速度场。若船速为 V,桨盘处伴流的平均轴向速度为 u,则螺旋桨与该处水流的相对速度(即进速)

$$V_A = V - u \tag{8-59}$$

根据伴流的成因,可将伴流速度 u 写成

$$u = u_f + u_p + u_w \tag{8-60}$$

式中:u_f——桨盘处摩擦伴流的轴向平均速度;

u_p——桨盘处形势伴流的轴向平均速度;

u_w——桨盘处波浪伴流的轴向平均速度。

2)伴流分数

伴流的大小通常用伴流速度 u 对船速 V 的比值 w 来表示,称为伴流分数,即

$$w = \frac{u}{V} = \frac{V - V_A}{V} = 1 - \frac{V_A}{V} \tag{8-61}$$

若已知伴流分数,则可由下式决定螺旋桨的进速

$$V_A = (1 - w)V \tag{8-62}$$

根据伴流的成因,伴流分数也可写作

$$w = w_f + w_p + w_w \tag{8-63}$$

式中:w_f——摩擦伴流分数;

w_p——形势伴流分数;

w_w——波浪伴流分数。

各类船舶的伴流分数数值大致如表 8-1 所示。

各类船舶的伴流分数 表 8-1

船舶类型	伴流分数	船舶类型	伴流分数
快速船和邮船	0.10 ~ 0.18	轻巡洋舰	0.035 ~ 0.10
单桨商船(C_B = 0.5 ~ 0.7)	0.20 ~ 0.30	大型驱逐舰	0.00 ~ 0.10
双桨商船(C_B = 0.5 ~ 0.7)	0.08 ~ 0.20	驱逐舰和护卫舰	0.00 ~ 0.03
肥大型船(C_B 为 0.8 左右)	0.30 ~ 0.40	潜艇	0.10 ~ 0.25
主力舰及重巡洋船	0.15 ~ 0.20	鱼雷艇	0.00 ~ 0.04

3)伴流的测定

伴流的大小一般用试验方法求得,因测量的方法不同,伴流可分为标称伴流和实效伴流两种。

(1)标称伴流:在未装螺旋桨之船模(或实船)后面,用各种流速仪测定螺旋桨盘面处水流速度,可得标称伴流;

(2)实效伴流:根据船后螺旋桨试验或自航试验结果与螺旋桨敞水试验结果比较分析可得实效伴流。

经验证明,上述两种测量结果是不同的。其差别在于是否考虑了螺旋桨工作的影响。因为当船尾有螺旋桨工作时,螺旋桨产生抽吸作用,从而改变了船尾的流线、边界层厚度、波形等。由于螺旋桨在船后工作,以实效伴流分数来计算螺旋桨进速比较合理,故通常说的伴流分数均指实效伴流分数,下面我们主要介绍测量实效伴流的方法。

当船速和螺旋桨的转速一定时，伴流的大小直接决定螺旋桨的进速，因而决定螺旋桨所发生之推力及吸收之转矩，故根据螺旋桨的推力或转矩可测定实效伴流。

如图 8-29 所示，首先在船模后试验螺旋桨，测量出船模速度 V 及螺旋桨的转速 n、推力 T_B、转矩 Q_B。然后，将螺旋桨进行敞水试验，保持转速 n 不变，调节进速直到发出的推力等于上述 T_B 值时，量取其进速 V_A 及转矩 Q_0，则 $u = V - V_A$ 即为实效伴流速度。

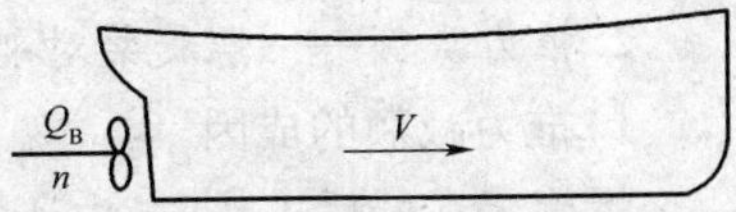

图 8-29　测量实效伴流

上述测定实效伴流的方法使螺旋桨在船后与敞水中于同一转速时发生相同的推力，故称为等推力法，但此时 $Q_B \neq Q_0$。

若螺旋桨进行敞水试验时，保持转速 n 不变，调节进速直至 $Q_B = Q_0$ 时，量取其进速 V_A 及推力 T_0，则得 $u_1 = V - V_A$，也为实效伴流速度。这种方法称为等转矩方法，但此时 $T_B \neq T_0$。用等推力法得到的实效伴流与等转矩法得到的实效伴流是不相等的，一般来说，以等推力法所得的实效伴流较等转矩法所得的约大 4%，等推力法是目前为大家广泛采用的方法。

4）经验公式估算

在实际工作中，当无法进行模型试验时，伴流分数可应用近似公式来估算。这些公式都是根据几类船型的实船试验和模型试验的结果归纳而成，应用时应根据船型的特点选择合适的公式。

（1）泰勒公式（适用于海上运输船）：

单螺旋桨船

$$w = 0.5C_B - 0.05 \tag{8-64}$$

双螺旋桨船

$$w = 0.55C_B - 0.02$$

式中：C_B——方形系数。

（2）海克休公式（$C_B = 0.54 \sim 0.84$）：

对于单桨船，

$$w = 0.7C_P - 0.18 \tag{8-65}$$

对于双桨船（$C_R = 0.54 \sim 0.84$），

$$w = 0.7C_P - 0.3$$

对于单桨渔船，

$$w = 0.7C_P - 0.28$$

式中：C_P——纵向棱形系数。

（3）巴甫米尔公式（用于内河船）：

$$w = 0.165C_B^x\sqrt{\frac{\sqrt[3]{\nabla}}{D}} - \Delta w \tag{8-66}$$

式中：C_B——方形系数；

x——方形系数 C_B 的指数，$x = 1$ 时适用于船中螺旋桨，$x = 2$ 时适用于船侧螺旋桨；

∇——船舶排水体积；

D——螺旋桨直径；

Δw——伴流分数修正值，与傅氏数 $F_r = V/\sqrt{gL}$ 有关，当 $F_r > 0.2$ 时，$\Delta w = 0.1 \times (F_r - 0.2)$，与 $F_r < 0.2$ 时，$\Delta w = 0$。

关于上列各公式的使用情况：

①单桨船:海船以泰勒公式误差较小,内河船以巴甫米尔与海克休公式的平均值为佳。

②双桨船:以海克休公式最好,巴甫米尔公式次之。当方形系数较小时,海克休公式误差较大,仍以巴甫米尔公式较好。

2. 推力减额——螺旋桨对船体的影响

1)推力减额的成因

螺旋桨在船后工作时,由于它的抽吸作用,使桨盘前方的水流速度增大。根据伯努利定理,水流速度增大压力必然下降,故在螺旋桨吸水作用所及的整个区域内压力都要降低,其结果改变了船尾部分的压力分布状况。如图 8-30 所示,曲线 A 表示孤立船体周围的压力分布曲线,曲线 B 为螺旋桨在敞水中工作时桨盘前后的压力分布曲线。螺旋桨在船后工作时船体周围的压力分布状况可近似地认为是上述两种压力的叠加,故图中曲线 C 即表示螺旋桨在船后工作时压力沿船体周围的分布情况,其阴影部分即为压力减小的数值,导致船体压阻力增加。此外,船尾部水流速度的增大,使摩擦阻力也有所增加,但其数值远较压阻力的增加为小。

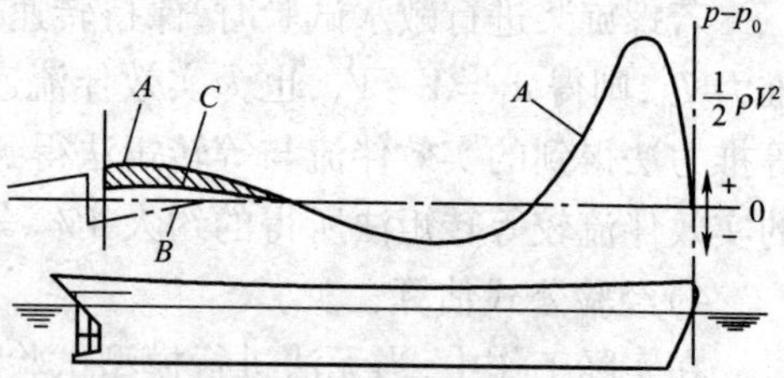

图 8-30　船体周围的压力分布情况

由于螺旋桨在船后工作时引起的船体附加阻力称为阻力增额。若螺旋桨发出的推力为 T,则其中一部分用于克服船的阻力 R(不带螺旋桨时的阻力),而另一部分则为克服阻力增额 ΔR,即

$$T = R + \Delta R \tag{8-67}$$

由式(8-57)可知,螺旋桨发出的推力中只有$(T - \Delta R)$这一部分是用于克服船的阻力 R 并推船前进的,故称为有效推力 T_e。在习惯上,通常将 ΔR 称为推力减额,并以 ΔT 表示。因此,螺旋桨的总推力 T 可写作

$$T = R + \Delta T \tag{8-68}$$

上式也可写作

$$R = T - \Delta R$$

2)推力减额分数

在实用上,常以推力减额分数来表征推力减额的大小,推力减额 ΔT 与推力 T 的比值称为推力减额分数 t,即

$$t = \frac{\Delta T}{T} = \frac{T - T_e}{T} = \frac{T - R}{T} \tag{8-69}$$

由此可得船体阻力 R 和螺旋桨推力 T 之间的关系为

$$R = T(1 - t) \tag{8-70}$$

3) 经验公式估算

推力减额分数的大小与船型、螺旋桨尺度、螺旋桨负荷以及螺旋桨与船体间的相对位置等因素有关。通常都是根据船模自航试验或经验公式来决定的。当不可能进行模型试验时,推减额分数可按下述经验公式近似选取。

(1)商赫公式:

对于单螺旋桨船:

$$T = kw \tag{8-71}$$

式中:w ——伴流分数;

$k=0.50\sim0.70$,适用于装有流线形舵或反应舵;$k=0.70\sim0.90$,适用于装有方形舵柱之双板舵;$k=0.90\sim1.05$,适用于装有单板舵者。

对于双螺旋桨船装有轴包架的:

$$t=0.25w+0.14$$

对于双螺旋桨船装有轴支架的:

$$t=0.70w+0.06$$

(2)泰勒公式:

对于双螺旋桨船

$$t=0.50C_B-0.20 \tag{8-72}$$

式中:C_B——方形系数。

(3)海克休公式:

对于单螺旋桨船

$$t=0.50C_p-0.12$$

对于双螺旋桨船

$$t=0.50C_p-0.18 \tag{8-73}$$

对于拖网渔船

$$t=0.77C_p-0.30$$

式中:C_p——棱形系数。

(4)推力减额分数:

系泊时推力减额分数 t_0 可按下式估算:

$$t_0=t\left(1-\frac{J}{P/D}\right) \tag{8-74}$$

式中:P/D——螺距比;

J——设计状态进速系数;

t——设计状态推力减额分数。

表 8-2 中列举了各类船舶推力减额分数 t 的大致范围。

各类船舶的推力减额分数 表 8-2

船舶类型	推力减额分数 t	船舶类型	推力减额分数 t
快速船和邮船	0.06~0.15	轻巡洋舰	0.05~0.10
单桨商船($C_B=0.5\sim0.7$)	0.08~0.20	大型驱逐舰	0.07~0.08
双桨商船($C_B=0.5\sim0.7$)	0.10~0.22	驱逐舰和护卫舰	0.06~0.08
肥大型船(C_B 为 0.8 左右)	0.17~0.25	潜艇	0.10~0.18
主力舰及重巡洋船	0.18~0.22	鱼雷艇	0.01~0.03

3. 螺旋桨四象限表达式

为满足常速域和低速域船舶操纵运动仿真,作用在螺旋桨上的水动力计算模型采取如下所示的四象限表达式:

$$\begin{cases} T=(\rho/2)[V_A^2+(0.7\pi nD)^2](\pi/4)D^2\cdot C_T^* \\ Q_P=(\rho/2)[V_A^2+(0.7\pi nD)^2](\pi/4)D^2\cdot D\cdot C_Q^* \\ Y_P=(\rho/2)Ld(nP)^2Y'(J_P,\theta_P) \\ N_P=(\rho/2)L^2d(nP)^2N'(J_P,\theta_P) \\ J_P=V_A/(n\cdot D) \end{cases}$$

式中：T——不考虑推力减额时螺旋桨的纵向推力；

Q_P——螺旋桨的转矩；

ρ——流体密度；

D——螺旋桨的直径；

V_A——螺旋桨的轴向进速；

n——螺旋桨的转速；

C_T^*、C_Q^*——螺旋桨四象限的推力系数和转矩系数；

Y_P、N_P——螺旋桨产生的横向力和转首力矩；

θ_P——螺旋桨的盘面比；

J_P——螺旋桨的进速系数；

Y'、N'——与盘面比和进速系数相关的螺旋桨横向力和转首力矩的无因次化值。

荷兰船模试验水池对120只B系列螺旋桨进行了敞水试验，并给出了14只桨的试验结果以及求取推力系数和转矩系数的四象限回归公式和回归系数。1984年，Assemberg对上述回归公式和回归系数进行了修正，回归公式表述如下：

$$\begin{cases} C_T^* = \dfrac{1}{100}\sum_{k=0}^{30}\left[A(k)\cos k\beta + B(k)\sin k\beta\right] \\ C_Q^* = \dfrac{-1}{1000}\sum_{k=0}^{30}\left[C(k)\cos k\beta + D(k)\sin k\beta\right] \end{cases} \tag{8-75}$$

式中：$A(k)$、$B(k)$、$C(k)$、$D(k)$——同桨叶数Z、盘面比λ和螺距比P/D相关的回归系数；

β——螺旋桨梢0.7半径处的水动力螺距角，且：

$$\beta = \arctan(V_A/0.7\pi nD)$$

据此，可求得在不同桨叶数、盘面比和螺距比下，其推力系数和转矩系数随水动力螺距角的变化曲线。

由于螺旋桨的四象限运动，定义四象限见表8-3，其图谱如图8-31所示。

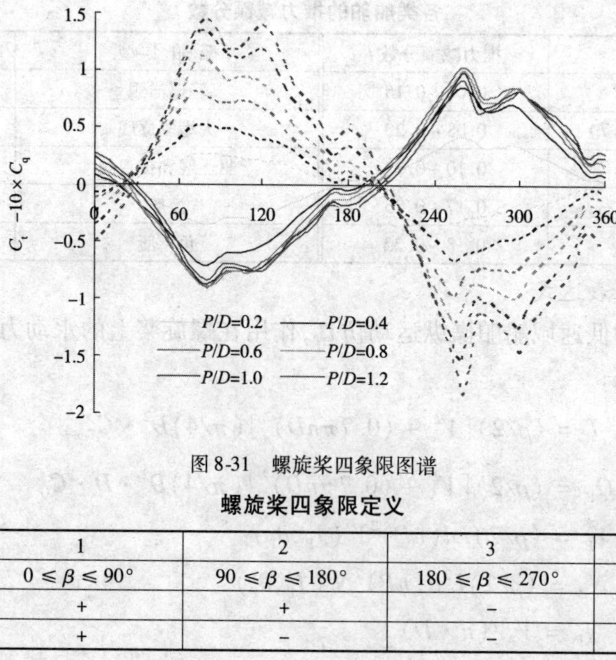

图8-31 螺旋桨四象限图谱

螺旋桨四象限定义 表8-3

象 限	1	2	3	4
桨角β	$0\leqslant\beta\leqslant 90°$	$90\leqslant\beta\leqslant 180°$	$180\leqslant\beta\leqslant 270°$	$270\leqslant\beta\leqslant 360°$
V_A	+	+	−	−
n	+	−	−	+

从实用上考虑，舵对桨的干涉较小，但由于船舶运动，使螺旋桨工作在复杂的船体伴流中，其轴向速度、切向速度和径向速度都发生了变化。考虑了伴流对桨轴方向上的螺旋桨进速的影响：

$$
\begin{cases}
V_A = (1 - w_p)u \\
w_p = w_{p0}\exp(-4.0\beta_p^2) \\
w_{p0} = 0.77C_p - 0.28 \\
\beta_p = \beta + 0.5L_{pp} \cdot r/U
\end{cases}
$$

式中：V_A——螺旋桨的轴向进速；

w_p——伴流系数；

β——漂角；

L_{pp}——两柱间长；

C_p——菱形系数；

r——转首角速度；

U——船舶合速度。

螺旋桨对船体的干涉在于其工作时造成了船体阻力的增加，即造成了螺旋桨有效推力的减少，通常表示为推力减额：

$$
\begin{cases}
X_P = (1 - t_p)T \\
t_p = t_{p0} - k_t\beta_R \\
t_{p0} = 0.77C_P - 0.30 \\
k_t = 0.00023(\gamma_A \cdot L_{pp}/D) - 0.028 \\
\gamma_A = (B/d)[1.3(1 - C_b) - 3.1l_{cb}] \\
l_{cb} = 100x_C/L_{pp}
\end{cases}
$$

式中：t_p——推力减额系数；

T——螺旋桨的纵向力；

D——螺旋桨的直径；

β_R——舵处的漂角；

B——型宽；

d——平均吃水；

x_C——浮心纵向坐标。

例 8-2：某单桨船航速 $V_A = 12$kn，阻力 $R = 18.639$kN，螺旋桨的直径 $D = 1.04$m，转速 $n = 600$r/min，测得船后螺旋桨的推力 $T = 19.62$kN，转矩 $Q = 2.992$kN·m，伴流分数 $w = 0.20$，相对旋转效率 $\eta_R = 1.0$，螺旋桨的敞水效率 $\eta_0 = 0.62$，传送效率 $\eta_s = 0.96$，试求：

(1)实船的推力减额和推力减额分数；

(2)船体有效功率、螺旋桨推功率和敞水螺旋桨收到功率；

(3)船身效率、船后螺旋桨效率、推进效率。

题意分析：

1）基本概念

推力减额、推力减额分数、有效功率、敞水螺旋桨收到功率、船身效率、船后螺旋桨效率、推进效率。

2）计算

解：

（1）由公式 $R = T(1 - t)$ 可知，实船的推力减额为：

$$\Delta T = T - R = 19.62 - 18.639 = 0.981(\text{kN})$$

推力减额分数为：

$$t = 1 - \frac{R}{T} = \frac{\Delta T}{T} = \frac{0.981}{19.62} = 0.05$$

（2）有效功率：

$$P_E = RV_{\text{A}} = 18.639 \times 12 \times 0.5144 = 115(\text{kW})$$

$$\text{推功率} = TV_{\text{A}} = \frac{19.62 \times 12 \times 0.5144 \times (1 - 0.20)}{2\pi} = 96.89(\text{kW})$$

收到功率：

$$P_{\text{DB}} = 2\pi n Q_0 = 2\pi \times 600/60 \times 2.992 = 188(\text{kW})$$

（3）船身效率、船后螺旋桨效率、推进效率计算：

船身效率：

$$\eta_{\text{H}} = \frac{P_{\text{E}}}{P_{\text{T}}} = \frac{Rv}{TV_{\text{A}}} = \frac{1 - t}{1 - \omega} = \frac{1 - 0.05}{1 - 0.2} = 1.1875$$

船后螺旋桨效率：

$$\eta_{\text{B}} = \frac{P_{\text{T}}}{P_{\text{DB}}} = \frac{TV_{\text{A}}}{2\pi n Q_0}\frac{Q_0}{Q_{\text{B}}} = \eta_0\eta_{\text{R}} = 0.62 \times 1.0 = 0.62$$

推进效率：

$$\eta_{\text{D}} = \frac{P_{\text{E}}}{P_{\text{DB}}} = \frac{P_{\text{E}}}{P_{\text{T}}}\frac{P_{\text{T}}}{P_{\text{DB}}} = \eta_{\text{H}}\eta_{\text{DB}} = \eta_{\text{H}}\eta_0\eta_{\text{R}} = 1.1875 \times 0.62 \times 1.0 = 0.73625$$

学习成果测验

任务 8-2：

（1）已知一个模型螺旋桨的推力 $T = 180\text{N}$，转矩 $Q = 10\text{N} \cdot \text{m}$，螺旋桨的进速 $V_{\text{A}} = 6\text{kn}$，转速 $n = 720\text{r/min}$，求此螺旋桨的推功率、吸收功率及效率是多少？

（2）某船敞水收到功率 $P_{\text{D}} = 2100\text{kW}$，推功率 $P_{\text{T}} = 1400\text{kW}$，转速 $n = 120\text{r/min}$，螺旋桨进速 $V_{\text{A}} = 12\text{kn}$，直径 $D = 2.2\text{m}$，水的密度 $\rho = 1000\text{kgm}^3$，求转矩 K_{Q}、推力系数 K_{T} 螺旋桨的进速系数，和船后效率 η_{B}。

知识点 7　螺旋桨设计方法及 B_{P}—δ 型图谱的应用

螺旋桨设计是整个船舶设计的一个重要组成部分，它是保证船舶快速性的一个重要方面。一般螺旋桨设计是在初步完成了船舶线型设计，并通过估算或用船模试验的方法确定了船体有效功率之后进行的。在这一节中，我们将要讨论螺旋桨的设计方法，并掌握应用 B_{P}—δ 型图谱设计螺旋桨的方法。

1. 螺旋桨设计问题

螺旋桨的设计问题通常可以分为两类：初步设计和终结设计。

1）第一类设计问题——初步设计

这类设计问题主要解决主机的选型。此时主机尚未决定，设计一个螺旋桨在满足船舶的航速要求前提下推出所需的最低的主机功率 P_s。

具体分析如下：

例 8-3：已知：船速 V、阻力 R（或有效功率 P_E），求：选桨配机，即决定螺旋桨的尺度及主机功率。

解：通常会遇到两种情况：

（1）按尾型选定螺旋桨直径 D，求转速 n 及螺旋桨尺度（螺距比 P/D、效率 η_0）推算主机功率 P_s。

（2）按型船选定转速 n，求螺旋桨的螺距比 P/D、直径 D 及效率 η_0 再推算主机功率 P_s。

上述两种情况，第二种多见。尚需说明的是，初步设计的重点在于选择主机，即关键求推进系数 $P.C$ 及主机功率 P_s，不在于螺旋桨的详细几何尺度。因为一旦主机选定后（一般按产品目录挑选机型，则标准机型的 P_s 不等于计算的 P_s）螺旋桨又要重新设计。

2）第二类设计问题——终结设计

这类设计问题是在主机已定的条件下设计螺旋桨，使船舶达到所能达到的最高航速。通常，新船采用现成的标准机型，老船配新桨，老船换新机等都属于此类设计问题。

具体分析如下：

例 8-4：已知：主机功率 P_s、转速 n、阻力 $R=f(v)$ 或有效功率 $P_s=f(v)$，试设计一个螺旋桨，并求出螺旋桨的螺距比 P/D、直径 D 及效率 η_0，并求所能达到的最高航速 y_{max}。

解：设计时可能遇到两种情况：

（1）按给定的主机功率 P_s、转速 n，求螺旋桨的螺距比 P/D、直径 D、效率 η_0 与所能达到的航速 V。

（2）有时主机转速 n 太高，则先选定螺旋桨的直径 D，求螺旋桨的转速 n、螺距比 P/D、效率 η_0。与航速 V，并按主机与螺旋桨转速确定减速比。

目前设计船用螺旋桨的方法共有两种，即图谱设计法及环流理论设计法。

图谱设计法就是利用根据螺旋桨模型敞水系列试验的结果绘制成专供设计用的各类图谱来进行螺旋桨设计。用图谱方法设计螺旋桨不仅计算方便，易于为人们所掌握，而且如选用图谱适宜，其结果也较为满意，是目前应用较广的一种设计方法。虽然应用图谱设计螺旋桨受到系列组形式的限制，但此类资料日益丰富，已能包括一般常用螺旋桨的类型。

环流理论设计方法是根据环流理论及各种桨叶切面的试验或理论数据进行螺旋桨设计的。因此种方法可以分别选择各半径处最适宜的螺距和剖面形状，并能照顾到船后伴流不均匀的影响，而且对于螺旋桨的空泡现象和振动问题进行了比较正确的考虑。但由于此方法计算复杂，加上工艺麻烦，故目前在我国应用还很少。随着电子计算机技术在造船事业中的应用，再加上其设计方法之优越，在今后必然会得到广泛的应用。在这里我们只介绍螺旋桨的图谱设计法。

目前各国已发表的螺旋桨设计图谱较多，有的只是表达形式不同而试验资料相同，有的则是螺旋桨形式不同。因此，设计时必须针对所设计船舶的特点和要求，根据实践经验选用相适应的螺旋桨图谱进行设计。目前在商船螺旋桨设计中，以荷兰的楚思德 B 型螺旋桨应用较广泛。所以本节着重介绍 B 型螺旋桨设计图谱。

2. B_p—δ 型设计图谱

B_P—δ 图谱是根据荷兰瓦根宁根船模试验池 B 型螺旋桨模型系列化试验结果绘制的。图谱几经修改，此类螺旋桨在一般商船上应用很广，具有相当长的历史。

楚思德 B 型螺旋桨的设计资料于 1969 年重新进行分析整理予以发表。对 3 叶和 4 叶螺旋桨的系列数据也重新整理分析过，扩大了盘面比范围。最后一批 6 叶和 7 叶螺旋桨资料在 1972 年公布。在 1973 ~ 1975 年间采用多元回归分析法重新整理和分析了系列试验资料，绘制了三组图谱。B 型螺旋桨的叶形梢部较宽，有侧斜和 15° 的纵斜。根部切面为机翼形，梢部为弓背形。4 叶螺旋桨系列的螺距从 0.6R 至叶梢处为等螺距，自 0.6R 向叶根逐渐递减，至叶根处递减 20%。其余各系列均为等螺距分布。3 叶至 5 叶螺旋桨系列的伸张轮廓如图 8-32 ~ 图 8-34 所示。桨叶的几何尺度列于表 8-4 和表 8-5，切面型值列于表 8-6。

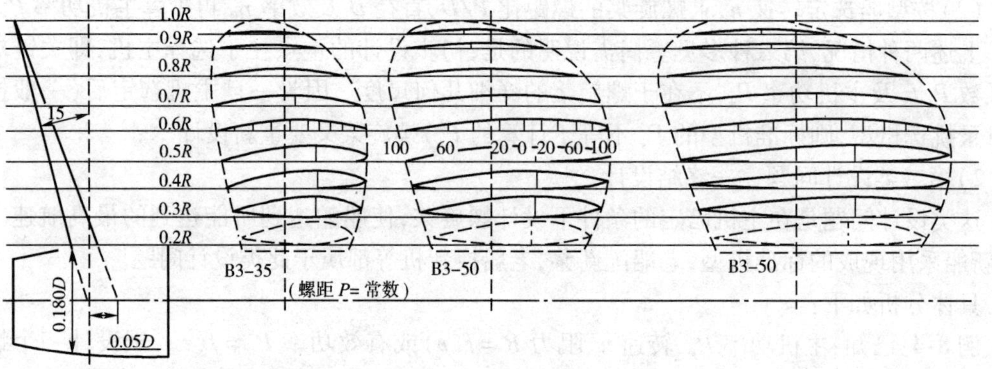

图 8-32　B3 型伸张轮廓和切面形状

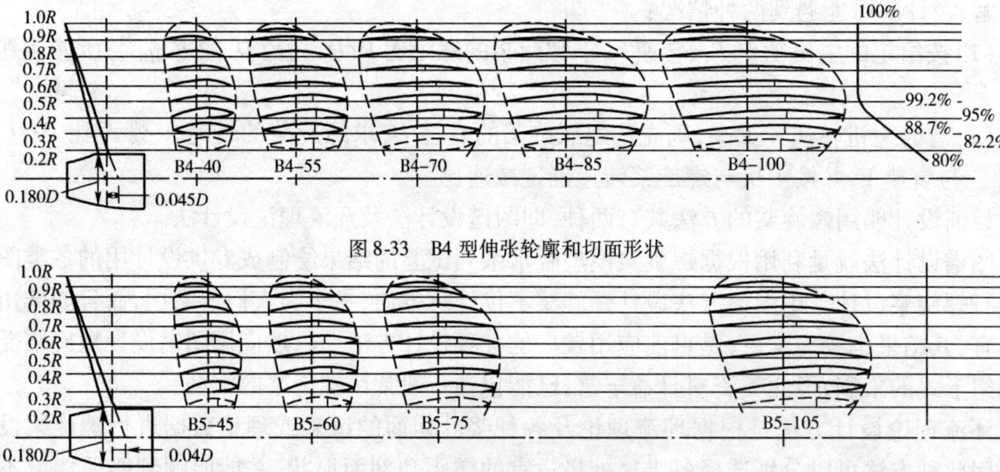

图 8-33　B4 型伸张轮廓和切面形状

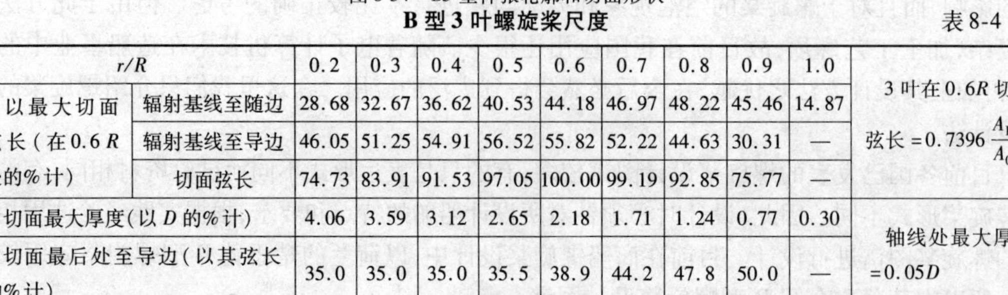

图 8-34　B5 型伸张轮廓和切面形状

B 型 3 叶螺旋桨尺度

表 8-4

r/R		0.2	0.3	0.4	0.5	0.6	0.7	0.8	0.9	1.0	
以最大切面弦长（在 0.6 R 处的%计）	辐射基线至随边	28.68	32.67	36.62	40.53	44.18	46.97	48.22	45.46	14.87	3 叶在 0.6R 切面弦长 $=0.7396\frac{A_E}{A_0}D$
	辐射基线至导边	46.05	51.25	54.91	56.52	55.82	52.22	44.63	30.31	—	
	切面弦长	74.73	83.91	91.53	97.05	100.00	99.19	92.85	75.77	—	
切面最大厚度（以 D 的%计）		4.06	3.59	3.12	2.65	2.18	1.71	1.24	0.77	0.30	轴线处最大厚度 $=0.05D$
切面最后处至导边（以其弦长的%计）		35.0	35.0	35.0	35.5	38.9	44.2	47.8	50.0	—	

B 型 4、5 叶螺旋桨尺度　　表 8-5

r/R		0.2	0.3	0.4	0.5	0.6	0.7	0.8	0.9	1.0	
以最大切面弦长（在 0.6 R 处的%计）	辐射基线至随边	29.18	33.32	37.30	40.78	43.92	46.68	48.35	47.00	20.14	在 0.6R 切面弦长 = $2.1867\frac{A_E}{A_0}\times\frac{D}{Z}$
	辐射基线至导边	46.90	52.64	56.32	57.60	56.08	51.40	41.65	25.35	—	
	切面弦长	76.08	85.96	93.62	98.38	100.00	98.08	90.00	72.35	—	
切面最大厚度（以 D 的%计）	4 叶	3.66	3.24	2.82	2.40	1.98	1.56	1.14	0.72	0.30	轴线处最大厚度 = $0.045D_{4叶}=0.04D_{5叶}$
	5 叶	3.26	2.89	2.52	2.15	1.78	1.41	1.04	0.67	0.30	
切面最后处至导边（以其弦长的%计）		35.0	35.0	35.0	35.5	38.9	44.3	47.9	50.0	—	

在表 8-6 的切面型值中，由最大厚度处至导缘部分的型值有两行，上面一行表示原型 B 桨的型值（原型），下面一行表示修改后的型值（改型）。改型的导边附近较原型略薄，具有较小端圆半径如图 8-35 所示，以减小切面阻力，使压力分布较均匀。

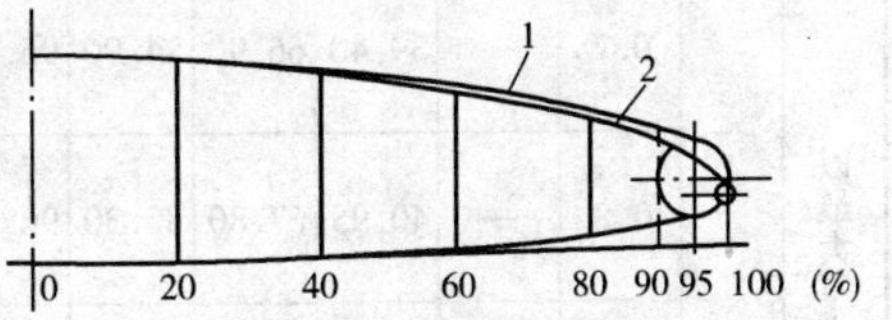

图 8-35　B 型螺旋桨切面比较

1-原型；2-改型

对于航行状态变化不大的高速运输船的螺旋桨宜采用这种形式，对工作于多工况的螺旋桨（如拖船螺旋桨）或在较不均匀速度场中工作的螺旋桨，采用原型比较合适。

应用上述 B 型螺旋桨型值表，则当已知螺旋桨直径 D、叶数 Z、盘面比 A_E/A_0、螺距比 P/D 时，就能计算确定出桨叶的伸张轮廓坐标及切面数据。

3. 螺旋桨的性征曲线及 $K_T—\eta_0—J$ 图谱

它是根据敞水螺旋桨模型试验得出的结果而绘制的，可以用它进行螺旋桨设计，但通常使用起来不方便，因为最常见的螺旋桨设计是已知主机的型号及船体阻力情况，来决定螺旋桨的各要素（D，P/D、η_0、A_E/A_0 等）。$K_T—K_Q—\eta_0—J$ 为了便于设计使用方便，就将图谱转换成 $B_P—\delta$ 图谱，如图 8-36 所示。这种图谱采用下列计算系数

$$B_p = \frac{nP_{D0}^{0.5}}{V_A^{2.5}} \tag{8-76}$$

$$\delta = \frac{nD}{V_A} \tag{8-77}$$

式中：B_P——功率系数，表征螺旋桨运动与吸收主机功率情况的参数；

n——螺旋桨转速，r/min；

V_A——螺旋桨进速，kn；

P_{D0}——螺旋桨敞水收到功率，hp；

D——螺旋桨直径，ft。

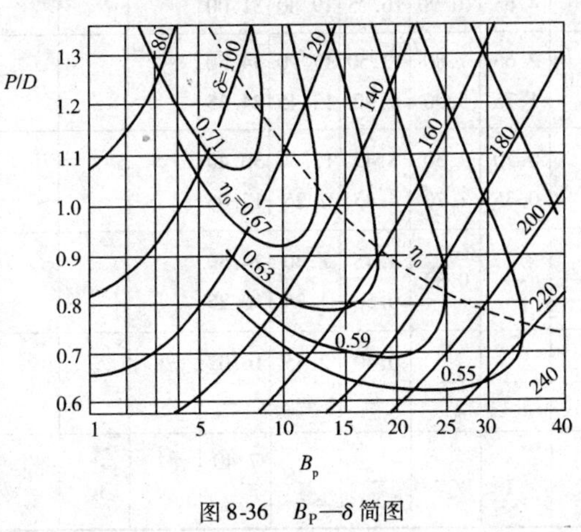

图 8-36　$B_P—\delta$ 简图

B 型螺旋桨各半径处切面纵坐标　　表 8-6

			各坐标至切面最厚处距离(以导边或随边至最厚处长度的%计)												导边和随边端圆直径(以其切面最大厚度的%计)		
			由随边至最厚处					由最厚处至导边									
		r/R	100	80	60	40	20	20	40	60	80	90	95	100	r/R	导边	随边
以最大厚度百分数计的切面纵坐标值		0.2	—	53.35	72.65	86.90	96.45	98.60 98.15	94.50 92.45	87.00 82.35	74.40 67.45	64.35 57.20	56.95 50.60	—	0.2	6.4	—
		0.3	—	50.95	71.60	86.80	96.80	98.40 98.15	94.00 91.35	85.80 80.45	72.50 64.85	62.65 53.70	54.90 46.55	—	0.3	6.5	—
		0.4	—	47.70	70.25	86.55	97.00	98.20 97.50	93.25 90.4	84.30 78.35	70.40 61.60	60.15 48.75	52.20 40.75	—	0.4	6.6	—
		0.5	—	43.40	68.40	86.10	96.65	98.10 97.00	92.40 89.70	82.30 76.00	67.70 57.45	56.80 42.00	48.60 32.95	—	0.5	6.7	—
		0.6	—	40.20	67.15	85.40	96.80	98.10	91.25 89.85	79.35 73.55	63.60 51.65	52.20 34.85	43.35 25.30	—	0.6	6.8	—
		0.7	—	39.40	66.90	84.90	96.65	97.60	88.80	74.90 72.15	57.00 49.00	44.20 32.95	35.00 23.00	—	0.7	6.9	—
		0.8	—	40.95	67.80	85.30	96.70	97.00	85.30	68.70	48.25 47.25	34.55 31.65	25.45 22.45	—	0.8	7.0	—
	叶背	0.9	—	45.15	70.00	87.00	97.00	97.00	87.00	70.00	45.15	30.10	22.00	—	0.90	11.1	11.1
		0.95	—	44.80	72.00	88.80	97.20	97.20	88.80	72.00	44.80	29.50	21.60	—	0.95	15.7	15.7
		0.2	30.00	18.20	10.90	5.45	1.55	0.45	2.30 2.80	5.90 7.40	13.45 15.50	20.30 21.65	26.20 25.95	40.00 36.75	叶梢	26.7	26.7
		0.3	25.35	12.20	5.80	1.70	—	0.05	1.30	4.60 4.65	10.85 10.90	16.55 16.25	22.20 19.80	37.35 31.00			
		0.4	17.85	6.20	1.50	—	—	—	0.30	2.65 1.75	7.80 5.90	12.50 9.90	17.90 13.45	34.50 24.35			
		0.5	9.07	1.75	—	—	—	—	—	0.70 0.35	4.30 1.70	8.45 4.45	13.30 7.25	30.40 17.05			
		0.6	5.10	—	—	—	—	—	—	—	0.80	4.45 0.50	8.40 1.95	24.50 10.25			
		0.7	—	—	—	—	—	—	—	—	—	0.40 —	2.45 —	16.05 —			
		0.8	—	—	—	—	—	—	—	—	—	—	—	7.40 —			

B_P—δ 图谱是采用英制单位。它是以功率系数 B_P 为横坐标，以螺距为 P/D 纵坐标，如图 8-35 所示。图中，有直径系数 δ 的斜向等值曲线簇，还有螺旋桨敞水效率 η_0 等值曲线簇。对于每一条 η_0 等值曲线，均可作出一条铅垂线与之相切，将这些切点连成一光顺曲线，称之为最佳效率曲线（图中以虚线表示），意思是说，在相同的功率系数之下，以该曲线上之点效率最高。

B_P—δ 图谱也和 K_T—K_Q—η_0—J 图谱一样，每一张图谱是对应于一定的叶数和盘面比制作出来的，并用数字标明叶数和盘面比数值。如 B-4-40 型即表示 B 型、四叶、盘面比为 0.4。

如果将 B_P 系数中的敞水收到功率 P_{D0}(hP) 的计量单位改为 kW，δ 系数中的直径 D(ft) 改为 m，那么式(8-76)和式(8-77)可以改写成下面的形式

$$B_P = 0.2198 \times \frac{nP_{D0}^{0.5}}{V_A^{2.5}} \tag{8-78}$$

$$\delta = \frac{3.28nD}{V_A} \tag{8-79}$$

式中：P_{D0}——螺旋桨敞水收到功率，kW；

D——螺旋桨直径，m；

n——螺旋桨转速，r/min；

V_A——螺旋桨进速，m/s。

具体使用 B_P—δ 图谱时，应注意以下几点：

(1) 船体与螺旋桨的相互作用。B_P—δ 图谱是由敞水性征曲线转绘而成的。所以用敞水图谱设计船后螺旋桨时，需考虑船体与螺旋桨的相互作用。这种相互作用是由伴流分数形 w、推力减额分数 t 和相对旋转效率 η_0 联系起来的。以此来实现船后及敞水中工作螺旋桨的转换。

(2) B_P—δ 图谱是采用英制单位，设计计算时应用的单位应与图谱的规定相一致。系数 B_P 式中 P_{DQ} 的单位为 hp，且因螺旋桨模型试验是在敞水中进行试验的，当用于海船时，应计相对密度的影响。即

$$P_{D0} = P_{DB} \times \eta_R \times 75/\sqrt{\gamma} \times 76$$

$$B_P = 0.2198 \times \frac{n(P_{D0}/\gamma)^{0.5}}{V_A^{2.5}}$$

式中：P_{DB}——船后螺旋桨的收到功率，kW；

P_{D0}——螺旋桨的敞水收到功率，kW；

γ——流体的密度，k/m³。

(3) 图谱上所示最佳效率曲线（图中之虚线），表示处于该曲线上的螺旋桨是在充分吸收主机功率情况下，效率为最高。它可用于已知转速 n 求最佳直径 D_{opt} 的设计问题。

(4) 对于 1969 年以前发表的 B 型图谱，从图谱查得的最佳直径用于船后时应减小 2%～4%，一般双桨船减小 2%，单桨船减小 4%。对于 1969 年以后发表的图谱，其最佳直径比原图谱有所减小，故一般可以把图谱所得的直径直接用于船后。

设计图谱见本书附录。

为了使大家能熟悉和掌握我国推行的法定计量单位，又便于阅读国外科技资料，前面分别介绍了在螺旋桨设计中，国际上通用的 B_P—δ 系数的计算公式和按我国的要求，计量单位经修改后 B_P—δ 系数的计算公式。下面是关于 B_P—δ 图谱的应用举例。

例 8-5:终结设计。

已知某单桨沿海货轮,主机持续功率 $P_S=569.277\text{kW}(774\text{PS})$,螺旋桨转速 $n=241\text{r/min}$,传送效率 $\eta_S=0.98$,航速与有效功率关系见表 8-7,设 $w=0.25, t=0.175, \eta_R=1.0$。螺旋桨为 B-4-55 型。试求该船能达到的最高航速及螺旋桨尺度。

航速与有效功率的关系 表 8-7

航速 V(kn)	10	11	12	13
有效功率 $P_{E求}$(kW)	211.78	283.81	413.86	661.43

分析:本例涉及的知识点有:

(1)基本概念:传送效率与主机马力之间的关系;

(2)利用 B_P—δ 图谱进行螺旋桨的终结设计。

解题思路:已知螺旋桨转速和传送效率,求最佳直径 D_{opt} 可利用 η_{opt} 效率线求解。

解:按题意分析属单桨船舶,最佳螺旋桨的终结设计问题。

计算系数

$$B_P = 0.2198 \times \frac{nP_{D0}^{0.5}}{V_A^{2.5}},\text{式中 } V_A \text{ 未知。}$$

(1)预备计算:

$$\eta_H = \frac{1-t}{1-\omega} = \frac{1-0.175}{1-0.25} = 1.10$$

$$P_{D0} = 569.277 \times \eta_s \times \eta_R = 557.89146(\text{kW}) = 557891.46(\text{W})$$

$$n(P_{D0}/\gamma)^{0.5} = 241 \times \left(\frac{557891.46}{1.025}\right)^{0.5} = 5622.51$$

(2)假设几个航速,计算各航速对应的最佳螺旋桨在船后发出的有效功率,具体计算按表 8-8 顺序进行。

有效功率计算 表 8-8

序号	项 目	单位				
1	航速 V	kn	10	11	12	13
2	进速 $V_A=V(1-w)$	kn	7.5	8.25	9.00	9.75
3	$(0.5144V_A)^{0.25}$	$(\text{m/s})^{2.5}$	29.24	37.10	46.12	56.33
4	$B_P=0.2198\frac{n(P_{D0}/r)^{0.5}}{V_A^{2.5}}$		42.3	33.3	26.8	21.9
5	查 B_P—δ,B-4-55 图得 δ		240	216	195	179
6	η_0		0.525	0.556	0.584	0.607
7	P/D		0.74	0.771	0.82	0.86
8	螺旋桨直径 $D=\frac{\delta \times V_A}{3.28n}$	m	2.27	2.25	2.22	2.21
9	$P_{E供}=P_S\eta_S\eta_R\eta_0\eta_H$	kW	322.18	341.21	358.38	372.5

(3)求设计航速及该航速下的螺旋桨尺度。

将螺旋桨的 P/D、D、η_0 及船后有效功率 $P_{E供}$ 随船速 V 变化的曲线与船体有效功率曲线 $P_{E求}$ 绘于同一图上。则从图上求得 $P_{E供}=P_{E求}$,所对应的航速为设计航速,并同时可查得在该航速下的螺旋桨的 P/D、D、η_0,如图 8-37 所示。

由图 8-37 可以读出：

设计航速

$$V=11.6\text{kn}$$

螺距比

$$P/D=0.8$$

螺旋桨直径

$$D=2.23\text{m}$$

敞水效率

$$\eta_0=0.57$$

从前面的例子我们可以看出，若为终结设计，则螺旋桨的收到功率和转速已知，这时利用收到功率系数 B_P 较方便，但应用 B_P—δ 图谱同样可以解决初步设计问题，下面举例说明。

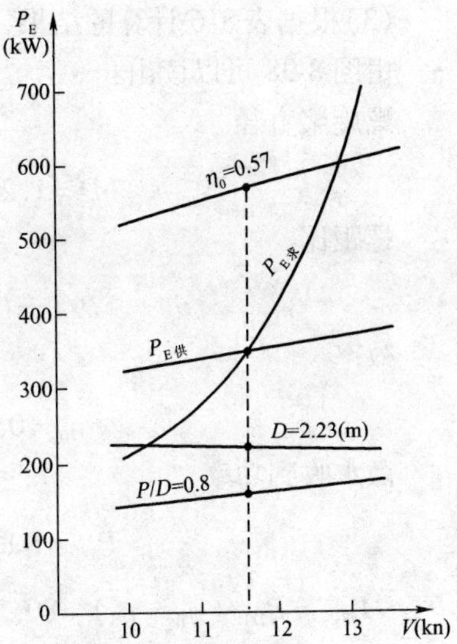

图 8-37　螺旋桨要素的确定

例 8-6：初步设计。

已知某船，航速 $V=8.5\text{kn}$ 时的有效功率 $P_E=51.485\text{kW}$，伴流分数 $w=0.185$，推力减额分数方 $t=0.14$，相对旋转效率 $\eta_R=1.0$，传送功率 $\eta_s=0.97$，螺旋桨转速 $n=375\text{r/min}$。按 B-4-40 系列设计一个最佳螺旋桨，并确定主机功率。

解：按题意分析，这是求最佳螺旋桨的初步设计问题。计算系数 $\delta=\dfrac{nD}{V_A}$，由于螺旋桨直径 D 是未知的，首先假设几个螺旋桨直径 D_i 之后可算出直径系数 δ，然后在 B-4-40 图谱上找出最佳效率曲线与 δ 值曲线的交点，分别读出 η_{0i}、P/D_i、B_{Pi} 等值，从而可以求出螺旋桨所需的收到功率和有效功率。

(1)预备计算：

$$\eta_H=\frac{1-t}{1-w}=\frac{1-0.14}{1-0.185}=1.06$$

$$V_A=V(1-w)=8.5\times0.815=6.93(\text{kn})$$

$$\frac{V_A^5}{n^2}\times0.7457=\frac{15983.29}{140625}\times0.7457=0.0848$$

(2)列表 8-9 进行计算：

有效功率计算　　表 8-9

序号	项　目	单位	计算数值			
1	假设螺旋桨直径 D	m	1.1	1.2	1.3	1.4
2	直径系数 $\delta_A=\dfrac{3.28nD}{V_A}$		195	213	231	248
3	查 B-4-40 图得 η_0		0.610	0.585	0.56	0.537
4	P/D		0.80	0.76	0.74	0.71
5	B_P		25	31	37	44
6	B_P^2		625	961	1369	1936
7	$P_{D0}=\dfrac{B_P^2V_A^5}{n^2}\times0.7457=(6)\times0.0848$	kW	53.00	81.49	116.09	164.17
8	$P_E=P_{D0}\times\eta_0\times\eta_H$	kW	34.27	50.53	68.91	93.45

(3)根据表 8-6 计算的结果,作图求解。

由图 8-38 可以读出:

螺旋桨直径

$$D = 1.205\text{m}$$

螺距比

$$P/D = 0.77$$

效率

$$\eta_0 = 0.59$$

敞水收到功率

$$P_{D0} = 80.5\text{kW}$$

$$P_{S供} = P_{D0}/(\eta_R \cdot \eta_S) = 80.5/(1 \times 0.97) = 83(\text{kW})$$

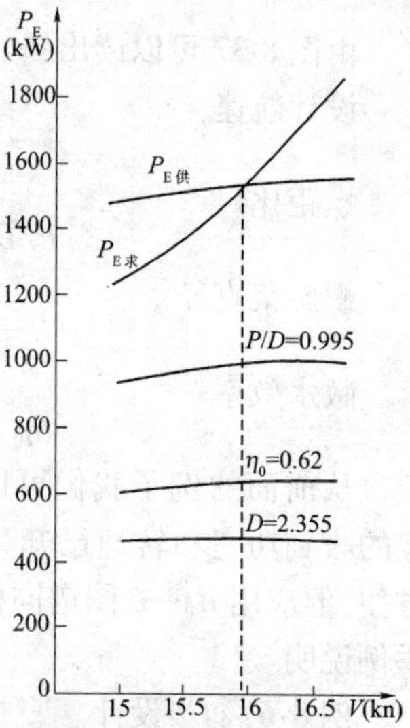

图 8-38　螺旋桨要素的确定

知识点 8　螺旋桨的空泡现象和强度校核

本章知识点 7 应用设计图谱进行螺旋桨设计,都是针对某选定的盘面比来确定螺旋桨的要素和设计航速。如何检验所设计的螺旋桨不发生空泡,这就遇到了如何最后选定盘面比的问题,另外,在螺旋桨的设计中,还须进行强度校核,确定桨叶厚度分布。所以本节着重谈螺旋桨的空泡现象和强度校核的计算问题。另外还将介绍螺距修正以及螺旋桨重量和惯性矩的估算问题。

1. 螺旋桨的空泡现象

如果螺旋桨桨叶发生空泡,就会使螺旋桨推力降低而影响航速。目前不少学者致力于螺旋桨空泡问题的研究,以进一步提高对空泡机理的认识,寻求避免产生空泡的规律和方法。但到目前为止,离真正解决这些问题还远,因此,本节仅就与螺旋桨图谱设计有关的,且比较成熟的问题,如空泡的成因、空泡现象对螺旋桨的影响,以及空泡校核等问题,给予简要叙述。

1)空泡的成因与产生空泡的条件

我们曾讨论过机翼的特性,流体在机翼剖面上部的流速增加,因而压力降低,故机翼上表面称为吸力面,而下表面的流速降低,因而压力增加,故称为压力面,如图 8-39 所示。机翼的升力主要是由翼背的吸力所造成,翼背的吸力越大,则升力也越大,压力则下降,如果翼背的压力下降到某一程度,就有可能使桨叶表面产生空泡。空泡的产生是与剖面形状,流速及冲角等有关。下面我们就来具体分析桨叶表而产生空泡的原因和条件。

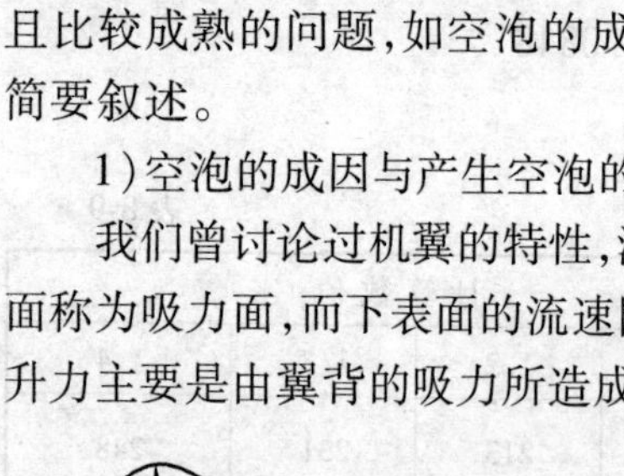

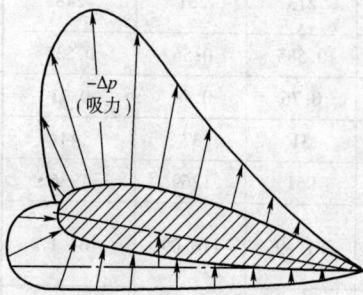

图 8-39　叶元体上压力分布

我们知道在平地上,水加热到 100℃时就沸腾了,而在高山上烧水,往往不到 100℃水就沸腾。这是因为高山顶上的大气压力比平地上小,所以高山上不到 100℃水就沸腾了。这就是说,压力越小就越快沸腾。如果将压力降得很低,甚至在通常温度下也会沸腾,这时由水逸出蒸汽及其他气体而形成气泡(或称空泡),这个产生沸腾时的压力称为水的饱和蒸汽压或汽化压力，常以 p_v 表示；它随水的温度而变，如表 8-10 所示。

饱和蒸汽压与水温的关系　　表 8-10

温度 t(℃)	5	10	15	20	30	40	50	60
汽化压力 p_V(Pa)	873.1	1226.3	1700.9	2334.8	4247.7	7377.1	12341.0	19924.1

随着船舶航速的提高，高速机器的采用，会引起螺旋桨工作时周围压力的下降，使桨叶某处的压力降低到该处水温下的汽化压力时，水即气化（沸腾）产生雾状的气泡，于是叶片该处不与水接触，形成了空穴，如图 8-40 所示，以致螺旋桨不能产生预期的推力而影响航速，这种现象称为螺旋桨的空泡现象。空泡在它压缩而破裂时，在叶片表面产生很大的水质空泡点的冲击力，这种冲击力的周期产生，将使金属材料破坏（这种冲击力可高达数千个大气压，且集中于叶片表面的某一小范围内）。由于空泡而产生冲击使桨叶表面金属材料受到损坏，金属表面形成可见的伤痕和麻点，这种现象称为剥蚀。剥蚀对螺旋桨强度极为不利，设计螺旋桨时，应避免在使用过程中发生剥蚀。

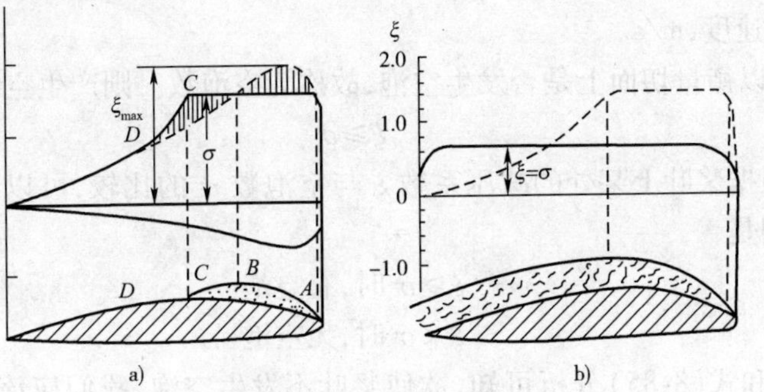

图 8-40　空泡发展的过程

a）第一阶段；b）第二阶段

空泡发展的过程是：

第一阶段：局部空泡，对水动力性能无明显影响，但可能产生剥蚀。

第二阶段：空泡区拖到随边之外，无剥蚀，但使对水动力性能恶化。

下面我们以桨叶某半径 r 处切面的运动来研究产生空泡的条件。如图 8-41 所示，设为理想流体，并在远处以流速 V_0，冲角 α_k 流向叶切面时，取同一流线 A、B 两点比较，A 点位于切面远前方，水流速度为 V_0，压力为 p_0；B 点位于切面叶背上，水流速度为 V_B，压力为 p_b。由于 $V_B > V_0$，$p_b < p_0$；通常认为 B 点的压力降至该水温水的气化压力 p_v 时 B 点即开始产生空泡。故 B 点产生空泡的条件为

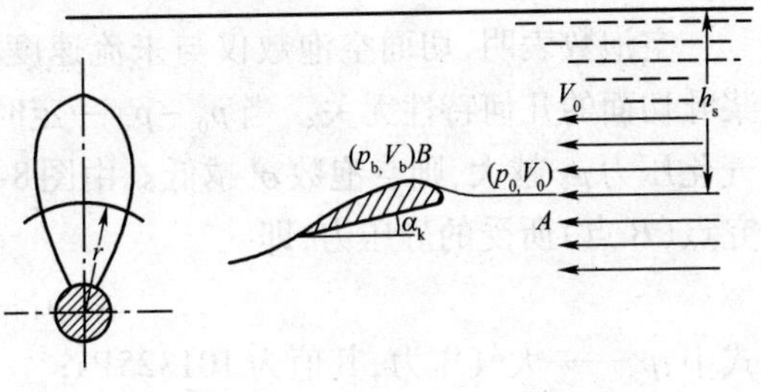

图 8-41　桨叶切面运动

$$p_b \leqslant p_v \tag{8-80}$$

现在更进一步来讨论发生空泡的原因。由于运动是定常的，故可用伯努力方程确定 A、B 两点处压力与流速的关系，即

$$p_b + \frac{1}{2}\rho V_b^2 = p_0 + \frac{1}{2}\rho V_0^2 \tag{8-81}$$

定义减压系数为

$$\xi = \frac{p_0 - p_b}{\frac{1}{2}\rho V_0^2} = \left(\frac{V_b}{V_0}\right)^2 - 1 \quad (8\text{-}82)$$

式中：ξ——减压系数。若切面上某处 $\xi < 0$，则表示该处压力增高（即大于静压力 p_0），若 $\xi > 0$，则为压力降低。

前面已分析过发生空泡的条件是 $p_b \leqslant p_v$。

若令无量纲系数为空泡数：

$$\sigma = \frac{p_0 - p_v}{\frac{1}{2}\rho V_0^2} \quad (8\text{-}83)$$

式中：p_0——绝对周围静压力，Pa；

p_v——水的汽化压力，Pa；

ρ——水的密度，kg/m^3；

V_0——来流速度，m/s。

因为 σ 可用以衡量切面上是否发生空泡，故称为空泡数。则产生空泡的条件可改写成

$$\xi \geqslant \sigma$$

综上所述，根据桨叶上某处的减压系数 ξ 与空泡数 σ 的比较，可以判断该处是否发生空泡，其判断的准则是

$$\xi \geqslant \sigma \text{ 时，有空泡} \quad (8\text{-}84)$$

$$\xi < \sigma \text{ 时，无空泡} \quad (8\text{-}85)$$

从式（8-84）和式（8-85）分析可知，欲使桨叶不发生空泡，我们应该设法减小减压系数 ξ 或增大空泡数 σ。为此有必要别了分解影响减压系数 ξ 和空泡数 σ 的各种因素。

减压系数表明，切面减压系数仅与切面处流速 V_b 与来流速度 V_0 的比值（V_b/V_0）有关，而与 V_0 的大小无关；如切面 B 点而言，如果切面形状不变，来流方向不变，仅改变来流速度，则仍维持动力相似。故（V_b/V_0）值不变，亦 ξ 不变，所以减压系数 ξ 仅随叶切面形状，入射角及 B 点的位置而变。

空泡数表明，切面空泡数仅与来流速度 V_0、水的汽化压力 p_v 和水的静压力 p_0 有关，而与桨叶切面的几何特性无关。当 $p_0 - p_v$ 一定时，V_0 越大，σ 越小；当 V_0 与 p_0 一定时，水温越高，气化压力 p_v 越大，则空泡数 σ 越低。由图 8-40 可知，水的静压力 p_0 等于大气压力加上桨叶研究点（B 点）所受的静压力，即

$$p_0 - p_a = \rho h_s$$

式中：p_a——大气压力，其值为 101325Pa；

ρ——水的密度，淡水 $\rho = 1000kg/m^3$，海水 $\rho = 1025kg/m^3$；

h_s——桨叶切面的沉没深度，m。

桨叶的沉没 h_s 常以桨轴中心处离自由水面的高度来计算。在 V_0 及 p_0 一定的情况下桨叶的沉深度越大，则空泡数 σ 越高。

V_0 是来流速度（m/s），相对桨叶切面来说，若忽略诱导速度，则可以表示为

$$V_0 = \sqrt{(2\pi rn)^2 + V_A^2} \quad (8\text{-}86)$$

当转速 n 或进速 V_A 较大时，其合成速度 V_0 也较大，这时空泡数较小。

由上述分析可知，根据桨叶切面的减压系数 ξ 和空泡数 σ 之间的相对关系可以断定是否

发生空泡，见式(8-84)、式(8-85)，而 ξ 与 σ 是由两互不相关的参数所决定、调整这两组参数可以改变 ξ 与 σ 的关系，因而使空泡现象提早或延缓。对于叶切面来说，最大减压系数越大者越易发生空泡。而对空泡数来说，σ 越小的越易发生空泡。

2）避免或延缓空泡现象的措施

空泡的产生，会给螺旋桨带来不利影响，或者产生剥蚀，或者影响螺旋桨的性能。因此在设计螺旋桨时，应尽量避免空泡的发生。为了避免或延缓空泡的出现可以采取以下几种措施：

(1)从降低最大减压系数 ξ_{max} 着手：

①采用压力分布较均匀的切面，如采用弓形切面。可使叶背吸力分布均匀一些，如图8-42所示。弓形切面的最大减压 ξ_{max} 与机翼形的值相比较小，对延缓空泡的发生有利。

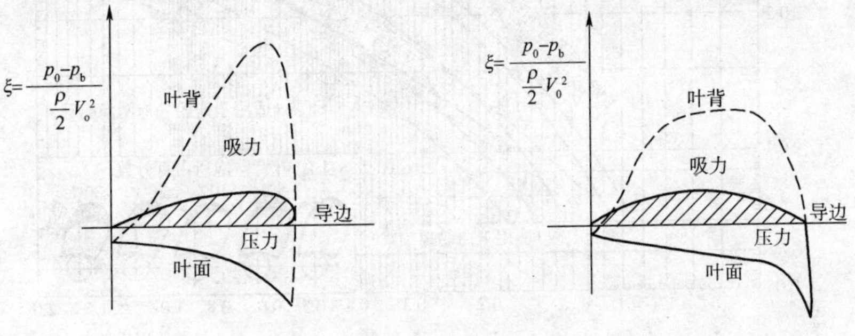

图 8-42 机翼形及弓背形的吸力与压力分布

在条件相同的情况下，机翼形剖面比弓背形剖面的效率高，但更早出现空泡。由于叶梢部分离水面近，且旋转时线速度最高，使压力降低最多，最先发生空泡，所以楚思德 B 型螺旋桨在近叶梢部分采用圆背形剖面，其余部分用机翼形剖面。

②增加螺旋桨盘面比。因为盘面比的增加相当于切面弦长加长，以减低单位面积上的平均推力，使叶背上的减压系数 ξ 值下降。在保证产生同样的升力（即 ξ 值分布曲线面积在弦长增加前后不变）情况下，由于弦长加长，ξ_{max} 值必然降低，如图 8-43 所示。

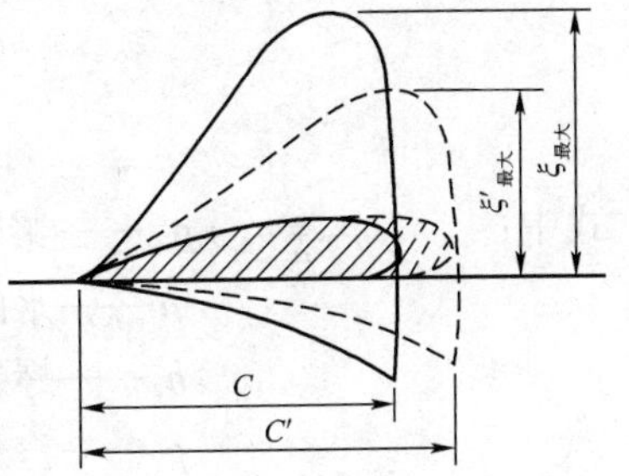

图 8-43 切面舷长加长前后的 ξ_{max} 值的分布

③减小叶根附近切面的螺距。单螺旋桨船往叶根部分的伴流较大，易产生空泡现象，如 B 系列 4 叶螺旋桨，将根部的螺距减小 20% 以减小冲角，从而使该处的最大减压系数 ξ_{max} 值降低，达到避免空泡的发生。

④减少桨叶数目。在盘面积相等时，减少叶数相当增大桨叶宽度和减小厚度比，可降低切面的减压系数。

(2)从提高螺旋桨的空泡数 σ 着手：

①在条件许可的情况下，尽量增加螺旋桨的浸没深度，以增大空泡数 σ 值。

②减小螺旋桨转速，可以增大空泡数。

此外，提高桨叶的加工精度，使表面光滑平整以避免水流的局部突变等。上述措施对避免空泡都是有一定的效果，但避免空泡最主要的办法还是要使螺旋桨有足够的盘面比。

3）空泡校核

在设计螺旋桨时，为了避免空泡的产生，就需要加大桨叶面积，而过大的加大桨叶面积势必降低螺旋桨的效率。因此在避免空泡的条件下，应力求采用最小的桨叶面积。这个问题一般是通过螺旋桨模型的空泡实验得出图谱，或由统计数据归纳成近似公式来进行空泡检验。目前空泡检验的方法很多，下面介绍常用的一种，也就是根据各类船舶螺旋桨的统计资料得出的空泡校核图谱，如图 8-44 所示。图中的曲线称为空泡校核的限界线（称为伯利尔限界线）；图中以 $0.7R$ 处切面的空泡数 $\sigma_{0.7R}$ 为横坐标，以桨叶单位投射面积上的平均推力系数 τ_c 为纵坐标，即

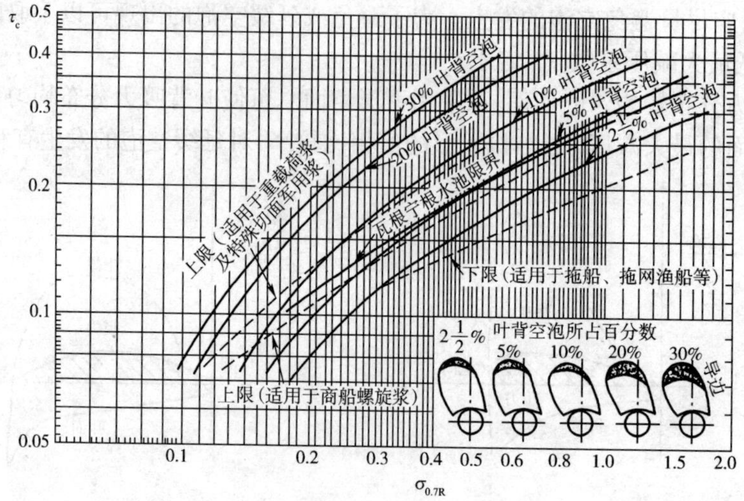

图 8-44　伯利尔限空泡限界曲线

$$\sigma_{0.7R} = \frac{p_0 - p_V}{\frac{1}{2}\rho V_{0.7R}^2} \tag{8-87}$$

$$\tau_C = \frac{T/A_P}{\frac{1}{2}\rho V_{0.7R}^2} \tag{8-88}$$

式中：　$p_0 = p_a + p_{hs}$——桨轴中心处的静压力，Pa；

ρ——水的密度，kg/m^3；

h_s——螺旋桨轴线的沉没深度，m；

p_v——汽化压力，Pa；

$V_{0.7R}^2 = V_A^2 + (0.7\pi nD)^2$——$0.7R$ 处切面与水流的相对速度的平方$(m/s)^2$；

T——螺旋桨的推力，N；

A_p——桨叶投射面，具有下列关系：

$$A_P \approx A_E \times (1.067 - 0.229P/D)$$

式中：A_E——螺旋桨的伸张面积，m^2。

用伯利尔限界线校核空泡，把半径为 $0.7R$ 处切面取为典型切面，认为 $0.7R$ 处切面不产生空泡，则整个螺旋桨就不发生空泡。而 $0.7R$ 处切面不发生空泡的条件是空泡数 $\sigma_{0.7R}$ 与单位投射面积上的平均推力系数 τ_c 间符合伯利尔限界线。如图 8-43 所示，处于限界线及其下区域为不发生空泡区，而在限界线以上区域要发生空泡。

由限界线可以看出，对应于某一空泡数，则随着螺旋桨负荷的增加，τ_c 值增加，会更容易产生空泡。另一方面，随速度（进速或转速）增加，使空泡数减小，从而使不发生空泡的极限 τ_c 值降低，增加了螺旋桨产生空泡的可能性。因此，重负荷螺旋桨或高速舰艇螺旋桨易于产生

空泡。

在图 8-44 中，有一条重负荷螺旋桨限界线适用于高速军舰。商船螺旋桨限界线表示避免空泡所可用的最大 τ_c，结果比较安全。

具体校核时，可按式(8-87)求出 $0.7R$ 处的空泡数 σ，据 σ 值按限界线查得不发生空泡 τ_c 值，由 τ_c 值求出不发生空泡所需的最小盘面比，若所校核螺旋桨具有的盘面比大于不生空泡所需的最小值时，则此螺旋桨就不会发生空泡。校核工作可按表 8-11 顺序进行。

空泡校核计算 表 8-11

序号	项目	单位 \\ A_E/A_0		备注
1	直径 D	m		
2	效率 η_0			
3	进速 V_A	kn		
4	$(0.5144V_A)^2$	$(m/s)^2$		
5	$\left(0.7\pi\times\frac{n}{60}\times D\right)^2$	$(m/s)^2$		
6	$V_{0.7R}^2=(4)+(5)$	$(m/s)^2$		
7	$\frac{1}{2}\rho V_{0.7R}{}^2=\frac{1}{2}\rho\times 6$	N/m^2		
8	空泡数 $\sigma=\frac{p_0-p_v}{(7)}$			
9	查图 $\tau_C=\frac{T/A_P}{(7)}$			
10	推力 $T=P_{D0}\times\eta_R\times\eta_0/0.514V_A$	N		
11	需要的投射面积 $A_P=\frac{(10)}{(9)(7)}$	m^2		
12	螺距比 $\frac{P}{D}$			
13	需要的展开面积 $A_E=\frac{(11)}{(1.067-0.229P/D)}$	m^2		
14	盘面积 $A_0=\frac{\pi D^2}{4}$	m^2		
15	需要盘面比 $\frac{A_E}{A_0}=\frac{(13)}{(14)}$			

空泡校核时，由于拖船螺旋桨要在两种不同的工作情况下工作，产生空泡的可能性较大，所以常允许留有盘面比裕度。对客船，为提高螺旋桨的效率，可不留有裕度，选择满足空泡要求的最小盘面比。为求出此最小盘面比，整个空泡校核工作应在同叶数的两个盘面比螺旋桨中进行，按表 8-10 顺序计算。对 $(A_E/A_0)_1$、$(A_E/A_0)_2$ 分别求得不发生空泡所需的最小盘面比 $(A_E/A_0)_{1min}$，$(A_E/A_0)_{2min}$。然后绘制插值图，如图 8-45 所示。图中横坐标表示螺旋桨所具有的盘面比，纵坐标表示满足空泡要求的最小盘面比。两组坐

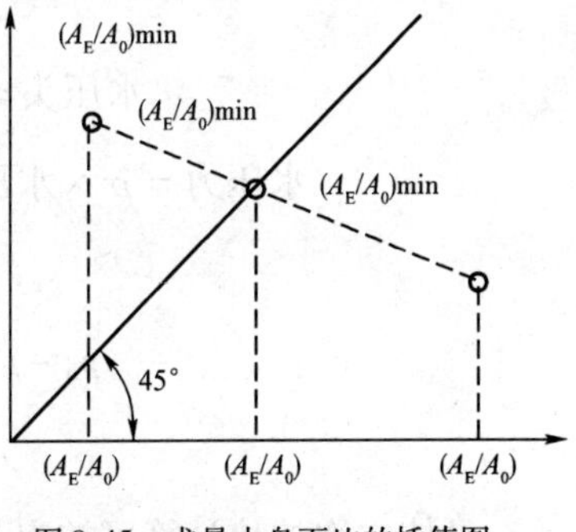

图 8-45 求最小盘面比的插值图

标应取同一比例。将计算结果连成虚线，该曲线与45°线的交点，即为满足空泡要求的最小盘面比值。而其他螺旋桨要素 D、P/D、η_0 可按盘面比进行线性插值。

下面举例说明应用伯利尔曲线校核空泡和选出螺旋桨其他要素的方法。

例 8-7：已知某船螺旋桨收到功率 $P_D = 830\text{kW}$，螺旋桨转速 $n = 428\text{r/min}$，吃水 $d = 4.4\text{m}$，$\eta_R = 1$；航速 V、螺旋桨直径 D、效率 η_0、螺距比 P/D 数据见表 8-12。试求出在满足空泡要求的最小盘面比，及螺旋桨的要素 D、P/D、η_0。

航速、效率、直径、螺距比与盘面比的关系 表 8-12

序号	项　目	单　位	$B_{4\text{-}40}$	$B_{4\text{-}55}$	$B_{4\text{-}70}$
1	航速 V	kn	14.63	14.50	14.36
2	进速 V_A	kn	12.64	12.53	12.41
3	P/D		0.8	0.825	0.841
4	η_0		0.61	0.588	0.57
5	D	m	1.74	1.72	1.69

解：(1)空泡校核：

收到功率

$$P_D = 830(\text{kW})$$

水的密度

$$\rho = 1025(\text{kg/m}^3)$$

转速

$$n = 428(\text{r/min})$$

相对旋转效率

$$\eta_R = 1$$

标准大气压

$$p_a = 101325(\text{Pa}) = 101.325(\text{kPa})$$

轴中心距基线高

$$E = 1.85(\text{m})$$

$$\text{水压头} = T - E + W = 2.55(\text{m})(\text{水波高 } W = 0\text{m})$$

$$\text{水压力} = \rho \times \text{水压头} \times 9.81 = 1.025 \times 2.55 \times 9.81 = 25.641(\text{kPa})$$

$$\text{汽化压力 } p_V = 2.256(\text{kPa})$$

$$p_0 - p_V = \text{水压力} + \text{标准大气压} - \text{汽化压力} = 25.641 + 101.325 - 2.256 = 124.710(\text{kPa})$$

具体空泡校核计算可按表 8-13 顺序进行。

空泡校核计算表　　表 8-13

序号	项　目	A_E/A_0 单位	$B_{4\text{-}40}$	$B_{4\text{-}55}$	$B_{4\text{-}70}$
1	直径 D	m	1.74	1.72	1.69
2	效率 η_0		0.61	0.588	0.57
3	进速 V_A	kn	12.64	12.53	12.41
4	$(0.5144V_A)^2$	$(m/s)^2$	42.28	41.54	40.75
5	$\left(0.7\pi \times \frac{n}{60} \times D\right)^2$	$(m/s)^2$	744.28	727.27	702.12
6	$V_{0.7R}^2 = (4) + (5)$	$(m/s)^2$	786.56	768.81	742.87
7	$\frac{1}{2}\rho V_{0.7R}^2 = \frac{1}{2}\rho \times (6)$	kN/m^2	403.112	394.015	380.721
8	空泡数 $\sigma = \frac{p_0 - p_V}{(7)}$		0.31	0.32	0.33
9	查图 $\tau_C = \frac{T/A_P}{(7)}$		0.134	0.136	0.14
10	推力 $T = P_D \times \eta_R \times \eta_0 / 0.514V_A$	kN	77.868	75.719	74.111
11	需要的投射面积 $A_E = \frac{(10)}{(9)(7)}$	m^2	1.44	1.41	1.39
12	螺距比 P/D		0.8	0.825	0.841
13	需要的展开面积 $A_E = \frac{(11)}{(1.067 - 0.229P/D)}$	m^2	1.63	1.61	1.59
14	盘面积 $A_0 = \frac{\pi D^2}{4}$	m^2	2.38	2.32	2.24
15	需要盘面比 $\frac{A_E}{A_0} = \frac{(13)}{(14)}$		0.685	0.694	0.709

(2)求螺旋桨要素：

由图 8-46，根据空泡校核采用 $A_E/A_0 = 0.713$，用插值法求得：

直径

$$D = 1.68\text{m}$$

螺距比

$$P/D = 0.84$$

效率

$$\eta_0 = 0.568$$

航速

$$V = 14.3\text{kn}$$

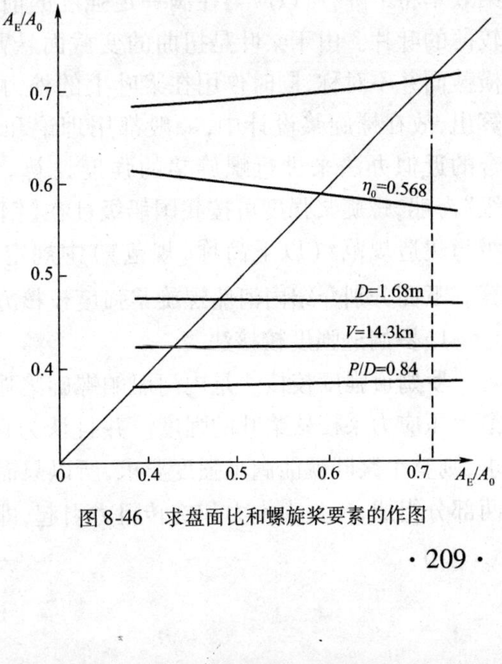

图 8-46　求盘面比和螺旋桨要素的作图

学习成果测验

任务 8-3:某海船主机额定功率 $P_s=882.6\text{kW}$,螺旋桨转速 $n=300\text{r/min}$,伴流分数 $w=0.09$,传送效率 $\eta_s=0.96$,相对旋转效率 $\eta_R=1.0$,轴线浸水深度 $h_s=2.0\text{m}$,海水温度 $t=20℃$。按不同的设计方案可得到如下两个螺旋桨要素,如表 8-14 所示。试用伯利尔空泡限界曲线检验这两个螺旋桨是否都会发生空泡现象?并根据检验结果按直线插值法确定不发生空泡的最小盘面比及相应的螺旋桨要素。

螺旋桨要素方案　　　　表 8-14

方案	A_E/A_0	V(kn)	D(m)	P/D	η_0
Ⅰ	0.35	15.25	2.23	0.84	0.692
Ⅱ	0.50	15.10	2.21	0.83	0.672

评分:____________

2. 螺旋桨的强度计算

对于设计制造出来的螺旋桨,应该具有较高的效率和足够的强度,以便保证船舶安全航行和充分发挥螺旋桨的效能,同时要使船在正常航行状态下,桨叶不致破损或断裂。但不能单纯追求强度大、桨叶厚,这样不仅浪费材料,而且对螺旋桨的性能也不会提高。所以,在设计螺旋桨时,必须进行强度校核,其目的是确定足以保证强度的叶片厚度,及沿径向的分布规律。

螺旋桨桨叶可看作固定于桨毂的悬臂梁。当螺旋桨在水中操作时,作用在桨叶上的流体动力有轴向的推力(T/Z)及与转向相反的阻力(F/Z),两者都使桨叶产生弯曲和扭转。此外,由于螺旋桨叶片在旋转时产生离心力(C),使桨叶受到拉伸作用,若桨叶具有侧斜或纵斜,则离心力还要使桨叶产生弯曲,如图 8-47 所示。螺旋桨的强度校核就是核算在这些外力作用下,桨叶切面强度是否满足需要。若不能满足要求时,则需增加叶片的厚度。但是随着厚度的增加螺旋桨效率将下降,所以应当在满一足强度的前提下选取较薄的叶片。由于桨叶是扭曲的变截面悬臂梁,且其横截面并不对称,同时作用在桨叶上的外力也难精确算出,故在螺旋桨设计中,一般都用理论和实验相结合的近似办法来进行螺旋桨的强度计算。对于“入级”海船,螺旋桨强度可按我国船级社在《钢质海船入级与建造规范》(以下简称《规范》)中规定的方法计算。下面分别介绍内河船螺旋桨强度校核方法和海船的规范校核方法。

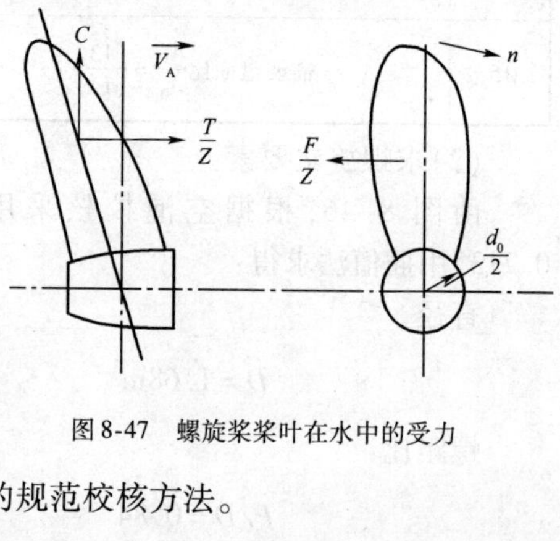

图 8-47　螺旋桨桨叶在水中的受力

1)罗姆逊强度校核法

罗姆逊强度校核法是内河船舶螺旋桨强度校核中常用的一种方法。此法是以切面所受的最大压应力来校核桨叶的强度。并且认为只要半径为 $0.2R$ 和 $0.6R$ 处的切面能满足强度要求,则整个桨叶就能满足强度要求,所以只需校核上述两个切面的最大压应力。最大压应力由两部分组成,一是由推力和旋转阻力引起,即与收到功率直接相关的压应力 σ_1,另一个是由离

心力引起的压应力 σ_2，故总的最大压应力 σ 为

$$\sigma = \sigma_1 + \sigma_2 \tag{8-89}$$

按 B 系列图谱设计螺旋桨或设计与 B 系列类似螺旋桨的时，上式中

$$\sigma_1 = \frac{P_{DB}\xi}{Zn} \cdot \frac{C_a(C_b + \delta\eta_0)}{t_{0.2}^2 b_{0.2}} \times 156.916 \times 10^{-6}(\text{MPa})\ (\text{对 } 0.2R \text{ 切面}) \tag{8-90}$$

$$\sigma_1 = \frac{P_{DB}\xi}{Zn} \cdot \frac{C_a(C_b + \delta\eta_0)}{t_{0.6}^2 b_{0.6}} \times 156.916 \times 10^{-6}(\text{MPa})\ (\text{对 } 0.6R \text{ 切面}) \tag{8-91}$$

$$\sigma_2 = \left(\frac{nD}{100}\right)^2 (AC - 0.58) \times 9.81 \times 10^{-2}(\text{MPa})\ (\text{对 } 0.2R \text{ 切面}) \tag{8-92}$$

$$\sigma_2 = \left(\frac{nD}{100}\right)^2 (AC - 0.345) \times 9.81 \times 10^{-2}(\text{MPa})\ (\text{对 } 0.6R \text{ 切面}) \tag{8-93}$$

式中：P_{DB}——船后螺旋桨的收到功率，kW；

n——螺旋桨转速，r/min；

ξ——系数，依纵斜角的大小由图 8-48 查得；

Z——叶数；

C_a——系数，对 0.2R 和 0.6R 处切面可分别根据 $P_{0.2}/D$ 和 $P_{0.6}/D$ 由图 8-48 查得；

C_b——系数，根据下式计算：

$$C_b = 66.7\frac{P_{0.2}}{D}(\text{对 } 0.2R \text{ 切面}) = 19.4\frac{P_{0.6}}{D}(\text{对 } 0.6R \text{ 切面})$$

$t_{0.2}$、$t_{0.6}$——0.2R 和 0.6R 处桨叶最大厚度，m；

$b_{0.2}$、$b_{0.6}$——0.2R 和 0.6R 半径处的切面舷长，m；

C——系数，对 0.2R 和 0.6R 处切面可分别根据 $P_{0.2}/D$ 和 $P_{0.6}/D$ 由图 8-48 查得；

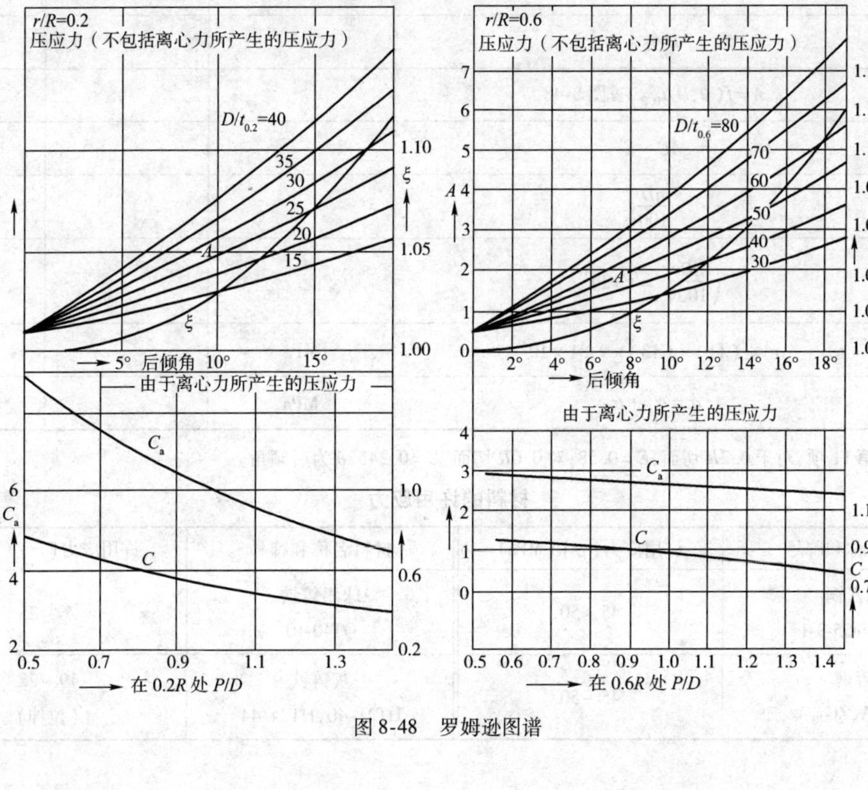

图 8-48　罗姆逊图谱

D——螺旋桨直径,m;

A——系数,根据后倾角和对半径(0.2R 或 0.6R)处切面 $D/t_{0.2R}$ 或 $D/t_{0.6R}$ 值查图 8-48 求得。

按式(8-88)计算出最大压力 σ,应不超过材料许用应力$[\sigma]$,则强度满足要求。即

$$\sigma = \sigma_1 + \sigma_2 \leqslant [\sigma] \tag{8-94}$$

具体计算可按表 8-15 顺序进行。材料的许用应力可按表 8-16 选用。

实践证明,如果设计的螺旋桨采用荷兰船模试验池建议的叶厚度分布,则上述方法中 0.6R半径处叶切面的强度可不必再验算,只计算 0.2R 的强度即可。荷兰船模试验池建议的叶片厚度分布为

0.2R 处桨叶切面的最大压力计算 表 8-15

序号	项 目	单 位	数 值	
1	厚度 $t_{0.2}$(假定)	m		
2	$(t_{0.2})^2=(1)^2$	m^2		
3	$\dfrac{P_{DB}\times\xi\times156.916}{Z\times n\times b_{0.2}}$			
4	$\sigma\times\eta_0$			
5	$C_b+(4)$			
6	$C_a\times(5)$			
7	$(6)\times(3)$	kn		
8	$\sigma_1=\dfrac{(7)}{(2)}$	MPa		
9	$D/t_{0.2}$			
10	$A=f(\theta,D/t_{0.2})$查图 8-48			
11	$AC—E$			
12	$\dfrac{nD}{100}$			
13	$\left(\dfrac{nD}{100}\right)^2=(12)^2$			
14	$\sigma^2=(11)\times(13)\times9.81\times10^4$	MPa		
15	$\sigma=\sigma_1+\sigma_2$	MPa		

注:表中第 11 项,对于 0.2R 切面,$E=0.58$;对 0.6R 切面,$E=0.345$;θ 为后倾角。

材料的许用应力 表 8-16

材料名称和牌号	许用应力$[\sigma]$(MPa)	材料名称和牌号	许用应力$[\sigma]$(MPa)
锰青铜 HMnFe55-3-1	45~50	球墨铸铁 QT40-10	26~28
铸钢 $ZG_{25}A$,$ZG_{20}A$	45~50	灰铸铁 HT21-40,HT24-44	19~22 (拉伸)

$$t_x = s_x(t_{0.2} - t_{0.1}) + t_{1.0} \tag{8-95}$$

式中：t_x——任意半径处桨叶切面的最大厚度，mm；

$t_{0.2}$——0.2R 处桨叶切面的最大厚度，按上述强度计算法求得，mm；

s_x——各半径处的系数，分别如下：

$s_{0.0R}=1.27$　　$s_{0.2R}=1.0$　　$s_{0.3R}=0.845$　　$s_{0.4R}=0.699$

$s_{0.5R}=0.564$　　$s_{0.6R}=0.136$　　$s_{0.7R}=0.318$　　$s_{0.8R}=0.206$

$s_{0.9R}=0.100$　　$s_{0.95R}=0.0495$

$t_{1.0}$——叶梢处的厚度，可按表 8-17 选取。

螺旋桨的叶梢厚度　　表 8-17

螺旋桨直径 D(mm)	0～1500	1500～3000	≥3000
铜质	$0.004D$	$0.0035D$	$0.003D$
铸铁	$0.0045D$	$0.004D$	$0.0035D$

下面举例应用罗姆逊法校核桨叶 0.2R 切面的强度，并用荷兰水池厚度分布规律确定各半径的最大厚度。

例 8-8：已知某内河双桨船，螺旋桨的收到功率 $P_D=1301.835$kW，转速 $n=275$ r/min，叶片数 $Z=4$，直径 $D=2.54$m，螺距比 $P/D=0.84$，盘面比 $A_E/A_0=0.55$，直径系数 $\delta=160$，效率 $\eta_0=0.64$，后倾角 $\theta=5°$，螺旋桨材料为锰铁黄铜。许用应力 $[\sigma]=49.05$MPa，按罗姆逊法校核 0.2R 切面的强度，并决定各半径最大厚度。

分析：本例涉及的知识点：

(1) 基本概念：切面强度，各半径最大厚度；

(2) 罗姆逊法校核 0.2R 切面的强度。

解题思路：首先进行预备计算 0.2R 处切面弦长，0.2R 处螺距比；通过查图谱，得到计算所需系数以及标准厚度，作图得到叶梢厚度；然后，分别计算叶片厚度分布。

解：(1) 预备计算：

0.2R 处切面弦长

$$b_{0.2} = 0.7608 \times 2.1867 \times \frac{A_E}{A_0} \times \frac{D}{Z}$$

$$= 0.7608 \times 2.1867 \times 0.55 \times \frac{2.54}{4} = 0.581\ (\text{m})$$

0.2R 处螺距比

$$\frac{P_{0.2}}{D} = 0.822 \times \frac{P}{D} = 0.822 \times 0.84 = 0.7$$

由图 8-48 查得

$$\xi = f(\theta) = 1.014$$

$$C = f_1\left(\frac{P_{0.2}}{D}\right) = 0.7$$

$$C_a = f_2\left(\frac{P_{0.2}}{D}\right) = 7.85$$

$$C_b = 66.7 \times \frac{P_{0.2}}{D} = 46.69$$

$$\frac{P_{DB} \times \xi \times 156.916}{Z \times n \times b_{0.2}} = \frac{1301.835 \times 1.014 \times 156.916}{4 \times 275 \times 0.581} = 324.11$$

标准厚度

$$t_{0.2} = 0.0366D = 0.0366 \times 2.54 = 0.093\ (\text{m})$$

(2)计算步骤如表 8-18 所示。

0.2*R* 处桨叶切面的最大压应力计算 表 8-18

序号	项　目	单　位	数　值	
1	厚度 $t_{0.2}$(假定)	m	0.09	0.1
2	$(t_{0.2})^2=(1)^2$	m²	0.0081	0.01
3	$\frac{P_{DB}\times\xi\times156.916}{Z\times n\times b_{0.2}}$		324.11	324.11
4	$\delta\times\eta_0$		102.4	102.4
5	$C_b+(4)$		149.09	149.09
6	$C_a\times(5)$		1170.3565	1170.3565
7	$(6)\times(3)/1000$	kN	379.3243	379.3243
8	$\sigma_1=\frac{(7)}{(2)}/1000$	MPa	46.8302	37.9324
9	$D/t_{0.2}$		28.2	25.4
10	$A=f(\theta、D/t_{0.2})$查图 8-48		2.9	2.7
11	$AC-0.58$		1.45	1.31
12	$\frac{nD}{100}$		6.985	6.985
13	$\left(\frac{ND}{100}\right)^2=(12)^2$		48.79	48.79
14	$\sigma_2=(11)\times(13)\times9.81\times10^{-2}$	MPa	6.9401	6.2700
15	$\sigma=\sigma_1+\sigma_2$	MPa	53.7703	44.2025

(3)作图(用插值法求 $t_{0.2}$的最大厚度)。

根据$[\sigma]=49.05$MPa,用插值法求得 $t_{0.2}=0.0951$m。由图 8-49 可知,只要所求的 $t_{0.2}$的厚度大于0.0951m 就能满足强度要求,本例题取 $T_{0.2}=0.098$m,所计算的 $\sigma=46.1161$MPa,按强度条件总应力 46.1161MPa < [49.05MPa] 即满足强度要求。

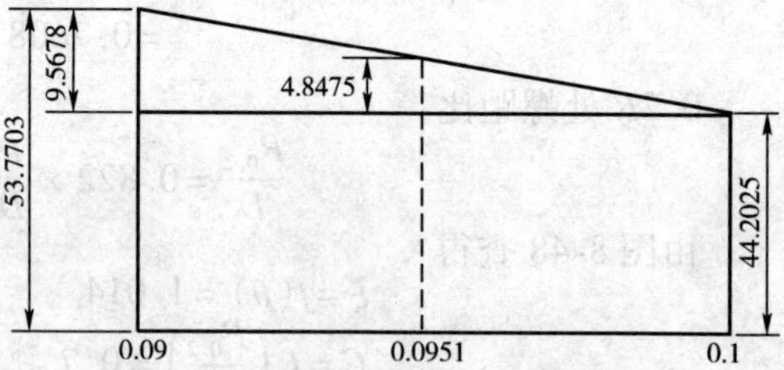

图 8-49　许用应力 σ 随 $t_{0.2}$厚度的变化

叶梢厚度取

$$t_{1.0R}=0.0035D=0.0035\times2540=8.89(\text{mm})(\approx9\text{mm})。$$

(4)叶片厚度分布:

$$t_{0.2R}=98(\text{mm})$$

$$t_{1.0R}=9(\text{mm})$$

$$t_{0.2R}-t_{1.0R}=98-9=89(\text{mm})$$

$$t_{0.0R}=1.27\times 89+9=122.0(\text{mm})$$
$$t_{0.3R}=0.845\times 89+9=84.2(\text{mm})$$
$$t_{0.4R}=0.699\times 89+9=71.2(\text{mm})$$
$$t_{0.5R}=0.564\times 89+9=59(\text{mm})$$
$$t_{0.6R}=0.436\times 89+9=47.8(\text{mm})$$
$$t_{0.7R}=0.318\times 89+9=37.3(\text{mm})$$
$$t_{0.8R}=0.206\times 89+9=27.3(\text{mm})$$
$$t_{0.9R}=0.1\times 89+9=17.9(\text{mm})$$
$$t_{0.95R}=0.0495\times 89+9=13.4(\text{mm})$$

2)规范校核法

我国船级社颁布的《钢质海船入级与建造规范》(以下简称《规范》)中,对螺旋桨的强度问题作了具体的规定。

螺旋桨桨叶厚度 t(固定螺距螺旋桨为 $0.25R$ 和 $0.6R$ 切面处,可调螺距螺旋桨为 $0.35R$ 和 $0.6R$ 切面处)不得小于按下式计算所得之值

$$t=\sqrt{\frac{Y}{k-X}} \tag{8-96}$$

式中:Y——功率系数,按式(8-96)求得;

k——材料系数,查表 8-19;

X——转速系数,按式(8-97)求得。

(1)功率系数按下式计算:

$$Y=\frac{A_1\times P_S}{Zbn}\times 1.36 \tag{8-97}$$

其中,$A_1=\frac{D}{P}\left(k_1-k_2\frac{D}{P_{0.7}}\right)+k_3\frac{D}{P_{0.7}}-k_4$,对于椭圆上翘的机翼形切面,上式求得之 A_1 值应增加30%;

式中: D——螺旋桨直径,m;

P——所计算切面处的螺距,m;

$P_{0.7}$——$0.7R$ 切面处的螺距,m;

R——螺旋桨半径,m;

P_S——主机的额定功率,kW;

Z——桨叶叶数;

b——所计算半径处切面的弦长,m;

n——螺旋桨在主机额定功率时的转速,r/min;

k_1、k_2、k_3、k_4——系数,查表 8-19 得到。

k 系 数 表 表 8-19

r \ k_i	k_1	k_2	k_3	k_4	k_5	k_6	k_7	k_8
$0.25R$	634	250	1410	4	82	34	41	380
$0.35R$	520	285	1320	16	64	28	57	420
$0.60R$	207	151	635	34	23	12	65	330

(2)转速系数按下式计算：

$$X=\frac{A_2GA_En^2D^3}{10^{10}Zb} \tag{8-98}$$

其中，$A_2=\frac{D}{P}(k_5+k_6\theta)+k_7\theta+k_8$；$D$、$P$、$N$、$Z$ 和 b 的含义同式(8-96)。

式中：　θ——桨叶后倾角，(°)；

G——桨叶材料的重度；

A_E——螺旋桨的盘面比；

k_5、k_6、k_7、k_8——系数，查表8-19得到。

对于航行干冰区的船舶，螺旋桨桨叶还需进行加强，具体办法在《规范》中有明确规定，这里不再介绍。

《规范》还规定，对于特殊设计的螺旋桨，允许用其他计算方法来确定螺旋桨桨叶的厚度，但需取得验船部门的同意。

具体计算步骤见表8-20。

最小厚度 t 计算表　　表8-20

序号	项　目	单　位	所校核的叶切面	
			$0.25R$	$0.6R$
1	桨叶宽度 b	m		
2	$0.7R$ 处 D/P $D/P_{0.7}$			
3	D/P			
4	$A_1=\frac{D}{P}\left(k_1-k_2\frac{D}{P_{0.7}}\right)+k_3\frac{D}{P_{0.7}}-k_4$			
5	$A_2=\frac{D}{P}(k_5+k_6\theta)+k_7\theta+k_8$			
6	$Y=\frac{A_1P_S}{Zbn}\times1.36$			
7	$X=\frac{A_2GA_En^2D^3}{10^{10}\cdot Zb}$			
8	《规范》要求最小厚度 $t=\sqrt{\frac{Y}{k-X}}$	mm		
9	标准桨叶切面厚度 t	mm		

若标准桨叶在0.25R(或0.35R)和0.6R切面的厚度大于《规范》要求的最小厚度，则满足强度要求。桨叶其他各半径处最大厚度可分别按标准厚度选取。

若标准桨叶在0.25R(或0.35R)和0.6R切面的厚度小于《规范》的要求，则不满足强度要求。桨叶的厚度分布可先按表8-17算出叶梢的厚度。然后将叶梢的厚度与按《规范》计算得到的0.25R(或0.35R)及0.6R处切面的厚度三个点在图上按同样比例标出，通过三点连成光顺曲线，即可从图上量得各不同半径处桨叶厚度。

学习成果测验

任务8-4：某货船的B型螺旋桨敞水收到功率 $P_D=3177.36$kW，转速 $n=200$ r/min，盘面比 $A_E/A_0=0.63$，直径系数 $\delta=\frac{nD}{V_A}=133$，螺旋桨效率 $\eta_0=0.67$，桨径 $D=3.4$m，叶片数 $Z=4$，

螺距比 $P/D = 0.90$，桨叶后倾角 $\theta = 10°$，$b_{0.2} = 0.87\text{m}$，$t_{0.2} = 0.14\text{m}$，$b_{0.25} = 1.12\text{m}$，$t_{0.25} = 0.13\text{m}$，$b_{0.6} = 1.3\text{m}$，螺旋桨材料为锰青铜，重度 $\gamma = 82.404\text{kN/m}^3$，试应用我国《钢质海船入级与建造规范》对螺旋桨进行强度校核。

评分：________________

---

3. 螺距修正

若用强度计算所决定的叶厚分布与标准系列桨叶不同，则应对所求出的螺距进行修正，以使两者性能相同。

由于叶片上从叶根至叶梢各半径处的叶厚分布均不相同，严格讲，各半径处叶切面的螺距都应修正，这样就比较麻烦，故实用上只取 $0.7R$ 处的叶切面进行螺距修正即可。如果设计的螺旋桨在 $0.7R$ 处的厚度与标准系列的螺旋桨不同，则应进行螺距修正；反之，则不用修正。

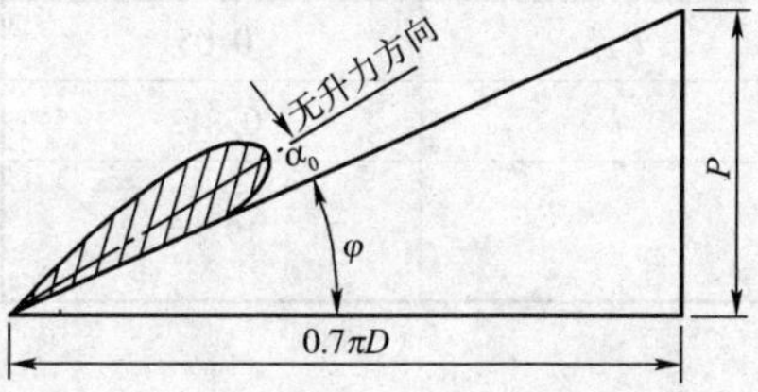

图 8-50　无升力角 α_0 与螺距角 φ

螺距修正原理是根据螺距角 φ 与无升力角 α_0 之和等于常数而得出的。即

$$\varphi + \alpha_0 = 常数 \tag{8-99}$$

如图 8-50 所示。

修正方法如下：而螺距角中 φ 是已知的，切面的无升力角 α_0 可按下式计算

$$\alpha_0 = k\left(\frac{t}{b}\right) \tag{8-100}$$

式中：k ——系数，与 $0.7R$ 处的切面形式有关；对 MAU 型螺旋桨；$k = 0.735$；对 B 型螺旋桨 $k = 0.813$；对弓形螺旋桨 $k = 0.75$；修正后的螺距角中 φ'，可由下式计算

$$\varphi' = \varphi + \alpha_0 - \alpha_0' = \varphi + k\left(\frac{t}{b} - \frac{t'}{b'}\right) \tag{8-101}$$

$$\varphi' = \tan^{-1}\frac{P'}{0.7\pi D} = \tan^{-1}\frac{P}{0.7\pi D} + k\left(\frac{t}{b} - \frac{t'}{b'}\right) \tag{8-102}$$

修正后的螺距为

$$P' = 0.7\pi D \cdot \tan\varphi' \tag{8-103}$$

式中：$\dfrac{t}{b}$ ——系列桨的厚度比；

$\dfrac{t'}{b'}$ ——设计桨的厚度比。

螺距修正实例：

某沿海单桨货船，航速 $V = 14.84\text{kn}$，采用 B 型 4 叶螺旋桨，螺旋桨直径 $D = 4.08\text{ m}$，螺距比 $P/D = 0.786$，盘面比 $A_E/A_0 = 0.52$，根据强度计算求得 $0.7R$ 处切面的厚度 $t = 57\text{mm}$。

1）预备计算

标准螺旋桨在 $0.7R$ 处切面的厚度为

$$t_{0.7\text{R}} = 0.0156D = 0.0156 \times 4080 = 63.6(\text{mm})$$

设计螺旋桨实际的厚度为

$$t'_{0.7\text{R}} = 57\text{mm}$$

因两者厚度不同，需要作螺距修正，故修正如下：

$0.7R$ 处切面弦长为

$$b = 0.9808 \times 2.1867 \frac{A_E}{A_0} \cdot \frac{D}{Z}$$

$$= 0.9808 \times 2.1867 \times 0.52 \times \frac{4080}{4} = 1137(\text{mm})$$

2)列表计算

修正后的螺距角计算表如表 8-21 所示。

修正后的螺距角计算表 表 8-21

项　目	标准桨	数　值	实际桨	数　值
螺距角(°)	$\varphi = \tan^{-1}\frac{P}{0.7\pi D}$	19.70		
切面最大厚度(mm)	t	63.6	t'	57
切面弦长(mm)	b	1137	b	1137
厚度比	t/b	0.056	t'/b	0.05
系数	k	0.813	k	0.813
修正后的螺距角(°)	$\varphi' = \varphi + k\left(\frac{t}{b} - \frac{t'}{b}\right)$			19.98

修正后的螺距比为

$$\frac{P'}{D} = 0.7\pi\tan\varphi' = 0.7 \times 3.14 \times 0.3636 = 0.799$$

修正后的螺距为

$$P' = 0.799 \times 4.08 = 3.26$$

4. *螺旋桨重力及惯性矩计算*

设计螺旋桨时,必须进行重力及惯性矩的计算,以供工厂备料、运输、安装及轴系设计等需要;螺旋桨的总重力为叶片重力与毂重力之和,其估算方法都是按照统计资料得出经验公式来进行的,下面介绍一种经验公式估算法。

1)螺旋桨重力的估算

(1)叶片重力:

$$G_Y = 3.85C_2 \times C_3 \times C_4 \times \gamma \times \frac{A_E}{A_0} \times \frac{t_0}{D} \times D^3 \tag{8-104}$$

式中:γ——材料重度,查表 8-22 得到;

G_Y——叶片重力;

C_2——叶切面系数,对 B 型桨 $C_2 = 1.0$,对于宽叶梢桨叶 $C_2 = 1.02$,窄叶梢取 $C_3 = 0.98$;

C_4——叶梢厚度比系数,按下式计算

$$C_4 = 0.15 \times \frac{t_0 + t_{1.0}}{t_0} - 0.089$$

式中:t_0——轴线处的叶根厚度,m;

$t_{1.0}$——叶梢厚度,m。

材料重度表 表 8-22

材料名称	重度 $\gamma(\text{kN/m}^3)$	材料名称	重度 $\gamma(\text{kN/m}^3)$
锰铁黄铜	82.5021	球墨铸铁	72.594
铸铁	77.0085	灰铸铁	72.594

(2)桨毂重力：

$$G_n = 0.59 \cdot d_0^2 \cdot l \cdot \gamma \quad (8\text{-}105)$$

式中：d_0——毂径，m；

l——桨毂长度，m。

(3)螺旋桨的总重力

$$G = G_Y + G_n \quad (8\text{-}106)$$

2)惯性矩计算

螺旋桨转动惯性矩可用下式估算

$$I = 0.00663 \times C_1 \times G_Y \times D^2 (\mathrm{N \cdot m \cdot s^2})$$

式中：D——螺旋桨直径，m；

G_Y——螺旋桨桨叶重力，N；

C_1——轴毂影响系数，对 B 型 3、4 叶桨叶 $C_1 = 1.025$，当毂径比增大时 C_1 相对增大，其极限值为 1.06。

例 8-9：已知某长江内河客货船，螺旋桨的直径 $D = 1.9\mathrm{m}$，盘面比 $A_E/A_0 = 0.55$，毂径 $d_0 = 0.38\mathrm{m}$，叶梢厚度 $l_{1.0} = 0.0057\mathrm{m}$，叶根厚度比 $t_0/D = 0.045$，毂长 $l = 0.5\mathrm{m}$，材料重度 $\gamma = 82.5021\mathrm{kN/m^3}$，求该螺旋桨的重力及转动惯性矩。

分析：本例涉及：

(1)螺旋桨的总重力 = 叶片重力 + 桨毂重力；

(2)用经验公式计算叶片重力、桨毂重力以及转动惯性矩。

解：(1)预备计算：

取 $C_1 = 1.025, C_2 = 1.0, C_3 = 1.0$，

$$C_4 = 0.15 \times \frac{t_0 + t_{1.0R}}{t_0} - 0.089$$

$$= 0.15 \times \frac{0.045 \times 1.9 + 0.0057}{0.045 \times 1.9} - 0.089 = 0.071$$

(2)列表计算见表 8-23。

螺旋桨的重力及转动惯性矩计算 表 8-23

序号	项目	单位	叶片	桨毂	转动惯性矩
1	D^3	$\mathrm{m^3}$	6.859		
2	$C_2 \cdot C_3 \cdot C_4 \cdot \gamma$	$\mathrm{kN/m^3}$	5.8576		
3	$A_E/A_0 \cdot t_0/D$		0.0248		
4	(2)×(3)	$\mathrm{kN/m^3}$	0.1453		
5	叶片重力 = 3.85×(1)×(4)	kN	3.837		
6	转动惯性矩 = 0.00663×(5)×D^2×C_1	$\mathrm{N \cdot m \cdot s^2}$			94.13
7	d_0^2	$\mathrm{m^2}$		0.144	
8	$l \times r$	$\mathrm{kN/m^2}$		41.251	
9	毂重力 = 0.59×(8)×(7)	kN		3.505	
10	螺旋桨重力 = (5)+(3)	kN	7.342		

注：表中第 5 项是叶片重力原计量单位用 kN。

知识点 9 拖船的拖力曲线及自由航速的估算

由前面所学的知识知道，在螺旋桨设计中，根据给定的主机及船体型线，可以初步选定一个螺旋桨，由空泡校核后确定盘面比，由强度校核确定其厚度分布；这样螺旋桨最后即被确定，即已知螺旋桨的形式、叶数、直径、盘面比、螺距比、效率、厚度分布相应的设计航速。

对拖船螺旋桨，还需计算在各种不同工况条件下螺旋桨所能发出的推力，并确定其自由航速的大小。这就需要进行有效推力曲线的计算。

有效推力曲线就是指在主机与螺旋桨平衡下，螺旋桨所发出的有效推力 T_E 随航速而变化的曲线 $T_E = f(v)$，如图 8-51 所示。这是拖船很重要的一条性能曲线。利用此曲线可确定拖船的单航速度 V，系泊拖力 F_0（$V = 0$ 时的 T_E）以及拖带不同驳船数量时可能达到的航速或不同航速时拖船所具有的拖力 $F = T_E - R_T$（图 8-50 中的虚线），有效推力曲线是根据螺旋桨敞水性征曲线进行换算的，下面分别叙述。

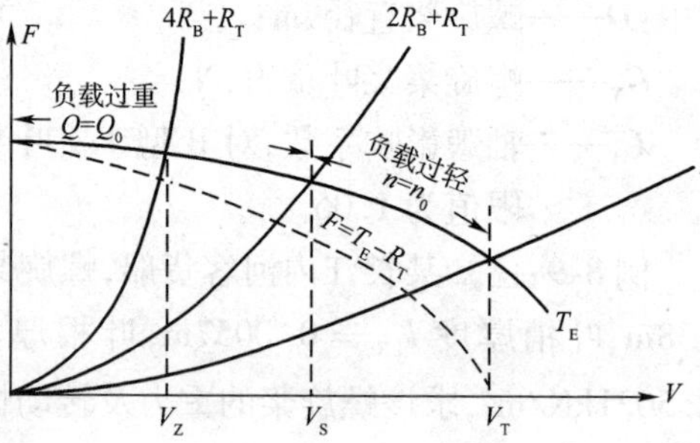

图 8-51 有效推力曲线

1. 拖船螺旋桨设计航速的选取

拖船有两种典型的航行状态：自航状态和拖航状态。拖船在自由航行状态时，螺旋桨发出的推力只用于克服船体阻力（图 8-50 中阻力曲线 R_T 与有效推力曲线 T_E 相交点所对应的速度 V_T 称为自由航速）；拖船在拖带航行时，除了克服船体自身阻力外，还需要克服拖钩上的拉力。两种不同工况螺旋桨的工作状态相差很明显，因此，设计状态的选取需要进行具体的分析比较。

拖船螺旋桨设计，既要拖航时拖力大，又要自航时速度快，即希望主机在两种状态都要充分发挥主机功率。但两者是矛盾的，若按自由航行设计，则自由航行时能充分发挥主机功率，航速高，而拖带航行时螺旋桨处于重载，主机功率不能充分发挥。若按拖带航行状态设计，虽拖力大，主机充分发挥其功率，但在自由航行时由于螺旋桨处于轻载状态，自由航速就较低。也有采用中间设计状态的，这时自由航行时的轻载以及拖带航行的重载都没有上述两种情况那么明显，其自由航行的速度和拖带航行时的拖力均介于上述情况之间。

一般来说，可以根据拖船的使用情况来决定螺旋桨的设计工况。例如，专门用于拖带驳船队的拖船，其大部分工作时间用于拖带，对拖力的要求特别高，则以拖航状态设计螺旋桨为主。用于消防、救助的拖船要求航速快，宜按自由航行状态设计。实际上，在设计拖船螺旋桨时可根据设计任务书对自由航行的速度和在拖航速度下拖力的要求，先选取几种工况如自由航行状态，及几种中间状态进行计算比较，从而选择一个合适的速度作为设计航速，此航速即为拖船的拖航速度。

设计航速也可视主机功率、航道、船队等条件而定。在一般的内河中多取 8 ~ 12km/h（静深水航速）；在长江中下游取 10 ~ 17km/h；沿海拖船取 6 ~ 7kn。对于浅水急流航道的拖船，考虑到船舶上滩的需要，故按自由航速或接近自由航速来设计，可达 15 ~ 18km/h。表 8-24 列出了一些具体实船的设计航速数值以供参考。

拖船设计航速实用值 表 8-24

序号	船名	功率(kW)	航道	拖航速度	单位
1	1m 吃水 2×6160 柴油机拖船	198.6	洞庭湖 B 级	8	km/h
2	1.1m 吃水 6160 柴油机拖船	99.3	长江 B 级	10	km/h
3	1.2m 吃水 6160 柴油机拖船	99.3	汉江、长江 B 级	11	km/h
4	0.8m 吃水 6160 柴油机拖船	99.3	江西 B 级	12	km/h
5	0.8m 吃水 2×6160 柴油机拖船	176.5	黄河 C 级	12	km/h
6	397.2kW 柴油机拖船	397.2	长江中游	12	km/h
7	1.8m 吃水 2×6250 增压柴油机拖船	588.4	长江上游(川江)	17	km/h
8	宁港 882.6kW 拖船	882.6	长江下游	14	km/h
9	1088.5kW 长江拖船	1088.5	长江上游(川江)	17	km/h
10	1765.2kW 拖船	1765.2	长江中、下游	14	km/h
11	1912.3kW 拖船	1912.3	长江中、下游	14	km/h
12	2942.0kW 拖船	2942.0	长江上、中、下游	17.5	km/h
13	1.1m 吃水 2×6160 柴油机拖船	198.6	金沙江 C 级(急流)	17	km/h
14	1.2m 吃水 2×12V135 柴油机拖船	353.0	金沙江 C 级(急流)	17	km/h
15	广州 220.7kW 拖船	220.7	沿海 III 类	6	kn
16	上海 294.2kW 拖船	294.2	沿海 III 类	7	kn
17	广州 441.3kW 拖船	441.3	沿海 III 类	7	kn
18	970.9kW 拖船	970.9	沿海 III 类	8	kn

2. 系泊及设计航速时的有效推力

拖船的螺旋桨通常是按设计航速 V 设计的。要计算设计航速时螺旋桨发出的推力,首先需要根据设计航速确定此螺旋桨的进速系数 J,由螺旋桨的叶数、盘面比、螺距比及进速系数查螺旋桨的性征曲线图,可得螺旋桨在此工况下的 K_T。根据 K_T 就可求出敞水推力,考虑推力减额后即可得到螺旋桨在船后发出的有效推力。如果所设计螺旋桨的盘面不是系列图谱的数值,则 K_T 数值应进行盘面比的插值。具体计算步骤见表 8-25。此表中还包括了 $V=0$ 时的计算,它是对应于系泊工况。

系泊及设计航速时的有效推力 表 8-25

序号	项目	单位	设计航速 V	系柱 $V=0$
1	进速 $V_A=V(1-w)$	m/s		
2	进速系数 $J=V_A/nD$			
3	K_T(查图 8-48)			
4	K_Q(查图 8-48)			
5	推力减额分数 t			
6	转矩 Q	kN · m		
7	推力 $T=K_T/K_Q\cdot Q/D$	kN		
8	船后有效推力 $T_E=T(1-t)Z_P$	kN		
9	螺旋桨转速 $n=60\sqrt{T/K_T\rho D^4}$	r/min		

3. 高于设计航速时的有效推力

当拖船高于设计拖速航行时，相当于阻力减少，由图 8-52 所示。由于进速 $V_A{}'$ 比原设计状态有所增加，即 $V_A{}' > V_A$，使冲角变小。此时螺旋桨发出的推力与吸收的转矩均减小，因而螺旋桨负荷变轻，则主机就可毫不费力地转动螺旋桨，使转速越转越快并超过额定转速而出现飞车现象。长时间的使主机在超越额定转速下工作是不允许的，所以只有采取减小主机喷油量来控制转速，使之不超过额定转速。由于喷油量减小，主机转矩减小，其功率发挥不足。所以高于设计航速时，螺旋桨与主机配合的特点是保持原设计转速不变（$n = n_0$），而主机功率发挥不出来。

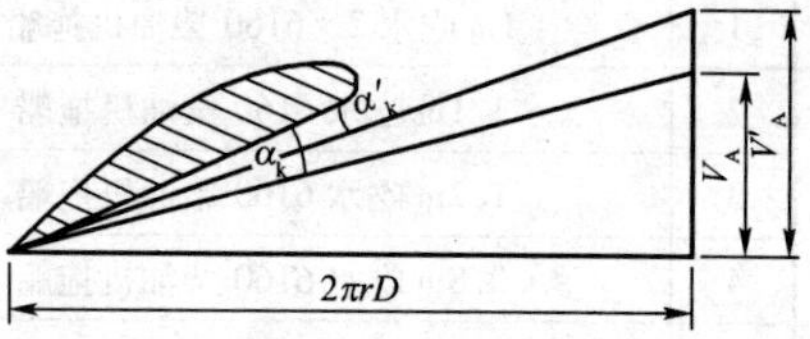

图 8-52　高于设计航速时的速度三角形

高于设计航速时螺旋桨发出的有效推力，同样可由敞水性征曲线查得 K_T，考虑推力减额后，就能求得螺旋桨发出的船后有效推力值。具体计算步骤见表 8-26。

高于设计航速时的有效推力　　表 8-26

序号	项　　目	单位	数	值		
1	航速 V	kn	V_1	V_2	V_3	V_4
2	进速 $V_A = 0.5144V(1-w)$	m/s				
3	转速 n	r/min				
4	进速系数 $J = V_A/nD$					
5	K_T（查图 8-48）					
6	推力减额系数 t					
7	$T_E = K_T \rho n^2 D^4 (1-t) Z_P$	kN				

4. 低于设计航速时的有效推力

当拖船低于设计拖速航行时，相当于阻力增加。在图 8-53 速度三角形中表现为进速下降，冲角增加，使螺旋桨工作时遇到的阻力矩增加。因机器的转力矩不能再增加，就出现主机带不动螺旋桨现象。此时只能采取降低转速的方法，使螺旋桨收到的转力矩下降，直至与主机的额定转力矩相等。总之，在此状态下，螺旋桨与主机配合的特点为转力矩保持设计状态不变（$Q = Q_0$）而螺旋桨转速下降（$n < n_0$），使螺旋桨不能充分吸收主机的额定功率。

计算此状态下螺旋桨发出的有效推力，由于转速是变化的，而且是未知的，因而在假设航速下并不能求得进速系数 J，故计算直接从假设进速系数 J 开始，反求相应的转速及航速。

具体计算步骤见表 8-27。假定 J 时应在设计拖速对应的 J 与零之间选若干个值。

低于设计航速时的有效推力　　表 8-27

序号	项　　目	单　位	数	值		
1	进速系数 $J = V_A/nD$					
2	K_T（查图 8-48）					
3	K_Q（查图 8-48）					
4	推力减额系数 t（内插法求得）					
5	推力 $T = K_T/K_Q \cdot Q/D$	kN				
6	船后有效推力 $T_E = T(1-t)Z_P$	kN				
7	相应转速 $n = 60\sqrt{Q/\rho K_Q D^5}$	r/min				
8	相应航速 $V = \dfrac{JnD/0.5144}{60(1-w)}$	kN				

在上面的计算中伴流分数 w 可取设计拖速时所用之值，但推力减额分数 t 需要考虑随螺旋桨工况的不同而引起的变化。在计算高于设计拖速时取 t 值等于设计拖速时的 t_S 值，在系泊时取 $t_0 = 0.04 \sim 0.05$，而低于设计拖速时取 t_0 及 t_S 值按直线内插，如图 8-54 所示。

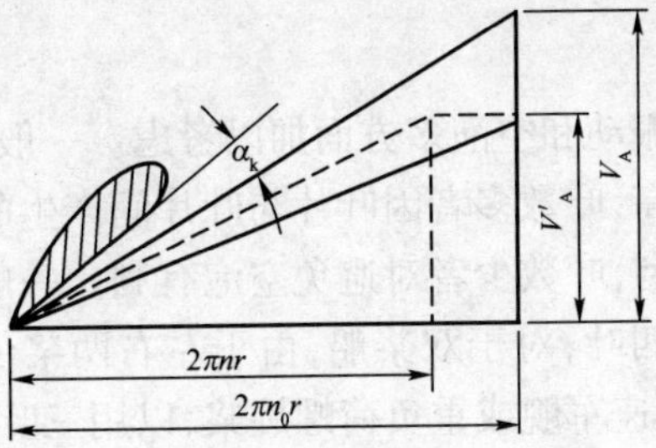

图 8-53　低于设计航速时的有效推力

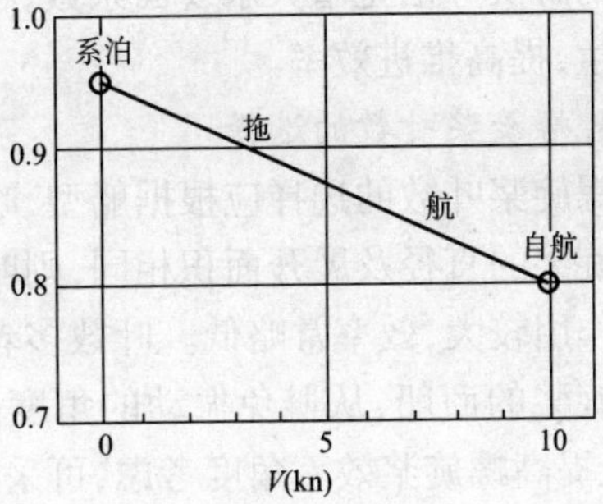

图 8-54　拖船拖航时的推力减额分数

知识点 10　设计螺旋桨时应考虑的若干因素

在应用图谱进行螺旋桨设计之前，先要选定螺旋桨的类型、叶数 Z 及盘面比 A_E/A_0 等。因为设计螺旋桨时应考虑的因素很多，而且这些因素之间有相互制约作用，在考虑某一问题时，常常会出现相互矛盾相互依存的复杂现象，为了设计出最合理的螺旋桨，必须通盘考虑各方面的矛盾，以下就螺旋桨设计中遇到的几个主要因素进行简要讨论。

1. 螺旋桨的数目

一艘船是选用一个螺旋桨好还是选用两个螺旋桨好，必须综合考虑推进性能、操纵性能及主机能力或数目等各方面的因素，需要根据各类船舶的不同特点来选取。通常习惯是按同航线同类型的船来选取螺旋桨数目，且螺旋桨数目与船舶尾线型直接有关，故在船舶初步设计时已决定了螺旋桨数目。

在功率相同的情况下，则单螺旋桨船的推进效率常高于双螺旋桨船，这是因为单螺旋桨位于船尾纵中剖面上，伴流较大，而且单桨的直径较双桨大，故其效率较高。

对于海船，其螺旋桨直径不受限制，一般现代散装货船、干货船和油船等均采用单桨，对于沿海客船要求速度快，操纵灵活，故多采用双桨。对于内河船舶，因吃水较浅使桨叶直径受到限制，而且又要操纵灵敏，故大多数采用双螺旋桨。

2. 螺旋桨直径

在绘制船体线型图时，已基本上决定了螺旋桨的轴线位置和可能的最大直径（限制直径）。一般来说，螺旋桨的直径大，转速较低，其效率较高。但直径常受尾型及吃水的限制，而且直径过大时，若叶梢离水面太近，则有兴波损失并自水面吸收空气，影响效率，且在风浪中航行时会使桨叶露出水面，影响推进性能。故普通船舶的螺旋桨直径大致在下列范围

$$D = (0.7 \sim 0.8) d_A \text{（单桨）} \tag{8-107}$$

$$D = (0.6 \sim 0.7) d_A \text{（双桨）} \tag{8-108}$$

式中：d_A——满载时船尾处的吃水。

一般认为，螺旋桨叶梢在最高位置时至少应在设计水线以下 $0.2D$ 处，其最低位置应与尾

框底材至少保留 0.03D 的间隙,D 为螺旋桨直径。对于内河船舶因吃水常受到限制,如果严格限制桨叶沉浸,则螺旋桨的直径就会过于偏小,致使螺旋桨的效率偏低。为解决这一问题,一般是采用隧道式尾型,桨叶直径可选用接近甚至超过尾吃水的数值。对于长江中大型船舶,通常的解决办法是增大水线面系数,将尾部满载水线面增大,使之能盖住螺旋桨,以避免空泡的产生,提高推进效率。

3. 螺旋桨叶数的选择

螺旋桨叶数的选择应根据船型、吃水,推进性能、振动和空泡多方面加以考虑。一般认为,若螺旋桨的直径及展开面积相同,则叶数少者效率略高,叶数多者因叶片与叶片间产生的相互干扰作用较大,效率常略低。叶数多者对减小振动有利,叶数少者对避免空泡有利。一般对于单螺旋桨的商船,从避免振动的角度来考虑,宜采用四叶,对于双桨船,由于左右两桨位置对称,从提高螺旋桨效率角度考虑,可采用三叶。对于高速军舰或重负荷螺旋桨,以用三叶为宜,因为在展开面积相同时三叶叶面较宽,可使保证桨时叶强度所必需的叶切面,相对厚度较小,对避免或减轻空泡有利。

货船一般是单桨船,考虑到空载状况时可能桨叶有一部分露出水面,螺旋桨直径必须有所限制,故宜采用四叶较为有利。客船、一般吃水变化较小的多桨船,宜采用三叶。

在实际决定叶梢时,必须通盘考虑三叶或四叶各方面的优缺点,进行比较确定。根据统计,对于 B 型螺旋桨一般是:盘面比 A_E/A_0 在 0.70 以上者多用三叶,盘面比 A_E/A_0 在 0.40 ~ 0.70之间多用四叶。

4. 螺旋桨转速

螺旋桨转速低一些,则直径可以较大,效率也会较高,但对主机来说,转速高,则机器效率高,主机的重量和尺寸也可以减小,从这里可以看出螺旋桨转速和主机转速要求之间是互相对立而又互相联结。因此就需要螺旋桨的转速和主机的转速之间要匹配好。但在进行一般民用船舶的螺旋桨设计时,主机往往是从一定功率的几种船用主机中加以比较选取,更多的情况是先有主机再进行船舶设计。因此在设计螺旋桨时,螺旋桨的转速常是给定的。

5. 螺距比

螺距比 P/D 是影响螺旋桨性能的主要因素之一。两个几何形状相同、直径相同的螺旋桨仅螺距比不同时,其性征曲线相差很大,如图 8-55 所示。螺距比(P/D)的增加,可导致推力系数 K_T 曲线大致平行地向右移动,即向大的进速系数方向移动。在进速系数相同时,螺距比越大,则推力系数 K_T 和转矩系数 K_Q 也越大。在进速系数较小时,螺距比小的螺旋桨效率较高,而在进速系数较大时,则螺距比大者效率较高。很多螺旋桨试验说明,在螺距比小于 1.5 范围内,螺距比越大,则该螺旋桨的最高效率也越大;而螺距比大于 1.5 时,螺旋桨的最高效率大致保持不变。在实际螺旋桨上,螺距比大致在 $0.6 < P/D < 2.0$ 范围内,在设计螺旋桨时,螺距比一般按螺旋桨系列模型试验所发表的资料确定。

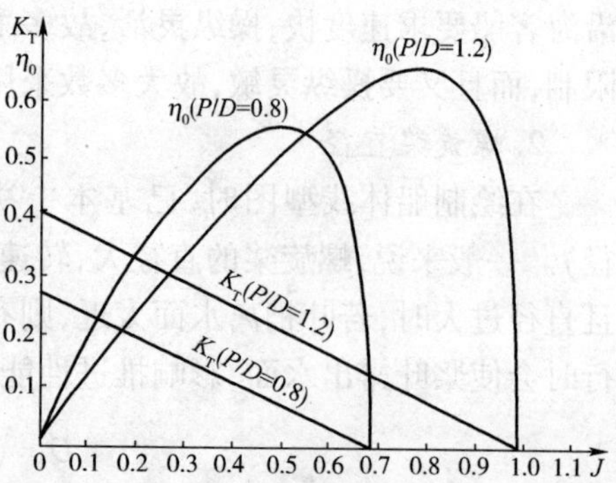

图 8-55　螺距比 P/D 随 J 变化的曲线

6. 盘面比

对一定的叶型而言,盘面比的大小反映了桨叶的宽窄程度,盘面比大者,桨叶较宽,盘面比小者,桨叶较窄。当螺旋桨的直径、螺距和叶数相等时,推力系数 K_T 和转矩系数 K_Q 随盘面比之增加而增大，如图 8-56 所示。但盘面比大者桨叶之间的干扰作用增加，且桨叶宽者所遭受的摩擦阻力也大，故通常盘面比越小效率越高。但盘面比过小后，为保证强度而需要增加厚度，而且盘面比过小后，单位面积上所发出的推力较大，易发生空泡。而且切面厚度过厚，会增加阻力，使效率反而降低。通常在设计时总是选择不发生空泡的最小盘面比。

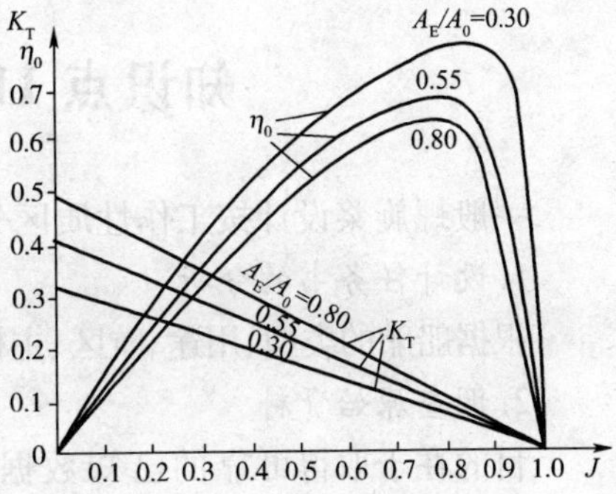

图 8-56　盘面比 A_E/A_0 随 J 变化的曲线

7. 直径 D 及传动比的确定

(1) 当船尾部允许的最大直径超过设计的最佳直径，即 $D_{opt} < D_{max}$ 时，则应按 D_{max} 重新设计螺旋桨，不存在最佳设计问题。

(2) 当最佳直径 D_{opt} 比 D_{max} 小许多时，即 $D_{opt} = D_{max}$，说明直径 D 与转速 n 的匹配不好，n 太大所引起。此时可由 D_{max}（即尾部所允许的最大直径）设计螺旋桨，求最佳转速 n_{opt} 叫决定配备减速器应有的传动比范围 $i = n_{主机}/n_{opt}$。

8. 螺旋桨的设计状态讨论

对于普通螺旋桨，只有在设计状态下才能充分发挥主机功率，然而船舶在营运过程中完全会处于设计状态下是很少的。所以，螺旋桨常处于轻载或重载之中，如果设计状态不合理，将会加重这种或轻或重现象，故设计状态的选择十分重要。

一般要求船舶在营运过程中的各种状态，不要出现过于明显的或轻或重现象，而以主要的、经常的航行状态作为设计状态。这样，螺旋桨的设计状态对应于：船舶按主要航行状态下的阻力曲线（对于海船考虑正常污底及航区风浪等引起的附加阻力），主机的工况按额定转速和额定功率或持续功率。由于营运航行状态下的阻力不易从船模实验得到，也难以试航阻力的基础上精确地加上适当的百分数求得，因此现有螺旋桨设计所依据的船舶阻力曲线大多仍是试航状态的阻力曲线。这时如果仍以主机的额定转速和额定功率来设计螺旋桨，则将使螺旋桨在营运航行时出现重载现象。为了避免这种现象，通常在设计螺旋桨时将其设计“轻”一些，这可采取以下方法：

(1) 把主机的额定功率打折后作为设计功率。即预留一部分功率作为考虑船舶污底和风浪等附加阻力作用。从主机功率扣除的这部分功率与主机额定功率之百分数称为功率储备。

(2) 取螺旋桨的设计转速（考虑减速比后）略高于主机的设计转速。增加的这部分转速与额定转速之比的百分数称为转速储备。

当采用功率储备时，在设计状态下主机发出的是设计功率，而在营运状态下，因“重载”使主机的功率超过设计值而达到额定功率。当采用转速储备时，设想在设计状态时主机达到设计转速，而在营运状态下，因“重载”使主机的转速低至额定转速。可见，以上两种方法均可实现营运航行时船一桨一机的互相配合。这两种情况并没有本质上的差别。

功率储备或转速储备的大小应根据船舶的用途、航区情况、主机类型和使用要求来确定，或根据母型船的使用经验来确定。根据经验来看，一般柴油机的功率储备可取 10% ~15%，而转速储备可取 2% ~5%。汽轮机的功率储备可取 3% 或取转速储备 1%。

如果船体的阻力曲线已考虑到实际营运的影响（严重污底、风浪等），则无需主机功率或转速储备。

知识点 11 图谱设计螺旋桨实例

一般螺旋桨设计按工作性质区分,整个设计可大致分为4个阶段。

1. 设计任务书的分析

根据船舶的类型、用途、航区、主机类型等已知条件进行分析,以决定一个合理的设计工况。

2. 调查原始资料

目的在于取得可靠的已知数据,如机器功率、转速、效率损失、伴流分数及推力减额分数等。

3. 具体设计阶段

在给定的工况下按图谱计算一个合理的螺旋桨。

(1)选择设计图谱,初步决定螺旋桨的叶数和盘面比。

(2)应用图谱确定螺旋桨尺度(D、P/D、η_0)。

(3)空泡校核。

(4)强度校核。

(5)质量及惯性矩计算。

(6)绘图。

4. 验收阶段

螺旋桨设计完毕后,通过制造,最后装在船上。这时需要对所设计的螺旋桨进行调查,了解螺旋桨性能在实际运行中的优劣。

在螺旋桨设计的各阶段中,船舶的尾型与螺旋桨尺度之间、主机转速与螺旋桨转速之间、螺旋桨各项技术性能要求之间等会不断出现矛盾。因此,在螺旋桨设计过程中,要抓住主要矛盾,兼顾次要矛盾。

下面以600t供水船螺旋桨为例说明具体设计的步骤和方法。

1. 船舶主要尺度

水线间长

$$L_{WL}=48.0\text{m};$$

两柱间长

$$L_{PP}=46.9\ \text{m};$$

型宽

$$B=8.8\text{m};$$

设计吃水

$$d=3.5\text{m};$$

排水量

$$D=990\text{t};$$

方形系数

$$C_B=0.685;$$

浮心纵坐标

$$x_B=-0.14\text{m}=-0.298\%L_{pp};$$

宽度吃水比

$$B/\text{d}=2.515;$$

长度排水量系数:

$$L_{WL}/\text{D}^{1/3}=48/990^{1/3}=4.82$$

$$\sqrt{L_{WL}}=\sqrt{48}=6.93$$

$$\Delta^{0.64}=990^{0.64}=82.6t\ (\text{t})$$

2. 主机类型

主机为 M80CZI 四冲程增压柴油机一台，具体参数见表 8-28。

表 8-28

序号	项 目	数 值	单 位
1	额定功率	411.88	kW(560PS)
2	额定转速	750	r/min
3	减速器	ZCT—350	
4	减速比	$i=2.0287$	
5	螺旋桨转速 n	369	r/min
6	减速器效率 η_j	0.96	
7	轴系效率 η_s	0.94	

3. 阻力估算

爱尔法估算航速与有效功率的关系结果见表 8-29。

航速与有效功率的关系

表 8-29

序号	项 目	单 位	数 值			
1	假定航速 V	kn	8	9	10	11
2	EHP	kW	72.1526	112.2373	169.0179	276.1803
3	$1.15EHP$	kW	82.975	129.073	194.371	317.607

4. 螺旋桨要素计算

1）主要参数选取

（1）收到功率：

$$P_D=411.88\times0.96\times0.94=371.681(\mathrm{kW})=371681(\mathrm{W})$$

$$n(P_D/r)^{0.5}=369\times\left(\frac{371681}{1025}\right)^{0.5}=7026.6709$$

$$0.2198'n(P_D/r)^{0.5}=0.2198\times7026.6709=1544.5$$

（2）伴流分数：

取 $w=0.31$

（3）推力减额分数：

取 $t=0.24$

（4）船身效率：

$$\eta_H=\frac{1-t}{1-w}=\frac{1-0.24}{1-0.31}=1.10$$

（5）相对旋转效率：

取 $\eta_R=1.00$

2)有效功率计算

有效功率计算步骤如表 8-30 所示。

有效功率计算 表 8-30

序号	项目		单位	数值			
1	假定航速 V		kn	8	9	10	11
2	进速 $V_A=V(1-\omega)$		kn	5.52	6.21	6.90	7.59
3	$(0.5144V_A)^{2.5}$		$(m/s)^{2.5}$	13.59	18.24	23.73	30.12
4	$B_P=0.2198\frac{n(P_D/r)^{0.5}}{V_A^{2.5}}=\frac{1544.5}{(3)}$			113.6	84.7	65.1	51.3
5	$B_{3\text{-}35}$	$\delta_{最佳}$(查图 8-48)		402	353	317	289
6		$\delta_{最佳}\times0.4\%$		16.1	14.1	12.7	11.56
7		$\delta_{最佳}-\delta_{最佳}\times0.4\%=\delta$		385.9	338.9	304.3	277.4
8		η_0 由 B_P,δ(查图 8-48)		0.435	0.472	0.504	0.536
9		$\eta_R\cdot\eta_0\cdot\eta_H$		0.478	0.519	0.555	0.590
10		$P_{E供}=P_D$	kW	177.66	192.90	206.28	219.29
11	$B_{3\text{-}50}$	$\delta_{最佳}$(查图 8-48)		407	354	317	288
12		$\delta_{最佳}\times0.4\%$		16.3	14.2	12.7	11.5
13		$\delta_{最佳}-\delta_{最佳}\times0.4\%=\delta$		390.7	339.8	304.3	276.5
14		η_0 由 B_P、δ(查图 8-48)		0.417	0.454	0.489	0.521
15		$\eta_R\cdot\eta_0\cdot\eta_H$		0.458	0.500	0.538	0.573
16		$P_{E供}=P_D(15)$	kW	170.23	185.84	199.96	212.97

3)作有效功率曲线

作出有效功率曲线,如图 8-57 所示,确定 $V=10.1$kn为计算航速(估计本螺旋桨盘面比接近0.50)。

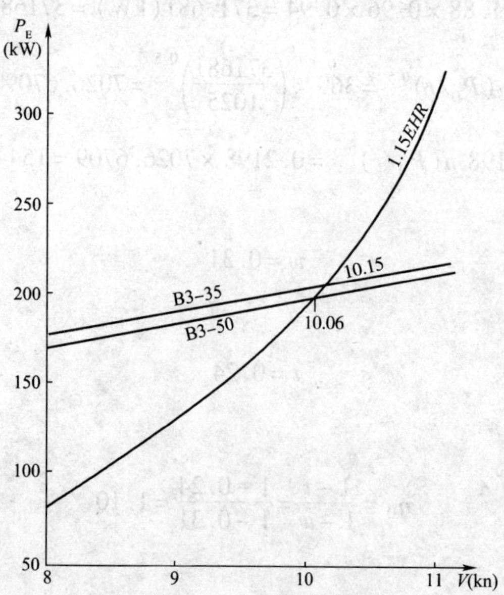

图 8-57 有效功率曲线

4）求螺旋桨要素

以 $V=10.1$kn 为基础求螺旋桨要素（见表8-31）。

螺旋桨直径、螺距的计算 表8-31

序号	项　目	单　位	$B_{3\text{-}35}$	$B_{3\text{-}50}$
1	V	kn	10.1	10.1
2	$V_A=V(1-w)$	kn	6.969	6.969
3	$(0.5144V_A)^{2.5}$	$(m/s)^{2.5}$	24.33	24.33
4	$B_P=0.2198\dfrac{n(P_D/r)^{0.5}}{V_A^{2.5}}=\dfrac{1544.5}{(3)}$		63.5	63.5
5	$\delta_{最佳}$		315	314.5
6	$\delta_{最佳}\times 4\%$		12.6	12.58
7	$\delta_{最佳}-\delta_{最佳}\times 4\%=\delta$		302.4	301.9
8	η_0（查图8-48）		0.5075	0.493
9	P/D（查图8-48）		0.63	0.625
10	$D=\dfrac{\delta V_A}{3.28n}$	m	1.74	1.738
11	$P=(9)\times(10)$	m	1.096	1.086

5）空泡校核

空泡校核步骤见表8-32。

空泡校核计算表 表8-32

序号	项　目	单位 A_E/A_0	$B_{3\text{-}35}$	$B_{3\text{-}50}$
1	直径 D	m	1.74	1.738
2	效率 η_0		0.5075	0.493
3	进速 V_A	kN	6.969	6.969
4	$(0.5144V_A)^2$	$(m/s)^2$	12.85	12.85
5	$\left(0.7\pi\times\dfrac{n}{60}\times D\right)^2$	$(m/s)^2$	553.2	552.0
6	$V_{0.7R}^2=(4)+(5)$	$(m/s)^2$	566.05	564.85
7	$\dfrac{1}{2}\rho V_{0.7R}^2=\dfrac{1}{2}\rho(6)$	kN/m^2	283.025	282.425
8	空泡数 $\sigma=\dfrac{p_0-p_V}{(7)}$		0.429	0.430
9	查图8-48，$\tau_c=\dfrac{T/A_P}{(7)}$		0.171	0.171
10	推力 $T=P_D\eta'_R\eta_0/0.514V_A$	kN	52.618	51.115
11	需要的投射面积 $A_P=\dfrac{(10)}{(9)(7)}$	m^2	1.087	1.058
12	螺距比 P/D		0.63	0.625
13	需要展开的面积 $A_E=\dfrac{(11)}{1.067-0.229P/D}$	m^2	1.187	1.154
14	盘面积 $A_0=\dfrac{\pi D^2}{4}$	m^2	2.377	2.371
15	需要盘面比 $\dfrac{A_E}{A_0}=\dfrac{(13)}{(14)}$		0.499	0.483

收到功率

$$P_D=371.681\text{kW}$$

转速

$$n=359\text{r/min}$$

水波高

$$W=0$$

水的密度

$$\rho=1000\text{kg/m}^3$$

标准大气压

$$P_a=101.325\text{kPa}$$

轴中心线距基线高

$$E=1.2\text{m}$$

水压头

$$T-E+W=2.3\text{m}$$

由于水压力 = 1000 ×9.81,故

水压力 = 1000 × 水压头 ×9.81 = 1000 ×2.3 ×9.81 = 22563(Pa) = 22.563(kPa)

汽化压力

$$p_V=2.4525\text{kPa}$$

$$\begin{aligned}p_0-p_V&=\text{水压力}+\text{标准大气压}-\text{汽化压力}\\&=22.563+101.325-2.4525\\&=121.435(\text{kPa})\end{aligned}$$

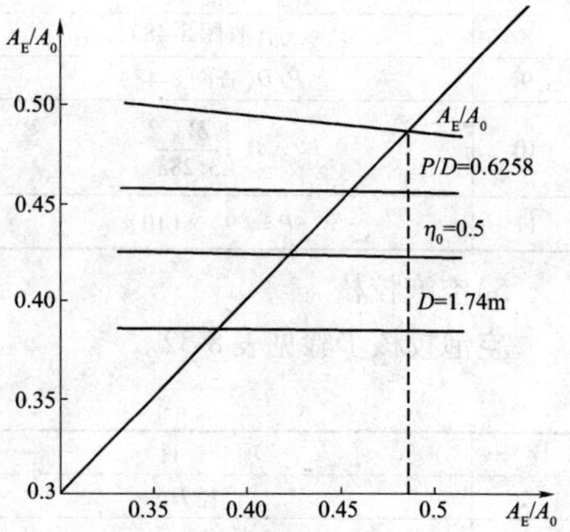

图 8-58 求盘面比和螺旋桨要素

由图 8-58 根据空泡校核采用。

盘面比

$$A_E/A_0=0.486$$

用插值法求得:

直径

$$D=1.74\text{m}$$

螺距比

$$P/D=0.6258$$

效率

$$\eta_0=0.50$$

6)强度计算

采用罗姆逊法:

(1)0.2R 处剖面厚度计算:

$$P_D=371.681\text{kW}$$

$$n=369\text{r/min}$$

$$D=1.74\text{m}$$

$$P/D=0.6258$$

$$P_{0.2R}/D=0.6$$

$$\eta_0=0.50$$

$$\delta=\frac{nD}{V_A}=\frac{3.28\times369\times1.74}{6.96}=302.58$$

后倾角

$$\theta=8°$$

$$C_a=f(P_{0.2}/D)=7.9(\text{查图 8-48})$$

$$C_b=66.7P_{0.2R}/D=41.74$$

$$\xi=f(\theta)=1.018\ (\text{查图 8-48})$$

$$C = f(P_{0.2R}/D) = 0.71\ (查图 8\text{-}48)$$

0.2R 处叶切面弦长

$$b_{0.2} = 0.7396 \times A_E/A_0 \times D \times 0.7473$$
$$= 0.7396 \times 0.486 \times 1.74 \times 0.7473 = 0.467(\mathrm{m})$$

$$\frac{P_D \times \xi \times 156.916}{Z \times \eta \times b_{0.2}} = \frac{371.681 \times 1.018 \times 156.916}{3 \times 369 \times 0.467} = 114.847$$

0.2R 处叶切面厚度

$$t_{0.2} = 0.0406D = 0.0406 \times 1.74 = 0.0706(\mathrm{m})$$

在标准厚度 $t_{0.2} = 0.0706$m 附近假定两个厚度计算 0.2R 处切面的总应力，其步骤如表 8-33所示。

0.2R 处桨叶切面的最大压应力计算 表 8-33

序号	项目	单位	数值	
1	厚度 $t_{0.2}$（假定）	m	0.06	0.08
2	$(t_{0.2})^2 = (1)^2$	m^2	0.0036	0.0064
3	$\frac{P_D \times \xi \times 156.916}{Z \times \eta \times b_{0.2}}$		114.847	114.847
4	$\delta \times \eta_0$		151.29	151.29
5	$C_b + (4)$		193.03	193.03
6	$C_a \times (5)$		1524.937	1524.937
7	$(6) \times (3)$	kN	175.134	175.134
8	$\sigma_1 = \frac{(7)}{(2)}$	MPa	48.648	27.365
9	$D/t_{0.2}$		29	21.75
10	$A = f(\theta, D/t_{0.2})$（查图 8-48）		4.6	3.3
11	$AC - 0.58$		2.686	1.763
12	$nD/100$		6.4206	6.4206
13	$(nD/100)^2 = (12)^2$		41.224	41.224
14	$\sigma_2 = (11) \times (13) \times 9.81 \times 10^4$	MPa	10.862	7.130
15	$\sigma = \sigma_1 + \sigma_2$	MPa	59.51	34.50

螺旋桨材料采用锰铁黄铜，其许用应力[σ] = 49.05MPa。根据[σ] = 49.05MPa 用插值法求得 $t_{0.2} = 0.0716$m。由图 8-59 可知，只要所求 $t_{0.2}$的厚度稍大于 0.0716m。就能满足强度要求。本例题取 $t_{0.2} = 0.0716$m，所计算的 $\sigma = 44.13$MPa，按强度条件（总应力 $\sigma <$ [σ]）即满足强度要求。

叶片厚度

$$t_{1.0R} = 0.0035D = 6.09\mathrm{mm}(取 6.1\mathrm{mm})$$

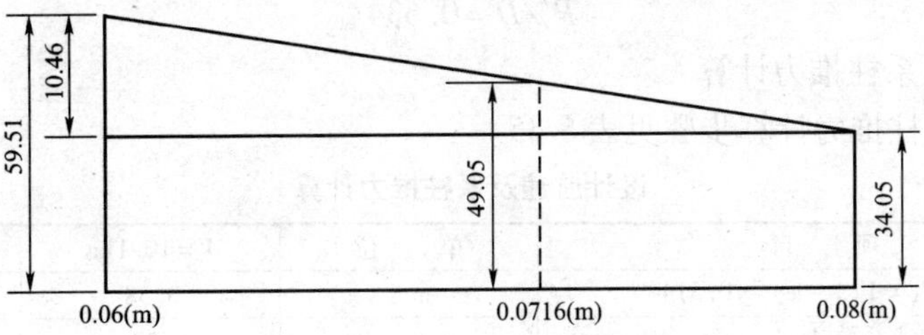

图 8-59 许用应力 σ 随 $t_{0.2}$厚度的变化

（2）叶片厚度分布：

$$t_{0.2R} = 72.3\mathrm{mm}$$

$$t_{1.0R}=6.1\text{mm}$$

$$\Delta t=t_{0.2R}-t_{1.0R}=66.2\text{mm}$$

$$t_{0.0R}=1.27\Delta t+t_{1.0R}=90.17\text{mm}$$

$$t_{0.3R}=0.845\Delta t+t_{1.0R}=62.04\text{mm}$$

$$t_{0.4R}=0.699\Delta t+t_{1.0R}=52.37\text{mm}$$

$$t_{0.5R}=0.564\Delta t+t_{1.0R}=43.44\text{mm}$$

$$t_{0.6R}=0.436\Delta t+t_{1.0R}=34.96\text{mm}$$

$$t_{0.7R}=0.318\Delta t+t_{1.0R}=27.15\text{mm}$$

$$t_{0.8R}=0.206\Delta t+t_{1.0R}=19.73\text{mm}$$

$$t_{0.9R}=0.100\Delta t+t_{1.0R}=12.72\text{mm}$$

$$t_{0.95R}=0.0495\Delta t+t_{1.0R}=9.38\text{mm}$$

(3)螺距修正：

$$P/D=0.6258$$

$$A_E/A_0=0.486$$

$$P_{0.7R}=(P/D)\times D=1.09\text{m}$$

$$0.7\pi D=3.82\text{m}$$

标准螺旋桨在 $0.7R$ 处切面的厚度为

$$t=0.017\times D=29.75\text{mm}$$

$$b=0.9919\times 0.7396\times A_E/A_0\times D=620.4\text{mm}$$

修正后的螺距角计算见表 8-34。

修正后的螺距角计算 表 8-34

项　目	标准桨	计算结果	实际桨	计算结果
螺距角(°)	$\varphi=\tan^{-1}\dfrac{P}{0.7\pi D}$	15.9		
切面最大厚度(mm)	t	29.75	t'	27.15
切面弦长(mm)	b	620.4	b	620.4
厚度比	t/b	0.048	t'/b	0.044
系数	K	0.813	K	0.813
修正后的螺距角(°)	$\varphi'=\varphi+K\left(\dfrac{t}{b}-\dfrac{t'}{b}\right)$			16.09

修正后的螺距

$$P=0.7\pi D\tan\varphi'=1.103$$

$$P'/D=0.634$$

7)设计航速及系柱推力计算

设计航速及系柱推力计算步骤见表 8-35。

设计航速及系柱推力计算 表 8-35

序号	项　目	单　位	$V=10.1\text{kn}$	$V=0$
1	进速 $V_A=V(1-w)'\times 0.5144$	m/s	3.58	0
2	进速系数 $J=V_A/nD$		0.335	0
3	K_T(见附录)$A_E/A_0=0.35$		0.16	0.22
4	K_T(见附录)$A_E/A_0=0.50$		0.161	0.25
5	K_T(见附录)$A_E/A_0=0.486$		0.1609	0.247

续上表

序号	项　目	单　位	$V=10.1$kn	$V=0$
6	K_Q（见附录）$A_E/A_0=0.35$		0.0165	0.0217
7	K_Q（见附录）$A_E/A_0=0.50$		0.0158	0.025
8	K_Q（见附录）$A_E/A_0=0.486$		0.01587	0.0247
9	推力减力分数 t_0		0.24	0.04
10	推力 $T=\frac{K_T}{K_Q}\cdot\frac{Q_0}{D}$	kN	56.077	55.310
11	船后有效推力 $T_E=T(1-t)Z_P$	kN	42.619	53.098
12	螺旋桨转速 $n=60\ \sqrt{T/K_T\rho D^4}$	r/min	370	297

注：表中第12项根号里面 T 的计量单位是N。

$$D=1.74\text{m}$$

$$P/D=0.6258$$

$$P_D=371.681\text{kW}$$

$$n=369\text{r/min}$$

$$Q=\frac{P_D\times\eta_R\times60}{2\pi n}=\frac{371.681\times1\times60}{2\times3.14\times369}=9.624(\text{kN}\cdot\text{m})$$

8）螺旋桨重量计算

螺旋桨重量计算步骤见表8-36。

螺旋桨的重力及转动惯性矩计算　表8-36

序号	项　目	单　位	叶　片	毂	转动惯性矩
1	D^3	m^3	5.268		
2	$C_2\times C_3\times C_4\times r$	kN/m^3	5.858		
3	$A_E/A_0\times t_0/D$		0.025		
4	(2)×(3)	kN/m^3	0.146		
5	叶片重力＝3.85×(1)×(4)	kN	2.961		
6	转动惯性矩＝0.00663×(5)	$N\cdot m\cdot s^2$			60.92
7	d_0^2	m^2		0.098	
8	$1\times r$	kN/m^2		28.051	
9	毂重＝0.59×(8)×(7)	kN		1.622	
10	螺旋桨重力＝(5)＋(9)	kN	4.583		

注：表中第6项括号中的5是叶片的重力，计量单位用N。

直径

$$D=1.74\text{m}$$

毂径

$$d=0.18D=0.18\times1.74=0.313(\text{m})$$

叶根厚度

$$t_0=0.09017\text{m}$$

毂长

取

$$l=0.34\text{m}$$

$$C_1=1.025$$

$$C_2=1.0$$

$$C_3=1.0$$

$$C_4=0.15\times\frac{t_0+t_{1.0R}}{t_0}-0.089=0.071$$

盘面比

$$A_E/A_0 = 0.486$$

叶梢厚度

$$t_{1.0R} = 0.00609\text{m}$$

叶根厚度比

$$t_0/D = 0.052$$

材料重度

$$\gamma = 82.5021\text{kN/m}^3$$

注：毂径 d、毂长 Z 的选取见表 8-35。

总结：

螺旋桨直径

$$D = 1.74\text{m}$$

螺距

$$P = 1.103\text{m}$$

螺距比

$$P/D = 0.634$$

盘面比

$$A_E/A_0 = 0.486$$

毂径比

$$d_0/b = 0.18$$

叶厚比

$$t_0/D = 0.052$$

叶片数

$$Z = 3$$

后倾角

$$\theta = 8°$$

旋转方向为右旋。

形式：楚思德 B 型。

材料：锰铁黄铜。

重力

$$G = 4.583\text{kN}$$

惯性矩

$$I = 60.92\text{N}\cdot\text{m}\cdot\text{s}^2$$

有效系柱推力

$$T_E = 53.098\text{kN}$$

效率

$$\eta_0 = 0.50$$

学习成果测验

任务 8-5：已知某单桨内河船，船后收到功率 $P_D = 1412.16\text{kW}$，转速 $n = 250$ r/min，航速 $V = 16\text{kn}$，伴流分数 $w = 0.12$，推力减额分数 $t = 0.08$，相对旋转效率 $\eta_R = 0.96$，由于船舶吃水限制，螺旋桨的直径取 $D = 2.2\text{m}$，选定 $Z = 4$，盘面比 $A_E/A_0 = 0.7$，求：

(1)按 B_P—δ 图谱计算所要的螺距和螺旋桨效率；

(2)如果螺旋桨的直径不受吃水限制，其最佳效率和螺距应为多少？

评分：________________

知识点 12　螺旋桨总图的绘制

在船舶设计中,完成螺旋桨设计计算后就得到了螺旋桨的主要几何要素:直径 D、螺距 P、盘面比 A_E/A_0 叶数 Z 及所定的螺旋桨的转向和叶厚分布等,根据以上的要素,就能把所设计的螺旋桨根据一定的形式绘出图来,以供制造时使用。

如图 8-60 所示为某船的螺旋桨总图。在总图上需要出桨叶的伸张轮廓、投射轮廓、展开轮廓(常可省略)及侧投射轮廓。在伸张轮廓上画出若干个半径处的切面形状,在投射影图上画出桨叶的最大厚度线,并需注出桨毂的主要数据。此外,在总图上还需注明螺旋桨的主要尺度,各种比值等。下面结合 B 型螺旋桨介绍螺旋桨总图的绘制。

1. 桨叶伸张轮廓及切面形状的绘制

根据 B 型螺旋桨的型值表(表 8-4 或表 8-5),可计算出各半径处的切面弦长及切面的导边与随边离辐射参考线的距离 b_1 和 b_2,如图 8-61 所示。桨叶伸张轮廓图根据设计计算结果直接绘出,通常放在图纸的右边,作为其他投影图的根据。

绘图时,取一原点 D,通过 D 点作为一水平线,O 点代表螺旋桨轴心,然后画出垂直的辐射参考线 DU,在辐射参考线 OU 上按适当的比例量取螺旋桨半径 R,并将 R 分为 10 等分,通过每一等分点引水平线,在水平线上量取相应半径处导边和随边离参考线的距离 b_1 和 b_2,最后将各点连成光顺的曲线,即得桨叶的伸张轮廓。

在伸张轮廓图中还需要根据表 8-4 或表 8-5 所计算的结果,画出各切面最厚处的位置,并将其连成曲线,即是最大厚度线,如图 8-61 中虚线。

桨叶切面形状的绘制,可按表 8-6 进行换算,并以坐标方式定位,如图 8-62 所示。现以图 8-61 中 0.2R 处切面为例,以切面弦长为横轴,在最大厚度处设纵轴,将弦长各点处叶背叶面相应的纵坐标数值点上,并连成光顺的曲线即得各切面形状。

2. 投影轮廓的绘制

1)投影原理

将一弓背形切面的螺旋桨水平放置且叶面向下,以半径为 r 的共轴圆柱面与桨叶相剖切,得螺旋线 $B_0A_0C_0$,并可将其展成螺距三角形,如图 8-63 所示。

显然,螺旋线 $B_0A_0C_0$ 在垂直与轴线之平面上的投影就是一段圆弧 $B_1A_1C_1$,若将它随螺距三角形展平成直线,那么它就是三角形底边上的一段,即 $\overline{B'_1A'_1C'_1}$。B_0A_0 与 A_0C_0 的正投影则分别是一段圆弧并以 a 与 b 表示。根据螺距三角形可以得到下列关系式

$$\widehat{B_1A_1} = \overline{B'_1A'_1} = BA\cos\varphi = a \tag{8-109}$$

$$\widehat{A_1C_1} = \overline{A'_1C'_1} = AC\cos\varphi = b \tag{8-110}$$

式中:$\overline{B_1'A_1'}$、$\overline{A_1'C_1'}$——参考点 A 分别到随边和导边的伸张弦长,可由伸张轮廓中求得;

φ——半径 r 处桨叶的螺距角 $\varphi = \tan^{-1}\dfrac{P}{2\pi r}$。

根据图 8-63 可知,螺旋线 $B_0A_0C_0$ 在轴向的位置也可以从螺距三角形上求得。C_0 点在 A_0 点之前的轴向距离为

$$\overline{A'C'} = \overline{AC}\sin\varphi = \alpha \tag{8-111}$$

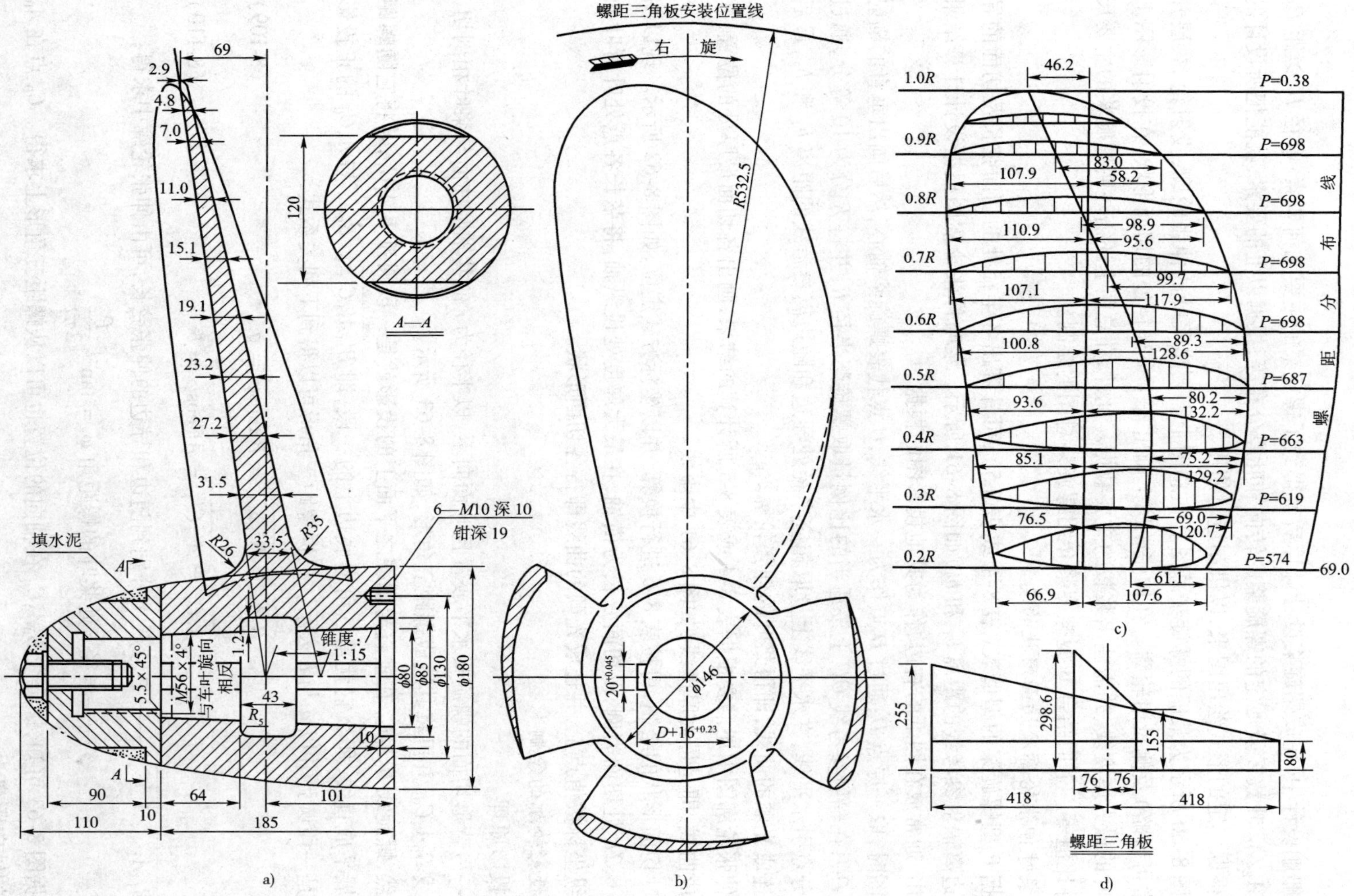

图 8-60 螺旋桨总图(尺寸单位:mm)

a)桨叶伸张轮廓及切面;b)正投影轮廓;c)侧投影轮廓;d)螺距三角板

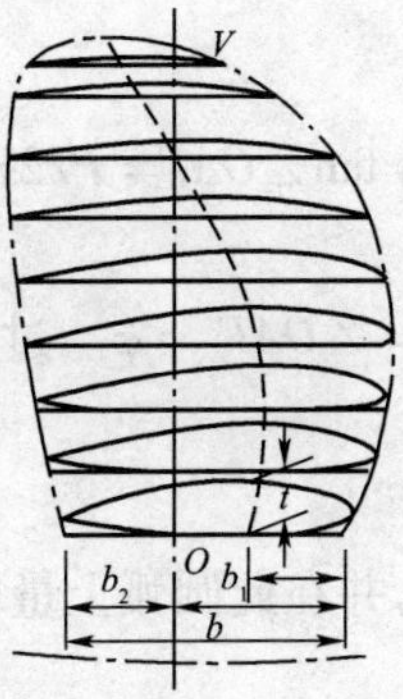

图 8-61　伸张轮廓及切面形状

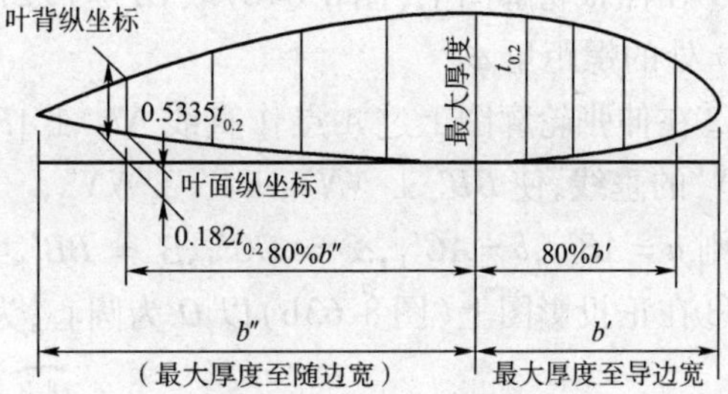

图 8-62　切面形状示意图

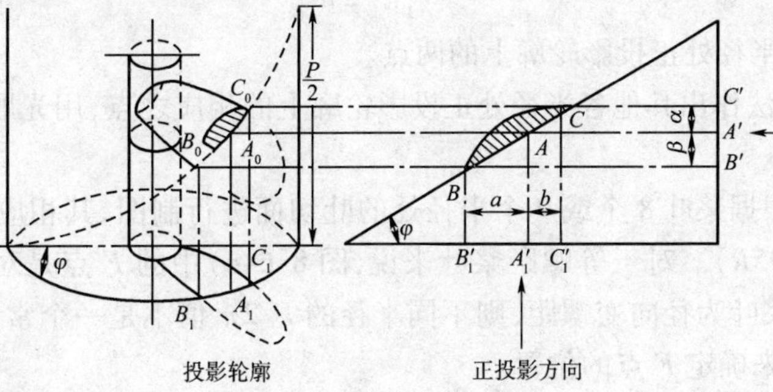

图 8-63　桨叶投影原理图

B_0 点在 A_0 点之后的轴向距离为

$$\overline{B'A'} = \overline{BA}\sin\varphi = \beta \tag{8-112}$$

这样，便决定了桨叶轮廓上 C_0 及 B_0 点在轴向的前后位置。C_0 与 B_0 两点在侧投影图上的高度应与正视图上对应点的高度相一致，该两点可以根据投影轮廓上相应的高度来决定，即已知 B_0 及 C_0 点在侧投影图上的前后位置和轴线以上的高度，便可以确定其在侧投影图上的位置，进而作出侧投影轮廓。

2）绘图方法

现以半径 $r = OA$ 处的叶切面为例，说明正投影图和侧投影图的绘制方法。如图 8-64 所示，正投影图中辐射参考线 OU 垂直于水平线，侧投影图中辐射参考线 OU 向后倾斜 θ 角度。

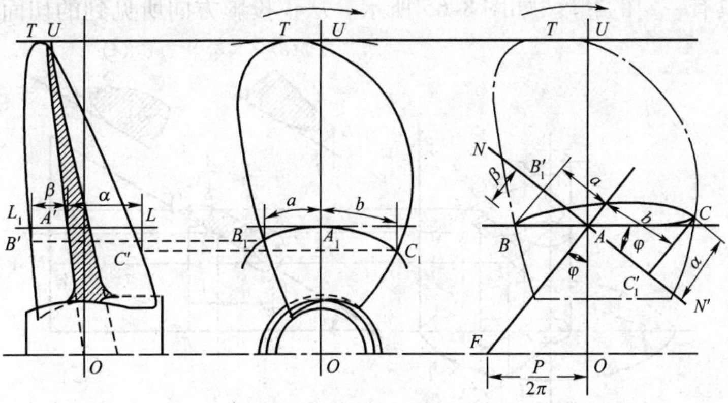

图 8-64　机翼形桨叶投影作图法

a）侧投影轮廓；b）正投影轮廓；c）伸张轮廓

具体作图步骤如下：

(1)正投影轮廓的绘制

①在伸张轮廓图上(图8-64c)取 $OF=P/2\pi$，连接 AF，则得 $\tan\angle OAF=P/2\pi$，故 $\angle OAF$ 为半径 r 处的螺距角 φ。

②在伸张轮廓图上过 A 点作直线 $NN'\perp AF$，那么 $\angle CAN'=\angle OAF=\varphi$。过 B、C 点分别，作 NN' 的垂线，使 $BB'\perp NN'$，$CC'\perp NN'$，

则 $a=AB'_1$，$b=AC'_1$，$\alpha=CC'_1$，$\beta=BB'_1$

③在正投影图上(图8-63b)以 O 为圆心，为 r 半径画圆弧，并在此圆弧上量取

$$\overset{\frown}{B_1A_1}=a$$

$$\overset{\frown}{A_1C_1}=b$$

则 B_1、C_1 为 r 半径处正投影轮廓上的两点。

④按照上述方法作出其他各半径处正投影轮廓上的相应之点，用光顺的曲线连接各点即可得到正投影轮廓。

一般习惯，常根据桨叶8个或9个半径处的叶切面进行制图，其相应的半径为 $r=0.2R$、$0.3R$，…，$0.9R(0.95R)$。对于等螺距桨叶来说，图8-64c)中的 F 点是对于一切半径的共同点，称为节点。若桨叶为径向变螺距，则不同半径的 $P/2\pi$ 值不是一个常数，故对各半径需用其相应的 $P/2\pi$ 值来确定 F 点的位置。

(2)侧投影轮廓的绘制：

①在侧投影图上(图8-64a)先画出辐射参考线 OU，然后由正投影图上 A，点引水平线与侧投影图上的参考线 OU 交于 A' 点，则 A' 点即为 A_1 点的侧投影位置。

②在侧投影图上，过 A' 点作水平线，从 A' 点向后水平量取 $A'L=b$，向前水平量取 $A'L=a$，其中 a 和 b 的数值可直接从伸张轮廓图(图8-64c)上量得，过 L、L_1 点作垂线与正投影图上 B_1、C，点所引的水平线相交于 B'、C' 点，则 B'、C' 即为侧投影轮廓上的两点。

③用上述方法作出其他各半径处侧投影轮廓上的相应之点，并以光顺曲线连接各点，即可得到桨叶的侧投影轮廓。

3)机翼形切面的制图特点

以上所述是弓背形切面螺旋桨正、侧投影轮廓的绘制。若切面为机翼形时，因机翼形切面的导边及随边具有一定的翘度，如图8-65所示。从正投影方向所见到的切面最外边的两点是

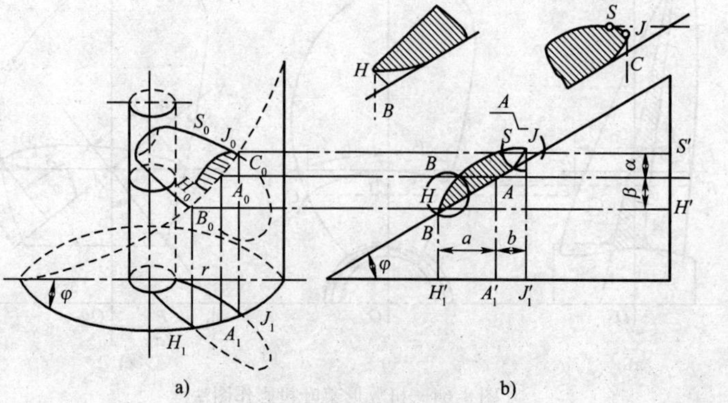

图8-65 机翼形桨叶投影原理图

J 和 H,而不是翼弦的端点 B 和 C。从侧投影方向所见到的切面最外边的两点则是 S 点和 H 点,而不是 J 点或 C 点和 B 点。因此,在制图时应根据 J 点和 H 点求正投影轮廓,而根据 S 点和 B 点求侧投影轮廓。

对机翼形切面螺旋桨正、侧投影图的绘制可参阅图 8-66。作图步骤说明如下:

(1)正投影轮廓的绘制:

①分别作出端点对参考点 A 的投影距离 a、b、b'、α、β。具体作法与弓背形切面相同。

②在正投影图上(图 8-66b)以 O 为圆心,r 为半径画圆弧,并在圆弧上量取则 J_1 和 H_1 即为投射轮廓上的两点。

$$\overset{\frown}{A_1J_1} = \overline{AJ_1'} = b$$

$$\overset{\frown}{A_1H_1} = \overline{AH_1'} = a$$

③分别作出其他各半径处正投影轮廓上的相应之点,用光顺的曲线连接各点即可得到正投影轮廓。

④根据 b' 值求出相应的 S_1 点,因为在正视图上 S_1 点是不可见的,所以各半径处 S_1 的连线为虚线。

(2)侧投影轮廓的绘制:

①在侧投影图上(图 8-66a)先画出辐射参考线 OU。

②过 A' 点作水平线,从 A' 点向前水平量取 $A'L = a$,向后水平量取 $A'L' = b$,过 L、L' 点作垂线与正投影图上 H_1、S_1 点所引起的水平线相交于 H'、S' 点,则 H'、S' 即为侧投影轮廓上的两点。

③用上述方法作出其他各半径处侧投影轮廓上的相应之点,并以光顺曲线连接各点,即可得到桨叶的侧投影轮廓。

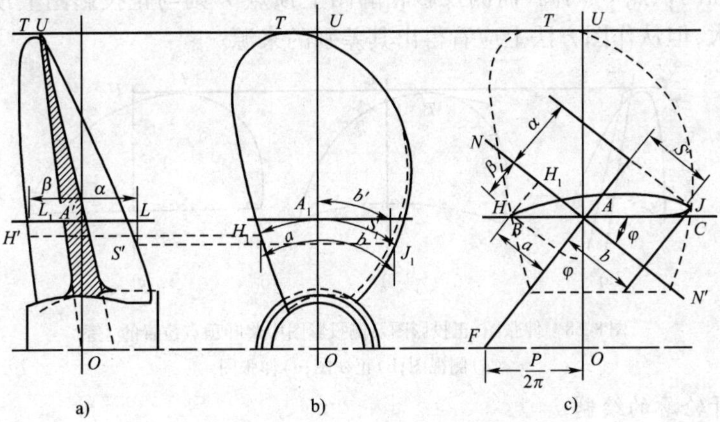

图 8-66 机翼形桨叶投影作图法

(3)桨叶顶点的绘制:

桨叶顶点(即叶梢顶点)在正、侧投影图上的位置可用上述同样方法求得。如图 8-66 所示,在伸张轮廓(虚线)上由叶梢顶点 T 引水平线与辐射参考线 DU 交于 U 点,同时取 $DF = P/2\pi$,P 为叶梢处的螺距。连接 FU,并过 U 点作 $NN' \perp FU$ 从 T 点作直线 $DT \perp NN'$。

在正投影图上,以 O 为圆心,OU 为半径作圆弧,在此圆弧上截取圆弧 $UT_1 = DU = a$,则 T_1 点即为叶梢顶点在正投影图上的位置。由图 8-67 可知,T_1 点的位置低于 T 点。

侧投影轮廓图上顶点位置的做法:在侧投影轮廓图上求出参考点 U',U' 与正投影图上 U

点位于同一水平线上。从 U' 点向后量取 $U'L' = TD = b$，过 L' 点作垂线交水平线 T_1T' 于 T' 点，则 T' 点即为叶梢顶点在侧投影轮廓图上的位置。从图中可以看出，侧投影轮廓线的顶点并不通过 U' 点。

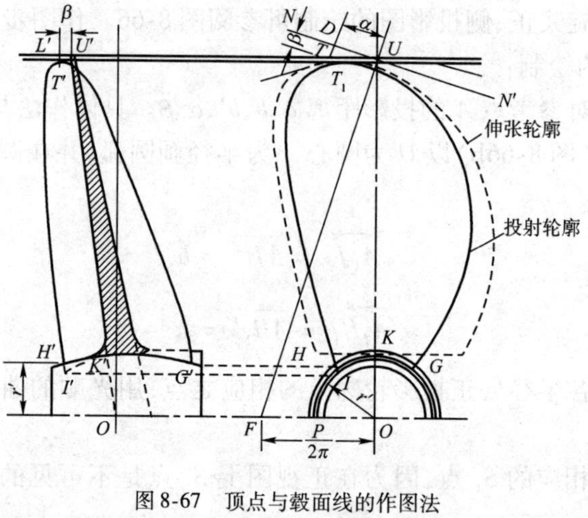

图 8-67 顶点与毂面线的作图法

如果叶形为对称形，则在伸张轮廓上 T 点与 U 点是重合的；在正投影图上 T_1 点与 U 是重合的，在侧投影图上 T' 点与 U' 点也是重合的。故对称形桨叶顶点位置的确定最为简便，它们都在 UU' 同一条水平线上。

按以上做法作出的图形，伸张图的顶点比正投影图的顶点稍高一些，这种情况一般出现在不对称的桨叶上。从图 8-68 上可看出正投影顶点 T 与基准线上的 U 点是在同一个以 R 为半径的圆弧上，而伸张图上的顶点 T 则与 U 在同一水平线上，因而 T 点高于 T_1 点，同侧投影图上最大厚度断面的顶点 U'' 同高，而侧投影轮廓图上顶点 T' 则与正投影图上顶点 T_1 同高。这些差别虽然不大，但从作图方法上应看得出其差别的来源。

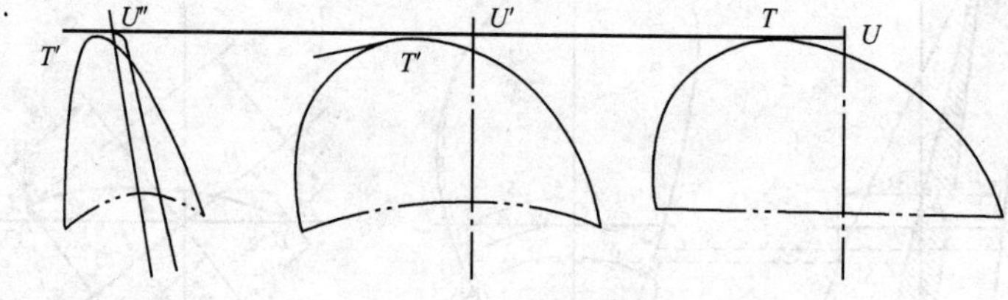

图 8-68 伸张图、正投影图及侧投影图中桨叶顶点位置的关系

a）侧视图；b）正视图；c）伸张图

3. 桨叶展开轮廓的绘制

在绘制展开轮廓时，首先要求出各半径处的螺旋线在展开图上的真实形状。设以半径为 r 的共轴圆柱面与桨叶相剖切，得螺旋线段 $B_0A_0C_0$，如图 8-63 所示，其在正投影图上为圆弧 $B_1A_1C_1$。此螺旋线的实际形状为 B_0AC_0，如图 8-69 所示，过 OA 作投射面 $LEKA$，则此螺旋线在投射面上的投影为圆弧 B_1AC_1。为了求得螺旋线 B_0AC_0 在展开图上的真实形状，常用近似两次方法作图。

第一次近似——以椭圆弧的一部分代替螺旋线：在一点处作包含 OA 的平面且在 A 点处与螺旋线 B_0AC_0，相切。此平面与圆柱面相交成一个椭圆 $XEYA$，并与投射面 $LEKA$ 间之夹角为螺距角 φ。螺旋线段 B_0AC_0，在椭圆上的投影为椭圆弧 B_2AC_2。通常螺旋线段 B_0AC_0 较短，与

椭圆弧 B_2AC_2 十分接近，因而可近似地用这段椭圆弧 B_2AC_2 代替螺旋线线段。将此椭圆弧绕 AOE 轴旋转 φ 角后便与投射面 $LEKA$ 重合，而 B_1 和 B_2，C_0 和 C_2 点则在同一水平线上如图 8-69b）所示。由图 8-69a）可知，此椭圆的长半轴为 $OX = r\sec\varphi$，短半轴 $OA = R$。已知椭圆的长半轴和短半轴，即可画出椭圆，但在实用中为了作图方便，故尚需进行第二次近似。

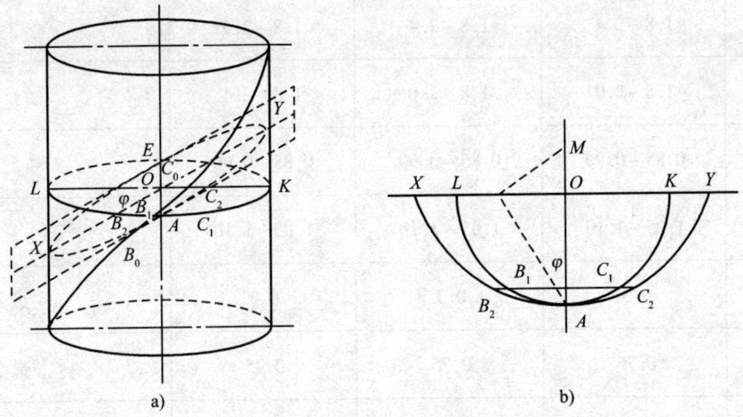

图 8-69　绘制展开轮廓原理图

第二次近似——以圆弧代替椭圆弧：在 A 点的椭圆弧 B_2AC_2 可近似用 A 点处曲率圆弧代替，如图 8-69b）所示，由高等数学可知，椭圆弧 A 点处的曲率半径为

$$MA = \frac{(r\sec\varphi)^2}{r} = r\sec^2\varphi \tag{8-113}$$

总之，各半径处螺旋线在展开图上的真实形状可近似以半径为 $r\sec^2\varphi$ 的圆弧一部分代替。这样就可以使绘制展开轮廓图的工作变得简单多了。

下面以半径 $r = OA$ 处的切面为例，参图 8-70，说明根据投射轮廓绘制展开轮廓的具体步骤：

（1）在正投影图上取 $OF = P/2\pi$，连 AF 则

$$AF = r\sec\varphi$$

（2）过 F 点，作 $FM \perp AF$ 且与 OA 的延长线相交于 M 点，则

$$MA = AF\sec\varphi = r\sec^2\varphi$$

故以 MA 为半径画一段圆弧可以近似地代替在 A 点椭圆弧 $B_2A\,C_2$，进而代替了那一段螺旋线。

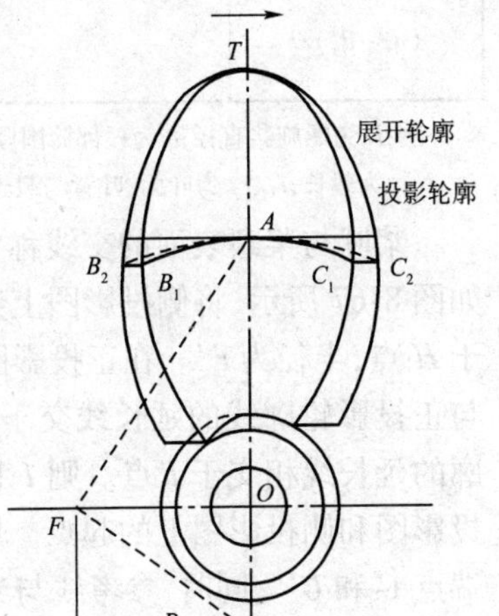

图 8-70　展开轮廓的绘制

（3）以 M 点为圆心，MA 为半径作圆弧 B_2AC_2。在正投影图上，自 B_1 及 C_1 分别引平行于 OF 的直线 B_1B_2 及 C_1C_2 并与圆弧 B_2AC_2 圆弧相交于 B_2 及 C_2 点，则 B_2 及 C_2 即为展开轮廓上的两点。

用同样的方法分别作出其他半径处相应之点，然后用光顺的曲线连接各点即为展开轮廓。

4. 桨毂及包毂线的绘制

毂和毂帽的形状必须使水流光顺地流过，避免产生涡流。其尺度及形状可根据船舶实际情况和造船实践经验确定。下面提供一组数据可作为设计时参考。

图 8-71 表示毂部有关尺寸的符号，其相互间的尺度可参考表 8-37。

毂部尺度比 表8-37

项 目	材 料			
	锰铁黄铜	铝合金	铸铁	备注
l/d_t	1.8~2.4	1.8~2.4	1.8~2.6	
d_0/d_t	1.8~2.0	1.8~2.0	1.8~2.4	
d_2/d_0	0.85~0.90	0.85~0.90	0.85~0.90	
d_1/d_0	1.05~1.10	1.05~1.10	1.05~1.10	
l_1/l	0.3	0.3	0.3	最大值
δ/t_0	0.75	0.75	0.75	最小值
r_2/t_0	0.75	0.75	0.75	或取 $r_2=0.03D$
r_1/t_0	0.75	0.75	0.75	后倾角 $q=0°$
r_1/t_0	1.0	1.0	1.0	后倾角 $q=15°$ 或取 $r_1=0.04D$
$(d_t-d_3)/l$	$\frac{1}{10}\sim\frac{1}{16}$			

注:D 为螺旋桨直径;δ 为毂部筒围厚度;l_1 为减轻孔长度;d 为毂径;d_t 为螺旋桨尾轴直径;d_1、d_2 为毂前后两端直径;l 为毂长;r_1、r_2 为叶面、叶背与毂连接的圆弧半径。

桨叶与桨毂表面的交线称为毂面线,一般采用近似方法绘制。如图8-67所示,将侧投影图上桨叶轮廓线按趋势延长与桨毂相交于 H 点,半径为 r'。在正投影图上,以 O 为圆心。r' 为半径画圆弧与正投影轮廓线的延长线交于 I 点。从 I 点引水平线与侧投影轮廓的延长线相交于 I' 点。则 I 和 I' 点可近似地认为是包毂线在正投影图和侧投影图上的起点。用同样的方法可作出包毂线的另一端点 G 和 G'。同时,参考线与桨毂的交点 K 和 K' 也是包毂线上的点。将 I、K、G、及 I'、K'、G' 分别连成曲线。这两根曲线即近似地表示包毂线在正投影和侧投影图上的形状。在绘制桨毂外形和包毂线时,应将看得见的部分画成实线,看不见的部分画成虚线。

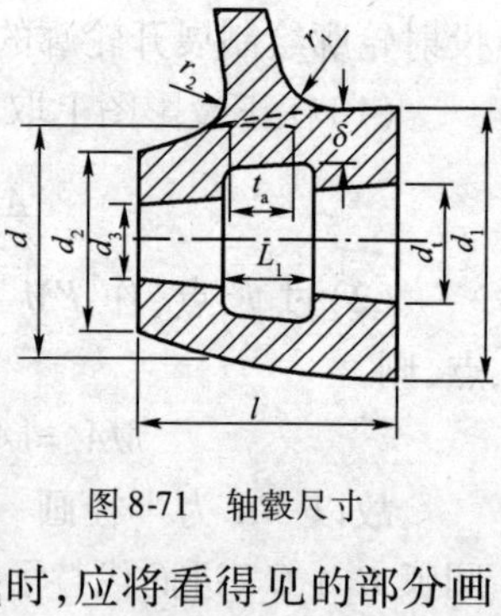

图8-71 轴毂尺寸

至此,螺旋桨总图绘制基本完毕,在总图上绘出桨叶的伸张轮廓,投射轮廓和侧投影轮廓。外形主要根据伸张图,侧投影图主要是表示后倾的情况和桨毂的结构,在侧投影图上应注明详细的尺寸以便制型和加工。最后在总图上还应标明桨叶要素,一般包括:直径 D、盘面比 A_E/A_0、螺距或螺距比、叶形(B型或其他形式)、叶数(三叶或四叶)、后倾角 p、旋转方向、材料牌号或化学成分。

伸张图上如标注尺寸往往显得太拥挤,故常在图旁附上一个型值表,以表示图中有关尺寸。螺旋桨总图见图8-60。

思考与练习

一、简答题

1. 什么是左旋螺旋桨和右旋螺旋桨？

2. 分别说明螺旋桨的面螺距、切面弦长、盘面比、叶厚分数、毂径比、纵倾角、侧斜角等几何意义。

3. 螺旋面是怎样形成的？

4. 什么是等螺距螺旋桨和径向变螺距螺旋桨？

5. 等螺距螺旋桨不同半径处的螺距角是否相等？为什么？随着半径的增加螺距角是增加还是减少？

6. 常用的桨叶切面有哪些形式，其几何特征如何？

7. 何谓桨叶的投射轮廓、伸张轮廓和展开轮廓？它们之间有何联系？

8. 表示螺旋桨的几何性征参数有哪些？它们各表示什么意义？

9. 试分别绘出左旋螺旋桨与右旋螺旋桨的正投影与侧投影草图，并在图上标注下述外形名称与几何特征符号，即：叶梢、叶根、导边、随边、辐射参考线 OU、最大厚度线、螺旋桨直径 D、毂径 d，侧斜角、后倾角、假想厚度。

10. 什么是理想推进器和理想螺旋桨？

11. 分别说明理想效率、理想螺旋桨效率、叶元体效率及螺旋桨效率的意义及区别。

12. 螺旋桨与船体的相互作用的实质是什么？为什么要研究其相互作用的目的？

13. 螺旋桨性征曲线的变化有何特点？螺距比 P/D 与盘面比 A_E/A_0 对性征曲线有哪些影响？

14. 船体周围的伴流由哪些成分所组成？何谓推力减额？何谓相对旋转效率？

15. 写出收到功率系数 B_P，直径系数 δ 的表达式并说明意义。

16. B_P—δ 设计图谱可解决螺旋桨的哪些设计和计算问题？

17. B_P—δ 在设计图谱中最佳效率曲线可解决螺旋桨的哪种设计和计算问题？

18. 螺旋桨的空泡现象是如何产生的？什么是空泡数、减压系数？它们与哪些因素有关？

19. 桨叶上产生空泡剥蚀的原因是什么？

20. 试述机翼形切面与弓形切面的抗空泡性能？

21. 为什么要尽量避免空泡的产生？

22. 影响 δ 与 ε 的因素有哪些？据此可采用哪些措施避免或延缓空泡的产生？

23. 如何求取不产生空泡的最小盘面比 A_E/A_0 的螺旋桨？

24. 螺旋桨的强度校核的目的是什么？叶原体沿径向分布常采用什么形式？

25. 螺距修正的原则是什么？并分析之。

26. 拖船在高于设计航速和低于设计航速时的有效推力曲线怎样计算？

27. 拖船在系泊状态和低于设计航速时，推力减额分数 t_0 怎样选取？

28. 试述弓形切面桨叶的正投影和侧投影的作图原理。

29. 机翼形切面的作图方法与弓形切面桨叶的作图方法有何不同？

30. 桨叶的展开轮廓是怎样作出的？

二、计算题

1. 已知某船螺旋桨直径 $D=2.4\text{m}$，进速 $V_A=18\ \text{kn}$，淡水密度 $\rho=1000\text{kg/m}^3$，推力 $T=$

79kN，试求：

(1)推进器的载荷系数和理想效率；

(2)当推进器的直径增大为2.8 m时，理想效率增加多少？

2. 某船敞水收到功率 $P_D = 2100kW$，推功率 $P_T = 1400kW$，转速 $n = 120r/min$，螺旋桨进速 $V_A = 1\ 2kn$，直径 $D = 2.2m$，水的密 $\rho = 1000kg/m^3$，求转矩 K_Q、推力系数 K_T 螺旋桨的进速系数，和船后效率 η_{DB}。

3. 已知一直径为5m，螺距比 $P/D = 1.05$ 的螺旋桨，转速 $n = 118r/min$，船的航行速度 $V_A = 14.2kn$，螺旋桨的进速 $V_A = 12.5\ kn$，求该桨的进速系数及滑脱比。

4. 已知某内河船的螺旋桨为B—4—55型，直径 $D = 2.54m$，螺距比 $P/D = 0.9$，进速 $V_A = 14.4kn$，试按敞水性征曲线求：

(1)该桨的实效螺距比；

(2)当转速 $n = 275r/min$ 时，该桨的进速系数及滑脱比；

(3)该桨在 $n = 275r/min$ 时发出的推力与所需的转矩及收到功率，此时该桨的效率 η_0 为多少？

5. 已知某长江双桨船各航速时的有效功率如表8-38所示：

有效功率 表8-38

航速 V(kn)	15.0	15.5	16.0	16.5
有效功率 P_E(kW)	1250	1413	1590	1804

该船装有两台主机，每台主机的船后收到功率，$P_D = 1302kW$，额定转速 $n = 275r/min$，且 $w = 0.104$，$t = 0.198$，$\eta_R = 1.044$，试按B—4—55型螺旋桨系列性征曲线，求给定桨径 $D = 2.54m$ 时所需之螺距比 P/D 并确定该船所可能达到的航速。

6. 已知某长江双桨船各航速时的有效功率如表8-39所示。

有效功率 表8-39

航速 V(kn)	15.0	15.5	16.0	16.5
有效功率 P_E(kW)	1250	1413	1590	1804

该船装有两台主机，每台主机的船后功率 $P_D = 1302kW$，额定转速 $n = 275r/min$，且 $w = 0.104$，$t = 0.198$，$\eta_R = 1.044$，试按B-4-70系列，B_P—δ 图谱设计一最佳螺旋桨(D_{opt}，P/D)，并确定可能达到的航速。若计算所得 $D_{opt} > D_{max}$ 怎么办？应如何改变设计程序？

7. 某单桨船，方形系数 $C_b = 0.67$，螺旋桨要素为：桨叶数为 $Z = 4$，盘面比为 $\theta = 0.52$，螺旋桨直径 $D = 5.51m$，螺距比 $P/D = 0.926$，螺旋桨后装流线形舵，螺旋桨转速 $N = 120r/min$，船速 $V_s = 19.05kn$，试求该运转状态螺旋桨的推力和有效推力？

第九章　船舶操纵性

● 能力目标

1. 了解船舶的回转运动及操纵性衡准。
2. 能运用回转运动学和回转动力学进行回转圈的实船测试。
3. 了解舵的设计方法。
4. 能根据船舶操纵性要求进行舵的简单设计。

知识点1　基 本 概 念

船舶操纵性是船舶在航行时能按照驾驶员的意图,保持或改变航速、位置的性能航向和位置的性能。船舶操纵性主要反映在以下三个方面。

(1)航向稳定性:船舶维持给定的直线运动的能力。

(2)回转性:船舶按需要迅速改变航向,由直线进入曲线运动的能力。

(3)转首性:船舶操舵后迅速进入新航向的能力。

由于航向稳定性和回转性是相互矛盾的,所以对不同类型船舶操纵性的要求应作具体分析。

船舶操纵性的好坏虽与船体的几何形状及其大小有关,但是船舶操纵性的保证必须依靠操纵设备。目前在船上采用的操纵设备种类很多。常见的有舵、转动导流管、主动舵、直翼推进器、侧推螺旋桨等。尽管它们的形式不同,但其作用类似,都是提供了一个使船转动的力矩。

1. 航向稳定性

当船舶直线航行时(舵角为0°),不可避免地会受到各种偶然因素的作用(如:风、流以及浪等)使船舶偏离航向。如果当扰动力去除后,船能够自动(不转舵)回到原来的航向上去,则称此船具有航向自动稳定性。若船不具有航向自动稳定性,而通过不断操舵(人工或自动舵)能够保持航向,则称具有航向控制稳定性。

需要指出的是,物体运动的稳定性对不同的运动参数来说是不同的,可能对某一运动参数是稳定的,而对另一运动参数是不稳定的。因此在讨论船舶的运动稳定性时,必需指明是对哪一运动参数而言的。

船舶沿直线航行,若受到某种扰动,当扰动除去后,经过一段时间,船中心运动的轨迹,不外乎是以下几种情况:

(1)船仍按原来的航线的延长线航向,称为位置稳定性。

(2)船的航向未改变,新航线与原航线平行,但不重合,称为方向稳定性。

(3)船沿另一航向作直线航行,称为直线稳定性。

(4)船作曲线运动。

显然,具有位置稳定性的船必同时具有直线稳定性和方向稳定性,具有方向稳定性的船必同时具有直线稳定性。不具有直线稳定性的船也一定不具有方向稳定性和位置稳定性。水面船舶不具有位置和方向的自动稳定性,只可能就有直线自动稳定性。自动稳定性的船体和舵

(不包括控制系统)自身的属性,故也称为船的固有稳定性。

2. 回转性

回转性和加速、减速是船舶运动的最基本运动。所谓回转运动是指船在直线航行时,将舵转动到一定舵角并保持不变,这时船将偏离原航路而作曲线运动,船是否易于回转的性能称为回转性。

船舶回转运动时,船重心的轨迹称为回转圈。如图 9-1 所示,回转运动可分为以下 3 阶段:

(1)转舵阶段。从开始转舵起到舵转至规定舵角止(一般为 8 ~ 15s)为转舵阶段。转舵阶段船的横向位移和角位移都很小,船几乎按原航线运动。

(2)发展阶段。从转舵结束起至进入定常回转运动止为发展阶段。发展阶段的特点是:作用在船上的水动力和力矩是随时间变化的,船作非定常运动。

(3)定常阶段。作用在船上的诸水动力矩平衡,船绕重心作匀速角速度转动。定常阶段的特点是:作用在船上的水动力矩平衡,而水动力沿轨迹法线方向保持常值不随时间改变,船作定常运动。船的重心 G 作匀速圆周运动,同时船又绕重心 G 作匀角速度转动。

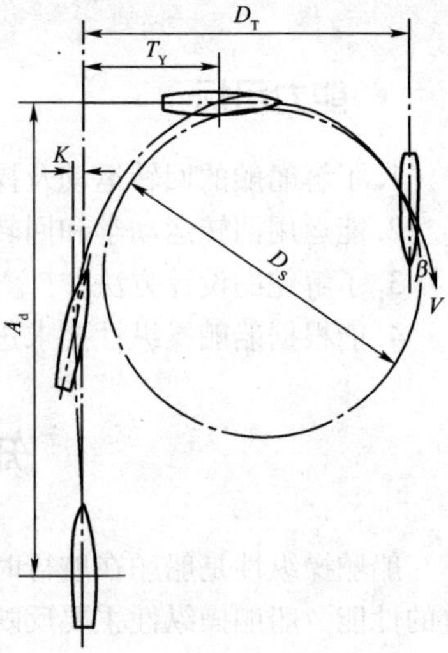

图 9-1　船舶回转时的重心轨迹

回转运动的主要特征参数:

(1)定常回转直径 D_S:定常回转圆的直径,为最常用的回转特征参数,通常以相对回转直径 D_s/L_{PP} 来表示(L_{PP}——两柱间长)。

(2)战术直径 D_T:船回转 180°时,其重心距初始直线航线的距离。一般来说,$D_T=(0.9\sim1.2)D_s$。

(3)纵距 A_d:自转舵开始至首向改变 90°时,船重心沿初始直线航线前进的距离。

(4)正横距 T_r:船回转 90°时,重心至初始直线航线的距离。

(5)反横距 K:船重心离开初始直线航线回转相反的方向横移的最大距离。

(6)定常回转的航速 V_S、漂角 β、横倾角 φ_S。

(7)回转周期 T:从转舵起至回转 360°所经过的时间。

在船舶设计中,对各类船舶的定常回转直径都有一定要求。回转性好的船,最小相对回转直径为 3 倍左右,同转性差的船为 10 倍左右,大多数船在 5 ~ 7 倍的范围内。各类船舶的最小相对回转直径的大致范围见表 9-1。

各类船舶最小相对回转直径大致范围　　表 9-1

船　型	最小相对回转直径(m)	船　型	最小相对回转直径(m)
驱逐舰	5.0 ~ 7.0	大型客货船	5.0 ~ 7.0
大型货船	5.0 ~ 6.5	中型客货船	4.0 ~ 5.0
中型货船	4.0 ~ 5.0	油船	3.5 ~ 7.5
一般小型船	2.0 ~ 3.0		

注:相对回转直径是指 D_S/L_{PP} 的比值。

对于一般船型的海船,最小回转直径可以用以下经验公式确定:

巴士裘宁公式

$$D=\frac{L^2d}{10A_R} \tag{9-1}$$

式中：L——水线长，m；

d——吃水，m；

A_R——舵的浸水侧面积，m^2。

季美公式

$$D=0.25L^{5/3} \tag{9-2}$$

定常回转直径的大小与回转初速有关。对于低速的民用船舶，回转初速对回转直径影响并不显著，对高速舰艇的影响则较大。

从上面的分析可知，船舶回转时最大横倾角、最大横倾力矩发生在稳定回转阶段。该横倾角因没涉及力的动力作用，故称为静力倾角常用 φ 表示。实际上，由于船舶回转时，横倾力矩增长速度较快，船舶从向内倾斜改为向外倾斜的变化速度较快，故横倾力矩具有动力效应。在动力作用下，船舶的倾角称为动力倾角，常用 φ_d 表示。通常，船舶在回转发展阶段，先达到动力倾角，经几次摇摆后，最后停留在静力倾角上。整个回转过程中船舶横倾角的变化规律可由图 9-2 表示。其中横坐标为时间 t(s)，纵坐标为横倾角 φ。

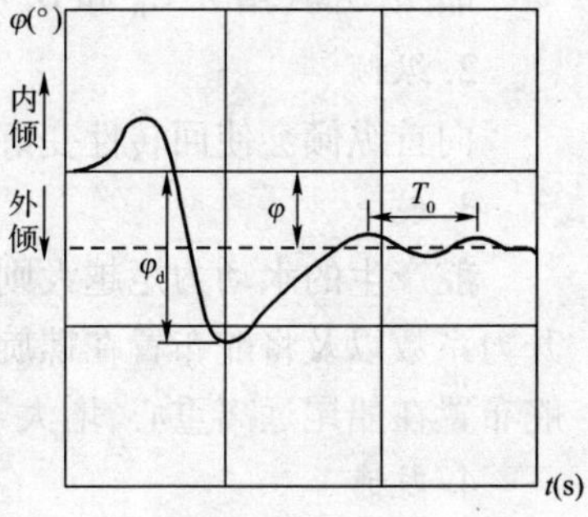

图 9-2　回转过程中的横倾角变化曲线

例 9-1：某海洋货船，满载水线长为 146m，吃水为 9m，舵的浸水面积为 25.2m^2，试用经验公式估算该船的最小回转直径。

分析：本例涉及的知识点有：

(1)基本概念：最小回转直径、舵面积 A_R；

(2)两个经验公式。

解：对于一般船型的海船，最小回转直径可以用以下经验公式确定：

(1)巴士裘宁公式：

$$D=\frac{L^2d}{10A_R}$$

式中：L——水线长，m；

d——吃水，m；

A_R——舵的浸水侧面积，m^2。

将主尺度代入上式，可得该船的最小回转直径为

$$D=\frac{146\times146\times9}{10\times25.2}=761.3(\text{m})\approx5.21L$$

(2)季美公式：

$$D=0.25L^{5/3}$$

式中：L——水线长，m；

将水线长代入上式，可得该船的最小回转直径为：

$$D=0.25\times146^{5/3}=1012(\text{m})\approx6.93L$$

由上述经验公式估算可知，公式(2)比较粗略，如果能够获得详细的参数，公式(1)接近实船数据。

学习成果测验

任务 9-1：某海洋货船，满载水线长为 140m，吃水为 8m，舵的浸水面积为 25.2m^2，试用经验公式估算该船的最小回转直径。

评分：________________

知识拓展：影响定常回转直径的因素

1. 船型

船型肥满（增大 C_B 和 B/L）、减少尾部侧投影面积会使回转性变好而稳定性变差。

2. 纵倾

向首纵倾会使回转性变好，稳定性变差。

3. 舵

舵产生的水动力矩越大则回转性越好。增大舵面积，合理地选择舵的形状，提高舵的升力系数以及将舵布置在螺旋桨尾流中，受到螺旋桨尾流速度的影响，可增大舵的水动力。舵布置在船尾远离重心，增大了力臂，可以改变回转性。

4. 航速

航速傅汝德数 $Fr = v/\sqrt{gl} < 0.25$ 时，Fr 对回转直径 D_s 无影响。当 $Fr = v/\sqrt{gl} \geqslant 0.25$ 时，由于航行时产生船体下沉、纵倾和航行兴波的影响，使船所受的水动力变化，使得 D_s 随 Fr 的增大而迅速增大。

知识点 2　回转中的横倾角

集装箱船、滚装船和高速军舰回转时产生较大的横倾角，使水线以下的船形改变，引起水动力系数（主要是船体水动力矩）变化，根据平野、孙景浩对集装箱船的计算来看，横倾角使 D_s 减小。

1. 回转中的航速

船作定常直线运动时，阻力和推力平衡。操舵后，船作变速曲线运动。船体和舵的阻力，流向螺旋桨的水流及主机的工作情况皆发生变化，因而螺旋桨的推力也发生变化，船的航速会下降。满舵回转时，不同类型的船舶，航速下降约为 20% ~50%。

2. 回转中的横倾

船回转时，作用于船体和舵上的水动力并不与船重心在同一高度。这些力对重心的力矩，形成横剖面内的横倾力矩，使船产生横倾。

转舵阶段，力矩的方向是使船向回转圈内侧倾斜。船进入过渡阶段，船逐渐由向回转圈内侧横倾变为向外侧横倾。当达到定常回转阶段，船的横倾力矩保持常值，船向回转圈外侧横倾角保持常值，称为回转静外倾角。

近似估算定常回转横倾角。

$$\varphi_s = \frac{V_s^2}{ghR_s}(z_G - z_H)$$

式中：h——船的横稳心高；

V_s——定常回转时的航速；

R_s——定常回转时的半经；

z_G——重心距基线的高度；

z_H——船体水动力作用点位置，目前它很难用理论方法计算，需用经验公式确定，可近取为$d/2$，d为吃水。

定常回转时的航速由经验公式计算可得：

$$\varphi_s = \frac{V_0^2}{ghR_s}(z_G - z_H)\,\mathrm{th}^2\left(\frac{R'_s}{2.45}\right)$$

式中：V_0——船直线航行时的航速；

R'_s——无量纲定常回转半径，$R'_s = \dfrac{R}{L_{pp}}$。

最大横倾角发生在 $R'_s = 2.6$ 时，可得最大横倾角为

$$\varphi_{smax} = 1.4V_0^2\frac{z_G - z_H}{hL_{pp}} \tag{9-3}$$

上式表明：航速高，重心高度大，稳性差的船，回转时产生的横倾角大。

学习成果测验

任务9-2：关于船舶操纵性的讨论

(1)什么是船舶操纵性？它包括哪些内容？有何要求？

(2)船舶操纵性能与哪些因素有关？

评分：________________

知识点3　舵力和舵

1.舵的几何要素

舵是装在船后的，可以看作为一个小展弦比的机翼，它在船后的水流中工作，并受到船体和螺旋桨的影响。舵的几何形状如图9-3所示。

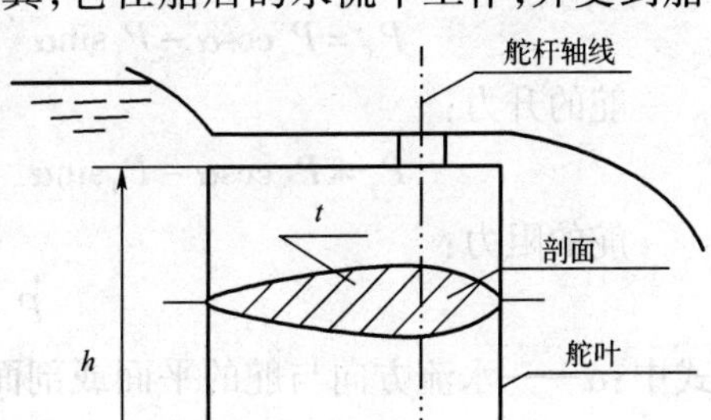

图9-3　舵的示意图

(1)舵面积 A_R：未转动的舵轮廓在中线面上的投影面积，称为舵的总面积。

(2)舵高 h：沿舵杆轴线方向，舵叶上缘至下缘的直线距离。

(3)舵宽 b：指舵叶前缘至后缘之间的垂直距离。舵叶为矩形时，舵宽即为各剖面的弦长；舵叶为非矩形时，舵宽用平均舵宽表示 $b_m = \dfrac{A_R}{h}$

(4)舵展弦比 λ：舵高与舵宽的比值。舵叶为矩形时，则 $\lambda = \dfrac{h}{b}$

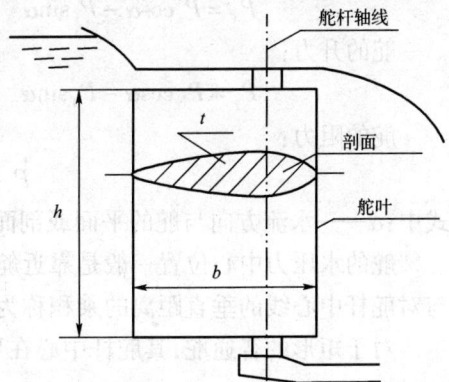

舵叶为非矩形时，则 $\lambda = \dfrac{h}{b_m} = \dfrac{h^2}{A_R} = \dfrac{A_R}{b_m^2}$

(5)平衡比 K:又称平衡系数,指舵杆轴线前的舵面积 A_P 与整个舵面积之比值。

$$K = \frac{A_P}{A_R}$$

(6)厚度比 E:舵剖面的最大厚度与舵宽之比值。

$$E = \frac{t}{b}$$

(7)舵面积比 μ:舵面积与船舶水线长和设计吃水的乘积之比值。

$$\mu = \frac{A_R}{L_{WL}d}$$

(8)舵剖面:与舵杆轴线垂直的舵叶剖面。高度方向厚度不变的矩形舵,在整个高度方向剖面是一样的。

2.舵压力及转舵力矩的估算

1)敞水舵的水动力

如前所述,转舵之后舵面上会产生舵压力,舵压力的产生与飞机机翼和螺旋桨桨叶产生升力的原理一样,如图 9-4 所示。当流体以一定的速度 V,冲角 α 流经舵叶时,舵叶上将产生升力 P_y 和阻力 P_x。升力 P_y 的方向垂直于水流速度 V,阻力 P_x 的方向平行来流速度 V_0,其合力为 P。合力 P 与舵叶对称平面的交点 O 称为水压力中心,O 点到导缘的距离为 x_p。

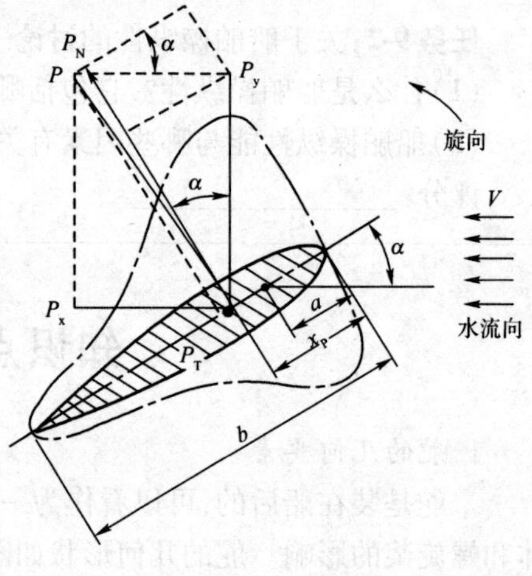

图 9-4　舵的水动力特性

若将合力 P 按垂直于和平行于舵的弦线分解,就可得到舵的法向力 P_N 和切向力 P_T,其间的关系通常用下列公式表达:

舵压力:

$$P = \sqrt{P_y^2 + P_x^2} = \sqrt{P_N^2 + P_T^2}$$

舵的法向力:

$$P_N = P_y\cos\alpha + P_x\sin\alpha$$

舵的切向力:

$$P_T = P_x\cos\alpha - P_y\sin\alpha$$

舵的升力:

$$P_y = P_N\cos\alpha - P_T\sin\alpha$$

舵的阻力:

$$P_x = P_N\sin\alpha + P_T\cos\alpha$$

式中:α——水流方向与舵的平面或剖面弦线间的夹角。

舵的水压力中心位置一般是靠近舵的前缘,如图 9-4 中 x_p 所示的位置。作用在舵上的力与对舵杆中心线的垂直距离的乘积称为舵杆的转矩。

对于矩形的普通舵,其舵杆中心在导缘上,则舵杆转矩为

$$M_T = P_N \cdot x_p \tag{9-4}$$

对于平衡舵或半平衡舵,其舵杆中心在舵叶导缘以后,则舵杆转矩为

$$M_T = P_N(x_p - a) \tag{9-5}$$

式中:a——舵杆中心距导缘的距离。

为了将实验资料换算到不同尺度的实舵上,一般用模型舵作风洞或水洞试验,求出舵叶的

无因次水动力系数，其表达式如下：

合力系数

$$C = \frac{P}{\frac{1}{2}\rho V^2 A_R}$$

升力系数

$$C_y = \frac{P_y}{\frac{1}{2}\rho V^2 A_R}$$

阻力系数

$$C_x = \frac{P_x}{\frac{1}{2}\rho V^2 A_R}$$

法向力系数

$$C_N = \frac{P_N}{\frac{1}{2}\rho V^2 A_R}$$

切向力系数

$$C_T = \frac{P_T}{\frac{1}{2}\rho V^2 A_R}$$

转矩系数

$$C_M = \frac{P_M}{\frac{1}{2}\rho V^2 A_R}$$

水压力中心系数

$$C_p = \frac{x_p}{b}$$

式中：A_R——舵面积，m^2；

$\frac{1}{2}\rho V^2$——水动力压强，Pa；

V——水流对舵的速度，m/s；

ρ——水的密度，kg/m^3；

b——舵宽，m。

这些无因次水动力系数之间关系如下：

$$C = \sqrt{C_y^2 + C_x^2} = \sqrt{C_N^2 + C_T^2} \tag{9-6}$$

$$C_N = C_y\cos\alpha + C_T\sin\alpha$$

$$C_T = C_x\cos\alpha - C_y\sin\alpha$$

$$C_y = C_N\cos\alpha - C_T\sin\alpha$$

$$C_x = C_N\sin\alpha + C_T\cos\alpha$$

$$C_p = \frac{x_p}{b} = \frac{C_M}{C_N}$$

将式(9-4)代入上式整理得

$$x_p = \frac{C_M \cdot b}{C_y \cos\alpha + C_x \sin\alpha} \tag{9-7}$$

不平衡舵的舵杆转矩为

$$M_T = C_M \frac{1}{2}\rho V^2 A_R b \tag{9-8}$$

平衡舵或半平衡舵的舵杆转矩为

$$M_T = C_M \frac{1}{2}\rho V^2 A_R (x_p - a) \tag{9-9}$$

上述各种水动力系数均是由模型试验求得,它们是舵叶参数与冲角的函数,在单独对舵的水动力计算中,当实物和模型的相应参数相似时,可直接应用模型试验结果。

在无法应用已有的试验资料时,例如剖面形状比较特殊,对于 $1.0 \leqslant \lambda \leqslant 2.5$ 的单独舵的升力系数 C_y 可用下式计算

$$C_y = 2\pi[\lambda/(\lambda+2)]$$

当 $\alpha = 25° \sim 35°$时,上式计算 C_y 的值与试验数值差别不大;当 $\alpha < 25°$时,计算值略高。

2)舵压力估算

舵压力的大小可用经验公式求得,其常用的有乔赛尔公式。

$$P_N = K \frac{9.81\sin\alpha}{0.2 + 0.3\sin\alpha} A_R V_T^2 \qquad (N) \tag{9-10}$$

$$x_p = (0.2 + 0.3\sin\alpha) b \qquad (m) \tag{9-11}$$

式中:P_N——作用在舵叶上的法向力,N;

x_p——水压力中心至舵导缘的水平距离,m;

b——舵宽,m;

A_R——舵面积,m^2;

V_T——舵速,m/s;

K——修正系数,通过查表 9-2 得到。

舵力修正系数 *K* 值表 表 9-2

α(°)	5	10	15	20	25	30	35
K(舵处于螺旋桨尾流中)	31	33	35	36	37	38	40
K(舵不处于螺旋桨尾流中)	10	12	15	17	18	21	22
$0.2+0.3\sin\alpha$	0.226	0.252	0.278	0.303	0.327	0.35	0.372
$9.81\dfrac{\sin\alpha}{0.2+0.3\sin\alpha}$	3.783	6.760	9.133	11.073	12.679	14.014	15.126
C_N	0.233	0.477	0.640	0.795	0.935	1.067	1.206

乔赛尔公式是我国习惯采用的一种计算公式,尽管在此公式里没有考虑剖面形状及展弦比等的影响,计算结果粗糙,但计算方便,特别对于近似于平板形式的舵,通过实舵测试与计算结果很接近,所以乔赛尔公式在计算倒航舵时应用更广泛。

3）船的回转力矩

船舶转舵 α 角后产生舵压力 P。该力对回转中心 G 的力矩称为回转力矩，为

$$M_a = P(RG\cos\alpha + x_p) \tag{9-12}$$

式中：RG——船的重心 G 到舵叶前缘的距离。

由于 x_p 与 RG 的值都比较小，故可忽略不计。通常近似地使 $\overline{RG} \approx \frac{L_{WL}}{2}$，即约等于 1/2 船长，上式可以改写为

$$M_a = P\frac{L_{WL}}{2}\cos\alpha \tag{9-13}$$

从实践和理论分析表明，当舵角 α 在 35°范围内时转船力矩 M_a 具有较大值。因此，通常最大舵角控制在 35°内，该舵角称为有利舵角。

学习成果测验

任务 9-3：关于舵力的讨论

（1）舵压力是怎样形成的？它的大小与哪些因素有关？

（2）船舶回转运动的三阶段是怎样划分的？

（3）什么叫船舶的回转直径、进程、反向横距？

（4）简述船舶回转圈试验的方法。

（5）船舶回转圈试验的目的是什么？

（6）改善船舶操纵性的措施有哪些？

评分：________

知识点 4　舵的设计

舵的设计包括以下两个内容：

（1）确定舵的数目、位置、形式和舵叶的几何要素，其中主要是舵面积的选择，以便使船舶具有良好的操纵性。

（2）确定舵的水动力，以计算舵的结构强度和所需的舵机功率。

当船体的形状和螺旋桨确定之后，舵就是影响操纵性的主要因素。船舶无论是维持航向或者改变航向，都需要靠操舵来完成。为了满足船舶对操纵性的要求，要使舵设备经济、可靠、耐用，就必须在舵设计中合理选择舵的几何要素，使所设计的舵重量轻、体积小、舵机功率小、抗沉性好，并有较适宜的转船力矩和灵敏的舵效应。

1. 舵的分类及舵数目的选择

1）舵的分类

舵的种类很多，一般可以概括地分为普通舵和特种舵两类。普通舵又可以根据不同特点分成以下一些类型，如图 9-5 所示。

（1）根据舵杆轴线在舵宽度上的位置分为：

①普通舵：舵的全部面积均在舵杆轴线的后方，如图 9-5a）所示。这种舵的舵压力中心距

舵杆中心线较远，因此，转舵力矩较大，所需要的舵机功率也较大。不过这种舵与舵柱有多个支点连接，对舵叶本身的强度有利。这种舵目前很少采用，在老式船上能见到。

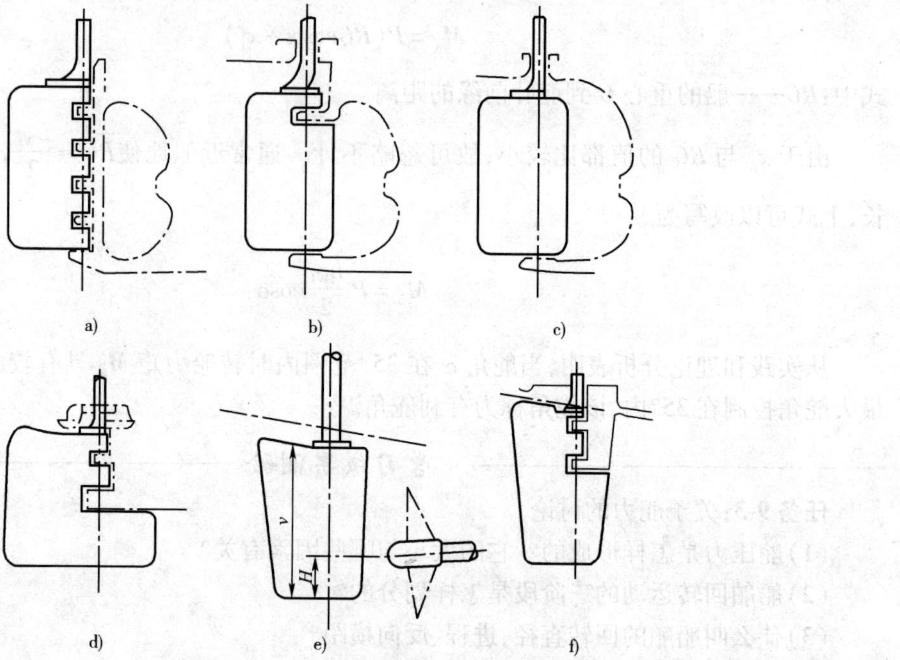

图 9-5 舵的类型

a）舵支承普通舵；b）、c）双支承平衡舵；d）半悬挂半平衡舵；e）悬挂平衡舵；f）悬挂半平衡舵

②平衡舵：沿整个舵的高度上，有部分舵面积在舵杆轴线的前方，如图 9-5b）、图 9-5c）、图 9-5e）所示。这种舵的舵压中心距舵杆中心线较近，比普通舵的转舵力矩小，从而减小了转舵时所需要的转舵转矩，可以节省舵机功率。但舵的支承点较少，强度不如普通舵。

③半平衡舵：有部分舵面积是在舵杆轴线的前方，但只占舵高的一部分，如图 9-5d）、图 9-5f）所示。这种舵的特点介于上述两类舵之间。

（2）根据舵的支承情况分为：

①多支承舵：舵叶与舵柱用三个以上的舵钮连接，如图 9-5a）所示。

②双支承舵：在舵叶的上方有一个上支承点，舵叶的下支承点有的是在舵托上，有的是在舵高的半高处，如图 9-5b）、图 9-5c）所示。

③半悬挂舵：舵叶的上半部支承在舵柱上，舵叶的下半部的支承位置是在舵的半高处，如图 9-5d）、图 9-5f）所示。

④悬挂舵：舵叶悬挂在舵杆上，它的支承点设在船体内部，如图 9-5e）所示。

（3）根据舵叶的剖面形状分为：

①平板舵：舵叶由平板构成，横向有几道加强筋。这种舵构造简单，成本低，但阻力大，舵效低，不利于提高推进效率。

②流线形舵：舵叶的水平剖面为流线形，这种舵具有较好的流体动力特性，推进效率高，虽然构造复杂，但一般船舶多采用此种舵。其结构如图 9-6 所示。

2）舵的数目和形式的选择

舵的数目取决于船型和航行情况，与螺旋桨的数目有很大关系，对于大型海船大都采用单舵装在船尾螺旋桨的后方纵中剖面处，使舵处于螺旋桨的尾流中，以提高推进效率。但是对于

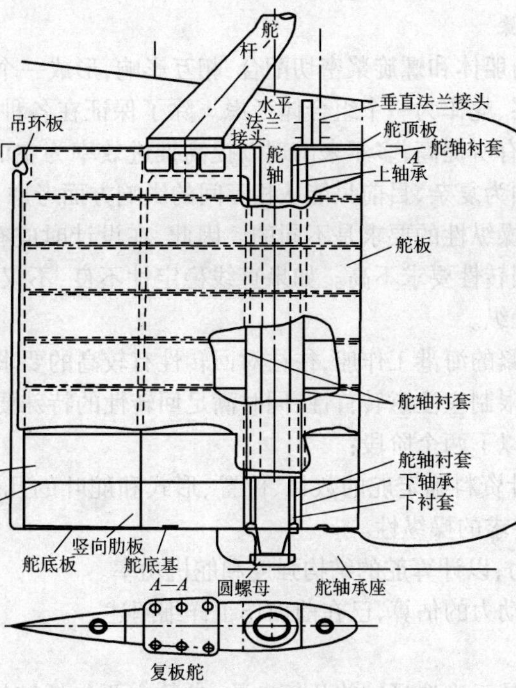

图 9-6　流线形舵叶结

内河船,由于吃水及舵的高度受到限制,通常是双桨配置双舵。对于操纵性要求高,吃水又受限制的船舶,为了保证有足够的舵面积,以获得较大的舵压力,常配置双桨三舵。在长江上游有些拖船,为了提高舵效,特别为了提高小舵角的应舵能力,有的还采用双桨四舵。但舵数目的增加、重量增加,会使布置复杂化,建造费用增加,因此在选取舵数目时必需权衡利弊。对于四舵船,舵面积和形状基本相同,对于双桨三舵的船,比较适宜的分配是两边舵占总舵面积约70%,中舵约占总舵而积的30%。舵数目决定后,可按线型图并考虑螺旋桨与舵之间的合理间隙,可定出舵的位置和外形。

舵形式的选择是根据航行条件和设备条件决定,各有其利弊。

不平衡舵的舵叶突出在舵杆的后方,转舵时舵杆承受较大的转矩,需要较大的舵机,不平衡舵在风浪中容易产生应舵不灵的现象。

平衡舵把部分舵面积分配在舵杆的前方,减小了舵机功率。舵叶上端离水面距离增加,提高了轻载时的舵效,弥补了不平衡舵的缺点。但也存在一些问题,因为船尾的形状是一定的,舵叶向前延伸,势必要削去部分呆木并使螺旋桨向前移动,有可能造成螺旋桨来流不畅,从而降低了航速。舵叶前移,减少了对重心的回转力矩,对舵效是不利的。

对于没有尾框架的船舶,采用半悬式半平衡舵可以得到很好的配合,这种形式在双舵设置中用得比较多。

舵的外形应从制造工艺简便考虑,一般设计成等剖面的矩形或近似矩形的舵,也可采用前缘垂直的倒梯形舵。有些内河船因航道太浅或船有尾倾,为了保护舵,将舵下缘切成圆弧形。对隧道型船尾,有时尚需将上缘切去一部分,避免大舵角时碰撞隧道内壁,如图9-7所示。

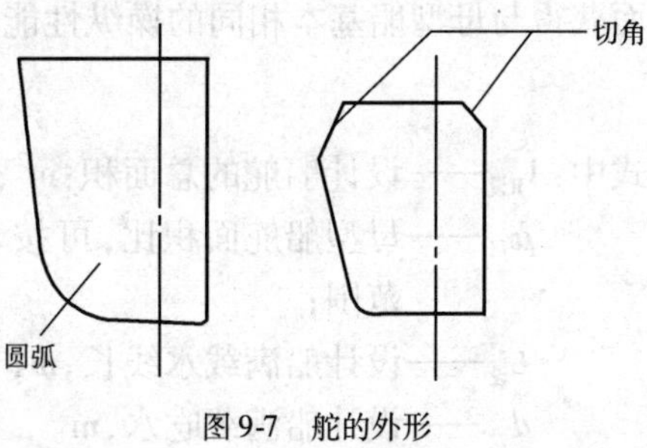

图 9-7　舵的外形

2. 舵设计的基本步骤

舵位于船的尾部,与船体和螺旋桨密切配合,相互影响,形成一个有机的整体。因此,在设计舵时应把船体、螺旋桨、舵作为一个组合体考虑。除了保证在各种情况下的操纵性能之外,同时也应促进推进效率有所提高,多年来出现以提高推进效率为主的各种形式的舵就说明了这一点,然而这一现象颇为复杂,目前只能从相互间的影响方面考虑。

不同类型的船舶对操纵性的要求是不同的。因此,在设计时应有不同的侧重。海船一般以直线稳定性为主,对回转性要求不高。如果直线稳定性不良,不仅容易使舵手疲劳、航速降低,而且在风浪中难以操纵。

沿海船和进出港频繁的海港工作船,往往对回转性有较高的要求。

内河船由于航道的限制应注意转首性,同时满足回转性的特殊要求。

舵的设计大致分为以下两个阶段:

(1)根据船型或统计资料确定舵的数目、位置、形式和舵叶的几何要素,其中主要是舵面积的选择,使船舶具有要求的操纵性。

(2)确定舵的水动力,以计算舵的结构强度和舵机功率。

舵面积的确定和水动力的估算,已在前面作了详细阐述。

3. 舵的参数选择

舵设计的重要内容是正确选择舵的几何参数,参数主要包括舵的外形尺度、展弦比、剖面形状、厚度比及平衡系数。

1)舵面积

舵面积的正确决定是舵设计的重要内容。由于舵的回转力矩正比于舵面积的大小,因此,舵面积越大,舵的回转力矩越大,操纵性要求越易得到满足。但是,舵面积过大,将增加舵机功率、舵设备的重量和所占的空间;同时,舵面积大到一定程度后,对回转性的影响就不那么显著了。因此,舵面积是有一个适当数值范围的。

目前,从操纵性衡准出发由理论确定舵面积的大小尚有困难,通常采用经验和统计的方法确定舵面积。舵面积比以 μ 表示,即

$$\mu = \frac{A_R}{L_{WL} d} \tag{9-14}$$

式中:A_R——舵的总面积,m^2;

L_{WL}——船的设计水线长,m;

d——船的满载吃水,m。

由式(9-14)可知,舵面积的选择,实际上就是舵面积比 μ 的选择,一般参照用途相同,航道相仿,主尺度或主尺度比相近,舵桨数目相同而布置上又相似的操纵性良好的母型船选取。从而获得与母型船基本相同的操纵性能,具体计算可采用下式:

$$A_{R设} = \mu_{母}\, d_{设}\, L_{设} \tag{9-15}$$

式中:$A_{R设}$——设计船舵的总面积:m^2;

$\mu_{母}$——母型船舵面积比,可按母型船或其他资料选取,以% 表示,表 9-3 为一般取值范围;

$L_{设}$——设计船满载水线长,m;

$d_{设}$——设计船满载吃水,m。

一般民用船舶的舵面积比 表 9-3

船舶种类		μ(%)
内河船	长江上游客货船	5.2~6.45
	长江中下游客货船	2.0~3.4
	长江 1471kW(2000PS,拖船)	8.0~9.0
	长江拖船	11.0
	内河驳船	3.0~5.3
	长江油船	3~5
海船	单螺旋桨船	1.6~1.9
	双螺旋桨船	1.5~2.1
	油船	1.2~1.9
	巨型客船	1.2~1.7
	拖船	3.0~6.0
	渔船	2.5~5.5
	引航船和渡船	2.5~4.0

从表 9-3 中可看出,内河船的 μ 值一般比海船大,这是因为内河船舶要求回转灵敏性比海船高的缘故。航速越小的船,μ 值越大,目的是为了增加操纵的灵敏性。

2)舵的展弦比

展弦比对舵的水动力系数影响较大,图 9-8 所示为舵具有不同展弦比时的升力系数变化曲线,从图中可以看出以下几个特点:

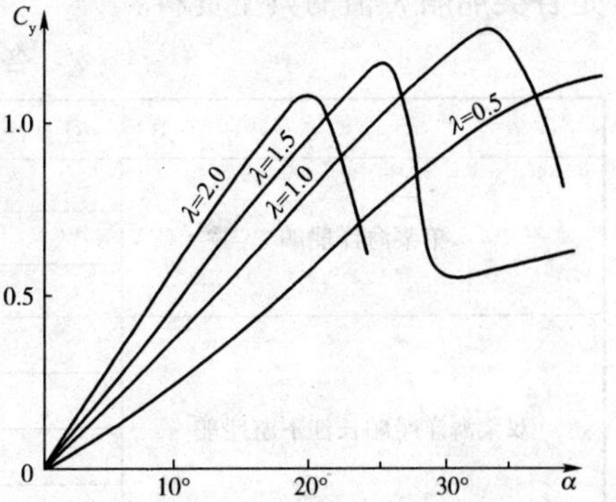

图 9-8 舵的展弦比对升力系数的影响

(1)对于某一舵,随着冲角 α 的增加升力系数随之增加。当 α 比较小时,C_y 与 α 成线性关系,随着 α 的增加,舵上水流在弦上某点开始分离,C_y 和 α 不再保持线性关系。随着冲角继续增加,水流分离范围扩大,系数 C_y 增长得更慢。当舵叶背上水流产生大面积分离时,C_y 迅速下降,这种现象称为失速,对应的冲角称为临界冲角 α_{ak}。在临界冲角前,同样冲角下,展弦比大的舵升力系数大,即舵效高,所以设计舵时,在尾部型线允许的条件下,宜选取较大的舵高,从而增加舵的展弦比。一般船舶在航行时经常要转动小舵角来保持航向,因此要求舵在小舵角时具有较大的升力系数 C_{y0}。展弦比大的舵就能满足此要求,从而改善小舵角时船舶的操纵性能。

(2)在相同冲角时,λ 较大的舵叶在失速前具有较大的 C_y,但是临界冲角 α_{ak} 较小,随着 λ 的减小,α_{ak} 值将增加。所以对于内河浅水航道的舵,由于吃水受限制,舵的展弦比一般都较小,其所允许的最大舵角应比海船的大。所以海船规范规定最大舵角为 35°,而内河船舶规范允许最大舵角可增至 45°。

展弦比 λ 对舵水动力的影响,主要由于存在翼端绕流损失,因为当舵转过一舵角时,舵叶两侧压力分布不对称,迎流一侧为正压力,另一侧为负压力,由于两侧压力不等,所以在舵的上下两端水流可以绕过两端,有部分水流绕过舵叶边缘,使压力抵消一部分,如图 9-9 所示。这种使总的舵压力减小的损失,称为翼端损失。

舵的展弦比越小，这种翼端损失在整个舵压力中所占的比例越大，由此，我们可以理解图9-8中所示的随展弦比减小升力系数下降的原因。为了减小舵的翼端损失，在舵的上下端各装一块水平盖板，如图9-10所示。它具有阻止正压区流体向负压区流动的作用。试验表明在小舵角时它的舵压力可以提高10%～15%，增大盖板的宽度，舵压力还可以增大到20%～27%，但上下盖板的平面最好与来流的流向一致，否则将引起较大的阻力。通常盖板的宽度不大于舵剖面厚度的2～3倍。

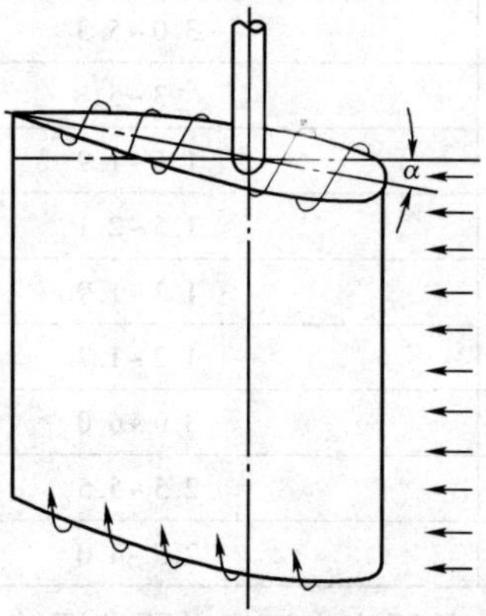

图9-9 翼端绕流影响

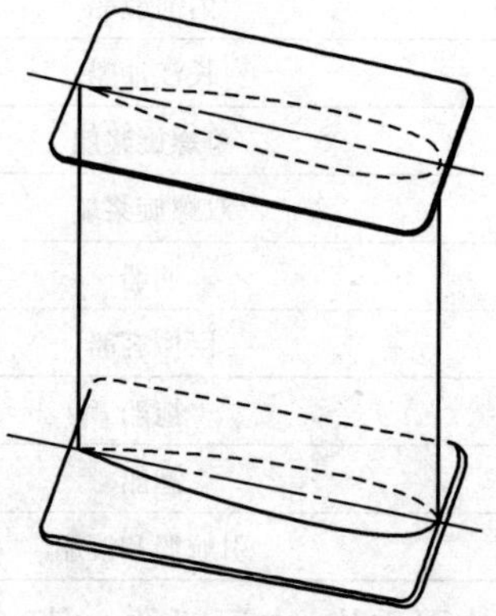

图9-10 舵上下端加装水平盖板

从航向稳定性的要求来看，希望小舵角时值大些，自然展弦比应大些。但是增大 λ 后失速过早的产生，可能影响大舵角的回转性。所以 λ 的选取应照顾这两个方面的要求。表9-4是各类船舶 λ 值的典型资料。

各类船舶常用的展弦比值

表9-4

类型		λ平均值
单桨海洋船舶	货船和客船	1.82
	沿海船舶	1.04～1.16
	拖船和引航船	1.78
双桨海洋船舶长江下游船舶	具有下支点的中舵	1.51
	半平衡舵	1.11
	边舵	2.2
	油船	1.2～1.5
长江中上游船舶	客船（双桨三舵）	0.8～1.4
	推船、拖船（双桨三舵）	0.8～1.2
	油船	1.0
长江驳船浅水内河船舶		0.5～1.0
		0.4～0.8

实际在设计舵时，由于船尾形状的限制，选择大值的余地是不大的，一般海船，展弦比约为2左右。内河船由于吃水受限制，舵高较小，有时为了在一定舵面积下，保证尽可能大的展弦比，往往采用一桨双舵或二桨三舵的形式。λ 过大的舵，转舵后压力突然增加，对操纵船舶并不利，如果失去船底保护，舵也容易损坏。

3）舵剖面

随展弦比的减小，舵叶剖面形状对升力系数 C_y 的影响更为重要，它不仅影响最大的升力系数,而且对整个冲角范围内的 C_y 值都有影响。

为了减小阻力和提高螺旋桨的效率,一般均采用左右对称的流线型机翼剖面。提供舵设计的流线型剖面系列很多,我国多采用 NACA 型和茹柯夫斯基型。

NACA 型是美国国立空气动力学顾问委员会在风洞中做的敞水舵试验,模型舵的展弦比是 6,其编号的最后两个数字表示舵的厚度比 t。所谓敞水舵是指未与船体和螺旋桨配合的单独舵。

NACA 型剖面的主要参数是厚度比 t_0 此系列中共包括 6 种不同的厚度比,由 0.06 ~ 0.25,最大厚度在离前缘 30% 的地方。若厚度比 t 已确定,剖面的型值可查表 9-5。

以剖面最大厚度%计的翼型剖面值 表 9-5

距前缘距离%		0	1.25	2.5	5.0	10.0	20.0	30.0	40.0	50.0	60.0	70.0	80.0	90.0	100
厚度(最大厚度的%)	NACA 型	0	31.6	43.6	59.2	78.0	95.6	100	96.7	88.0	76.1	61.0	43.7	24.1	2.1
	茹柯夫斯基型	0	33.1	45.2	62.2	81.9	98.0	99.0	94.0	81.7	66.7	48.0	30.0	15.0	0

图 9-11 所示 NACA 型的 C_y 和 C_p 曲线,从图中可看出,不同厚度比其 C_y 曲线的斜率基本相同,$t=0.06$ 时,因前缘较薄,分离较早,$t=0.25$ 时,C_y 略有下降。其他厚度比时,临界冲角和最大 C_y 值都差不多。从提高推进效率来看,采用 $t=0.15\sim0.18$ 较好。对于悬挂舵,由于强度原因,采用稍厚的舵叶为佳。对于高速艇,为了减小阻力宜采用较薄的舵叶。

茹柯夫斯基(НЕЖ)型剖面是 20 世纪初俄国空气动力学家茹柯夫斯基(Н. Е. Жуковский)创立的对称机翼剖面。茹柯夫斯基用不同展弦比做了大量试验,包括部分倒车试验和与船体的配合试验。剖面型值见表 9-5。

如图 9-12 所示,NACA 型升力系数 C_y 较大,阻力系数 C_x 较小,前缘不太肥,对提高螺旋桨推进效率有利,广泛地应用于正对螺旋桨的舵。

茹柯夫斯基型试验内容丰富,性能数据更接近实船。此剖面导边太肥,阻力较大,尾部呈凹形,强度较差,施工不方便。但是应用在丰满的驳船和非正对螺旋桨舵的船舶上时,不但舵效好,而且能消除尾涡流,提高航速。

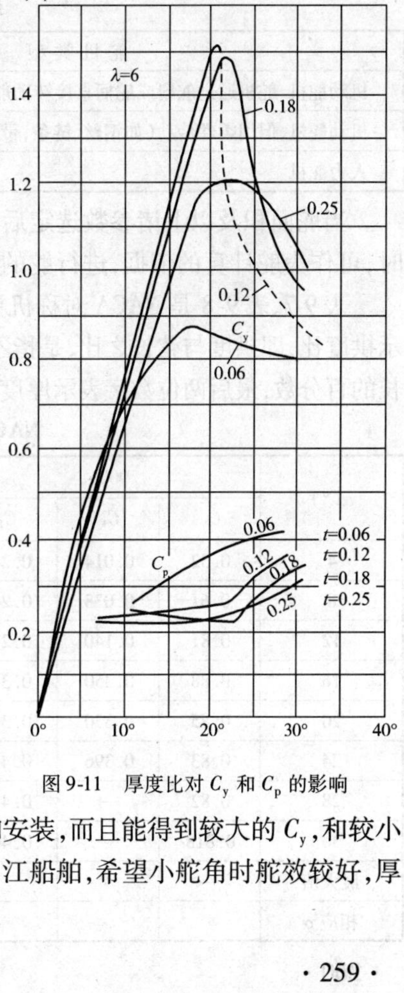

图 9-11 厚度比对 C_y 和 C_p 的影响

4)厚度比

舵的最大厚度位置约在距导缘 1/3 前后。

厚度比 t 应根据船舶类型、舵型、安装要求和与船体螺旋桨配合一起考虑,不能孤立考虑舵叶本身升力和阻力系数的大小。分析舵升力系数的试验资料表明,在临界冲角之前,厚度比对升力系数 C_y 影响不大。厚度比会影响最大升力系数,厚度比过大或过小都会使最大升力系数值降低。一般建议厚度比取 $t=0.12\sim0.18$,这不但照顾了舵的结构和安装,而且能得到较大的 C_y,和较小的 C_x。对于直线稳定性和转首性要求较高的船舶,如我国川江船舶,希望小舵角时舵效较好,厚度比可以取得大些,以 0.18 ~ 0.24 为宜。

5）舵的外形

试验测试表明：若保持舵的展弦比和面积不变，只改变舵的外形，对于升力系数 C_y 影响不大，因此，在设计中可以不考虑舵外形对水动力的影响。

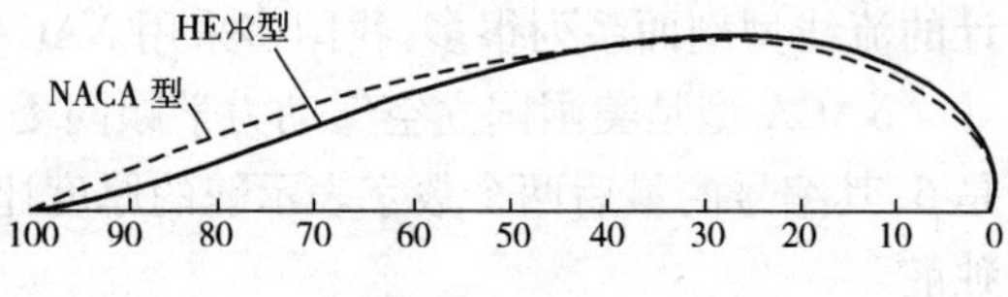

图 9-12 NACA 型与 HEЖ 型剖面特征

舵外形设计的主要出发点是与船体和螺旋桨要有良好的配合，又要制造工艺简便，造价低廉。可以设计成等剖面的矩形或近似矩形的舵，也可采用前缘垂直的倒梯形舵，这对于悬挂舵，可以减少下舵支承处的弯矩，对强度有利。

6）平衡比

平衡比 $K=\dfrac{A_P}{A_R}$ 会直接影响舵机功率的大小，为使舵机功率减小，希望将舵轴线位置与压力中心位置尽可能接近。平衡比 K 的大小与舵杆转矩的大小密切相关，但是对于一定的舵而言，水压力中心 x_p 是舵角 δ 的函数，因此，选取 K 值的原则应该是在整个舵角的范围内使舵杆转矩变化较小，包括倒车操舵情况。

在确定平衡比时，一般是根据试验资料的 C_p 值，并结合本船常用的舵角选用 2～3 个不同平衡比 K 值，作正车和倒车的舵杆转矩计算，选取使正车和倒车时舵杆转矩变化较小的平衡比。表 9-6 为适宜的 K 值，可作参考。

舵机类型与平衡比的适宜值 表 9-6

舵机类型	适宜 K 值
机动舵机，舵机通过舵扇或舵柄直接转动舵杆	0.25～0.33 常用范围 0.2～0.30
机动舵机，但用柔性传动（如钢丝、链条，带动舵扇，转动舵杆）	0.20～0.25 常用值 0.225
人力舵机	0.19～0.25 常用范围 0.21～0.23

当舵面积及以上诸参数选定后，则应给出舵的外形和舵在尾部的布置草图，认为布置合理时，可作为舵计算的依据，进行舵的水动力计算。

表 9-7、表 9-8 是 NACA 对称机翼 $\lambda=6$ 和 $\lambda=1$ 时的两组试验资料，表中编号第一个数字表示拱度比，即拱度与弦长之比，是指不对称机翼剖面而言的。第二个数字表示拱度所在位置占弦长的百分数，最后两位数字表示厚度比 t，如 0015。表示无拱度对称型机翼剖面，厚度比 $t=15\%$。

NACA（$\lambda=6$）正航时水动力系数表 表 9-7

α（°）	0006			0009			0012		
	C_Y	C_X	C_D	C_Y	C_X	C_D	C_Y	C_X	C_D
4	0.32	0.014	0.243	0.30	0.014	0.240	0.30	0.016	0.244
8	0.61	0.038	0.243	0.60	0.032	0.24	0.60	0.033	0.244
12	0.81	0.140	0.293	0.90	0.059	0.24	0.90	0.059	0.244
16	0.88	0.250	0.330	1.19	0.098	0.24	1.20	0.096	0.244
20	0.85	0.330	0.383	1.06	0.380	0.324	1.46	0.142	0.244
24	0.83	0.396	0.412	0.91	0.392	0.383	1.09	0.322	0.335
28	0.82	—	0.427	0.84	—	0.410	0.92	0.410	0.400
30	0.818	—	0.430	0.82	—	0.423	0.89	0.430	0.413
最大值	—			1.28			1.52		
相应 α				18°			22.2°		

续上表

α(°)	0015			0018			0021		
	C_Y	C_X	C_D	C_Y	C_X	C_D	C_Y	C_X	C_D
4	0.30	0.014	0.238	0.30	0.018	0.233	0.30	0.019	0.220
8	0.60	0.031	0.238	0.60	0.032	0.233	0.58	0.032	0.220
12	0.89	0.060	0.238	0.88	0.059	0.233	0.86	0.058	0.220
16	1.17	0.095	0.238	1.15	0.097	0.233	1012	0.092	0.220
20	1.42	0.140	0.238	1.39	0.140	0.233	1.37	0.140	0.220
24	1.21	0.269	0.300	1.24	0.260	0.273	1.29	0.240	0.259
28	1.00	—		1.08	0.357	0.317	1.12	0.330	0.291
30	0.90	0.38	—	0.96	0.396	0.358	1.02	0.372	0.306
最大值	1.53			1.50			1.38		
相应 α	22.5°			22.5°			22.2°		

NACA($\lambda=1$)正、倒航时水动力系数表 表 9-8

型 号	系 数	α°								最大值
		5	10	15	20	25	30	35	40	34°
NACA0015	C_Y	0.141	0.289	0.441	0.622	0.775	0.926	0.713	0.686	1.052
	C_X	0.026	0.042	0.069	0.135	0.217	0.320	0.528	0.605	0.505
	C_N	0.143	0.292	0.444	0.630	0.795	0.962	0.887	0.914	
	$C_{M-0.15}$	−0.014	−0.021	−0.019	−0.006	0.004	0.026	0.126	0.137	
	C_P	0.152	0.178	0.207	0.240	0.255	0.277	0.392	0.400	
	$C_{P-0.15}$	−0.098	−0.072	−0.043	−0.010	0.005	0.027	0.142	0.150	
NACA0021	C_Y	0.165	0.340	0.525	0.700	0.840	0.950	0.980	0.585	
	C_X	0.020	0.040	0.090	0.160	0.230	0.330	0.430	0.510	
	C_N	0.167	0.342	0.530	0.713	0.858	0.988	1.050	0.776	
	$C_{M0.15}$	−0.007	−0.021	−0.035	−0.029	0.009	0.059	0.126	0.134	
	C_P	0.210	0.190	0.185	0.210	0.260	0.310	0.370	0.425	
	$C_{P0.15}$	−0.040	−0.060	−0.065	−0.040	0.010	0.060	0.120	0.175	
NACA0025	C_Y	0.132	0.270	0.419	0.586	0.732	0.883	1.033	1.192	1.336
	C_X	0.036	0.052	0.089	0.145	0.217	0.319	0.446	0.595	0.805
	C_N	0.134	0.275	0.428	0.599	0.756	0.916	1.102	1.294	$\alpha_{max}=46°$
	$C_{M0.25}$	−0.010	−0.015	−0.015	−0.008	0.004	0.026	0.058	0.099	
	C_P	0.174	0.195	0.215	0.237	0.255	0.278	0.303	0.326	
	$C_{P-0.25}$	−0.075	−0.055	−0.035	−0.013	0.005	0.028	0.053	0.076	
NACA0015 倒航	C_Y	0.241	0.385	0.532	0.643	0.771	0.918	1.022	1.059	1.059
	C_X	0.069	0.102	0.180	0.258	0.376	0.532	0.719	0.885	0.885
	C'_Y 自后缘	0.437	0.354	0.354	0.335	0.354	0.356	0.384	0.395	0.395

在舵的设计中，当实舵的 λ、t/b、剖面形状与模型舵相同时，可直接采用试验结果，但实舵的 t/b 和剖面形状与模型舵相似而展弦比不同，这时必须进行展弦比换算才能把模型舵的水

动力系数用到实舵上来。如果只是展弦比不同,在临界冲角之前可采用普兰特换算公式,即:

$$C_{Y2}=C_{Y1} \tag{9-16}$$

$$C_{X2}=C_{X1}+C_{Y}^{2}(1-\lambda_{2}/1-\lambda_{1})/\pi \tag{9-17}$$

$$\alpha_{2}=\alpha_{1}+57.3C_{Y}(1-\lambda_{2}/1-\lambda_{1})/\pi \tag{9-18}$$

$$C_{P1}=C_{P2} \tag{9-19}$$

式中:C_{Y1}、C_{X1}、C_{P1}、α_1——模型舵中 λ_1 的列表数值;

C_{Y2}、C_{X2}、C_{P2}、α_2——对应设计舵 λ_2 时的相应数值。

式(9-18)、式(9-19)表明:当 α_1 和 α_2 分别表示展弦比为 λ_1 和 λ_2 机翼冲角时,其升力系数均为 $C_{Y1}=C_{Y2}=C_{y0}$ 如果 $\lambda_2<\lambda_1$,则 $\alpha_2>\alpha_1$,即在相同升力系数条件下,展弦比小的翼需要在大的冲角中运动才能得到相同的升力系数。

普兰特换算法见表9-9。

普兰特换算表 表9-9

序号	计算式	单位	计算数据						
1	α^{1}(模型舵)	(°)							
2	$C_{y1}=C_{y2}=C_{y}$(查表9-8)								
3	$C_{y}^{2}=(2)^{2}$								
4	$57.3C_{Y}(1-\lambda_{2}/1-\lambda_{1})/\pi$								
5	$\alpha_{2}=\alpha_{1}+(4)$	(°)							
6	$C_{Y}^{2}(1-\lambda_{2}/1-\lambda_{1})/\pi$								
7	C_{X1}(查表)								
8	$C_{X2}=C_{X1}+(6)$								
9	$\sin\alpha_{2}$								
10	$\cos\alpha_{2}$								
11	$C_{X2}\sin\alpha_{2}=(8)\times(9)$								
12	$C_{Y}\cos\alpha_{2}=(2)\times(10)$								
13	$C_{N}=(11)+(12)$								
14	$P_{N}=\frac{1}{2}C_{N}\rho V^{2}A_{R}$	N							
15	C_{m}(查表)								
16	$c_{P}=\frac{C_{m}}{C_{N}}$(或直接查表和图)								
17	$X_{P}=(c_{P}\cdot b)$	m							
18	A(按设计舵杆位置)								
19	$x_{p}-a=(17)-(18)$								
20	$M_{T}=(x_{p}-a)=(14)\times(19)$	N·m							
21	$C_{X2}^{2}=(8)^{2}$								
22	$C_{X2}^{2}+C_{Y}^{2}=(21)+(3)$								
23	$C=\sqrt{(22)}$								
24	$P=\frac{1}{2}C\rho V^{2}A_{R}$	N							

4. 舵、船体和螺旋桨的相互影响

位于船尾的舵，在工作时受到船体伴流、螺旋桨尾流、船尾形状与舵的配合、水平方向的斜流影响，会使实船舵的水动力与敞水舵的水动力有较大的误差。所以，在设计舵引用敞水资料时，必须经过修正才能与实际相符合。修正方法是选择适宜的舵速作为计算依据，来计算舵、船体和螺旋桨的相互影响。

1）船体对舵的影响

由于船体的存在，在船体后的水流速度的大小和方向都发生变化，因此，流向舵的水流轴向速度不同于船速。船体对舵的影响可用伴流分数 ω 来估计水流轴向速度的变化。船体伴流对舵有较大影响，它减小舵的水流速度，特别对中舵的影响更大，因为船舶航行时尾中纵线处伴流最大，而使水流速度减低。作用在船体后舵上的水流速度可写成：

$$V_T = V(1-\omega) \tag{9-20}$$

式中：V_T——舵速，m/s；

V——船速，m/s；

ω——伴流分数，视舵型、舵的位置及船的尾型而定。

如图 9-13a）所示的矩形舵或梯形舵，当它的上缘靠近船体。间隙小于舵的最大厚度时，其伴流分数可用下式计算

$$\omega = \left(0.68C_B - 0.25 + \Delta\omega + 0.18\frac{h_1}{H}\right)C$$

当船体与舵上缘的间隙大于舵的最大厚度时，如图 9-13b）所示，伴流分数的公式为

$$\omega = \left(0.68C_B - 0.43 + \Delta\omega + 0.18\frac{2h_1 + h_2}{H}\right)C$$

式中：C_B——船舶的方形系数；

$\Delta\omega = 0$——用于方形船尾；

$\Delta\omega = 0.18$——用于巡洋舰尾；

$C = 1.0$——舵布置在中线面上；

$C = C_B + 0.15$——舵布置在中线面两侧；

H、h_1、h_2——按图 9-13 所示量取。

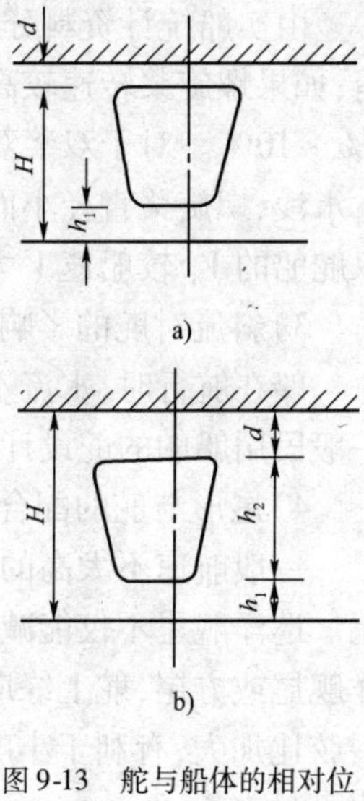

图 9-13　舵与船体的相对位

2）螺旋桨对舵的影响

当舵部分地或全部地处在螺旋桨尾流中时，尾流对舵的水动力特性有很大的影响，在螺旋桨尾流中舵的水动力和力矩要比单独舵大得多。

螺旋桨对舵的水动力影响，关键是增大了舵的来流速度，同时由于水流的偏转和尾流边界层的影响，也改变了流经舵的水流特性。计算舵速时可用如下方法，如：

（1）布劳恩计算法：

$$V_T = V_A + \mu_A = V_A\sqrt{1 + C_{Th}} \tag{9-21}$$

式中：V_A——螺旋桨的进速，$V_A = V(1-\omega)$；

ω——螺旋桨处的伴流分数；

μ_A——螺旋桨后尾流的诱导速度，且 $\mu_A = V_A(\sqrt{1 + C_{Th}} - 1)$；

其中，C_{Th} 为螺旋桨的推力负荷系数，其表达式为

$$C_{\mathrm{Th}} = \frac{8T}{\pi\rho u_{\mathrm{A}}^{2} D^{2}} \tag{9-22}$$

式中：T——螺旋桨的推力，N；

D——螺旋桨的直径，m。

如果计及船体和螺旋桨的共同影响之后，当舵全部处于螺旋桨尾流中工作，则舵的升力 P_{Y} 可写成

$$\begin{aligned} P_{\mathrm{Y}} &= \frac{1}{2}C_{\mathrm{y}}\rho A V_{\mathrm{T}}^{2} = \frac{1}{2}\rho A V_{\mathrm{A}}^{2}(1 + C_{\mathrm{Th}}) \\ &= \frac{1}{2}C_{\mathrm{Y}}\rho A(1-\omega)^{2}V^{2}(1 + C_{\mathrm{Th}}) \end{aligned}$$

式中：C_{y}——敞水舵的升力系数；

V——航速，m/s。

(2)易格计算法：

$$V_T = \left(\frac{1-\omega}{1-S}\right)V \approx nP \tag{9-23}$$

式中：ω——伴流分数，可按舵的位置选取；

n——螺旋桨转速，r/min；

P——螺旋桨螺距，m；

S——螺旋桨滑脱比。

由实船统计资料分析可知：如果螺旋桨转速较低时，螺旋桨尾流与伴流对舵的影响几乎抵消；如果螺旋桨转速较高，则尾流影响大于伴流，一般可使舵的相对水流速度 V_{T} 较船速 V 大 3% ~10%。对于双桨双舵船，螺旋桨尾流对舵的影响一般大于伴流影响。对于江河船舶，因吃水浅，螺旋桨直径小而转速快，无论是单桨单舵或双桨双舵，尾流影响均大于伴流影响，双桨双舵船的 V_{T} 较船速 V 大 15% ~30%，设计时需要注意。

3)斜流对舵的影响

船在航行时，水流不与船体前进方向完全平行，故转舵时要受到斜流影响，但此影响较小，一般民用船舶的舵设计时可不考虑。

4)尾形与舵的配合

一般航速不太高的单桨或双桨船($Fr \leqslant 0.36$)，多用巡洋舰尾，当 $Fr > 0.36$ 时，多采用方尾。巡洋舰尾不仅能减小船舶阻力，而且对船舵的布置和回转性有利。根据船模试验，无论巡洋舰尾或方尾，舵上缘应当距船壳或水面近一些，这样布置不但能获得较好的舵效，而且可使展弦比加大，有利于小舵角时的回转性能，但应注意的是在设计时不要使舵在船舶空载时露出水面过多。

5)船体方形系数 C_{B} 的大小对舵性能的影响

根据试验，在一般正常范围内(C_{B} 为 0.5 ~0.75)的船舶，C_{B} 值的大小对单桨单舵上的水压力影响很小。但对于双桨单舵船则 C_{B} 值大，舵的作用力也略大。在上述的 C_{B} 值范围内相差可达 20%。

如果超出上述范围(如驳船的 C_{B} 值一般大于 0.8)，情况就会转向反面，即 C_{B} 越大，尾部的涡流越大，舵上的作用力越小。

6)船、舵和螺旋桨的布置

舵和螺旋桨应与船体尾部型线有很好的配合，以保证。

(1)船体、舵和螺旋桨之间保持合适的间隙。

(2)螺旋桨接受良好的水流。

(3)舵能利用螺旋桨的尾流。

(4)螺旋桨和舵受到较好的保护。

从增大回转力矩来看，舵布置越远离船舶重心越好。但是舵太往后布置缺少适当的保护，也不利于利用螺旋桨的尾流。舵一般布置在螺旋桨后一个螺旋桨直径处，以不卸舵可装卸螺旋桨为宜。这样，既能利用螺旋桨尾流提高舵效，也有利于舵起整流作用，提高推进效率。

舵的上端与船体的间隙宜小些，但不能影响转动的灵活性。

螺旋桨的布置、船体尾部型线、尾框架的尺寸和形状等，都应根据(已选好面积和参数的)舵的布置加以相互修正，以满足各方面的要求。

例 9-2:舵力和力矩估算。

某 200t 内河小型货船舵为单桨单舵，最大航速为 14.28km/h，现举例计算船前进和倒车后退时舵的最大力矩。

分析：本例涉及的知识点有：

(1)舵的最大力矩。

(2)单桨单舵前进和倒车时的最大力矩估算。

求解步骤：

(1)计算出舵面积。

(2)舵处来流。

(3) 求舵压力。

(4)舵压力中心距舵的前缘距离。

(5)舵上水压力对转轴力矩。

解:舵面积

$$A_R = 0.80 \times 1.35 + (1.35 + 1.7) \times 1.0/2 = 2.605(m^2)。$$

舵的来流速度

$$v = 14.28(km/h) = 3.97(m/s)$$

船舶前进时取最大舵角为 35°，按修正后的乔赛尔公式，舵压力为

$$P = \frac{41.35\sin\alpha}{0.195 + 0.305\sin\alpha} A_R v_R^2 = \frac{41.35\sin35°}{0.195 + 0.305\sin35°} \times 2.605 \times (3.97)^2 = 2630(kgf)$$

舵压力中心距舵的前缘距离为 x_p，可按下式计算

$$x_p = C_p b_m = (0.195 + 0.305\sin35°) \times 1.8 = 0.666(m)$$

舵上水压力对转轴力矩：

$$M = P(x_p - a) = 2630 \times (0.666 - 0.45) = 568(kgf \cdot m) = 0.568(tf \cdot m)$$

在船倒车后退时，速度取前进速度的一半，$v_s = 1.985m/s$，最大舵角仍取为 35°，这时的舵压力

$$P = \frac{41.35\sin\alpha}{0.195 + 0.305\sin\alpha} A_R v_R^2$$

$$= \frac{41.35\sin 35°}{0.195 + 0.305\sin 35°} \times 2.605 \times (1.985)^2 = 658(\text{kgf})$$

舵压力中心距舵的后缘距离

$$x_p = C_p b_m = (0.195 + 0.305\sin 35°) \times 1.8 = 0.666(\text{m})$$

舵上水压力对转轴力矩

$$M = P(b - x_p - a) = 658 \times (1.8 - 0.666 - 0.45) = 450(\text{kgf} \cdot \text{m}) = 0.45(\text{tf} \cdot \text{m})$$

此例说明倒车时的最大转舵力矩较正车时为小,应根据正车时最大转舵力矩来确定操舵所需的力和力矩,即舵压力为2.63tf,转舵力矩为0.568tf·m。考虑到各种摩擦和裕度,该船最后选用了转舵力矩为0.8tf·m的操舵装置。

例9-3:已知某单桨单舵货船具有外形为矩形的舵,舵高为5.6m,舵宽为3.8m,船的航速为10kn,试估算舵角为30°时的舵压力和舵压力中心距舵的前缘的距离。

分析:本例涉及的知识点有:

(1)舵压力和力矩的产生。

(2)单桨单舵矩形舵的舵压力计算公式。

解:(1)转舵之后舵上将产生舵压力,舵压力的产生与飞机机翼和螺旋桨桨叶产生升力的原理一样,当流体以一定的速度V,冲角α流经舵叶时,舵叶上将产生升力P_y和阻力P_x。升力P_y的方向垂直于水流速度V,阻力P_x的方向平行来流速度V其合力为P,合力P与舵叶对称平面的交点O称为水压力中心,O点到导缘的距离为x_p。

若将合力P按垂直于和平行于舵的弦线分解,就可得到舵的法向力P_N和切向力P_T,其间的关系通常用下列公式表达:

舵压力

$$P = \sqrt{P_x^2 + P_y^2} = \sqrt{P_N^2 + P_T^2}$$

舵的法向力

$$P_N = P_y\cos\alpha + P_x\sin\alpha$$

舵的切向力

$$P_T = P_x\cos\alpha - P_y\sin\alpha$$

舵的升力

$$P_y = P_N\cos\alpha - P_T\sin\alpha$$

舵的阻力

$$P_x = P_N\sin\alpha + P_T\cos\alpha$$

式中:α——水流方向与舵的平面或剖面弦线间的夹角。

(2)舵压力的大小可用经验公式求得,其常用的有乔赛尔公式,即

$$P_N = K\frac{9.81\sin\alpha}{0.2 + 0.3\sin\alpha}A_R V_T^2$$

$$x_p = (0.2 + 0.3\sin\alpha)b$$

式中:P_N——作用在舵叶上的法向力,N;

x_p——水压力中心至舵导缘的水平距离,m;

b——舵宽,m;

A_R——舵面积,m_2;

V_T——舵速,m/s;

K——修正系数，查表 9-10 可得。

舵力修正系数 K 值表 表 9-10

$\alpha(°)$	5	10	15	20	25	30	35
K(舵处于螺旋桨尾流中)	31	33	35	36	37	38	40
K(舵不处于螺旋桨尾流中)	10	12	15	17	18	21	22
$0.2+0.3\sin\alpha$	0.226	0.252	0.278	0.303	0.327	0.35	0.372
$9.81\dfrac{\sin\alpha}{0.2+0.3\sin\alpha}$	3.783	6.760	9.133	11.073	12.679	14.014	15.126
C_N	0.233	0.477	0.640	0.795	0.935	1.067	1.206

乔赛尔公式是我国习惯采用的一种计算公式，尽管在此公式里没有考虑剖面形状、展弦比等的影响，计算结果粗糙。但计算方便，特别对于近似于平板形式的舵，通过实舵测试与计算结果很接近，所以乔赛尔公式在计算倒航舵时应用更广泛。

由乔赛尔公式可得

舵压力

$$P_N = 38\frac{9.81\sin30°}{0.2+0.3\sin30°}5.6\times3.8\times(10\times0.5144)^2 = 299866.6(\mathrm{N});$$

$$P_N = C_N\times0.5\rho V_T^2A_R = 1.067\times0.5\times1.025\times10^3\times(10\times0.5144)^2\times5.6\times3.8 = 307915.7(\mathrm{N})$$

舵压力中心至舵导缘的水平距离

$$x_p = (0.2+0.3\sin\alpha)b = (0.2+0.3\sin30°)\times3.8 = 1.33(\mathrm{m})$$

学习成果测验

任务 9-4：已知某单桨单舵货船具有外形为矩形的舵，舵高为 6.5m，舵宽为 4.8m，船的航速为 12.0kn，试估算舵角为 25°时的舵压力和舵压力中心距舵的前缘的距离。

评分：________________

第十章 船舶耐波性

● 能力目标

1. 理解船舶摇摆对船舶的危害。
2. 能计算船舶静水摇摆周期、波浪周期、波浪表观周期。
3. 理解船舶谐摇对船舶的危害及如何避免。
4. 了解减摇装置及减摇原理。

船舶耐波性是指船舶在波浪的扰动下,产生各种摇荡运动、砰击、甲板上浪、失速、螺旋桨出水以及波浪弯矩等,仍能维持一定航速在波浪中安全航行的性能。波浪对船舶的影响是多方面的,概括起来有以下三方面:

1. 安全性

船舶在波浪上横摇会使船的稳性降低;剧烈的横摇会使舱内货物横移,引起船的倾斜,甚至导致翻船。由船舶在波浪上剧烈的纵摇和升沉运动引起的船首底部的砰击,会导致船体结构的损伤;甲板上浪会使舱室进水、破坏甲板上各类设备、使人员在甲板上无法安全工作。由于船舶在恶劣海况下剧烈摇荡而引起的海难事件时有发生,因此在船舶设计中要明确指出船舶安全航行的海况等级。

2. 作战或作业使用性

它是指船舶在指定的海况下,舰船人员能运用舰船上设备或武器装备系统完成运输任务或作战使命的能力。

舰船剧烈摇荡运动会使航行性能变坏。主要表现在:

(1)严重的纵摇和升沉运动,使船航行阻力增加和船舶失速。

(2)船首底部不断地砰击以及甲板上浪导致船体结构损伤、甲板装置破坏和船体颤振。

(3)螺旋桨出水引起飞车现象,使螺旋桨主轴受极大地扭振,主机工况恶化。

(4)剧烈地纵摇、升沉、横摇以及摇首都会给舰船操纵带来困难,甚至失控。

3. 适居性

舰船是海上的浮动建筑物,必须给船上人员提供较舒适的环境,给旅客提供舒适的旅行环境。舰船上工作人员能力主要受两种运动特性的影响,即加速度和横摇幅值。船舶摇荡的线加速度和角加速度能够引起船上人员晕船,一般晕船随加速度增加而增加。从试验研究得知:人员活动对横摇的适应范围,一般横摇角在 0 ~ 4°范围内活动影响较小;在 4 ~ 10°范围内活动能力下降,10°以上人的活动能力已很困难。

可见,研究船肋在各种海况中的摇摆性能是很重要的,在船舶设计时,就要从各方面考虑以减小船舶的摇摆。还可采取其他一些措施,例如升高船体舭部,采取小的舭部半径以及安装舭龙骨、尾呆木等附体来增加横摇阻尼,以减小船舶的摇摆幅度。在一些对摇摆性能有特别要求的船上,常安装有减摇水舱或减摇鳍等专门的减摇装置。

研究耐波性的目的是:研究影响船舶在海上航行性能的主要因素的特性(主要是指风、浪、船舶自身摇荡性能以及在波浪上摇荡运动规律性),进而寻求改善船舶在波浪上航行性能的方法,设计出耐波性优良的船型和主尺度。船舶设计时主要从摇荡运动性能的角度考虑,希望摇荡运动幅值较小而周期较长。一般情况下,通过选择合适的船型和主尺度以及设置减摇装置等可有效地减小摇荡运动幅值。实践证明,引起船舶摇摆的主要因素是波浪作用,在船舶设计时,要尽量使船舶的横摇周期错开波浪周期,以避免发生谐摇。摇荡周期取决于船的主尺度,而船的主尺度的选择要从多方面综合考虑,从横摇周期考虑至少不是最主要的方面。各类舰船的摇荡周期几乎是依据船的排水量和主要尺度的量级各自落在一定范围内,技术设备不能对周期产生很大的影响。然而,对船舶摇荡运动幅值不是越小越好。

研究耐波性的方法主要有:

1)理论计算与分析法

(1)计算流体力学理论。计算机技术的飞速发展,计算速度不断提高,使得计算流体力学在造船领域得到充分地应用,通过采用“切片理论”法来预报船舶的耐波性。

(2)概率与数理统计理论。由于波浪是不可重复的自然现象,但其具有统计规律性,符合概率统计理论,故应用波浪谱分析波浪以及船舶在波浪中的运动。

2)试验方法

它包括船舶模型水池试验和实船试验。

知识点 1　船舶摇荡运动的基本概念

船作为一个刚体在静水中或波浪上航行,由于受风、浪等外力的作用,其运动情况比较复杂。通常,将船舶的复杂运动简化分解为如下 6 个自由度的运动,如图 10-1 所示。

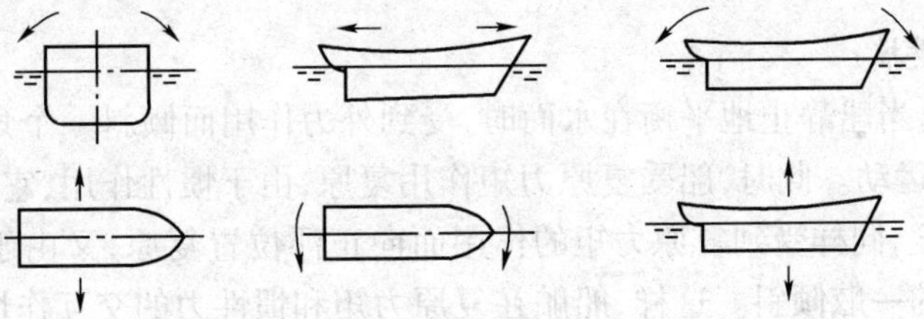

图 10-1　船舶的运动形式

(1)纵荡运动:船舶沿着纵向轴的前后往复运动。

(2)横荡运动:船舶沿着横向轴的左右往复运动。

(3)垂荡运动:船舶沿着垂向袖的上下往复运动。

(4)横摇运动:船舶绕纵轴的周期性往复摆动。

(5)纵摇运动:船舶绕横轴的周期性往复摆动。

(6)首摇运动:船舶绕垂向输的周期性往复摆动。

在图 10-2 中,G 为船舶的重心,x 轴为过重心 G 的纵向轴,y 轴为过重心 G 的横向轴,z 轴为过重心的垂向轴,φ 为绕 x 轴转动时的横倾角,θ 为绕 y 轴转动的纵倾角,ψ 为绕 z 轴转动时的转向角。

在船舶的上述 6 种运动中,前三种是船舶的平移运动,后三种是船舶的转动运动。船舶所产生的 6 个自由度的运动,称为船舶摇摆。在船舶摇摆的 6 种运动中,对船舶航行性能影响较大的是三种,即横摇、纵摇和垂荡运动。而以横摇运动尤为重要。

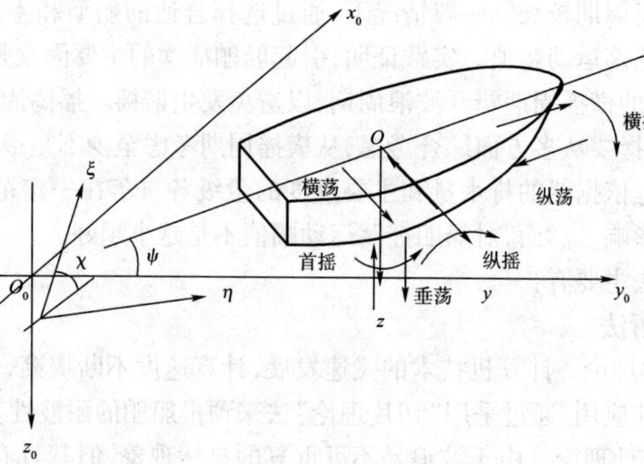

图 10-2 坐标系

学习成果测验

任务 10-1：简述船舶的摇荡运动都包括哪些方面的运动？

评分：______________________

知识点 2 船舶在静水中的横摇

1. 静水无阻尼横摇

如图 10-3 所示，当船静止地平衡在水面时，受到外力作用而倾斜一个角度，如向一舷倾斜角度为 φ，任其自由运动。此时，船受复原力矩作用复原，由于惯性作用，它将越过原正浮位置而向另一舷倾斜角度，同样受到复原力矩的作用而向正浮位置复原，又由于惯性作用，再度越过正浮位置向对应的一舷倾斜。这样，船舶在复原力矩和惯性力的交互作用下，会绕船体中纵轴线作往复摆动。

我们先研究在静水无阻尼条件下的自由横摇，首先分析一下船舶横摇运动的受力情况。

在波浪的作用下，作为刚体的船舶绕 x 轴的转动称为横摇。可以用绕 x 轴摆动的角度 φ、角速度 $\dot{\varphi}$ 和角加速度 $\ddot{\varphi}$ 来描述横摇运动情况，并规定从船尾向船首看去，以顺时针方向为正，逆时针方向为负，如图 10-3 所示。

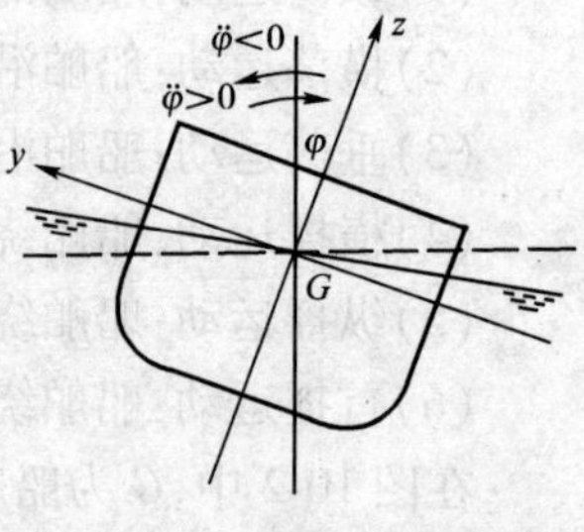

图 10-3 横摇运动示意图

为了简化分析并得到单纯横摇的微分方程，在分析船体受力时应作以下假定：

(1) 遭遇浪向 $\beta = 90°$，即波峰线平行于船体中线面。

(2) 船宽远小于波长。

(3) 在横摇角比较小的情况下，可以认为是等体积倾斜，初稳性公式仍适用。

(4) 波内的压力场不因船体的存在而受影响，忽略这种影响所得结果与实际相差不大。

船舶在波浪上的横摇受以下 4 种力矩的作用。

1）复原力矩

当船舶横摇某一角度 φ 时，此时浮心和重力不再在同一垂直线上，形成一个使船回复到原来位置的力矩，即复原力矩 $M(\varphi)$。当横摇角不太大时，可以应用初稳性公式：

$$M(\varphi) = -Dh\varphi \tag{10-1}$$

式中：D——船的排水量；

h——船的初稳性高。式中负号表示复原力矩方向与横摇角方向始终相反。

2）阻尼力矩

船在水中横摇时，由于船体和水之间存在相对速度，船体必然受到阻力。对于转动，则表现为力矩的形式。阻尼力矩主要由以下原因产生：

（1）摩擦阻尼。它是水的黏性引起的，其数值的大小一般认为和角速度平方成比例。在横摇中，摩擦阻尼所占的比重是很小的，往往可以忽略。

（2）兴波阻尼。它是由于船的运动在水表面形成波浪，消耗了船体本身的能量而形成的，如图 10-4 所示。一般认为兴波阻尼与角速度的一次方成正比。

（3）旋涡阻尼。它是在船体弯曲或突出物附近形成旋涡，损失部分能量而形成的。船舶装舭龙骨的主要目的是为了增加旋涡阻尼成分，一般认为旋涡阻尼与角速度的平方成正比。

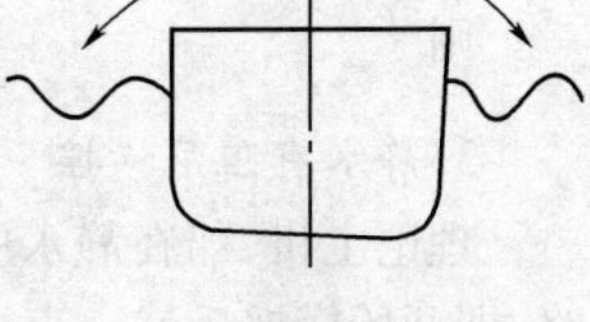

图 10-4　兴波阻尼的成因

用理论方法确定的阻尼力矩尚不能用于实际，最可靠的方法是进行实船或模型试验。在设计初期可以应用经验公式进行估计。

横摇阻尼是角速度的函数，一般表示为

$$M(\dot{\varphi}) = -2N\dot{\varphi} - W\dot{\varphi}^2 \tag{10-2}$$

式中：N、W——横摇阻尼力矩系数。

N 的单位是 tf · m · s，W 的单位为 tf · m · s^2。

大角度横摇时，阻尼力矩与角速度成平方关系更接近于实际情况，即

$$M(\dot{\varphi}) = -W\dot{\varphi}^2 \tag{10-3}$$

小角度横摇时，认为船舶是时间恒定的线性系统，阻尼力矩与角速度成线性关系

$$M(\dot{\varphi}) = -2N\dot{\varphi} \tag{10-4}$$

3）惯性力矩

横摇的惯性力矩是由两部分组成的，即船体本身的惯性力矩和附加惯性力矩。一般来说，它们都与角加速度成线性关系，其关系式是：

$$M(\ddot{\varphi}) = -(I_{xx} + J_{xx})\ddot{\varphi} = -I'_{xx}\ddot{\varphi} \tag{10-5}$$

式中：I'_{xx}——船体本身惯性矩和附连水质量惯性矩之和，称为总惯性矩。式中的负号表示惯性力矩的方向与角加速度方向相反；

J_{xx}——附加转动惯性矩。

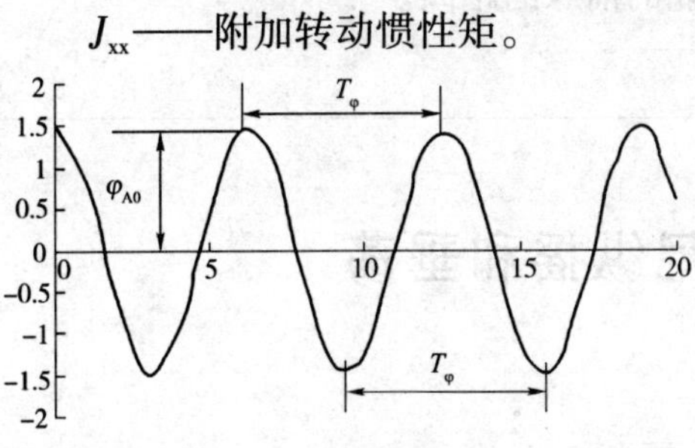

图 10-5　无阻尼横摇曲线

4）波浪扰动力矩

$$M(a_m) = Dha_m \tag{10-6}$$

2. 静水中无阻尼横摇运动

船在静水（波浪力矩 = 0）中横摇，若不计水对船舶横摇的阻尼（$V=0$）作用，则横摇角与时间的关系是一条余弦曲线，如图 10-5 所示。据上述微分方程有

$$I'_{xx}\ddot{\varphi}+Dh\varphi=0,\varphi=\varphi_{A0}\cos\omega_{\varphi}t \tag{10-7}$$

据前面理论推导,船在静水中的横摇周期公式为

$$T_{\varphi}=\frac{2\pi}{\omega_{\varphi}}=2\pi\sqrt{\frac{I'_{xx}}{Dh}}\quad(s) \tag{10-8}$$

式中: T_{φ}——横摇周期;

D——船的排水量;

I'_{xx}——船舶及其附连水对 x 轴的惯性矩,可由杜埃尔公式近似估算;

$$I'_{xx}=\frac{D}{12g}(B^2+4z_g^2)\quad(tf\cdot m\cdot s^2); \tag{10-9}$$

式中: g——重力加速度 m/s^2;

B——船宽 m;

z_g——船舶重心高度,m。

则
$$T_{\varphi}=\frac{2\pi}{\omega_{\varphi}}=2\pi\sqrt{\frac{I'_{xx}}{Dh}}=0.58\sqrt{\frac{B^2+4z_g^2}{h}} \tag{10-10}$$

3. 静水有阻尼横摇

理论上讲,船在静水中无阻尼横摇会有始无终,即开始横摇后就一直摇摆下去。实际上水对船舶横摇是有阻尼作用的,考虑了阻尼力矩作用后横倾角和时间的关系曲线如图 10-6 所示。图中: φ_{An} 为初始横摇的摆幅; T'_{φ} 为有阻尼的横摇周期。在阻尼作用下横摇摆幅逐渐递减,最后恢复到正浮状态。船舶横摇阻尼力矩的大小与船体形状及横摇角速度有关。有阻尼的横摇周期 T'_{φ} 略大于无阻尼的横摇周期。实验证明一般有

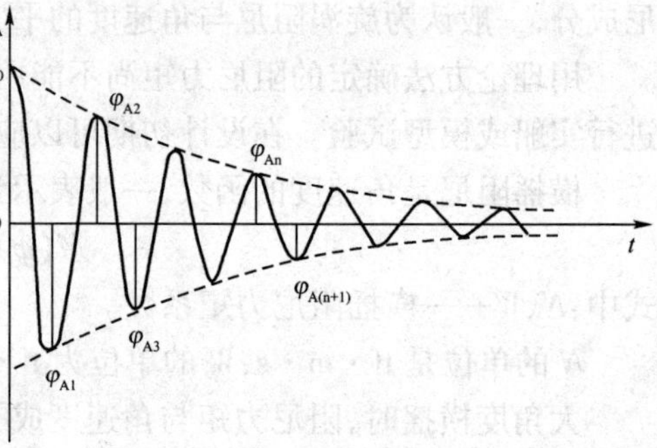

图 10-6 有阻尼横摇曲线

$$T'_{\varphi}=1.005T_{\varphi} \tag{10-11}$$

由此可见,有阻尼和无阻尼横摇的周期实际上没有明显的差别。

学习成果测验

任务 10-2:

(1)已知某货船船宽 $B=32.2m$,测得的横摇周期为 15s,试用经验公式估算此时船的初稳性高。

(2)已知某单桨单舵货船具有外形为矩形的舵,舵高为 5.2m,舵宽为 3.5m,船的航速为 12kn,试估算舵角为 30°时的舵压力和舵压力学心距舵的前缘的距离。

评分:______________

知识点 3 静水无阻尼纵摇和垂荡

船舶静水无阻尼纵摇的微分方程为

$$(I_{yy}+J_{yy})\ddot{\theta}+\Delta\cdot\overline{GM_L}\theta=0 \tag{10-12}$$

船舶静水无阻尼垂荡的微分方程为

$$\frac{\Delta+\delta\Delta_z}{g}\ddot{z}+wA_W z=0 \tag{10-13}$$

式中：I_{yy}——船舶质量对通过其重心横轴的惯性矩，$tf \cdot m \cdot s^2$；

J_{yy}——船舶作纵摇运动时附连水的质量惯性矩，$tf \cdot m \cdot s^2$；

Δ——船舶排水量，tf；

$\overline{GM_L}$——纵稳性高，m；

θ——船舶纵摇角，rad；

$\ddot{\theta}$——船舶纵摇角加速度，rad/s^2，

z——船舶沿垂向轴的垂荡值，m；

$\ddot{z}$——船舶垂向加速度；m/s^2；

$\frac{\delta\Delta_z}{g}$——船舶作垂荡运动时附连水质量；

A_W——船的水线面面积，m^2；

w——水的重度，tf/m^3。

船舶的纵摇周期

$$T_\theta=2\pi\sqrt{\frac{I_{yy}+J_{yy}}{\Delta\cdot\overline{GM_L}}} \tag{10-14}$$

船舶的垂荡周期

$$T_z=2\pi\sqrt{\frac{\Delta+\delta\Delta_z}{w\cdot A_W\cdot g}} \tag{10-15}$$

近似估算，纵摇周期可用下列经验公式确定

$$T_\theta=C_\theta\sqrt{L} \tag{10-16}$$

式中：C_θ——纵摇周期系数，可查表10-1得到。

表10-1

纵摇周期系数值	
船型	C_θ
客船	0.45～0.55
客货船	0.54～0.64
货船	0.54～0.72
油船（尾机型）	0.80～0.91

垂荡周期可用下列经验公式确定：

$$T_z=2.4\sqrt{d} \tag{10-17}$$

式中：d——船的吃水。

学习成果测验

任务10-3：已知某货舱船长 $L=140.0m$，船宽 $B=20.4m$，吃水 $d=8.08m$，排水量 = 16000t，试估算其纵摇和垂荡周期。

评分：________

知识点4　船舶在波浪中的横摇

1. 船舶波浪中无阻尼横摇

船在波浪中的强迫横摇的运动方程式为

$$(I_{xx}+J_{xx})\ddot{\varphi}+\Delta\cdot\overline{GM}\varphi=\Delta\cdot\overline{GM}\cdot\alpha_0\sin\omega t \tag{10-18}$$

式中：$\Delta\cdot\overline{GM}\cdot\alpha_0\sin\omega t$——波浪扰动力矩；

α_0——最大波倾角；

ω——波浪圆频率；

上式为常系数线性二阶非齐次微分方程，它与静水无阻尼横摇的差别在于具有自由项。

这种微分方程的通解是由没有自由项方程的通解及整个方程的任一特解所组成。前者说明船舶自由横摇的特性，而后者的特解则说明强迫横摇的特性。当实际流体存在阻尼力矩时，自由横摇就会很快衰减而消失。在研究船舶在波浪中横摇时，一般仅对强迫横摇感兴趣，需要求出此方程的特解。此特解可写成如下形式：

$$\varphi=\frac{\alpha_0}{1-\left(\frac{T_\varphi}{\tau}\right)^2}\cos\omega t \tag{10-19}$$

式中：α_0——最大波倾角；

T_φ——船舶自由横摇周期；

τ——波浪周期；

ω——波浪圆频率，$\omega=\frac{2\pi}{\tau}$。

2. 船舶的摆幅及谐振

由上式可知，船舶在波浪中的摆幅为

$$\varphi=\frac{\alpha_0}{1-\left(\frac{T_\varphi}{\tau}\right)^2} \tag{10-20}$$

式中：α_0——最大波倾角，若波形为正弦波，则

$$\alpha_0=\frac{2\pi\zeta_a}{\lambda} \tag{10-21}$$

式中：ζ_a——半波高；

λ——波长；

T_φ——船舶自由横摇周期，

$$T_\varphi=\frac{c\cdot B}{\sqrt{\overline{GM}}} \tag{10-22}$$

对于给定的船舶及一定的装载情况，T_φ 仅与$\overline{GM}$成反比；

τ——波的周期，$\tau=0.8\sqrt{\lambda}$；

c——经验系数。

下面根据式(10-20)讨论不同$\frac{T_\varphi}{\tau}$时，船在波中横摇的情况。

(1) $\frac{T_\varphi}{\tau}\to 0$ 时,则 $\varphi=\frac{\alpha_0}{1-\left(\frac{T_\varphi}{\tau}\right)^2}=\alpha_0$。

这说明船舶在波中强迫横摇的横摇角方程式等于波面角方程式,这表明,船随波横摇。当 $\frac{T_\varphi}{\tau}\to 0$ 时,即 $T_\varphi\to 0$,则 $\overline{GM}\to\infty$,初稳性极大,而横摇周期极小,其实例为漂浮在水面的平板。

(2) $\frac{T_\varphi}{\tau}\to\infty$,则 $\varphi=\frac{\alpha_0}{1-\left(\frac{T_\varphi}{\tau}\right)^2}=0$。

这说明船在波中强迫横摇的摆幅等于零。

当 $\frac{T_\varphi}{\tau}\to\infty$ 时,即 $T_\varphi\to\infty$,则 $\overline{GM}\to 0$,初稳性极小,而横摇周期极大,其实例为漂浮在水面的均质圆柱。$\overline{GM}=0$,船舶处于随遇平衡,是极不安全的。

(3) $\frac{T_\varphi}{\tau}\approx 1$ 时,$\varphi=\frac{\alpha_0}{1-\left(\frac{T_\varphi}{\tau}\right)^2}=\infty$。

这说明船在波中强迫横摇的摆幅为无穷大,即船在波中受波浪周期性扰动时横摇角会越摇越大,最后将导致船舶倾覆。将 T_φ 和 τ 的式子代入 $\frac{T_\varphi}{\tau}\approx 1$,可见,$\frac{c\cdot B}{\sqrt{GM}}=0.8\sqrt{\lambda}$。船舶在此时的横摇运动,称为谐摇运动。谐摇运动对船舶安全是有严重的威胁的,应予避免。

(4) 不同 $\frac{T_\varphi}{\tau}$ 时的摆幅曲线 $\varphi=\frac{\alpha_0}{1-\left(\frac{T_\varphi}{\tau}\right)^2}$。

尽管在有阻尼条件下,当 $\frac{T_\varphi}{\tau}=1$ 时,其 $\varphi\neq\infty$,但仍为较大的值,威胁船舶的安全,应当避免。事实上,在 $\frac{T_\varphi}{\tau}\approx 1$ 的附近区间内,存在一个摆幅较大的谐摇区,这个区间为 $0.7<\frac{T_\varphi}{\tau}<1.3$,船舶在波浪中航行时应尽力避开这个谐摇区。

通常,海面波长约为100m,有时可能出现 $\lambda=160\sim180$m 的波浪,但 $\lambda=200\sim300$m 的波浪则极少遇到。对于自摇周期 $T_\varphi<12$s 的船舶,横对波浪时,将有很多机会落入谐摇区。当 $T_\varphi>14$s时,则谐摇的可能性就较少。当 $T_\varphi>16$s 时,几乎不会处于谐摇区。我国沿海常见波浪周期约为 6~8s。

以上所讨论的船舶在波浪中的横摇是假设船舶的航向垂直于波形运动的方向,即船速垂直于波速,此时,船与波浪遭遇的周期为波浪周期。若此时产生谐摇,可采用改变航向或在改变航向的基础上同时改变航速以改变遭遇周期,从而避免谐摇。

学习成果测验

任务10-4:已知三种波浪的波长分别为60、100 和 150m,试求其相应的波速和波浪周期。

评分:________________

知识点5　减 摇 装 置

为了减小船舶的剧烈横摇，有的船舶设置了舭龙骨、稳定鳍、减摇水舱和回转仪等减摇装置。

1. 舭龙骨

舭龙骨是一种固定安装在船体外舭部的减摇装置(图10-7)。它的长度约为船长的1/4～3/4。宽度通常不伸出船舯剖面的方框线。舭龙骨与船体的安装线应尽量与船模试验得出的流线相吻合，以减小其航行阻力。舭龙骨约能减小摆幅20%～25%。特别当船在波中谐摇时能有效地减摇。在通常情况下，横摇越剧烈，它的阻尼力矩越大，而横摇越缓和则其减摇作用越小。舭龙骨不仅能增加横摇时的阻尼力矩，由于它在横摇时带动附近的水，这就相当于增大绕纵轴的惯性矩，因而可增大横摇周期。舭龙骨对航行阻力有一定的影响。舭龙骨设计得较好的船，其静水中阻力增加一般不超过基本阻力的2%～3%。在波浪中影响还要小些。对于有吃水差的船舶，其阻力增加则要大些。舭龙骨的结构简单，费用低，减摇效果好，因此被广泛应用于各类排水量船上，特别是低速船舶。

2. 稳定鳍

稳定鳍又称减摇鳍，是安装在水线以下船舷两旁伸出船外、可以转动其角度的两片水翼，如图10-8所示。在不使用时，一般可将水翼收入船内。

其工作原理是：当船舶受波浪力矩作用开始横倾的瞬间，自动控制装置根据船舶横摇时所提供的信号，通过传动机构将水翼转一冲角，使水对水翼产生流体动力，构成与波浪力矩反向的阻尼力矩，以抵制船舶横摇。减摇鳍的优点是重量轻，装置的全部重量约为0.5%排水量，在各种波浪情况下都有极高的减摇效能。其缺点是必须设置专门的动力、传动和控制装置，且其效能随着航速的减低而急剧下降，在没有航速时变得及其微弱。

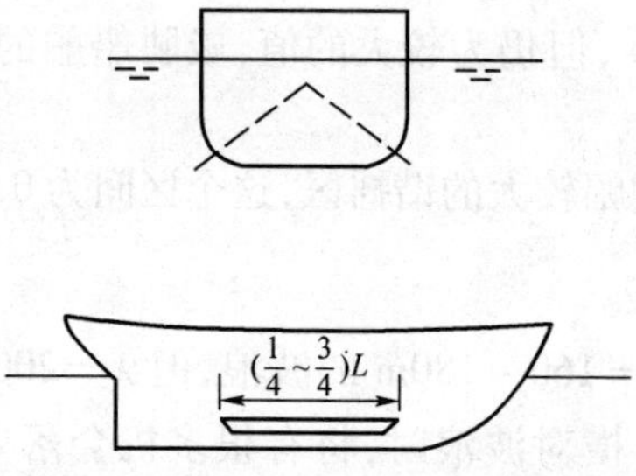

图10-7　舭龙骨

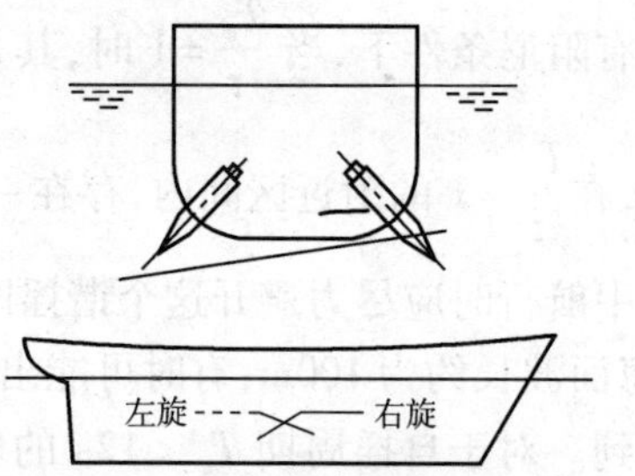

图10-8　减摇鳍

3. 减摇水舱

减摇水舱是通过调节左右两水柜的水量，从而产生与波浪力矩反向的减摇力矩(重物横移)，以达到减摇的目的。减摇水舱有主动式和被动式两种。被动式没有自动控制和水泵等设备，依靠船横倾时两水柜出现水位差通过水通道互相流通，水流经水通道的流速用空气阀来调节，如图10-9所示。主动式则与减摇鳍相似，通过自动控制装置来调行流向和流量，其动力是水泵。减摇水舱的重量，小船约为排水量的3%～4%，大船约为排水量的1%～2%。

主动式减摇水舱的优点与减摇鳍类同，但不受航速高低的影响，缺点是装置较复杂，成本较贵，且工作时需消耗功率。

4. 回转仪减摇装置

回转仪减摇装置(图 10-10)是利用主回转仪高速旋转,通过自动控制装置(制动回转仪,进动电动机)使主回转仪进动,从而在主回转仪固定转轴上产生与船舶横摇反向的减摇力矩,使船减摇。其优点是减摇性能灵敏、显著,不受航速高低的影响,缺点是设备价格昂贵。按营运船舶除个别大型客船外,很少采用。

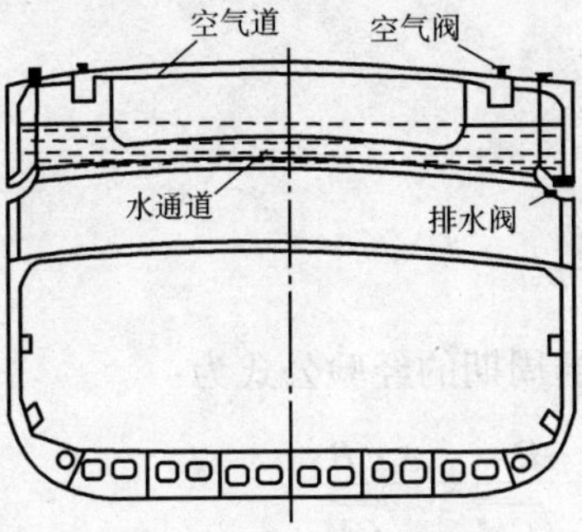

图 10-9 被动式减摇水舱

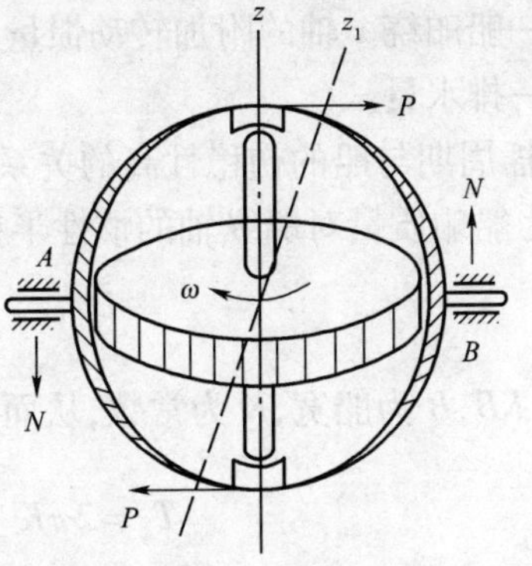

图 10-10 回转仪减摇装置

例 10-1:求初稳性高度 GM 值。

已知某远洋客船排水量为 27500t,船宽为 22.64m,横摇周期系数为 0.8,在海上测得其平均横摇周期为 24s,试求该船的初稳性高。

解:分析题意:本例涉及的知识点有:

(1)基本概念:初稳性高、横摇周期;

(2)经验公式。

$$\overline{GM} = \left(\frac{0.8 \times 22.64}{24}\right)^2 = 0.570(\mathrm{m})$$

例 10-2:求油水消耗后的初稳性高。

某船离港时,其$\overline{GM_1} = 2\mathrm{m}$,测得其横摇周期 $T_{\varphi 1} = 9\mathrm{s}$。中途油水消耗后,测得 $T_{\varphi 2} = 10\mathrm{s}$,求此时的$\overline{GM_2}$。

船在航行途中,由于油、水等消耗使重心提高,T_φ 增大;这时可假设 C 不变,故初稳性高可用下式计算:

$$\left(\frac{T_{\varphi 1}}{T_{\varphi 2}}\right)^2 = \frac{\overline{GM_2}}{\overline{GM_1}}$$

$$\overline{GM_2} = 2 \times \left(\frac{9}{10}\right)^2 = 1.62(\mathrm{m})$$

例 10-3:已知某货船船宽 $B = 19.4\mathrm{m}$,其横摇周期为 15s,试用经验公式估算此时船的初稳性高。

分析:本例涉及的知识点有:

(1)基本概念:横摇周期;

(2)横摇周期与船的初稳性高的关系。

解:(1)基本概念:

横摇周期

$$T_{\varphi}=2\pi\sqrt{\frac{I_{xx}+J_{xx}}{\Delta\ \overline{GM}}}=\frac{2\pi}{\omega_{\varphi}}$$

式中 T_{φ} 为船舶静水无阻尼横摇的周期(自由横摇周期)。船舶自正浮横倾至一舷的倾角称为一个摆幅,4 个摆幅称为一个全摆程,一个全摆程所需的时间称为一个周期。

式中:I_{xx}——船舶绕 x 轴的转动惯量;

J_{xx}——船舶绕 x 轴的附加转动惯量;

Δ——排水量。

(2)横摇周期与船的初稳性高的关系:

设 ρ_x 为船舶质量对船纵轴的惯性半径,则

$$I_{xx}=\frac{\Delta}{g}\rho_x^2$$

令 $\rho_x=KB$,B 为船宽,K 为常数,从而导出横摇周期的经验公式为:

$$T_{\varphi}=2\pi K\sqrt{\frac{1+\lambda_x}{g}}\frac{B}{\sqrt{\overline{GM}}}=\frac{c\cdot B}{\sqrt{\overline{GM}}}$$

式中:c———横摇周期系数;

B——船宽,m;

$\overline{GM}$——初稳性高,m;

T_{φ}———横摇周期,s。

由此可知:

$$T_{\varphi}=\frac{C\cdot B}{\sqrt{\overline{GM}}}\Rightarrow\overline{GM}=\left(\frac{C\cdot B}{T_{\varphi}}\right)^2=\left(\frac{0.8\times19.4}{15}\right)^2=1.0705(\mathrm{m})$$

例 10-4:已知某货舱船长 $L=147\mathrm{m}$,船宽 $B=20.4\mathrm{m}$,吃水 $d=8.18\mathrm{m}$,排水量 $=17000\mathrm{t}$,试估算其纵摇和垂荡周期。

分析:本例涉及的知识点有:

(1)基本概念:纵摇周期、垂荡周期;

(2)纵摇周期和垂荡周期与船舶主尺度之间的关系。

解:(1)基本概念:

纵摇周期

$$T_{\theta}=2\pi\sqrt{\frac{I_{yy}+J_{yy}}{\Delta\ \overline{GM_L}}}$$

垂荡周期

$$T_z=2\pi\sqrt{\frac{\Delta+\delta\Delta_z}{wA_Wg}}$$

(2)经验公式估算:

纵摇周期:可近似估算为:

$$T_{\theta}=C_{\theta}\sqrt{L}$$

式中:C_{θ}——纵摇周期系数,可查表 10-1 得到。

垂荡周期可用下列经验公式确定：

$$T_z = 2.4\sqrt{d}$$

式中：d——船的吃水。

(3) 利用经验公式估算：

纵摇周期

$$T_\theta = C_\theta\sqrt{L} = 0.7\sqrt{147} = 8.487(\mathrm{s})$$

垂荡周期

$$T_z = 2.4\sqrt{d} = 2.4\sqrt{8.18} = 6.864(\mathrm{s})$$

例 10-5：已知三种波浪的波长分别为 80、120 和 160m，试求其相应的波速和波浪周期。

分析：本例涉及的知识点有：

(1) 基本概念：波速、波浪周期；

(2) 计算波速、波浪周期的公式。

解：(1) 基本概念：

波浪的几何要素：

λ——波长，表示相邻波峰或波谷之间的距离；

h——波高，波形上最高点与最低点的垂向距离；

ζ_a——波幅，从静水到波峰或波谷的垂向距离；

ω——波的圆频率；

τ——波的周期，$\tau = \frac{2\pi}{\omega}$表示波形上同位相的两点经过空间某一指定点的时间间隔；

k——波数，表示在 2π 间距内有多少个波，所以也称波形的频率；

α——波倾角，表示波形的切线与水平间的夹角，最大波倾角 $\alpha = \frac{2\pi}{\lambda}\zeta_a(\mathrm{rad})$。

(2) 根据坦谷波理论可以证明，波形的移动速度 u 和波浪周期 τ 与波长 λ 的关系计算公式：

$$u = 1.25\sqrt{\lambda}$$

$$\tau = 0.8\sqrt{\lambda}$$

通过计算，波长为 80、120 和 160m 的波速、波浪周期如表 10-2 所示：

$$u = 1.25\sqrt{\lambda} = 1.25\sqrt{80} = 11.18(\mathrm{m/s})$$

$$u = 1.25\sqrt{\lambda} = 1.25\sqrt{120} = 13.69(\mathrm{m/s})$$

$$u = 1.25\sqrt{\lambda} = 1.25\sqrt{160} = 15.81(\mathrm{m/s})$$

$$\tau = 0.8\sqrt{\lambda} = 0.8\sqrt{80} = 7.155(\mathrm{s})$$

$$\tau = 0.8\sqrt{\lambda} = 0.8\sqrt{120} = 8.76(\mathrm{s})$$

$$\tau = 0.8\sqrt{\lambda} = 0.8\sqrt{160} = 10.12(\mathrm{s})$$

表 10-2

波长(m)	波速(m/s)	波浪周期(s)
80	11.18	7.155
120	13.69	8.76
160	15.81	10.12

例 10-6:某货船在波长 $L=100\text{m}$ 的海面上航行,船处于横浪,船速为 15kn,船舶横摇周期为 10s,试判断该船是否处于谐摇区?

题意分析:本例涉及的知识点有:

(1)基本概念:横摇周期、谐摇区;

(2)波浪中船舶横摇周期的计算。

解:(1)基本概念:

在 $\frac{T_\varphi}{\tau}\approx 1$ 的附近区间内,存在一个摆幅较大的谐摇区,这个区间为 $0.7<\frac{T_\varphi}{\tau}<1.3$,船舶在波浪中航行时应尽力避开这个谐摇区。

(2)波浪周期:

$$\tau=0.8\sqrt{\lambda}=0.8\sqrt{100}=8(\text{s})$$

船舶横摇周期:

$$T_\varphi=10(\text{s})$$

$\frac{T_\varphi}{\tau}=\frac{10}{8}=1.25<1.3$,故该货船处于谐摇区,应尽量避免。

学习成果测验

任务 10-5:某货船在波长为 160m 的海面上航行,船处于横浪,船速为 15kn,船舶横摇周期为 11s,试判断该船是否处于谐摇区。

评分:________________

附录　螺旋桨设计图谱

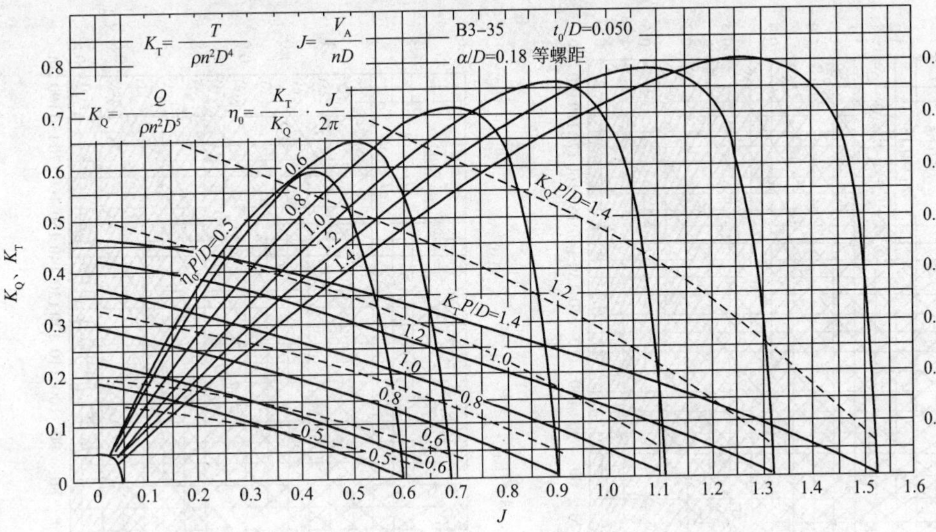

附图 1　B—3—35　K_T—K_Q—J 图谱

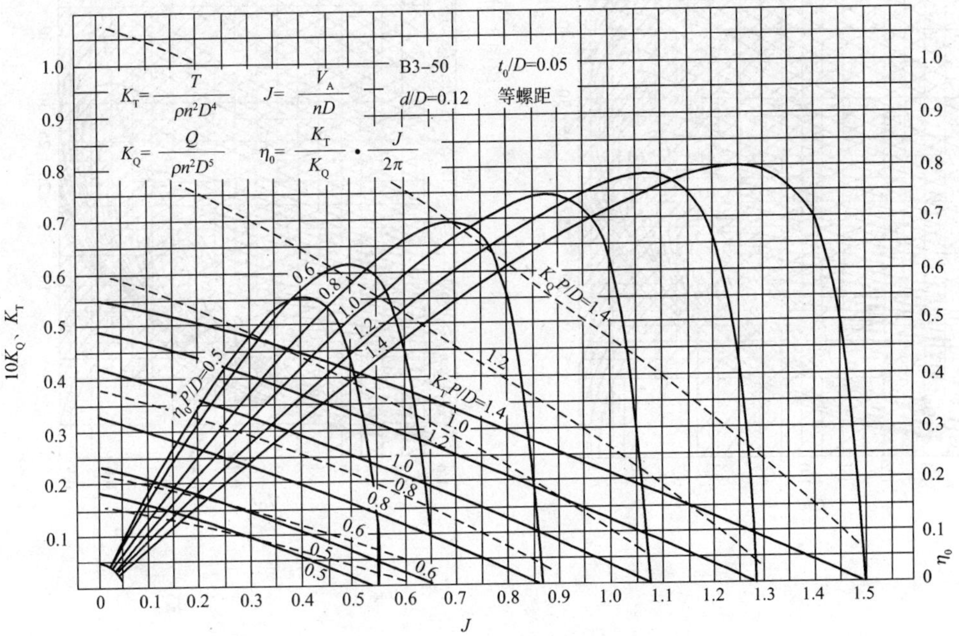

附图 2　B—3—50　K_T—K_Q—J 图谱

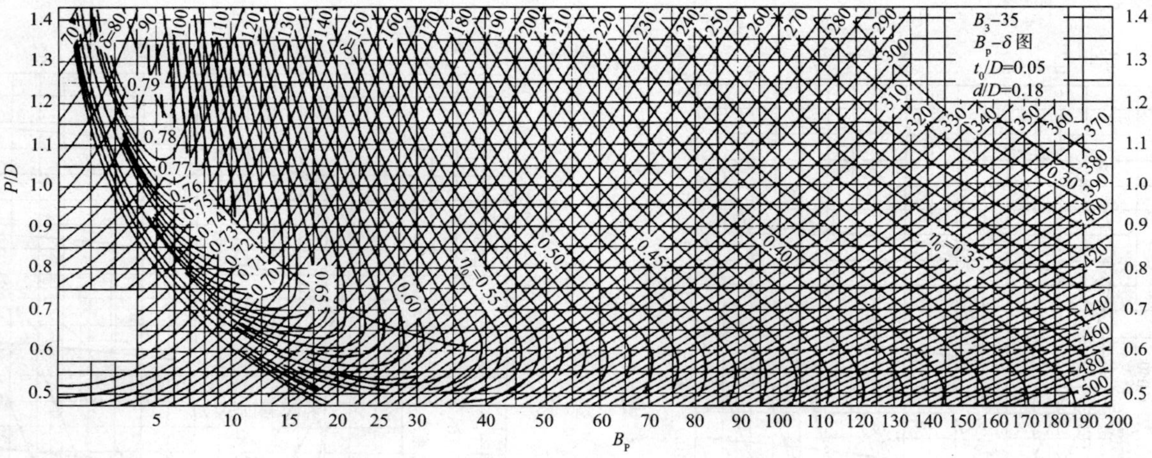

附图 3　B—3—30　B_p—δ 图谱

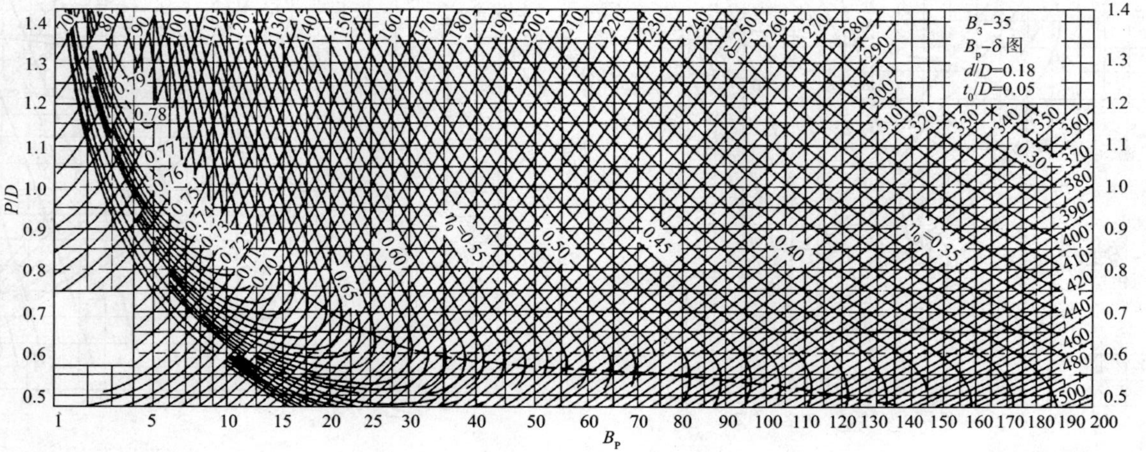

附图 4　B—3—50　B_p—δ 图谱

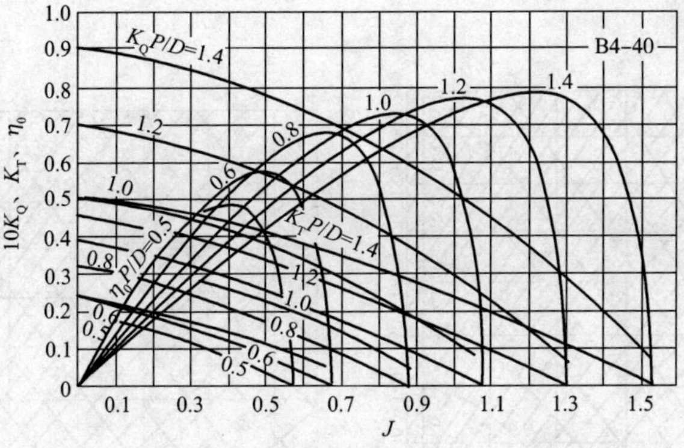

附图5　B—4—40　K_T—K_Q—J 图谱

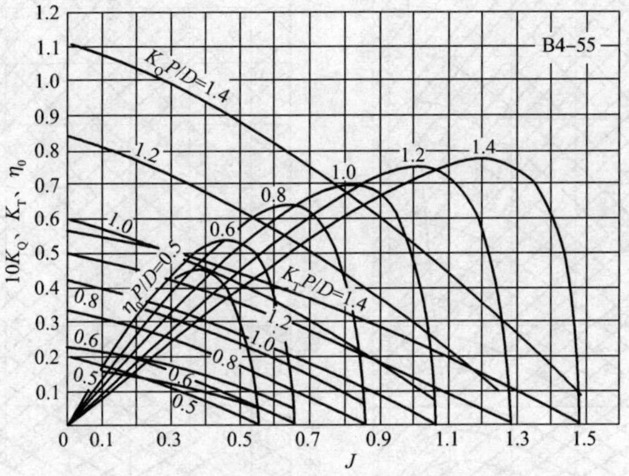

附图6　B—4—55　K_T—K_Q—J 图谱

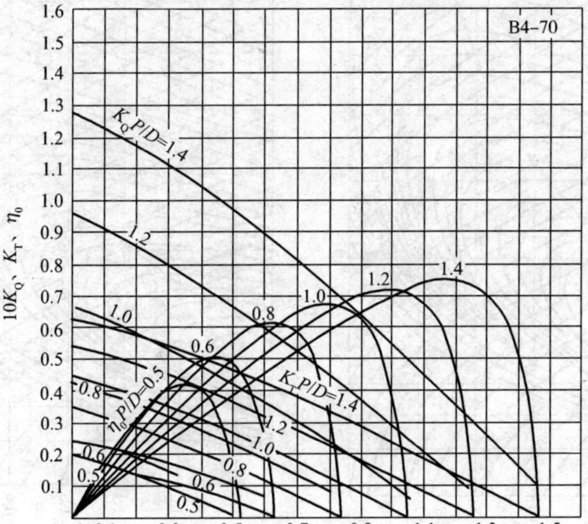

附图7　B—4—70　K_T—K_Q—J 图谱

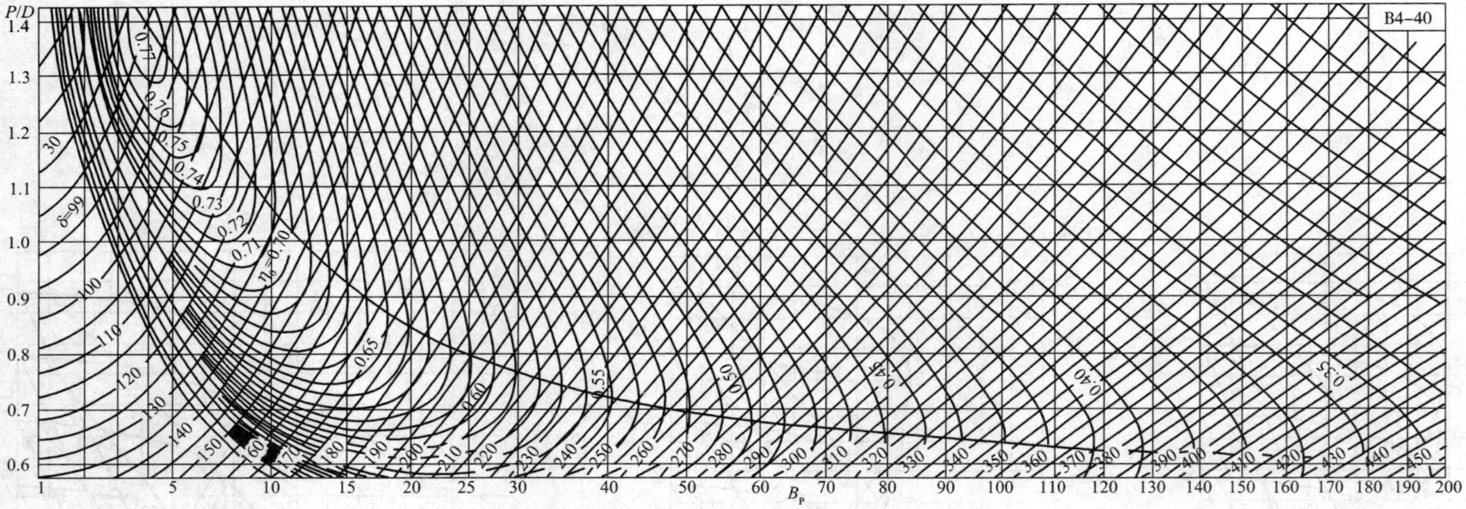

附图 8　B—4—40　B_P—δ 图谱

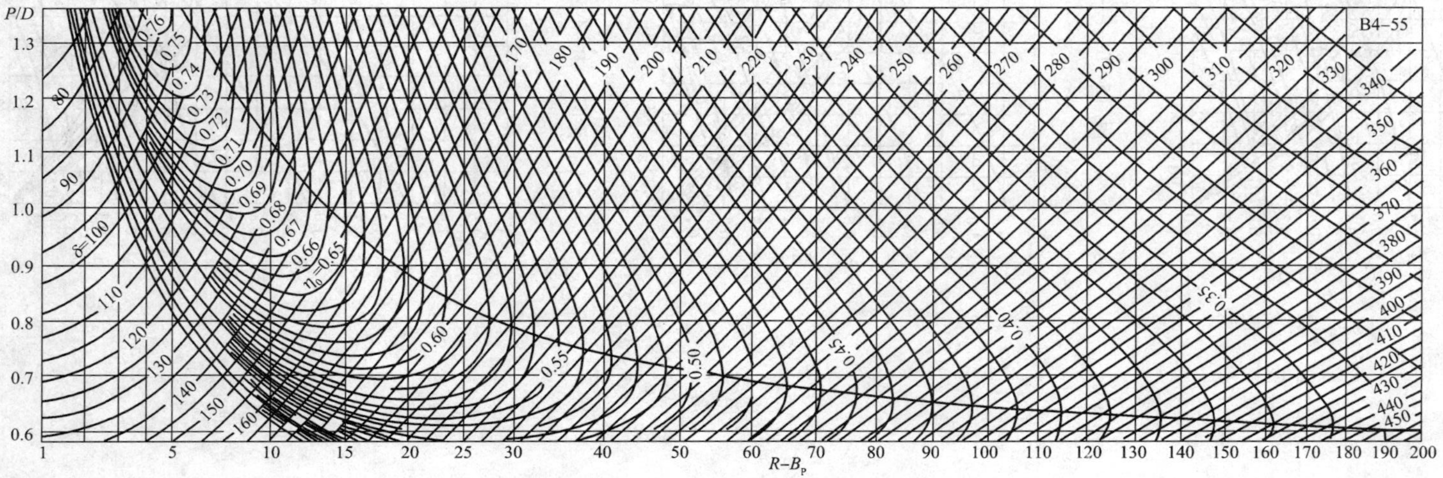

附图 9　B—4—55　B_P—δ 图谱

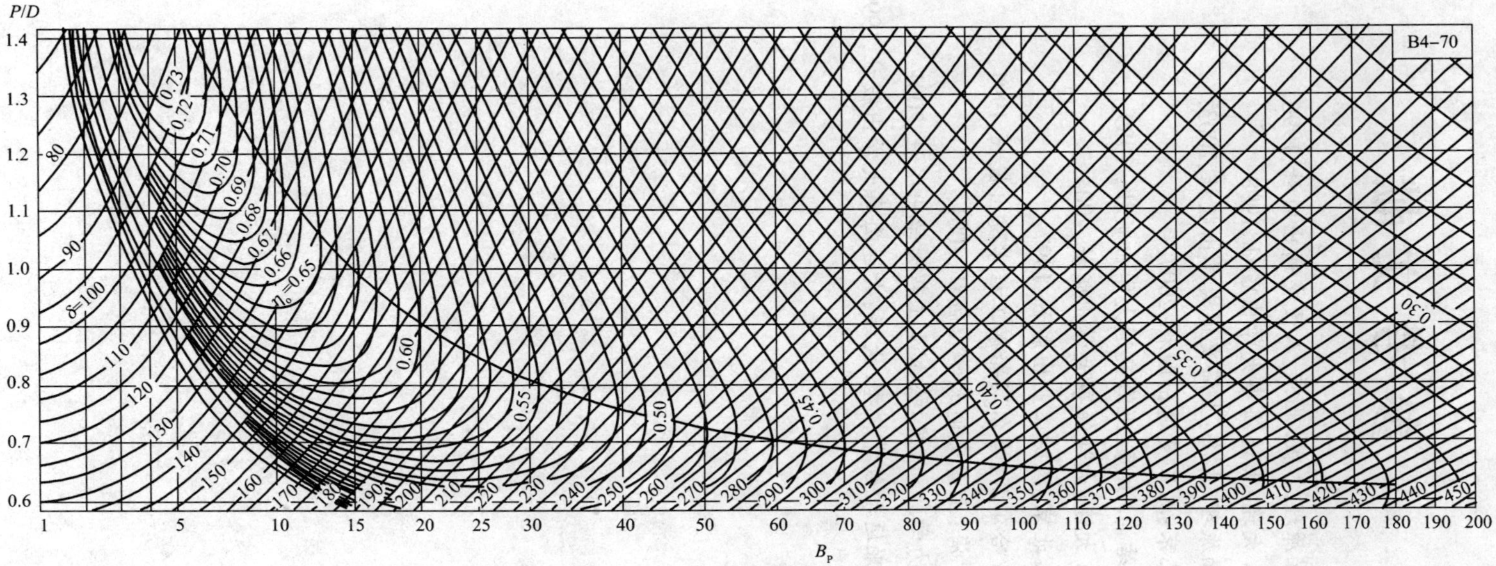

附图 10　B—4—70　B_P—δ 图谱

参考文献

[1] 荀冶国,郭春兰.船舶原理.2版.北京:人民交通出版社,1996.
[2] 蒋维清等.船舶原理.大连:大连海事大学出版社,1998.
[3] 盛振邦,刘应中.船舶原理.上海:上海交通大学出版社,2003.
[4] 潘晓明.船舶原理.北京:人民交通出版社,2007.
[5] 陈雪深.船舶原理与结构.上海:上海交通大学出版社, 1989.
[6] 沈华.船舶水动力学.大连:大连海事大学出版社,2004.
[7] 范尚雍.船舶操纵性.北京:国防工业出版社,1997.
[8] 李积德.船舶耐波性.哈尔滨:哈尔滨船舶工程学院出版社,1991.
[9] 盛振邦.船舶推进.上海:上海交通大学出版社,2001.
[10] 张亮、李云波.流体力学.哈尔滨:哈尔滨工程大学出版社,2001.
[11] 贾欣乐,杨盐生.船舶运动数学模型.大连:大连海事大学出版社,1999.